성인학습 및 상담

이현림 · 김지혜 공저

2판

Adult Learning and Counseling

학지사

머리말

150여 년간 이루어진 서구의 산업화를 우리나라는 단 30여 년 만에 이루어 내고 말았다. 그 뿌듯함도 잠시, 급격한 사회변동은 많은 부작용을 초래하였고 그에 대한 대책 마련에 관심이 집중되고 있다. 급변하는 지금의 위치에서 미래를 예측한다는 것은 쉽지 않으나 사회변동의 가속화는 분명한 사실이다. 지금은 교육을 통한 우리의 존재양식과 삶의 방식 변화가 절실한 시기다.

이러한 교육에 대한 국민적 열의를 국가적 차원에서 보장하기 위한 노력으로서 '평생교육사'를 양성하고 있다. 기존의 사회교육법이 전면적으로 개정되어 평생교육법이 재정 · 공포됨에 따라 평생교육사 양성과정과 관련 교과목이 변화되었다. 그 하나로 '성인학습 및 상담'이라는 과목이 신설되었다. 교육과 상담에 몸담아 온 오랜 경험과 그동안의 저서를 바탕으로 저술된 이 책으로 강의해 온 지 3년 만에 개정판을 내고자 한다. 초판에서 부족했던 부분은 보충하고 변화된 이론과 실제 부분들은 변경하여 다음과 같이 재정리하였다.

초판에서는 전체 7장으로 구성되었던 내용을 이 책에서는 전체 4부로 재구성하였다. 1부는 평생교육에 대한 내용 개관을 통해 평생교육사로서 알아야 할 이론적 기초를 제시하였다.

2부는 성인학습자와 성인학습에 대한 이해 부분으로, 2장에서는 성인학습자를 발달의 전체과정 속에서 이해하며 그들이 갖고 있는 학습경향성을 제시하였다. 3장은 성인학습을 개관하고 그 이론을 통해 성인학습에 대한 이해를 높이고자 하였다.

3부에서는 성인학습 및 상담에 대한 이론적 기초를 다루었다. 4장은 학습이론으로서 학습의 개념, 학습이론, 학습관련 변인을 제시하여 성인의 학습을 증진시킬 방안에 대해 논의하였다. 5장은 상담이론으로서 상담에 대한 기본적 이해를 바탕으로 대표적인 상담이론을 다루었다.

4부에서는 평생교육사로서 교육 실제에서 적용할 수 있는 성인학습과 상담의 실제적인 내용을 다루었다. 6장은 성인학습 프로그램을 어떻게 개발하여 전개시켜 갈 것인지, 여기에 적용되는 지도방법과 매체, 성인학습 지도자의 역할과 자질, 실제적 적용 예로서의 시민학습 체제 구축에 관한 내용을 제시하였다. 마지막 7장은 성인을 대상으로 하는 실제 상담 장면에서 적용될 내용들로서 상담의 전체 과정, 상담의 기법과 제기되는 문제에 대처하기 위한 상담자의 자질 그리고 상담의 여러 형태에 관해 개괄하였다.

이 책의 초판에 이어 재판이 출간되도록 배려해 주신 학지사 김진환 사장님 이하 여러 선생님들께 감사드린다. 이 책이 평생교육 현장에 계신 성인학습 담당자와 성인학습에 뜻을 두신 분들, 평생교육사를 준비하는 모든 분들께 조금이나마 도움이 되기를 바라는 마음이다.

2006. 8.

영남대학교 연구실에서

저자 일동

차 례

제1부 평생교육에 대한 이해

제2부 성인학습자와 성인학습에 대한 이해

제2장 성인학습자에 대한 이해 … 39

제3장 성인학습에 대한 이해 … 83

제3부 성인학습 및 상담의 이론적 기초

제4장 학습에 대한 이해 … 123

제5장 상담에 대한 이해 … 175

제4부 성인학습 및 상담의 실제

제7장 성인상담의 실제 … 305

제1부

평생교육에 대한 이해

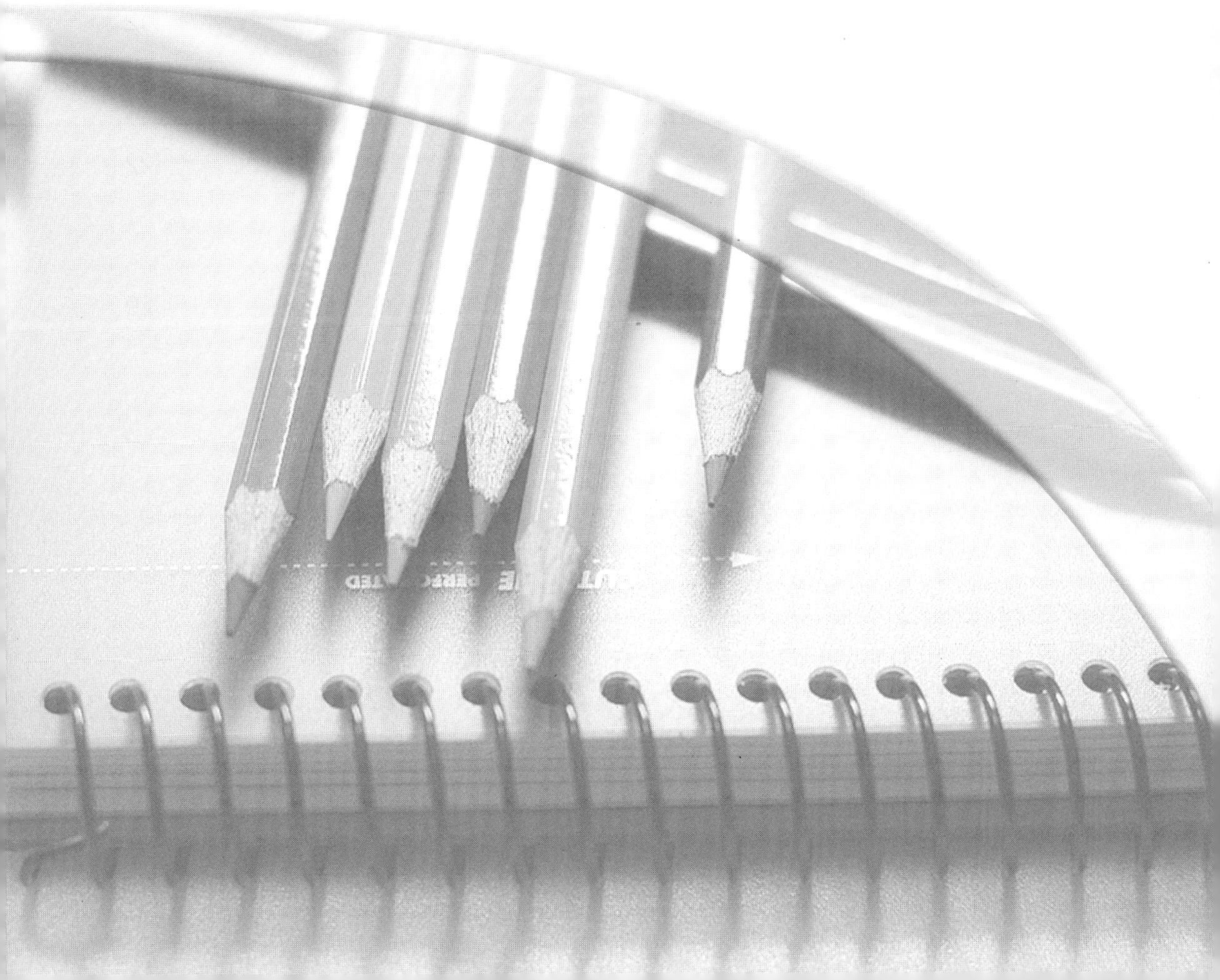

제1장

평생교육의 기초

1. 평생교육의 개념

평생교육이란 '요람에서 무덤까지' 평생에 걸친 배움을 강조하는 이념 또는 '가정교육과 학교교육, 사회교육'의 삼위일체적 교육 통합론으로 이해되어 왔다. 그러나 새로운 교육이념으로서 평생교육은 어떤 특정 영역을 지칭하는 실제적 개념이라기보다 '교육' 그 자체의 동의어로 교육의 모든 것을 총칭하는 본질적 이념이다(김종서, 1987). 이런 점에서 평생교육은 사회교육이나 학교교육과 같이 특정한 실체적 영역을 지닌 명확한 개념이라기보다는 그 모두를 하나로 묶는 이상향적인 성격을 지니고 있다.

평생교육은 1965년 UNESCO의 성인교육추진위원회에서 Lengrand이 처음으로 제시한 개념이다. Lengrand은 '교육이란 한 개인이 학교라는 형식적 기관에 들어서면서 시작되고 졸업함으로써 끝나는 것이 아니라 일생을 통하여 계속되어야 한다.'고 생각했다. 이에 따라 그는 평생교육을 '출생에서 죽을 때까지의 전 생애에 걸친 교육의 통합' 으로 정의 내렸다. 이는 일생을 배우는 때와 배운 것을 활용하는 때로 구분 짓던 종전의 생각에서 탈피하여, 교육이란 학교에서만 이루어지는 것이 아닌 바로 삶(education is life)이라는 개념으로 확대시킨 것이다.

여러 학자들에 의해 달리 이해되고 있던 평생교육의 개념을 Dave(1976)는 20가지로 종합 · 분석하여 다음과 같이 제시하였다.

- 평생교육에 포함된 세 가지 기본 단어는 생(life), 평생(life-long), 교육(education)이다. 평생교육의 의미와 범위는 이 세 가지 단어의 뜻과 해석에 따라서 규정된다.
- 교육은 학교교육으로 종료되는 것이 아닌 평생을 통한 과정이다. 평생교육은 한 개인의 전체 생활의 영역과 전 생애주기를 통하여 이루어진다.
- 평생교육은 반드시 성인교육에만 국한되는 것이 아니라 학령 전 교육, 초등교육, 중등교육, 고등교육 및 그 밖의 모든 교육을 포괄하거나 통합하는 개념이다.
- 평생교육은 학교교육과 학교 외 교육을 포함하는 동시에 조직적인 학습과 비조직적 학습을 포함한다.
- 평생교육에서 가정은 1차적으로 가장 중요하며 교육의 기초를 형성하는 것에 결정적인 역할을 담당한다. 평생교육 과정은 전 생애를 통하여 가정학습의 기초 위에 계속되는 것이다.
- 평생교육 체제에서는 지역사회 또한 처음 교육을 받아들일 때부터 중요한 역할을 담당한다.
- 학교, 대학이나 훈련기관도 평생교육에 중요하지만 이는 각각 전체 평생교육 기관의 하나로서 중요할 따름이다. 이들 기관들은 그 사회의 다른 교육기관에서 고립되어 존재할 수 없다.
- 평생교육은 계속성과 아울러 수직적 · 종적 측면에서의 인간발달과 교육의 통합을 추구한다.

- 평생교육은 모든 발달단계에서 수평적 · 심층적 측면의 교육적 통합을 추구한다.
- 평생교육은 선택된 자들을 위한 교육 형태와 달리 그 성격이 보편적이고 민주적이다. 평생교육은 이러한 점에서 교육의 민주화를 추구한다.
- 평생교육은 학습시간, 학습내용, 학습방법 및 학습자료 등에서 융통성과 다양성을 그 특징으로 한다.
- 평생교육은 새로운 학습자료나 교수매체가 개발되었을 때 즉시 그것들을 활용할 수 있는 역동적인 교육의 방법이다.
- 평생교육은 교육함에 있어 매우 다양한 형태와 방법을 추구한다.
- 평생교육은 교양교육과 전문교육이라는 두 개의 광역적 구성요소를 가지고 있다. 이 두 개의 구성요소는 그 성격상 서로 다른 것이 아니라 연관성을 갖고 상호작용한다.
- 개인이나 사회의 적응기능과 혁신기능은 평생교육을 통하여 충족될 수 있다.
- 평생교육은 기존 교육제도의 결함을 보완하는 교정적 기능을 지니고 있다.
- 평생교육의 궁극적인 목표는 인간 삶의 질을 향상시키는 데 있다.
- 평생교육에서 중요한 세 가지 전제조건은 기회와 동기와 교육 가능성이다.
- 평생교육은 모든 교육기관의 조직적인 교육원리를 갖추고 있다.
- 평생교육은 모든 교육에 실천적 단계와 전체적 틀을 마련해 주는 역할을 한다.

이처럼 평생교육은 기존의 교육이념과 체제에 대한 새로운 교육적 패러다임이다. 따라서 평생교육은 형태상으로는 형식교육, 비형식교육, 무형식교육을, 교육 영역상으로는 가정교육, 사회교육, 학교교육을 포괄하는 총체적 교육이념이며, 궁극적으로는 학습자의 자율적 학습 수행과 교육적 선택의 자유를 통한 학습권이 보장되는 학습사회를 지향하는 교육이념이다.

즉, 평생교육이란 인간 삶의 질 개선을 위해 교육권을 실질적으로 보장해 주는 교육이념으로 영유아기, 아동기, 청소년기, 성인기, 노년기 등의 발달단계에 따른 교육활동의 수직적 통합과 가정, 학교, 사회에서 각기 전개되던 형식적 · 비형식적 · 무형식적 교육활동의 수평적 통합을 추구한다. '삶이 곧 교육' 인 '학습사회' 를 건설하고자 하는 모든 형태의 교육활동으로서 교육이 삶이며 삶이 곧 교육임을 실현하고자 하는 이념이다.

우리 교육의 최종 목표는 평생교육이다. 평생교육은 교육의 본질이며 교육이 나아가야 할 방향으로써 새로운 교육의 지평이다. 마치 교육이 학교교육과 동의어인 듯이 각인되어 교육의 의미가 축소되어버린 현실에서 왜곡되어진 교육의 의미와 본질을 되살리려는 노력이 바로 평생교육이다. 또한 가정교육, 학교교육, 사회교육으로 분리시켜 거론해 온 모든 형태의 교육을 총괄하여 각 영역의 교육을 등가치적으로 인정하려는 새로운 교육이념이다.

2. 평생교육적 용어

평생교육과 함께 혼용되고 있는 몇몇 용어들을 살펴봄으로써 평생교육의 개념을 명확히 하고자 한다. 사용되고 있는 많은 용어들 중에 사회교육, 성인교육, 생애교육, 비형식교육, 계속교육, 순환교육 등을 중심으로 정리하면 다음과 같다.

- **사회교육** : 대체로 의무교육을 마친 후에 학교 외의 청소년 및 성인들을 위하여 조직된 교육활동이다. 넓은 의미로 보면 다른 법률에 의한 학교교육을 제외한 국민의 평생교육을 위한 모든 형태의 조직적인 교육활동을 의미한다. 그리고 협의로는 평생교육 체제의 한 영역으로서 학교 외 청소년과 성인들을 위한 모든 형태의 조직적인 교육활동을 말한다. 즉, 사회교육이란 평생교육 체제 속의 통합적 부분으로서 학교 외의 사회화 과정

이며 주로 청소년 및 성인들을 대상으로 행해지는 조직적인 교육활동을 말한다.

- **성인교육** : 교육대상에 초점을 맞춘 용어로 성인을 대상으로 하는 모든 형태의 교육활동을 말한다. 따라서 성인을 대상으로 하는 형식적 · 비형식적 교육이 모두 포함된다. 성인을 위한 학교교육도 성인교육의 범주에 포함될 수 있다는 점에서 사회교육과는 다르게 이해되어야 한다. 이런 점에서 평생교육 대상 중 성인기 이후의 교육활동만이 해당된다.
- **생애교육** : 최근 미국에서 발달하여 직업교육 영역에서 주로 사용되는 용어다. 개인이 생활의 일부 혹은 생활 수단으로 일을 배우고 일에 종사하기 위해 준비할 수 있는 경험의 총체, 또는 일을 중심으로 한 사회의 가치관에 익숙해지고 그 가치관이 인격체제에 통합되도록 하는 교육이다. 이는 일을 통해 보람을 느끼고 만족스럽게 생활하는 데 도움을 주기 위한 학교와 지역사회 간의 노력을 말한다.
- **비형식교육** : 교육대상에 대한 논의 없이 교육형태나 교육방식에 따라 교육을 구분한 것이다. 전일제 정규학교 교육인 형식교육과 우연적 학습, 부수적 · 부차적 학습으로 규정되는 무형식교육을 제외한 여타의 교육형태를 말한다. 이는 사회교육과 매우 유사한 개념이다.
- **계속교육** : 일정한 단계의 학교교육을 마친 후 직업이나 가정생활, 사회생활을 영위하면서 학업을 병행하기 위해 다시 학교로 되돌아오는 것으로 2차적 교육기회를 의미한다. 따라서 주로 성인을 대상으로 한 학교교육이 주가 된다.
- **순환교육** : OECD에 의해 주창된 개념으로 기존의 일회성 학교교육 체제가 지닌 비효율성과 한계를 극복하여 교육의 시기를 평생에 걸쳐 순환적으로 재분배하여 지속될 수 있게 하자는 새로운 교육도식을 전제로 하고 있다. 직업을 가진 성인을 주 대상으로 학교교육이 주가 되어 학교교육과 직업이 순환적이고 주기적으로 반복되는 교육의 형태를 취하고 있다.

3. 평생교육의 필요성 및 목적

현 사회에서 증대되고 있는 평생교육의 필요성을 평생교육이 추구하고자 하는 목적과 연계시켜 살펴보자. 1975년도에 Lengrand은 ① 인간의 이상, 관습, 개념의 기하급수적인 변화, ② 인구의 증가와 평균 수명의 연장이 교육의 양적 확대뿐만 아니라 질적 변화를 초래한 점, ③ 과학기술의 진보와 산업, 직업 구조의 변화, ④ 정치의 변동, ⑤ 매스미디어의 발달과 정보처리 능력의 필요성 증대, ⑥ 여가의 증대와 활용, ⑦ 생활양식과 인간관계의 위기, ⑧ 현대인의 정신과 육체의 부조화, ⑨ 이데올로기의 위기에 의한 정체감 혼란 등을 들어 그 필요성을 폭넓게 제시하였고 이것이 지금의 평생교육 필요성의 기반이 되었다.

김종서(1992)는 평생교육의 필요성을 한국 사회에 대입시켜 여덟 가지로 정리하였다. 즉, ① 지식과 정보의 폭발적인 증가와 노후화, ② 기술혁신과 직업사회의 변화, ③ 가치관과 생활양식의 급격한 변화, ④ 여가시간의 증대, ⑤ 인간 수명의 연장, ⑥ 교육권 보장에 대한 요구 증대, ⑦ 교육수준의 고도화, ⑧ 인간교육의 필요성 등을 제시하였다.

림영철과 림광명(2001)은 ① 개인의 자아실현을 위해, ② 급변하는 현대사회에 적응하기 위해, ③ 학습사회를 만들어 가기 위해, ④ 새로운 생활환경에 적응하기 위해, ⑤ 수명이 연장되었을 뿐만 아니라 여가가 증대되었기에, ⑥ 평생교육을 통한 사회운동을 일으키기 위해 필요하다고 보았다.

평생교육의 필요성에 대한 주장은 관점에 따라 강조점이 다르지만, 극심한 사회변화가 야기하는 긴장을 완화하고 그 충격을 감소시켜 개인의 사회 · 문화적 적응을 돕고 나아가 삶의 질을 개선시키기 위한 교육적 대안이라는 점에서 그 뜻을 같이 하고 있다.

앞으로 전개될 급격한 사회변동은 삶의 뿌리를 근원적으로 흔들어 놓을 것이다. 디지털 문화로 대변되는 지식기반 사회의 문화변동은 많은 사람들에게 문화적 충격과 문화지체를 안겨 주어 더 많은 혼란을 가중시킬 것이다. 이러한 변화에 적응하기 위한 대안으로서의 평생교육은 학교교육에만 미래를 맡길 수 없는 데서 그 의미가 부각된다. 의학 발전으로 인한 인간의 수명 연장과 경제적 여유는 자기개발을 위한 교육권과 일자리 보장을 요구하고 있지만, 직업 세계의 변화는 직업주기를 획기적으로 바꾸어 평생직장의 개념마저 흔들어 버렸다. 이러한 상황들은 현대인에게 정신적 위기를 몰고 와 가치관의 재정립을 요구하고 있다. 이렇게 봇물처럼 터져나오는 제 현상에 대해 현 체제의 학교교육은 대응할 여력도 대안도 갖고 있지 못한 상태다. 이에 우리에게 남은 마지막 대안은 평생교육이며 이것이 평생교육의 존재 이유기도 하다.

4. 평생교육의 이념 및 특성

1) 평생교육의 이념

평생교육은 일부 청소년만을 대상으로 하는 학교교육에서 탈피하여 누구나 평생을 두고 교육을 받으면서 개인의 발전을 최대한 도모할 수 있는 학습사회의 건설, 즉 새로운 교육 가능성을 제시하는 획기적인 교육 패러다임이다. 이는 시간적 · 공간적 · 방법적 제약에서 탈피하여 연령이나 학습시간, 교육기관이나 학습장소, 교육자격이나 취학조건 등에 제한을 두지 않고 누구나 어느 곳에서든지 자율적으로 학습할 수 있는 기회를 평생 보장하고자 하는 데 근본적인 뜻이 있다. 그러나 평생교육 개념에 대한 합의가 이루어지지 못했던 것처럼 그 이념 또한 여러 관점에서 달리 제시되고 있다.

림영철 외(2001)는 민주주의, 복지사회 건설, 학습사회를, 김남선(2001)은 민주사회 건설, 복지사회 건설, 요람에서 무덤까지의 배움, 사회의 학습화, 사회공동체를 이념으로 정리하였다. 권이종, 심의보, 안승렬(2001)은 다음 다섯 가지로 평생교육의 이념을 제시하였다.

- 교육 개념의 광역성과 전체성 : 전통적 개념인 학교 본위의 학교 만능주의에서 탈피하여 교육의 모든 부분과 형태가 등가치적으로 인식되고, 교육개념의 인식이 학교교육 이외의 여타 교육범위까지 실질적으로 확산되어야 함을 의미한다.
- 교육시기의 계속성과 항상성 : 교육이란 수태에서 사망에 이르기까지 전 생애 동안 지속적으로 중시되어야 함을 강조하면서, 교육의 주 대상이었던 아동 · 청소년뿐만 아니라 성인기 및 노년기도 교육대상에 포함시켜야 함을 시사하고 있다. 즉, 교육의 장이 인생 전체를 대상으로 하는 확산된 교육의 장이 되어야 함을 전제로 한다.
- 교육대상의 평등성과 전체성 : 지금까지의 학교교육이 주로 혜택받은 소수 특권집단의 이익을 대변하고 그들에 의해 제한적으로 독점 · 획득되어 왔음을 인식하여 이제까지 소외되어 왔던 집단으로 눈을 돌리고자 하는 것이다. 즉, 교육적 수혜를 받지 못하거나 교육 · 문화적 결손집단에게 교육기회를 확대시켜 사회 전체 구성원을 위한 교육이 되기 위해 다양한 통로와 다양한 형태로 교육을 제공하고자 하는 이념이다.
- 교육 접근방식의 다양성과 상대성 : 지금까지의 교사나 강의 중심의 틀에 박힌 전통적인 교육 접근방식에서 탈피하여 학습자가 교육주체가 되고 교육자와 학습자 간의 상호학습이나 동시적 배움의 교류가 가능하게 하는 것이다. 나아가 강의보다는 다양한 교수 · 학습방식, 매체를 활용하여 내용을 전달함으로써 학습자의 편의에 따라 다양하게 연계 · 공존시키고자 함이다.
- 교육체제의 개방성과 탈정형성 : 학교교육 제도가 갖고 있는 폐쇄성과 경직성을 극복하고 각 교육체제 간의 상호 유기적 · 탄력적 연계성과 개방성을 확대시키고자 함이다. 기존 제도와 운영의 제 측면에 개방성을 가미함과 동시에 전통적 학교교육 체제와 대안적 형태의 개방형 학교체제, 준학교 체제들 간의 탄력적 연계 및 접촉의 당위성을 강조하는 것이다.

끝으로 평생교육법 제4조에 나타난 평생교육의 이념을 제시하면 다음과 같다. ① 모든 국민은 평생교육의 기회를 균등하게 보장받는다. ② 평생교육은 학습자의 자유로운 참여와 자발적인 학습을 기초로 이루어져야 한다. ③ 평생교육은 정치적, 개인적 선전을 위한 방편으로 이용되어선 안 된다. ④ 일정한 평생교육을 이수한 자에게는 그에 상응하는 대우를 부여해야 한다. 요컨대, 평생교육의 이념은 사회적으로는 학습사회를 건설하는 것이며, 교육적 인간상으로는 창조적 문화인을 양성하는 것이다.

2) 평생교육의 특성

교육의 모든 형태를 아우르고 있는 평생교육의 특성을 알아본다는 것은 넓은 의미에서는 '교육'의 의미와 특성을 밝힌다는 것과 같다. 그러므로 평생교육 전반에 대한 포괄적인 접근은 유보하고 학교교육과 대비시켜 그 특성을 살펴보고자 한다.

학교교육은 원래 교육의 원형인 평생교육으로부터 제도화된 것이었으나 널리 보급되면서 오히려 평생교육이 학교교육의 기능을 보완하는 체제로 전락하고 말았다. 전체적 입장에서 보자면 학교교육도 평생교육에 포함되지만, 학교교육 이외의 모든 교육으로 정의되는 평생교육법에 비추어 평생교육과 학교교육을 대비시켜 봄으로써 그 실체를 조명해 보고자 한다(남정걸, 권이종, 2000; 송병순, 1996; 한국교육연감, 1991).

- 학교교육은 사회적으로 공인하는 면허증과 졸업증서를 수여하는 데 반해 평생교육은 이러한 자격증과는 무관하게 수행된다. 근래 일부 기관에서 면허증과 졸업증을 수여하므로 양자를 구분하는 일이 무의미해지고 있으나 지금까지는 이것이 양자를 구분하는 첫 번째 기준이었다.
- 평생교육은 사회변화에 대한 신속한 대응이 가능한 교육을 할 수 있는 데 반하여 학교교육은 그에 대한 즉각적 대응이 부족하다. 이는 학교 교

과서와 교육과정의 개편주기가 5~10년임을 보아 쉽게 알 수 있다. 그러나 평생교육 프로그램은 시대변화에 따라 언제나 신속하고 유연하게 교육내용을 편성·제공할 수 있다.

- 평생교육은 교육대상이 다양하다. 학교교육의 대상은 취학 연령이 학령기 아동과 청소년으로 제한되어 있으나 평생교육은 연령상의 제약이 없다.
- 평생교육은 실시하는 주체가 다종다양하다. 학교교육은 법적으로 국가와 지방자치단체 및 학교법인만이 정규 교육을 실시할 수 있는데 비하여, 평생교육은 그와 같은 제약 없이 누구나 평생교육 활동을 할 수 있다.
- 평생교육의 내용은 참가자의 요구에 따라 다양하다. 학교교육이 장래에 대한 준비교육으로 고도의 계열성을 갖춘 지식중심의 내용으로 이루어져 있다면, 평생교육은 현실 생활이나 직업과 직결되는 실제적 지식이나 기술 중심적인 내용으로 이루어져 있으며 학습요소 간의 계열성도 크게 엄격하지 않다.
- 교육방법에서 평생교육은 학습내용을 효과적으로 익히도록 지도자의 조력과 학습자의 상호작용을 통해 다양하고 탄력성 있게 운영된다. 이에 평생교육의 지도자는 다양한 자질의 소유자들로 편성되어 있다. 학교교육은 교육방법과 교육과정 운영에서 교사용 지침서에 따른 교사중심의 공식적이고 획일적인 측면이 강하다.
- 평생교육의 기간은 장기간의 학교교육과는 달리 단기적이고 정시제로 운영되며 시간의 융통성이 많다.
- 학교교육은 일정한 대지 위에 물적 시설을 갖춘 학교라는 고정적 장소에 한정되어 있으며, 학습내용과 그것이 적용되는 실제 상황과는 격리된 상태에서 이루어진다. 그러나 평생교육은 학습내용과 기능적으로 관련되는 장소와 시설을 효과적으로 이용하는 융통성을 지니고 있다.
- 평생교육의 효과나 보상은 일상생활이나 직업과 관련된 구체적이고 즉시적인 것이다. 그러나 학교교육은 졸업 후의 사회적·경제적 지위가 약

속된 장기적이고도 유예적인 보상으로서 교육의 효과가 즉시 나타나지는 않는다.

- 평생교육의 비용은 프로그램과 참가자에 따라 다양할 뿐 아니라 정확한 경비를 추정해 내기가 불가능하다. 이에 반해 학교교육의 경우 학교급별, 종별, 계열별로 표준화되어 있어 전국적 경비의 규모 추정이 가능하다.
- 평생교육은 실시하는 주체자와 참여자의 자율성과 자발성이 크게 강조되므로 학교교육과 같은 국가의 중앙집권적 통제보다는 실시하는 기관에서 활동내용에 따른 의사결정이 중요시된다. 따라서 민간단체나 자원단체의 통제는 자율성이 크다.

이상에서 논의된 평생교육과 학교교육의 차이를 정리하면 〈표 1-1〉과 같다(송병순, 이영호, 2000).

〈표 1-1〉 평생교육과 학교교육의 비교

구 분	평생교육	학교교육
교육목적	인간교육, 인격 향상, 실제적	입신출세, 취직조건, 이상적
교육대상	다원적, 이질적, 보편적	획일적, 동질적, 특징적
교육내용	학습자의 흥미와 필요에 기초한 문화내용	사회에 의하여 공인된 특정 지식 중심의 교과내용
교육방법	상호교육, 학습자 중심적, 능동적	일방교육, 교사중심적, 수동적
교육제도	비형식적, 다양성, 유연성 사회변화에 적응이 용이	형식적, 고정적, 획일적 사회변화에 적응하기 곤란
교육평가	학습자 스스로의 자기평가	경험위주의 시험평가
교육결과	지식의 현재효용도 중시	지식의 미래효용도 중시
교육시기	무한정(수시), 전 생애	재학기간 중
교육장소	학교 내외로 무한정	학교로 한정됨
학습동기	자율적	타율적
학습자	독립적 성향(자기주도적)	의존적 성향(교사주도적)
교사 역할	안내자, 조력자	지식 전달
사전 경험	경험 자체가 풍부한 학습자원	경험이 별로 중시되지 않음

이와 같이 평생교육과 학교교육은 여러 측면에서 차이를 갖고 있다. 그렇다 하여 양자가 서로 단절된 세계에 따로 존재하는 것이 아니라 오히려 긴밀한 관계를 유지하지 않으면 안 되는 평생교육 체제 구축의 좌우 날개도 같다. 그런데도 시간이 흐를수록 평생교육의 필요성과 중요성이 날로 부각되는 것은 급진적인 사회변화에서 오는 시대적 요청이기도 하지만, 학교의 사회적 기능 수행에서 도출되는 역기능적 현상 때문임을 부인할 수는 없을 것이다.

5. 평생교육의 내용 및 영역

연령이나 학력 등에서 매우 다양한 사람이 모이는 평생교육은 그 요구 또한 상당히 다양하여 교육내용을 몇 가지로 한정 짓기가 쉽지 않다. 이들 평생교육 학습자들의 교육 요구가 바로 평생교육 내용의 기반이 되기 때문에 시대적 변화에 민감할 수밖에 없다. 평생교육의 내용을 살펴보면 다음과 같다.

1960년대 초 Knowles(1960)는 ① 성인을 위한 고등교육, ② 노인교육, ③ 지역사회 개발교육, ④ 창조적 예술교육, ⑤ 경제교육, ⑥ 성인을 위한 기초교육과 문자교육, ⑦ 공중 건강교육, ⑧ 가정 및 가족생활 교육, ⑨ 인간관계 및 지도자 양성 교육, ⑩ 성인의 교양교육, ⑪ 공공문제 교육, ⑫ 레크리에이션 교육, ⑬ 과학교육, ⑭ 직업교육의 14가지 영역을 제시하였다.

권건일과 김인아(1996)는 성인을 중심으로 한 평생교육의 내용을 ① 문해 및 기초 교육, ② 국민의식 계발교육, ③ 직업기술 교육, ④ 준학교 형태의 교육, ⑤ 교양증진 및 여가선용 교육의 다섯 개 영역으로 크게 구분하였다. 림영철 등(2001)은 ① 기초교육과 보충교육, ② 교양교육, ③ 건강교육, ④ 경제생활 교육, ⑤ 직업교육과 기술교육, ⑥ 가정생활 교육, ⑦ 인간관계 교육, ⑧ 시민교육과 민족정신 교육, ⑨ 국가안보 교육, ⑩ 여가선용 교육의 열 개로 영역화하였다.

각 영역에 해당되는 내용을 이석재(1990)의 이론을 중심으로 살펴보면 다음과 같다.

- 인간 발달단계에 따른 과업 및 성별에 따른 교육 : 청소년 선도, 노령자 및 부녀자 지도, 순결 및 성교육에 관한 내용
- 직업과 관련된 교육 : 직업적 기능의 발전, 보충교육, 자격획득을 위한 교육, 농사기술, 소득증대, 운전교육, 각종 기술교육에 관한 내용
- 자기성장을 위한 기본교육 : 문맹교육, 읽기 · 쓰기 · 셈하기 등의 기초교육, 신체조절, 대화 혹은 연설법, 잠재능력 이해에 관한 내용
- 여가선용을 위한 교육 : 취미나 레크리에이션 활동에 관한 내용
- 교양교육 : 보건에 대한 학습, 인생관, 사회관 및 세계관을 확립하는 것, 가정 및 가족 생활, 종교 · 도덕 · 윤리에 관한 교육내용
- 사회적응을 위한 교육 : 의사소통과 인간관계의 기능, 최근 정세, 시민생활, 공중생활, 소비생활 등

6. 평생교육에 대한 평가

기존에 교육의 주도권을 쥐고 있던 학교교육은 주로 혜택받는 소수 특권집단의 이익을 대변하고 그들에 의해 제한적으로 독점되고 획득되어 왔다. 이에 반해 평생교육은 교육적 불이익 계층이나 교육 · 문화적 결손집단들에 대해 교육적인 기회를 보장하고 확대시켜 줌으로써 학교교육이 다하지 못한 교육적 책무에 대한 제2의 기회를 제공하고 있다. 그렇다면 과연 평생교육은 교육적 불평등을 해소시켜 제 역할을 다하고 있는가? 또 다른 의미의 불평등을 재창출하고 있는 것은 아닌가?

평생교육의 역할에 대한 기능주의 관점과 갈등주의 관점을 통해 이를 평가해 보면 다음과 같다(송병순 외, 2000).

1) 기능주의 관점에서 보는 낙관론

평생교육에 대해 낙관하는 기능주의자들은 학교교육의 한계를 지적하면서 평생교육이란 '변화에 대한 적응교육'의 차원을 넘어 교육의 민주화를 달성하고, 교육의 혜택을 받지 못하는 사람들에게 교육기회를 확대시켰다는 Lengrand류의 이상주의적 견해를 주장하고 있다.

세계적 교육위기를 개탄하던 Coombs(1985)는 평생교육에 대해 ① 교육기회를 확대하여 기회균등에 이바지하며, ② 새로운 가치 및 태도를 보다 융통성 있고 신속하게 전달할 수 있고, ③ 부족한 교육자원을 효율적이고도 능률적으로 운용할 수 있으며, ④ 보다 광범위한 인간 잠재력의 개발을 통해 경제발전에 기여할 수 있다고 보았다.

Jarvis(1985)는 직업능력 개발을 위한 성인교육의 역할로써 평생교육을 다음과 같이 긍정적으로 평가하였다. ① 성인교육을 통하여 끊임없이 급속하게 변화하는 지식과 기술을 습득한다. ② 성인들은 계속적으로 학습함으로써 개인적인 성장을 도모한다. 특히, 이는 사회적인 선발에 대응하기 위함이다. ③ 성인교육은 학교교육을 제대로 받지 못한 성인들에게 제2의 기회를 제공하거나 그들이 가지고 있는 능력을 자격증 또는 졸업장으로 합법화하는 역할을 한다. 평생교육은 궁극적으로 변화하는 사회에 대처하고 삶의 질 개선을 그 목적으로 한다.

기능주의적 관점을 취하는 이론가들은 평생교육이 기존 학교교육의 비효율성과 비능률성을 극복하고 학교교육의 보완적, 보충적 기능을 수행해낼 것이라고 믿고 있다. 즉, 학교교육에서 소외되어 혜택을 받지 못했거나 변화하는 사회에 필요한 가치, 태도, 지식, 기술을 필요로 하는 사람에게 교육기회를 확대시키고자 하였다. 이를 통해 인적 자본을 개발하고 생산성 향상 및 사회적응에 기여하도록 하여 정의사회 구현과 동시에 사회의 유지 · 발전을 도모할 수 있음에서 평생교육의 의의를 찾고자 했다.

그러나 이들의 주장을 뒷받침할 만한 경험적 증거는 불충분하다. 국가에 따라 상당한 차이가 있지만 이러한 결과를 도출할 수 있을 만큼 평생교육 체제가 수립되고 평생교육 기회가 제공되고 있는 나라는 아직까지 드물기 때문이다. 따라서 평생교육에 대한 낙관론은 다분히 이상주의적이고 가상적인 성격이 강하다고 할 수 있다.

2) 갈등주의 관점에서 보는 비관론

Gelpi(1985)는 평생교육이 '해방의 도구인가, 아니면 지배의 도구인가' 라는 질문을 던짐으로써 비관론에 불을 붙였다. 즉, 평생교육의 양적 증대만으로 교육의 기회균등이 실현되고 학교교육의 역기능이 해소될 수는 없다는 것이다. 예컨대, 우리나라 문화센터의 경우 비생산적, 소비지향적, 중산층 위주의 교육 프로그램이 제공됨에 반해, 여성회관은 저소득층을 주 대상으로 경제적 자립을 목적으로 한 교육이 실시되는 양분화 현상을 보이고 있다. 미국의 경우에도 수강과목 통계치를 살펴보면 고정적인 성역할 분담과 사회경제적 배경에 따른 교육과정상의 차이를 나타내었다(장원섭, 1998). 이런 의미에서 평생교육의 질적 평등에 대한 논의는 시기상조일 수 있다.

Evans와 Smith(1973)는 평생교육의 심각한 문제로 우선 평생교육은 사회적으로 인정되는 특허가 결여되어 있다고 하였다. 평생교육 활동은 특정한 자격과정의 운영을 배제하기 때문에 일반학교 졸업생과의 취업경쟁에서 효과적으로 경쟁할 수 없는 실정이다. 또한 참여자들의 평생교육 프로그램에 대한 기대수준이 학교에 비해 상대적으로 낮아 평생교육 이수자는 보다 저임금의 직장이나 현대적 기업이 아닌 곳에 취업하고 있음을 지적하면서 평생교육의 현실을 보다 사실적인 시각으로 고찰해야 할 필요성을 제기하였다.

평생교육 체제의 사회적 기능에 대해 안상헌(1999)은 다음의 세 가지 측면에서 비판하였다. 첫째, 평생교육은 정치체제의 유지와 산업인력의 개발을 위한 도구적 기능을 하고 있다. 둘째, 평생교육은 권력 상부 중심으로 교육의 기회가 편포되고 중산층 중심의 교육내용이 주를 이룸으로써 기존 사회구조를 강화하는 역할을 한다. 셋째, 평생교육은 학력 사회성을 다소 완화하는 듯 보이지만 결국 사회적으로 대접받지 못하는 이류학력을 양산함으로써 학력주의를 개량화하는 데 그치고 있다. Gelpi(1985) 또한 평생교육의 이념적 가치보다는 그 실천에서 본질과는 상이한 교육이 전개되고 있음에 주목하고 과대포장된 평생교육의 유토피아적 견해를 비판하였다.

이외에도 평생교육이 학교교육의 대안체계 혹은 보완체로서 인식되어지는 것뿐만 아니라, 학교교육의 형식성에서 벗어나지 못한 채 끊임없이 자격증 요구에 시달리고 있음도 사실이다. 또한 국경과 계층을 초월한다는 취지와 달리 아직 제3세계 국가에서 성공한 사례는 거의 찾아볼 수 없음은 물론, 선진국의 체제를 그대로 수입하므로 자국에 알맞은 프로그램을 마련하지 못하는 데서 기인되는 문제도 상당수 존재한다. 이상과 같은 문제들은 아직도 평생교육이 풀어가야 할 과제다.

평생교육의 기대효과에 대한 두 관점은 서로 대립적인 입장에 서 있기는 하나, 현행 학교교육의 위기적 문제상황과 교육 문화지체 현상을 극복하기 위한 대안을 평생교육에서 찾고 있음은 공통적이다. 문제는 그것을 어떻게 실천하느냐, 누구를 위한 교육이 되어야 하느냐, 그리고 사회구조적 이해관계를 어떻게 조정하느냐에 대한 견해 차이라 할 수 있다.

7. 평생교육사

1982년 사회교육법에 따른 '사회교육전문요원' 은 1999년 새로 개정된 평생교육법을 통해 '평생교육사' 로 개칭되었다. 1986년부터 양성되기 시작한 사회교육전문요원은 채용과 취업에서 평생교육기관의 의무를 강제하는 규정이 마련되어 있지 않아 사장된 것이나 마찬가지였다.

이제까지 평생교육은 아무나 해도 되는 것처럼, 혹은 학교교육의 하위영역이나 부수적인 체제인 것처럼 생각되어 비전문적인 소수 인사에 의해 실행되어 온 것이 사실이다. 그러나 학교에 전문직으로서 교사자격증 제도가 있는 것과 마찬가지로 평생교육에도 고도의 전문성을 겸비한 전문가의 필요성이 제기된 데는 연령과 수준, 배경에서 상이한 성인들을 대상으로 하는 평생교육이 고난이도의 교수기법을 필요로 하기 때문이다.

'평생교육사'란 평생교육 기관이나 단체 또는 시설에서 평생교육의 목표가 효과적으로 달성되도록 관련된 사람들과 더불어 일하면서 그들에게 영향력을 발휘하여 자기가 소속된 평생교육 기관이나 시설을 계속 유지 · 발전시키는 사람이다. 즉, 사회교육전문요원의 역할인 기획, 진행, 분석, 평가에 교수의 역할을 부가시켜 그 전문성을 확보하였다.

1) 종류

평생교육사를 구분하는 기준과 그에 따른 종류는 다음과 같다.

- 조직 내에서의 기능과 역할에 따라 : 행정 · 관리지도자, 전문지도자(중간관리자로 부서 책임자), 교관 또는 활동 지도자(교육을 직접 담당하는 실무자)
- 평생교육의 본직 여부에 따라 : 유급 · 상임, 자원(무급) · 비상임 평생교육사
- 평생교육 참여도에 따라 : 직접, 간접 지도자
- 기관별 고유 분류에 따라 : 기관의 고유 분류기준에 따라 명칭을 부여

2) 평생교육사의 역할과 자질

(1) 평생교육사의 역할

평생교육사가 조직 내에서 갖는 역할과 그에 따른 전문기술은 다음과 같다.

① 교수자

- 가르치는 전문가 : 그 분야의 정보, 개념, 관점을 전달하는 역할
  (전문기술 : 청취, 수업준비, 자료 구성 및 발표, 질문에 대한 답변)
- 공식적인 권위자 : 목표설정 및 목표달성을 위한 절차를 설정하는 역할
  (전문기술 : 구조 및 우수성의 기준 결의, 행위 평가)
- 사회화의 매개체 : 매개자 차원을 넘어서 삶의 목표와 과정을 명확히 제시하며 이를 위해 학습자들을 준비하게 하는 역할
  (전문기술 : 특정 가치, 신념, 태도와 관련된 장점과 사회의 요구조건을 명확히 함)
- 학습 촉진자 : 학습자 스스로 창의성과 성장을 도모하게 한다. 학습의 장애물을 극복하도록 도와주는 역할
  (전문기술 : 학습자들의 흥미나 기술에 대한 의식을 첨예화함. 학습자들이 목표에 도달하고 장애물을 피하도록 통찰력이나 문제해결력을 사용하게 함)
- 이상적 자아 제공자 : 주어진 분야의 기쁨과 지적 탐구의 가치를 전달하는 역할
  (전문기술 : 교육적 자료나 목표가 궁극적으로 가치 있다는 것을 알려 주고 개인적인 신념을 보여 줌)
- 인간주의적 접근 : 지적 활동과 관련이 있거나 지적 활동에 의하여 유지되는 인간 욕구의 전체 영역을 보여 준다. 학습자를 인간으로서 인정하는 역할
  (전문기술 : 눈앞의 과제를 넘어서 자신의 모습을 명확히 하는 방법으로 자신을 드러냄, 학습자들이 마음을 열도록 신뢰성을 보여 주고 따뜻하게 대해 줌)

② 프로그램 개발자

- 프로그램 기획 : 프로그램의 개발 여부 및 내용에 관한 의사결정과 목표를 확인하고 정교화하는 작업
  (전문기술 : 목표형성과 관련된 의사결정 능력, 학습집단의 계획수립 과정에 참여를 유도함)

- **요구분석** : 사회, 실시기관 그리고 학습자의 요구를 확인하고 상황을 분석하는 역할
  (전문기술 : 각종 요구분석 기법 및 판단방법)
- **설계** : 프로그램 내용 및 방법을 선정하고 조직하는 역할
  (전문기술 : 프로그램의 내용 및 방법 편성의 기법)
- **운영 및 평가** : 프로그램을 전반적으로 운영하고 평가하는 역할
  (전문기술 : 프로그램의 효율적 운영과 관련된 전문기법, 표준화된 평가기법 등의 숙지)

③ 관리자

- **조직의 발전 · 유지** : 조직의 효율성, 효과성을 제고하기 위한 조직 및 인사관리
  (전문기술 : 의사결정, 조직의 효율성 제고를 위한 조직관리 기법, 조직 활성화 노력)
- **프로그램 관리 및 집행** : 관련 예산의 편성 및 운영, 홍보 및 광고 전략의 설계 및 활용, 자원의 효율적 집행 등과 관련된 역할
  (전문기술 : 자원의 효율적 운영과 관련된 제반 기법, 홍보 관련 전략의 수립 및 집행)

④ 변화촉진자

- **조직구조, 풍토 개선** : 변화를 위한 문제의 인식 및 요구 개발, 조직변화를 위한 체계적으로 노력
  (전문기술 : 사회 및 조직에 대한 정보 분석, 고객반응 수렴, 대안적 방향의 수렴 및 집행)

⑤ 협력자

- **과업 조정 및 통합** : 학습자, 동료, 지역사회 인사 등 대내외적인 접촉과 의견을 조정하고 협력을 유도하기 위한 각종 역할

(전문기술 : 인간관계 능력 및 갈등조정 능력)

(2) 평생교육사의 자질

평생교육사로서의 임무와 역할을 잘 감당해 내기 위해 갖추어야 할 자질은 다음과 같다.

- 개인적 특성으로 건강하고 정력적이며 적응력과 주도성을 갖추어야 하고 낙관적 성격과 협동심이 필요하다.
- 교육대상이나 시기, 장소 등이 일정하지 않으므로 높은 상황 판단력을 통해 학습자의 욕구를 빨리 파악할 수 있어야 한다.
- 집단과정을 민주적인 지도력으로 잘 이끌어 갈 수 있어야 한다.
- 현상유지가 아니라 변화와 혁신을 촉진하는 발전 지향적인 선도적 지도자여야 한다.
- 교육에서나 기관운영에서나 원만한 인간관계를 유지할 수 있어야 한다. 개인적인 인간관계뿐만 아니라 조직 전체의 인화에도 기여할 수 있어야 한다.

3) 평생교육사의 직무

평생교육법 제17조 제2항에 '평생교육사는 평생교육의 기획, 진행, 분석, 평가 및 교수 업무를 수행한다.' 라고 규정되어 있다.

- **평생교육 프로그램의 기획** : 목표설정과 그에 필요한 인적 · 물적 자원 및 시설을 준비하는 절차를 상세히 기술해야 하고 그 결과에 대해 예측해야 한다.
- **평생교육 과정의 편성과 진행** : 학습자와 국가의 요구에 알맞은 목표를 설정하고 그에 따른 교육내용을 선정 · 조직한다. 그리고 교육방법을 선

택하며 그에 따른 인적 · 물적 자원을 준비한다.

- **평생교육 효과의 분석과 평가** : 프로그램 평가 대상과 기준을 정하며 그에 관련된 자료를 수집하고 결론을 내려 프로그램을 개선하는 데 활용한다.
- **평생교육 활동의 지도(교수업무)** : 학습자 지도업무뿐만 아니라 교육기관 내부의 지도도 중요하다. 평생교육 참여자의 동기를 자극할 교육목표를 제시하고 다양한 정보를 제공하며 협동심이 발휘되도록 시범을 보이는 등의 새로운 상황에 적절히 대처하는 통찰력과 지혜가 필요하다.

4) 평생교육사의 자격과 작업장

평생교육사는 법적으로 평생교육 관련과목의 일정 학점을 이수하고 소정의 실습을 거친 '평생교육사 자격증'을 취득한 사람으로 1~3급으로 나뉜다. 그 자세한 자격 요건은 〈부록〉에 제시하였다.

평생교육사로서 역할을 수행하게 될 작업장은 평생교육 단체(법인 또는 비법인)와 시설이 된다. 평생교육법 시행령 제7조에 명시된 단체와 시설은 다음과 같다.

- 단순노무자를 제외한 종사자 10명 이상에 300명 이상의 학습자를 동시에 가르칠 수 있는 시설과 설비를 갖춘 평생교육 단체와 시설
- 연간 교육인원이 3,000명 이상인 평생교육 단체와 시설

그러나 배치조항을 위반했을 시 가해지는 제재가 마련되지 않고 권고사항에 불과한 것이 현재로서는 가장 큰 취약점이다.

다음은 평생교육기관의 분류로서 평생교육사의 작업장이 될 수 있는 곳이다.

- **공공연수기관** : 국가기관 연수원, 지방자치단체 연수원, 교원연수원, 공

공연수원, 입법 · 사법연수원

- **산업교육 연수기관** : 공공산업 교육연수원, 금융계 연수원, 일반기업체 연수원, 연수전용 시설, 리조트형 연수시설
- **직업훈련기관** : 기능대학, 공공직업훈련원(직업전문학교), 사업 내 직업 훈련원, 인정직업훈련원
- **학원과 일반 평생교육기관** : 학원(문리계, 기술계, 예능계), 교습소, 일반 평생교육시설(문화센터 등)
- **학교중심(부설) 평생교육기관** : 대학부설 평생(사회)교육원, 전문대학부설 평생(사회)교육원, 대학 공개강좌, 시간제 등록, 초 · 중등 지역사회 학교
- **학교형태 평생교육기관** : 공민학교, 고등공민학교, 기술학교, 고등기술학교, 각종학교(중, 고, 대학 과정), 산업체 부설학교(중, 고교 과정), 특별학급, 특수학교, 방송통신고등학교, 방송통신대학, 산업대학, 기술대학, 학력인정 사회교육시설(중, 고교 과정), 학력미인정 사회교육시설(중, 고교 과정), 소년원학교, 사내대학
- **문화시설 중심 평생교육기관** : 도서관, 박물관, 미술관, 문화원, 국악원, 시 · 군 · 구민회관, 종합공연장, 일반공연장, 소공연장, 영화관
- **사회복지기관 및 시설** : 아동복지기관 및 시설, 노인복지기관 및 시설, 여성복지시설, 장애자복지기관 및 시설, 보육원, 부랑인복지시설, 산업사회복지관, 갱생보호원, 사회복지 상담기관, 사회복지관련 연구소 및 협회, 지역사회복지기관, 경로당, 부녀복지관 및 전국여성회관
- **청소년 평생교육 기관 및 단체** : 청소년 수련시설, 유스호스텔, 자연학습원, 청소년회관, 학생교육원, 학생과학관, 청소년 유관기관 및 단체, 청소년상담기관, 심신수련장, 노인단체, 여성단체

현재 전체 평생교육사의 80%가 여성이며, 전공별로 보면 사범계열이 전체의 54%를 차지하고 있다. 그 외에 사회복지, 지역개발, 아동학, 사회학, 심리

학에서 활발히 배출되고 있다. 현대사회의 요구에 따르면 전공분야의 다양성이 더욱 확대될 것으로 보인다. 예를 들어, 컴퓨터나 전산계열 전공자가 평생교육사가 되면 산업체 연수가 가능해지며 관련 프로그램을 통해 직업적 · 기술적 요구를 충족시킬 수 있게 된다. 특히, 산업교육 평생교육사는 전체의 1%에도 미치지 못하는 것을 감안한다면 진로가 밝다고 할 수 있겠다.

현재까지 대부분의 평생교육기관은 운영과 교육이 전문가에 의해 주도되기보다는 경험과 사명감에 의해 이루어짐으로써 발전에 한계가 있을 수밖에 없었고 지금도 그런 경향이 계속되고 있는 것이 사실이다. 사회 발전은 올바른 성인교육에 의해 좌우됨에 주지하여 전문가에 의한 평생교육 프로그램의 개발과 실행이 이루어져야 할 것이다.

제2부

성인학습자와 성인학습에 대한 이해

제2장

성인학습자에 대한 이해

1. 성인학습자의 개념

1) 성인의 개념

'성인' 의 범위가 어디서부터 시작되는가에 대한 견해는 개인이 지각하는 정도나 각 사회에서 부여하는 법적 기준에 따라 다양하므로 그 정확한 시기를 정의하기란 어렵다. 인간발달에 관한 모든 이론이 나이를 기준으로 구분되며, 나이는 각 사회의 법률 및 행정 절차, 관습의 중요한 기준이 된다. 나이란 일반적으로 달력에 의한 생활연령, 신체적 건강수준을 나타내는 생물학적 연령, 사회적 기대나 요구에 따른 사회적 연령, 심리적 성숙에 따른 심리적 연령, 각 개인이 주관적으로 파악하는 자각 연령의 다섯 가지 기준이 존재한다. 대부분은 생물학적 연령과 사회적 · 심리적 성숙도에 따라 정의 내려지고 있다.

첫 번째로 가장 단순한 방법인 연령에 기초하여 성인을 규정짓는다면 아동이란 용어와 대조를 이룬다. 이는 단순한 시간적 흐름만을 의미하는 것은 아니며 성인은 아이에서 성장했지만 이제는 아이가 아니란 것에 초점을 맞추고 있다. 그러나 사회, 문화에 의해 각기 달리 규정되는 연령은 우리나라의 경우 민법상으로는 20세 이상이 성인으로 인정되나 청소년보호법 등에서는 18세 미만은 유흥 음식점 등에 출입이 금지되어 있다. 이렇게 볼 때 사회 통념상으로는 만 19세 이상을 성인으로 취급하는 경우가 많음을 알 수 있다.

두 번째로는 심리적 성숙도에 따라 성인을 보는 관점이다. 성인이라는 용어는 단순히 생물학적인 것에 의해 규정되는 것이 아니라 판단 능력이라든가 자율, 책임감, 인내심, 포용력, 객관성과 같은 사회 · 심리적 성숙이라는 의미까지도 내포하고 있다. 따라서 생물학적인 성숙이 필요조건이기는 하지만 충분조건일 수는 없다.

마지막으로 사회적 역할과 관련하여 성인을 규정 짓는 방법이다. 성인은 그가 속해 있는 사회의 과업을 수행할 수 있으며 사회의 내적 생활이나 외적 행동에 대해 어느 정도 책임질 수 있다는 자각 정도에 따라 성인을 바라보는 관점이다.

한 개인이 성인인지 아닌지를 연령을 중심으로 구분하는 것은 지나치게 자의적인 것이므로 대부분의 학자들은 단순히 연령적 특성에 따르기보다 심리 · 사회적 역할에 기초하여 성인기를 정의하고 있다. 예를 들어, UNESCO (1976)에서는 성인이란 자신이 속한 사회에서 자신의 능력을 개발하고, 지식을 확장시키며, 자신의 기술적 · 전문적 자질을 향상시키고, 자신의 행동과 태도를 새로운 방향으로 바꿀 수 있는 존재로 보았다. Patterson(1980)은 어떤 사람을 성인이라 할 때는 생활형태의 여러 분야에 자격을 주는 것이며, 사회적 의사결정에 완전한 자격을 주는 것이라고 보았다. 이와 함께 자신에 대한 깊은 관심을 간직할 의무가 있으며, 사회를 운영하고 사회의 이익을 창출하는 일과 관련된 업무 분담을 수행해야 할 의무가 있다.

Knowles(1980)는 '성인의 역할을 수행하는 사람이나 자신을 성인으로 인식하는 사람 모두가 성인에 포함된다.' 라고 포괄적으로 정의 내린 후 성인의 개념을 다음과 같이 요약하였다. 첫째, 생물학적 정의로 인간이 생식할 수 있는 연령에 이르게 될 때 성인으로 간주한다. 둘째, 법적인 정의로 투표할 수 있고 운전면허를 취득할 수 있으며 부모의 동의 없이 결혼할 수 있는 등 법이 정하는 일정한 연령에 도달했을 때 성인이 된다. 셋째, 사회적 정의로 전일제 노동, 결혼, 부모됨, 참정권과 같은 성인으로서의 역할을 수행하기 시작할 때 성인이 된다. 마지막은 심리학적 정의로 자기 자신의 삶에 대해 책임질 수 있고 자기주도적인 자아개념에 도달했을 때 성인이 된다.

심리학적 관점에서 성인이 자기주도성을 습득하는 과정은 생의 초기부터 생물학적으로 성숙함에 따라 누적되어 그 역할을 수행하고 그에 따른 책임이 증대된다고 보았다. 즉, 성인이란 생물학적 의미에서 적정 연령에 도달한 자로서 사회적으로 생산적인 일을 수행해 내면서 자신의 삶에 대해 기본적인 책임과 의무를 수행해 낼 수 있는 사람을 의미한다.

성인이라고 해서 반드시 성숙한 것은 아니다. 그러나 그들은 성숙한 사람으로서 역할을 할 것이 기대되며, 이 필연적인 가정 아래 성인기는 정당한 위치를 차지하게 된다. 성인기는 지위와 권리를 갖는 동시에 의무와 책임이 부여되는 생활단계다.

2) 성인학습자

성인학습 상황에서 실제로 만나게 될 '학습자로서의 성인' 에 대해 살펴보기로 하자. 성인기를 정의하는 데 대부분의 교육자들은 나이나 심리적 특성보다는 사회적 역할에 중점을 두고 있었다. 이 관점에서 보면 성인은 학생으로서의 역할보다는 직업인, 배우자, 부모로서의 역할이 부각되는 존재다. 이러한 학습자로서의 성인은 스스로 선택적으로 학습상황에 참여하며, 다양한 생활경험을 가진 상태에서 구체적이고 직접적인 목표를 갖고 학습상황으로 들어오게 된다. 또한 자신의 목표와 경험을 갖고 자기주도적 학습자가 되기를 바라며 확고한 가치 및 견해를 갖고 그에 따라 행동하는 존재다.

유귀옥(1997)은 학습자로서의 성인의 특성에 대해 다음과 같이 요약하였다.

- 성인은 자신의 잠재력을 개발하여 끊임없이 자아를 실현시키기 위해 특정 목적이나 외부적 압력과는 상관없이 스스로 학습하고자 한다.
- 성인은 여러 가지 발달과업을 수행하기 위해서, 또는 인생주기의 전이적 단계에서나 뜻하지 않은 인생 사건이 발생하였을 때 적응하기 위해서 자신에게 필요한 학습을 하고자 한다.
- 성인은 삶을 통하여 풍부한 경험을 축적함으로써 정체성을 확립해 나가고 학습환경, 학습형태에 대한 뚜렷한 선호를 가지게 되며 또 그 경험을 학습자원으로도 활용할 수 있다.
- 성인은 독립적인 자아개념을 가지고 있어 위의 특성들과 함께 학습을 할 때 자신의 학습 욕구에 의해서 자신에게 필요한 학습과제를 자신이 선호하는 학습형태로 학습하는 자기주도적인 성향을 보인다.

2. 성인에 대한 발달론적 접근

계속적인 발달과정에 있는 성인학습자에 대한 이해를 위한 발달론적 접근은 다음과 같다.

1) 발달의 개념

인간은 수태되는 순간부터 외부 환경과 상호작용하면서 모든 면이 끊임없이 변화해 간다. 심신의 형태, 구조, 기능이 시간의 흐름에 따라 양적으로나 질적으로 변화해 가는 과정을 발달이라 한다. 즉, 발달이란 전 생애에 걸쳐 일어나는 모든 변화의 과정으로 유전과 환경의 상호작용에 의해 변화되면서 점차 자기의 모습을 찾아가는 과정이다. 간단히 말해 발달이란 곧 변화다.

좁은 의미에서 발달은 수태에서 청년기에 이르기까지 나타나는 상승적 혹은 긍정적 변화로 진보, 향상 등의 진화적 변화를 말한다. 그러나 넓은 의미에서는 상승적 변화는 물론 청년기 이후의 하강적 혹은 부정적 변화로서 감소, 쇠퇴 등의 퇴화적 변화까지도 포함된다. 변화의 대상에 대해 교육심리학적 입장에서는 성인기에 이르기까지의 상승적 · 진화적 과정을, 발달심리학에서는 수태에서 사망에 이르기까지의 전 생애를 변화로 보고 있다.

성인학습의 경우 전 생애 발달 중 특히 성인기 이후의 발달에 초점을 맞추게 된다. 최근의 연구 결과들에 의하면 노년기에도 긍정적인 변화가 지속적으로 나타남으로써 인간발달을 상승 혹은 하강, 긍정 혹은 부정으로 구분하는 것에는 많은 한계가 있음이 지적되고 있다. 따라서 발달이란 전 생애에 걸쳐서 일어나는 신체적, 심리적 변화가 개인에게 새로운 자극들에 적응해 나가도록 하는 변화라고 정의할 수 있다.

이러한 발달과 관련하여 자주 논의되는 개념으로는 성장, 성숙, 학습이 있다. 이들은 유사한 개념으로 쓰이기도 하지만 엄밀한 차원에서는 서로 구분된다. 성장은 신장이나 체중과 같은 신체의 양적 변화로서 외적인 자극 없이 자연스럽게 일어나는 것으로 '자라난다' 란 말로 대체할 수 있다. 성숙은 성장을 기초로 하여 나타나는 질적인 변화로 일정한 연령에 이르면 외부 작용 없이 유전인자에 의해 어떤 변화가 나타나는 것이다. 예컨대, 신체의 성장으로 생리적으로 성생활이 가능해지면 성적으로 성숙했다고 할 수 있다. 학습이란 경험과 같은 외부 환경의 작용에 의해 일어나는 후천적 변화과정을 말한다. 그러나 발달은 이상의 세 가지 개념을 모두 포함하는 포괄적인 의미를 지니고 있으며, 인간발달은 유전적인 요인과 환경적인 요인의 상호작용을 통해 이루어지는 것이다.

2) 발달원리

인간의 발달에는 일정한 방향성을 찾아볼 수 있다. 발달은 개개인에 따라 상이한 것이 아니라 보편성과 법칙성이 존재한다. 물론 발달의 속도와 순서에서 약간의 개인차가 존재하게 마련이지만 어느 정도의 규칙성은 내포되어 있다. 인간이 어떻게 성장 · 발달하는가를 설명하기 위해 학자들은 비교적 다양한 관점에서 다음과 같은 원리를 제시하였다.

① 발달은 유전과 환경의 상호작용을 통해 이루어진다. 발달의 주요 기제인 유전적인 성숙요인과 환경에서 비롯된 학습요인의 상대적인 중요성에 대한 논쟁은 오래 전부터 계속되어 왔으나, 이제는 두 요인이 상호작용하여 한 인간의 행동변화가 일어나는 것으로 정리되고 있다. 즉, 인간의 행동은 100%의 유전과 100%의 환경에 의해 결정되는 것이다(Hebb, 1953). 더 중요한 것은 '얼마나(how much)'가 아니라 '어떻게(how)' 영향을 미치는가의 문제다.

② 발달에는 일정한 발생학적인 순서와 방향이 있다. 인간 행동의 변화는 무질서하게 일어나는 것이 아니라 단계적으로 순서에 맞게 일어나며, 한 단계의 행동 특징은 그 다음 단계의 행동 특징과 위계적인 관련성을 지닌다. 일반적으로 운동발달은 몸의 상부에서 하부로, 몸의 중심에서 바깥 부분으로, 몸의 전체 활동에서 특수 활동으로, 간단한 것에서 복잡한 것으로 발달이 진행된다. 그러므로 발달의 이전 단계는 그 다음 단계의 기초가 되며, 한 단계에서 다음 단계로 발달이 일어날 때는 보다 높은 차원의 발달이 이루어진다.

③ 발달의 각 측면은 서로 영향을 주고받으면서 밀접하게 관련되어 나타난다. 예를 들어, 신체발달이 뛰어난 아동은 집단의 지도자 역할을 하면서 지도력을 키우게 되며, 그 지도력은 긍정적인 자아개념을 갖게 하여 학업성적을 향상시키는 요인이 될 수 있다. 즉, 신체발달, 언어발달, 인지

발달, 정서발달, 사회성 발달 등은 서로 무관한 것이 아니라 상호 영향을 주고받으면서 발달한다.

④ 발달은 분화와 통합의 과정이다. 발달은 전체적이고 일반적인 기능에서 부분적이고 특수한 기능으로 분화해 간다. 동시에 분화된 각 부분은 일정한 계열에 준하여 보다 발달된 수준으로 조직되고 통합된다. 어릴 때는 몸의 특정 부위에 자극을 받게 되면 전체적으로 미분화적인 반응을 일으키다가 성장함에 따라 자극받는 부분만이 분화적인 반응을 보인다.

⑤ 발달은 연속적인 과정이지만 그 속도는 일정하지 않다. 인간의 모든 발달은 점진적으로 진행되므로 다음 단계로 비약하거나 중지되지 않는다. 또한 [그림 2-1]과 같이 발달 속도가 일정하지 않아 때로는 급하게, 때로는 느리게 나타난다. 예를 들면, 체중이 느는 시기인 충실기와 키가 크는 신장기가 교대로 나타나는 것을 볼 수 있다. 다시 말하면 신체의 각 부위와 영역에 따라 발달 속도가 다르게 나타난다.

⑥ 발달에는 결정적 시기가 있으며, 그 시기들은 대부분 인간발달의 초기

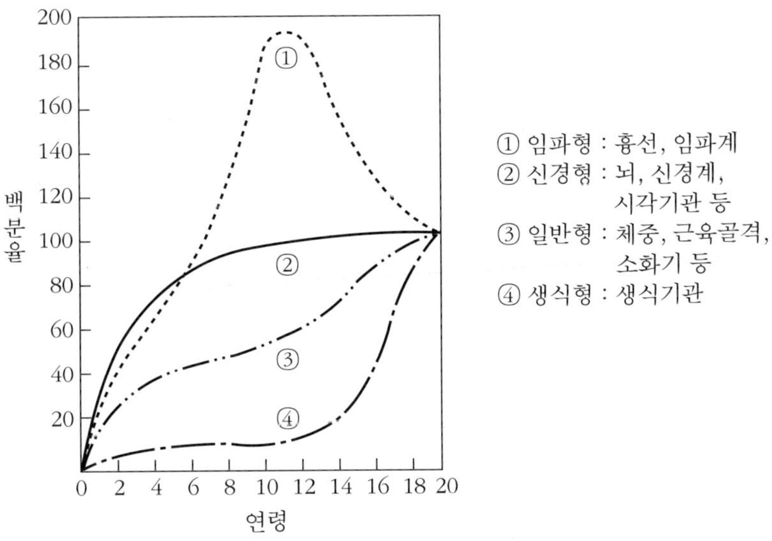

[그림 2-1] 신체 발달곡선(20세를 100으로 한 성장률)

에 집중되어 있어 초기 발달이 중시된다. 결정적 시기란 환경에 최대로 영향을 받는 시기로 외부 변화에 무척 민감하여 무엇이든 학습하기에 좋은 시기다. 예를 들어, 언어발달과 애착, 보행은 만 1세를 전후하여 결정적 시기를 맞게 된다. 이 시기를 놓치고 나서 그 특성을 발달시키려면 상당히 많은 노력과 시간이 필요하므로 주의해야 한다. 이처럼 발달의 초기 단계는 전체 발달단계에 지속적이고 결정적인 영향을 미치게 된다.

⑦ 발달에는 개인차가 있다. 모든 유기체는 보편적인 순서에 따라 발달하지만 성장 속도나 발달 시기는 개인차를 보인다. 개인차는 각 개인이 지닌 유전적인 조건과 상호작용하는 환경의 차이에 의해 나타난다. 개인차에는 두 가지 유형이 있다. 하나는 성(性)이나 연령, 성장 배경의 차이와 같은 개인 간의 차이고, 다른 하나는 한 개인 내에 존재하는 개인 내 차이다. 인간에 대한 올바른 이해의 첫걸음은 바로 개인차의 원리를 전제조건으로 받아들이는 것이다.

3) 발달단계와 발달과업

(1) 발달단계

앞서 살펴본 바와 같이 심신의 발달에는 연속성과 계열성이 있어 수태에서 죽음에 이르기까지 계속적으로 이루어지며 여기에는 몇 가지 구분되는 특징이 있다. 이러한 특징에 따라 발달과정을 단계로 구분한 것이 '발달단계'다. 즉, 발달의 양적 변화와 기능의 정밀화, 구조의 전환과 같은 질적인 변화를 기준으로 공통 특징에 따라 몇 개의 단계로 구분한 것이다. 예를 들면, 인간은 태아기에서 시작하여 신생아기, 영유아기, 아동기, 청소년기를 거쳐 성인기, 장년기, 노년기에 이르게 되는 것이 일반적인 발달단계다.

이처럼 발달단계란 일정한 연령에 도달하면 그 전후 시기와는 구별되는 특징을 지니며 그 시기의 사람들에게 공통적으로 나타나는 일반적인 발달적 특징이 존재하는데, 이것을 기준으로 하여 인간의 생애를 몇 개의 시기로 구분해 놓은 것이다. 이러한 발달단계의 구분은 학자들의 관심영역 또는 구분기준에 따라 다르며 이름도 각기 다르다. 예를 들면, Piaget는 인지구조의 차이를 근거로 발달단계를 나누었고, Freud는 리비도(libido)의 발달과정을 근거로 나누었다. 그리고 Erikson은 심리사회적 위기에 따라 발달단계를 구분하였다. 이들 이론은 크게 비연속 이론과 연속 이론으로 양분된다.

먼저 Freud와 Erikson을 포함하는 비연속 이론의 입장에서 보면 인간은 질적으로 구분되는 몇 개의 단계를 거쳐 변화·발달한다. 그리고 한 단계에서 다음 단계로의 이행은 돌연히 비연속적으로 일어나 인간발달은 어느 면에서나 분명하게 구분되는 단계를 지닌다. 또 다른 입장은 행동주의로 대표되는 연속 이론이다. 이 입장에서는 인간발달을 기본적으로 어느 시기, 어느 특정 연령단계에 가서 지금까지 없던 새로운 체계가 돌연히 나타나는 것이 아니라 서서히 점진적으로 이루어지는 것으로 본다.

발달단계는 이론적 타당성과 그 근거에 대한 실증적 증거 제시가 필요하므로 구분하는 것이 쉽지 않지만 그것을 구분함으로써 얻을 수 있는 이점이 있다. 첫째, 각 시기에서 인간의 전체적인 모습이나 특징을 직관적으로 파악할 수 있다. 둘째, 각 발달단계에서 인간이 달성해야 할 발달 과업이나 척도를 알 수 있다. 셋째, 특정한 심신의 기능이 저차원에서 고차원의 단계로 변화하는 과정을 발달적으로 파악하는 일이 가능하다. 즉, 유기체의 현재 발달상태를 알아보고 예상할 수 있게 해 주는 척도가 된다.

하지만 발달단계의 구분에 따른 제한점도 존재한다. 첫째, 어떤 단계에서 다음 단계로의 이행이라는 것은 서서히, 그러나 연속적으로 이루어지는 것이어서 현실적으로 각 단계 간에 분명한 선을 긋는 것이 곤란하다. 둘째, 심신의 발달에는 개인차가 작용하기 때문에 개개인을 연령에 따라 일률적으로 특정의 단계로 구분한다는 것은 합리적이지 않다.

(2) 발달과업

발달과업이란 자기가 속해 있는 발달단계에서 각 개인이 배우지 않으면 안

되는 여러 가지 숙제 혹은 과제로 개인의 건전한 성장발달을 위해 반드시 필요한 사항이다. 발달과업을 처음 제안한 Havighurst(1953)는 정상적인 성장·발달을 위해 자기가 위치하고 있는 발달단계에서 이루어 내야만 하는 과업으로, 어느 누구를 막론하고 모든 사람이 정해진 시기에 반드시 풀어야 할 숙제라고 정의 내렸다. 발달과업에 대한 Havighurst와 Levinson의 입장은 다음과 같다.

① Havighurst의 발달과업

Havighurst(1972)는 "발달과업이란 개인의 일생에서 일정한 시기 또는 그 가까이에서 일어나는 과업이다. 그 과업을 훌륭하게 성취하면 개인은 행복하게 되고 이후의 과업도 성공하지만, 실패하게 되면 개인은 불행하게 되고 사회로부터 인정을 받을 수 없게 되며 이후의 과업 성취에서도 곤란을 초래하게 된다."고 보았다.

그는 발달과업을 준비도에 관련시켜, "신체가 성숙하여 사회가 요구하고 자신이 어떤 과업을 성취할 준비가 되었을 때 교육의 적정시기가 온다. 만일 너무 일찍 가르치고자 한다면 그 노력은 헛수고이므로 적정시기에 노력하면 만족스러운 결과를 초래할 것이다."라고 주장했다. 즉, 짧은 시간에 최대의 효과를 얻을 수 있는 시기로서 학습자들의 학습을 위해 신중히 고려해 볼 부분이다. Havighurst의 발달과업 중 성인학습자에 관련된 시기는 〈표 2-1〉과 같다.

Havighurst의 발달과업이 교육에 시사하는 바는, 첫째 교사나 지도자가 학습자의 발달 정도와 발달과업을 파악하고 이해함으로써 그들이 당면한 문제가 무엇인지 확인하고 잘 해결해 가도록 조력할 수 있다. 둘째, 교육적 노력이 투입되어야 할 시기를 결정하는 데 기초 자료를 제시해 준다. 신체적이고 정신적인 성숙, 사회적인 요구에 대해 자신이 어떤 과업을 성취할 준비가 되어 있을 때가 바로 '가르침이 가능한 교육의 최적기'다. 즉, 너무 일찍 가르치려고 서두르면 시간이나 노력의 낭비를 가져올 수 있다. 그러므로 적절한 시기

〈표 2-1〉 Harighurst의 단계별 발달과업

청년기	① 남녀 사이의 새롭고 더욱 성숙한 관계를 이룩한다. ② 남자나 여자로서의 사회적 역할을 학습한다. ③ 자기의 체격을 인정하고 성역할을 인식한다. ④ 부모 또는 다른 성인에게서 정서적 독립을 이룬다. ⑤ 경제적 독립의 필요성을 절실히 느낀다. ⑥ 직업의 선택과 그 준비에 몰두한다. ⑦ 결혼과 가정생활을 준비한다. ⑧ 시민적인 자질로서 필요한 지적 기능과 개념을 발달시킨다. ⑨ 사회적으로 책임 있는 행동을 원하며 이를 실천한다. ⑩ 행동의 지침으로서 적절한 과학적 지식에 맞추어 가치관과 윤리체계를 형성한다.
성인 초기	① 배우자를 선택한다. ② 결혼 후 배우자와 함께 생활하는 방법을 배운다. ③ 가정생활을 준비한다. ④ 자녀를 양육한다. ⑤ 가정관리를 학습한다. ⑥ 직업생활을 한다. ⑦ 공민적 책임의 부담을 갖는다. ⑧ 적절한 사회집단에 참여한다.
중년기	① 성인으로서 사회적 책임을 수행한다. ② 생활의 경제적 수준의 확립을 유지한다. ③ 자녀가 신뢰할 수 있는 부모로서 협력한다. ④ 성인의 여가생활에 적극적으로 참여한다. ⑤ 하나의 인격자로 자기 배우자와 관계를 맺는다. ⑥ 중년기의 생리적 변화를 인정하고 이에 적응한다. ⑦ 연로한 부모를 공경한다.
노년기	① 체력과 건강의 쇠퇴에 대하여 적응한다. ② 정년퇴직과 수입의 감소에 대하여 적용한다. ③ 배우자의 사망에 대하여 적응한다. ④ 동년배 노인들과 친밀한 관계를 맺는다. ⑤ 사회적이고 공민적인 책임을 이행한다. ⑥ 만족할 만한 생활조건을 구비한다.

를 선택하여 가르친다면 보다 만족할 만한 결과를 얻을 수 있을 것이다.

② Levinson의 발달과업

성인의 발달을 생활구조가 일정한 순서에 따라 단계적으로 발전하는 것으로 본 Levinson은 여러 연령층 남자들의 자서전과 전기를 심층적으로 분석하여 '라이프사이클론'을 제기하였다. 그가 말하는 발달단계란 자아나 능력과 같은 부분적인 것의 발달이 아니라 생활구조 전체의 발달을 의미한다. Levinson은 발달단계를 생애구조의 변화에 따라 네 가지로 구분하고 각 시기를 약 20년으로 잡고 있다. 각 시기는 몇 개의 단계가 있고 과도기가 포함되어 있다. 그러나 이것은 단순히 눈에 보이는 행동의 변화라기보다 어떤 행위와 사건이 개인에게 주는 의미에 따라 서로 차이를 보인다. 그는 다음의 [그림 2-2]를 통해 발달과정을 설명하였다.

그림에서 보듯이 성인의 생활구조는 안정기와 과도기로 구분된다. '안정기'란 생활구조가 구축되는 시기로 대개 6~7년 정도 계속된다. 이 시기는 인생에서 중요한 선택이 이루어지고 자신의 목표와 가치관이 정립되는 시기다. 안정된 전과 후의 시기를 이어 주는 가교 역할을 하는 '과도기'는 생활구조

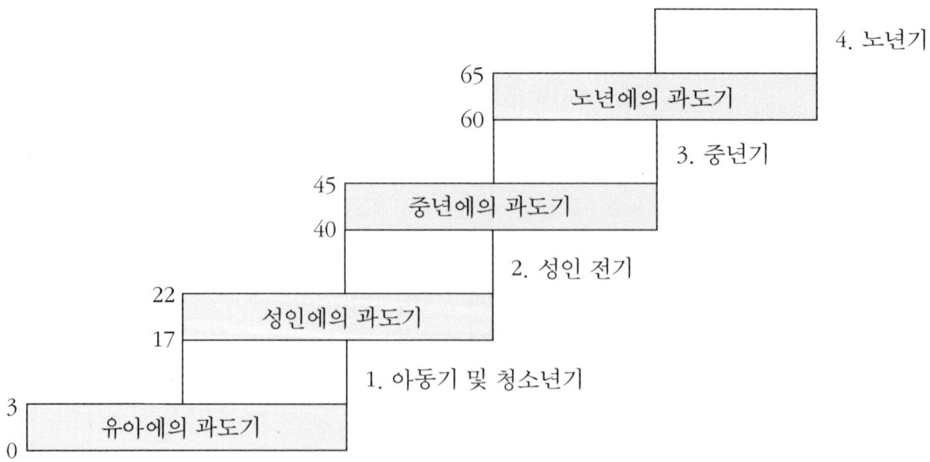

[그림 2-2] 라이프사이클에서의 발달단계

의 변화가 현저하게 나타나는 시기다. 라이프사이클은 이 두 시기가 서로 맞물리면서 4회 정도 반복되어 나타난다. 일부는 전단계가 끝나기 전에 다음 단계로 접어들어가면서 중복되는 부분이 나타나는데 이 부분이 과도기에 해당된다.

인생의 네 시기는 ① 아동기 및 청소년기(0~16세), ② 성인 전기(17~39세), ③ 중년기(40~59세), ④ 노년기(60세 이후)로 나누어지며, 이 과정에서 17~22세의 성인 초기 과도기와 40~45세의 생애 중반 과도기, 60~65세의 성인 후기 과도기를 거친다.

성인학습자에 해당하는 발달단계는 다음과 같다.

- 성인 전기(17~39세) : 네 단계로 구분되는데 우선 17~22세의 첫 시기가 성인기를 향한 과도기다. 미성년에서 성인세계로 첫 발을 내딛어 자아개념을 확립하고 성인세계의 가능성을 모색한다. 두 번째, 23~28세는 성인세계에 들어가는 시기로 자신과 성인사회를 잇는 생활구조를 만들기 위해 노력하는 시기다. 세 번째, 29~33세는 성인기에 들어 구축한 자신의 생활구조의 한계와 결함을 해결하고 만족할 만한 생활의 토대를 마련한다. 마지막으로 34~39세의 시기는 인생을 확립하고 자신의 목표성취에 전력을 다한다.
- 중년기(40~59세) : 체력이 어느 정도 쇠퇴하기는 하지만 분별력이니 정서적 감각이 성숙되는 시기로 사회의 중추 세력이 된다. 성인기와 중년기의 다리 역할을 하는 40~44세는 중년기의 과도기로서 지나온 시간을 돌아보고 현재의 생활에 수정을 가하려는 시기다. 두 번째, 45~49세는 새로운 선택을 통해 생활구조를 만드는 것이 과제다. 세 번째, 중년 안정기에 해당하는 50~54세에는 인생 절반의 과도기 과제를 실행한다. 마지막으로 중년 완성기인 55~59세에는 중년기 제2의 생활구조를 구축하는 시기다.
- 노년기(60세 이후) : 노년에의 과도기는 중년기를 끝내고 노년기로 들어

가기 위한 토대를 구축하는 시기다. 노년기는 생활주기에서 중요한 전환기로 작용한다.

Levinson의 라이프사이클론은 단순한 가설이 아닌 조사 결과에 의해 정립된 이론이다. 인생발달에서 결정적인 지점을 '과도기'로 파악함으로써 자연스럽게 다음 단계로 이행할 수 있음을 보여 주었다. 또한 각 발달단계에는 해결해야 할 발달과제가 존재하며, 그 과제를 성취한 결과가 다음 단계에 어떻게 영향이 미치는지를 지적해 주었다. Levinson의 이론은 성인학습자의 학습가능성을 밝혀 주었으며, 학습자의 학습요구와 그에 따른 성인학습의 방향설정에 중요한 토대가 되고 있다.

이상의 발달과업은 아동이 성인이 됨으로써 종결되는 것이 아니다. 인생의 각 단계마다 해결해야만 하는 과업이 연속적으로 제기된다. 발달과업의 측면에서 보면 인간은 완성된 인격체가 아니라 발달과정에 있는 끊임없이 변화하는 존재다.

학습자가 처한 발달단계와 발달과업을 규명해 내는 것은 성인학습의 기초자료를 얻는 데 중요한 과정이다. 그러나 발달과업은 어디까지나 학습내용을 선정하는 지침이지 그것이 바로 학습내용이 되는 것은 아니다. 따라서 성인학습을 통해 학습자들이 교육적 요구를 충족시킬 수 있도록 발달과업을 기초로 그들의 특성을 고려하여 종합적인 학습내용을 선정하는 노력이 필요하겠다.

4) 발달이론

인간의 성장과 발달을 도모하고 사회적으로 성장시켜 가는 것이 교육이라 한다면 무엇보다 그 대상인 인간에 대한 충분한 이해가 이루어져야 한다. 인간발달에 대해 어떤 관점에서 어디에 초점을 맞추어 연구하는가에 따라 많은 이론들이 있다. Piaget는 인간의 인지발달과 언어발달을 통해 인간발달에 접근하였고, Kohlberg는 인간의 도덕성 발달에, Freud와 Erikson은 사회정서 발달에 초점을 두었다. 이 장에서는 Freud와 Erikson의 이론을 대표적으로 소개하도록 하겠다.

(1) Freud의 심리성적 발달이론

Freud는 정신분석학 이론의 창시자로 20세기 최고의 학자로 손꼽힌다. 정신과 의사였던 Freud는 심리치료 과정에서 환자의 현재 상황은 과거 사건과 결부되어 있음을 발견하였다. 과거에 기인한 욕구와 감정이 환자의 의식 세계에서 무의식 세계로 억압되고, 이 억압된 에너지가 분출되어 정신적 이상으로 전환되기 때문에 무의식 속에 억압되어 있는 이 감정을 찾아서 풀어 주어야 한다고 보았다.

① 기본 가정

Freud 이론의 핵심은 초기 결정론, 무의식적 동기 그리고 리비도다. 초기 결정론이란 인간의 모든 정신적 활동은 이전의 행동이나 사건에 의해 결정되는데, 성인들의 정신적 문제는 대부분 어린 시절의 경험과 관련되어 인생 초기에 결정된다고 보는 견해다. 즉, 한 인간의 사고나 감정의 원인을 파악한다는 것은 쉽지 않지만 현재의 행동은 반드시 과거에 그 원인이 있다는 것이다. 또 인간의 행동은 과거의 경험에서 결정될 뿐만 아니라 그 이면에는 반드시 무의식적 동기가 있다고 보았다. 우리가 일상생활에서 생각하고 행동할 때 자신이 인식할 수도 없고 통제할 수도 없는 무의식에 의해 동기유발이 된다는 것이다. 마지막으로 본능적인 리비도(libido)가 인간에게 사고와 행동을 일으킨다고 보았다. 배고픔, 목마름, 성(性)에 대한 원초적인 욕망을 충족시키면서 정신적으로 흥분하거나 긴장을 해소해 나가는 것이 성격발달의 기본이 된다고 간주하였다. Freud에게 성이란 단순한 성욕을 의미하는 것이 아니라 감정, 애정, 사랑 등의 감각적 만족을 추구하는 모든 욕구가 포함된 넓은 개념이다.

② 성격의 구조

Freud(1953)에 의하면 인간은 자신의 욕망을 충족시키는 과정에서 반드시 사회나 현실과의 갈등이 야기된다. 그는 이 갈등이 해결되는 과정으로써 성격의 구조를 설명하였다.

출생과 더불어 갖고 태어나는 본능(id)은 비이성적이고 무의식적이며 이기적인 본능을 의미한다. 예를 들어, 영아는 현실에 대한 감각이 없고 현실적으로 가능한 것과 불가능한 것에 대한 판단이 불가능하여 강력한 충동적 본능의 즉각적인 만족을 추구하기 때문에 쾌락원리 또는 일차적 과정의 사고에 의해 행동한다.

그러나 생후 2년째가 되면 원초적 본능이 현실과 충돌하게 되면서 갈등이 야기되고, 이러한 갈등과정을 거쳐 성격의 제2단계인 자아(ego)가 발달하게 된다. 자아는 현실원리를 따르며 현실과 타협하기 위한 이성적 사고나 인식, 계획 등이 포함되는 2차적 과정의 사고다. 본능이 즉각적인 만족을 원하는 것에 비해 자아는 현실 판단을 통해 가장 적절한 해결책을 찾고 이를 통해 본능적 욕구를 충족시키려 한다. 한 가지 주의할 점은 본능과 자아는 정반대의 성격이 아니라 같은 목표를 향해 역동적으로 작용하는 성격의 두 측면이라는 것이다.

3~4세가 되면 성격의 세 번째 구조인 초자아(superego)가 발달하기 시작한다. 이것은 본능과는 달리 갖고 태어나는 것이 아니라 학습에 의해 획득되는 것이다. 초자아는 자아와 같이 현실과의 접촉을 통해 발달하며 물리적 현실보다는 사회적 현실에 바탕을 둔다. 초자아는 부모 또는 타인과의 동일시를 통해 사회적 가치나 문화적 규범을 얻게 되면서 내면화된다. 사회 · 문화적 규범은 본능과 반대 입장이라 본능과 초자아는 일반적으로 갈등상태에 놓이게 된다. 여기서 본능과 초자아의 갈등을 적절히 해결해 주는 것이 바로 자아라는 중재자다.

③ 발달단계

인간은 성적 본능 에너지인 리비도가 집중적으로 모여 성적인 만족을 얻는 신체 부위가 연령이 증가함에 따라 변하게 된다. 그에 따른 일련의 단계를 심리성적(心理性的) 단계라 하는데 이는 구강기, 항문기, 남근기, 잠복기 그리고 성기기로 구분된다. 각 시기에 리비도가 충분히 만족되지 못하거나 과잉충족이 일어나면 고착현상이 나타나 다음 단계로의 이행이 어려워진다. 바꿔 말하면 이는 각 단계의 적절한 욕구 만족이 정상적인 성격발달에 필수임을 말해주는 것이다.

① **구강기 혹은 구순기(출생~1세)** : 구강기에는 입술, 혀, 잇몸과 같은 입 주변에 리비도가 집중되어 빨고 깨물고 삼키고 입술로 장난하는 등의 행동을 통해 본능적 욕구를 만족시키고 긴장을 해소한다. 이 시기에 가장 중요한 작업은 수유 작업이다. 어머니가 애정을 갖고 수유하면 유아는 욕구 만족을 느끼며 행복해 하고 안정된 시기를 보내면서 다음 단계로 순조롭게 옮겨가게 된다. 그러나 이 시기에 충분히 만족하지 못하거나 과잉충족이 이루어지면 다음 단계로 옮겨가지 못하는 **구강고착** 현상이 나타나게 된다. 예를 들면, 손가락을 빨거나 손톱을 깨무는 습관, 지나친 흡연이나 과음, 과식 등의 구강적 성격이 그 예다. 세상에 대한 낙관적인 시각과 비관적인 시각이 이 시기에 결정된다. 그러므로 이 시기는 Freud에게 가장 중요한 시기로 간주되며 특히 모유수유가 강조되었다.

② **항문기(2~3세)** : 리비도가 항문과 그 주위로 옮겨와 대소변의 배출이나 보유를 통해 만족을 얻는다. 항문기에는 배변훈련이 시작되므로 그 훈련 과정에서 유아의 본능적 충동은 외부에 의해 통제될 수밖에 없다. 이때 아동은 대소변의 배출을 통제하기 위해 본능적 욕구에 대한 만족을 지연해야 할 필요성을 느끼면서 자아의 발달이 이루어진다.

아동은 배설물을 즉각적으로 배설하지 않고 참고 보유함으로써 오는 쾌감과 배설하고 난 후 근육의 이완에서 오는 쾌감을 아울러 맛보게 된다. 이 경험은 유아에게 가치 있는 물건을 보유하는 만족감을 얻게 한다. 항문기 동안 적절한 배변훈련을 시키지 못하거나 지나치게 청결을 강요하면 결벽증적인 성격을 갖게 되어 무엇이나 보유하고자 하는 인색한 성격 또는 수집광적인 성격을 띠게 된다. 이 시기의 적절한 배변훈련은 앞으로의 생산적이고 창의적인 성격의 바탕이 된다.

③ 남근기(4~5, 6세) : 이 단계에 이르면 리비도가 항문에서 성기(性器)로 옮겨가서 유아는 성기에 관심을 가지고 가치를 부여한다. 성기를 만지고 자극함으로써 성적인 기쁨을 얻고 성별에 대한 신체적 차이를 인식하며 성에 대한 관심도 높아진다. 또한 이 단계부터 본능, 자아, 초자아가 역동적으로 작용하기 시작한다.

남근기 동안 나타나는 가장 중요한 기제는 오이디푸스 콤플렉스(Oedipus complex)다. 즉, 남아는 어머니를 성적인 애착의 대상물로 바라보지만, 아버지가 어머니의 사랑을 얻은 성공적인 경쟁자이므로 어머니를 독점할 수 없다는 사실을 깨닫게 된다. 어머니에 대한 애정의 경쟁상대인 아버지는 신체적으로 너무나 월등하기 때문에 적대감을 느낄 뿐 아니라 자신의 제일 중요한 부분인 성기를 제거할 것이라는 거세불안까지 상상하게 된다. 이러한 아버지에 대한 적대감과 어머니에 대한 성적인 욕망 사이에서 느끼는 심리적 갈등은 그 욕망을 억누름으로써 동성의 아버지를 모방하고 동일시하는 것으로 해결된다. 즉, 남아는 자신의 사랑에서의 경쟁자인 아버지의 도덕률과 가치체계를 내면화함으로써 양심과 남성적 역할을 습득하고 자아를 발달시킨다.

마찬가지로 여아들도 사랑의 대상으로 아버지를 원하나 어머니에 의해 좌절되는 엘렉트라 콤플렉스(Electra complex)를 경험하며 아버지의 사랑을 잃지 않을까 하는 두려움을 갖는다. 여아 역시 어머니를 동일시함으로써 심리적 갈등을 해결한다. 또한 이 시기의 여아는 남아와 같은 성기를 갖지 않았다는 데서 남근을 부러워하는 남근선망을 지니게 된다.

④ 잠복기 혹은 잠재기(7~11, 12세) : 이 시기에 이르면 신체 각 부위로 옮

겨다니던 리비도가 잠시 숨어들면서 성적 욕구에 대한 흥미가 약해지고 그 욕망을 억누르게 되어 잠복기라 한다. 성적 만족은 여전히 성기 부위에서 얻으나 아동의 행동에는 두드러지게 나타나지 않으며 오이디푸스 콤플렉스를 해소하기 위해 성에 대한 표현이 억제된다.

아동은 신체 성장과 지적 활동인 학업에 열중하며 환경 탐색을 통해 앞으로의 사회생활에 필요한 여러 기술을 습득해 간다. 동성 친구와 친하게 놀면서 집단을 이루어 몰려다니며 놀이나 게임을 통해 규칙을 알게 되고 사회규범에 대해서도 배우나 이성에 대해서는 배타적이다. 이 시기의 과업 수행에 실패하여 고착현상이 일어나면 성인이 되었을 때 이성에 대해 안정감을 갖지 못하고, 이성과의 성관계를 회피하거나 성행위를 할 때 정서적으로 위축되거나 공격적이 될 수 있다.

⑤ **성기기 혹은 생식기**(12세 전후의 사춘기~19세) : 사춘기에 맞게 되는 성기기에는 신체적으로 성기능이 성숙되면서 성적인 관심이 높아진다. 성적 만족의 일차적 영역은 여전히 성기 부근이나 이성과의 성적 욕구도 충족시킬 수 있는 생리적인 기능도 갖추게 된다. 그러므로 동성의 또래집단과 어울렸던 잠복기에 반해 성기기가 되면 이성과의 접촉에 최대 관심을 둔다. 이성에 대한 거부에서 관심으로의 전이는 일종의 심리적 도전이다. 이러한 전이가 성공적으로 이루어진다면 성적인 본능을 성숙된 방법으로 만족시킬 뿐 아니라 이성에 대한 진진한 애정으로 발전되고, 자아중심적인 사고에서 벗어나 세계를 객관적으로 보는 사고능력을 갖게 된다. 이성에 대한 성적 욕구는 심미적인 활동으로 승화시킬 수 있다. 독서, 운동, 과외활동, 사회봉사 활동 등은 도덕적 규범이 존재하는 사회에서 청소년들이 성적 욕구를 승화시키는 대체활동이라 할 수 있다. 또 이 시기의 청소년들은 리비도를 적절히 처리하지 못하여 비행으로 표출하기도 한다.

Freud의 심리성적 발달 이론은 여러 측면에서 비판을 받고 있으나 인간 이해에 대한 또 다른 출발점으로서 학계에 크게 공헌하였다. 비록 성인의 발달에 대한 언급은 없었으나 한 인간이 성인에 이르는 과정을 설명해 주어 개개인에 대한 이해의 폭을 넓혀 주었다는 측면에서 성인학습에 이바지하고 있다.

(2) Erikson의 심리사회적 발달이론

독일 심리학자인 Erikson의 이론은 Freud의 이론을 바탕으로 하고 있지만 Freud와 달리 인간의 사회 · 문화적 환경을 부각시켜 이론을 확장시켰다. Freud와 Erikson의 이론은 크게 세 가지 측면에서 비교된다. 첫째, Freud가 단지 부모의 중요성만을 강조하였다면, Erikson은 문화적인 요인을 강조하여 성장 · 발달에는 부모뿐만 아니라 가족, 친구, 사회, 문화적 배경이 중요하게 작용함을 시사하였다. 둘째, Freud는 한 단계에서의 실패를 고착으로 보아 그 실패를 되돌릴 수 없다고 간주하였으나, Erikson은 나중에라도 적절한 사랑과 보살핌이 주어지면 수정이 가능하다는 낙관적 견해를 제시하였다. 셋째, Freud에게 발달은 19세까지며 더욱이 6세 이전이 인간발달에 결정적이라고 본 반면, Erikson은 태어나서 죽을 때까지의 평생 발달을 중요시하여 평생교육의 이론적 토대를 마련하였다.

Erikson은 인간발달에 대해 낙관적이면서 환경론적인 견해를 보이고 있다. Erikson은 초자아의 발달이나 역할보다는 자아의 발달에 따른 건강한 정체감 형성을 강조하였으며, 심리사회적 **위기** 극복을 통해 자아가 발달하는 것으로 보았다. 새로운 환경이 요구되는 급격한 변화의 시기인 위기를 어떻게 극복하는가의 문제가 Erikson의 발달에서 관건이다. 심리사회적 단계는 사회적 환경에 적응하려는 개인의 욕구와 욕구충족 과정에서 야기되는 갈등에 의해 구별되고 각 단계는 대립되는 양극개념으로 특징지어진다. **양극개념**이란 각 단계마다 어떤 특정 과업을 설정하고, 그 과업의 성취 여부에 따라 정상과 비정상적인 측면을 대비시켜 설명한 것이다. 한 가지 유의할 것은 양극개념의 두 가지 측면 모두가 정상적인 발달에 필요한 부분이라는 것이다. Erikson의 발달단계를 구체적으로 살펴보면 다음과 같다.

① 1단계 : **기본적인 신뢰감 대 불신감**(출생~1세)

Erikson은 건강한 성격의 가장 기본적인 요소를 신뢰감으로 보았다. 그래서 어머니나 그를 대신하는 양육자가 이 시기에 가장 중요한 인물이며, 유아가 궁극적으로 갖게 되는 신뢰감과 불신감은 어머니와 유아의 관계에 의해 결정된다. 어머니에게 따뜻하고 애정적인 보살핌을 받게 되면 유아는 사회에 대한 신뢰감을 발달시킬 수 있으며, 신뢰감이 형성되면 가끔씩 어머니가 없을 때도 누군가가 자신을 돌보아 주리라는 믿음을 갖게 된다. 그러나 욕구충족이 이루어지지 않으면 불신의 감정을 가지고 인생을 시작할 것이다. 이러한 신뢰감 대 불신감의 비율은 앞으로의 인생을 살아가면서 맺게 되는 모든 사회적 관계의 기초가 된다.

② 2단계 : **자율성 대 수치심과 회의감**(2~3세)

이 시기가 되면 유아는 행동의 주체가 바로 자기 자신이라는 것을 서서히 깨닫게 되어 지금까지의 반사적 행동이 반응적 행동으로 바뀐다. 배변훈련은 유아에게 자신의 행위에 대한 독립심을 키워 줌으로써 자율성 개발의 기초를 마련해 준다. 자신이 무엇을 할 수 있다는 생각과 동시에 표출되는 지나친 시도에 대한 주위의 비난도 인식할 수 있게 되면서 둘 간의 평형을 유지하려고 노력한다. 만약 유아가 덜 성숙된 상태에서 배변훈련과 같은 외부 통제가 너무 빨리 또는 엄격하게 가해지면 자신의 통제능력의 미약함과 더불어 외부 압력을 조절할 수 없는 무능력에 대해 심한 수치심과 회의감을 갖게 된다. 이때 유아는 자신의 행동에 대해 책임을 회피하려는 경향을 보이거나 전단계로 퇴행함으로써 만족을 추구하려 한다. 서서히 친절하게 행해지는 배변훈련은 유아의 자존감을 높여 주면서 통제력을 발달시켜 강하면서도 사회적으로 인정받는 자율성을 획득하게 한다.

③ 3단계 : **주도성 대 죄책감**(4~5, 6세)

이 시기가 되면 언어를 사용하고 신체적인 능력이 개발되어 주변의 여러 가지 물건을 마음대로 다룰 수 있게 된다. 그뿐 아니라 많은 호기심에 대한 해답을 스스로 찾음으로써 상상력을 개발하고 주변 환경을 이해하여 자신의 행동에 대한 목표와 계획을 세우는 주도성과 자율성, 책임감을 갖게 된다. 그러나 가끔씩 유아의 행동이 사회적으로 용납되지 않아 부모에게서 제재를 받게 되는데, 부모의 제재가 일관성이 없고 부드럽지 않다면 유아는 자신의 주도적인 행동에 자신감을 잃을 뿐만 아니라 나쁜 짓을 한다는 죄책감을 갖게 된다.

④ 4단계 : **근면성 대 열등감**(7~11, 12세)

이제 주 무대가 가정에서 학교로 옮겨가게 된다. 이 시기에는 학교생활을 통해 많은 지적 능력을 개발할 뿐만 아니라 친구와의 접촉으로 사회의 가치관이나 규범을 획득하게 된다. 친구를 통해 자신을 발견하고 무엇인가를 주도적으로 행하여 자신감을 얻게 되면 근면성이 개발된다. 이들은 가치 있는 일을 하고 거기서 인정받기 위해 인내력을 발휘함으로써 만족을 얻는다. 그러나 친구와의 비교를 통해 자신감을 잃거나 학교생활에 적응할 준비가 되지 않은 상태에서 계속 실수하면 자신감과 근면성이 개발되지 않아 열등감을 느끼게 된다. Erikson은 이 시기에 아동의 잠재력이 개발되지 않으면 영원히 사장되어 버릴 수도 있다고 보았다.

⑤ 5단계 : **자아정체감 대 역할혼미**(12세 전후의 사춘기~19세: 청년기)

Erikson이 가장 중점을 둔 시기는 1단계인 신뢰감 형성단계와 함께 이 청년기다. 이 시기에는 신체가 급격히 성장하며 요구되는 사회적 역할도 지금까지와는 달라, 아동기에 가졌던 자신의 관점이나 가치관이 이 시기에 오면 부적절함과 부조화됨을 느껴 어떻게 대처해야 하는지에 대해 당황하게 된다. 따라서 자기 존재에 대한 새로운 인식 '나란 존재는 무엇인가?' 라는 의문과 함께 많은 고민과 갈등을 거쳐 자신의 능력과 존재 의미를 탐색하면서 자아정체감을 형성하게 된다. 그러나 이 의문에 대한 해답을 얻지 못하면 역할혼미가 생긴다. 정체감의 확립을 위해 이들은 자신의 초기 경험과 개인적 욕구를 성공적으로 통합할 수 있도록 영웅이나 위인 등과 동일시하여 자신의 개성을 일시적으로 잊으려 한다. 가까운 친구들도 서로 모델이 되어 줌으로써 역할혼미의 위기에 잘 대처해 나가도록 도울 수 있다.

⑥ 6단계 : 친밀감 대 고립감(20~25세: 성인 초기)

청년기에서 성인기로 전이되는 비교적 짧은 시기로 친밀감을 발달시키지 못하면 고립감의 위기를 맞는다. 이 시기에는 특정 이성과의 친밀한 관계를 유지시키려는 욕구가 생겨나 궁극적으로 배우자를 선택하게 된다. 이러한 과정에서 획득되는 친밀감은 결혼생활을 성공적으로 수행하는 데 결정적인 역할을 한다. 친밀감이란 비이기적인 방법으로 다른 사람과 감정이나 가치관을 교류하는 성숙된 인간관계다. 이는 자아정체감이 잘 확립된 사람이라면 원만하게 얻을 수 있다. 그러나 청년기에 자기 자신에게만 몰두하여 자아정체감을 확립하지 못한다면 타인과의 관계에서도 친밀감을 형성하지 못한다. 이들은 친구나 부모, 심지어 결혼한 배우자에게도 사회적인 위축을 느끼게 되어 결국은 고립감을 느끼게 된다. Erikson에게 친밀감이란 이성과의 결혼과 성적인 친밀감뿐만 아니라 친구나 직장에서 얻어지는 사회적 친밀감까지도 포함된다.

⑦ 7단계 : 생산성 대 침체감(26~65세: 성인 중기)

결혼한 부부가 자녀를 낳아 사회의 한 구성원으로 올바르게 성장시켜 가는 시기다. 다음 세대를 교육시켜 사회적 전통을 전수시키고 가치관을 전달하는 과정에서 부모는 자신의 역할에 대한 생산성을 획득하게 된다. 자녀가 없는 부부는 입양을 하거나 가까운 친척 또는 친구의 자녀들과 접촉하여 생산성을 얻을 수도 있다. 또한 사회적인 활동을 통해서도 획득될 수 있다. 직장에서 젊은 세대를 지도하고 교육시키기도 하며, 창의적인 학문의 성취와 예술적 업적을 통해서도 생산성을 발휘한다.

⑧ 8단계 : 자아통합감 대 절망감(65세 이후: 노년기)

노년기에 해당하는 마지막 단계는 지금까지 지내 온 삶을 되돌아보는 시기다. 자신의 생애를 돌아보아 보람과 가치를 느끼고 오랜 삶을 통해 노련한 지혜를 획득하게 되면 자아통합감을 얻게 된다. 반면에 젊음을 잃고 직업에서 은퇴한 후 신체적으로나 경제적으로 무력감을 느끼며, 지나온 자신의 삶이 무의미했다고 느끼면 절망감을 갖게 된다. 절망감과 죽음에 대한 공포를 느끼는 노인들은 성취감을 이루지 못한 지금까지의 인생을 다른 방향으로 바꾸기에는 시간이 너무 짧다는 것에 절망감을 느끼며 인생을 끝내게 된다.

이러한 인간발달의 8단계는 인생 각 영역의 그 나름의 중요성을 일깨워 계속적으로 노력해야 함을 제시함으로써 성인학습의 이론적 토대가 되었다.

3. 성인학습자의 특성

성인의 성숙은 '성취상태가 아니라 형성과정' 이다(Kim, 1994). 이는 성장 가능성을 직시하는 것으로 계속하여 무엇인가 이루고자 노력하고 변화에 대한 수용태세가 있을 경우 성장할 수 있음을 의미하는 것이다.

앞서 살펴본 발달이론은 성인학습을 위한 교육목표 설정, 내용의 선정 및 조직 등에 많은 시사점을 주고 있다. 특히, 성인들은 아동 및 청소년과는 대조적으로 훨씬 독립적이며 자기주도적인 생활경험을 갖고 성인학습에 참여한다. 새로운 지식을 현실에 즉각적으로 적용시켜 보려는 학습 성향 및 사회적 역할과 관련된 발달과업이 중시된다. 이에 성인학습 실시를 위한 기초 작업으로서 학습자로서의 성인의 특성에 대해 파악해 보기로 한다.

1) 신체적 특성

흔히 나이는 못 속인다고 한다. 사람에 따라 개인차가 존재하지만 인간의 신체적 · 감각적 기능은 연령이 증가함에 따라 감퇴되는 것이 사실이다. 성인학습자의 학습에 영향을 미치는 요인으로 시각, 색조 변별력, 청각, 생리적 반응 속도의 감퇴가 있다(Cross, 1981; Bee, 1996). 이를 신체변화, 감각기능과 지각 속도의 변화로 나누어 살펴보면 다음과 같다.

(1) 신체적 변화

사람은 일정 연령이 되면 신체적 및 정신적 성장이 일어나고 또 어느 시점 이후부터는 성장의 둔화와 함께 서서히 쇠퇴해 간다. 성인기의 변화는 여러 측면에서 접근해 들어갈 수 있는데, 신체적 측면에서는 '노화' 에 그 초점이

〈표 2-2〉 연령에 따른 신체변화

구분 \ 연령	20~39세	40~64세	65~74세	75세 이상
신장	최대신장 시기: 머리가 성장하고 모양이 변화됨	신장이 서서히 줄어듦, 피부와 다른 조직들이 탄력을 잃기 시작함	신장이 계속 감소: 탄력의 감소가 계속됨	신장 변화의 가속화
감각 기능	감각기능의 절정기	50세경부터 둔화되기 시작하나 안경이 필요한 정도 외에는 일상생활에 별 문제 없을 정도로 미약함	많은 사람들에게 청각의 감소가 현저해짐, 사람에 따라 후각이 감소하기도 함	대부분의 감각 감퇴가 가속화됨
체력	체력과 스테미너의 최고 절정기	심장과 폐 기능이 감퇴하기 시작함	체력 감소: 이러한 감퇴가 일상생활에 약간의 영향을 줌	개인차가 크기는 하나 체력의 감소가 일상생활에 영향을 미침
신경계	신경계의 최대 효율성	수상돌기가 약간 감소함	수상돌기와 신경반응속도의 감소: 뉴런의 감소	뉴런의 감소: 뇌의 무게, 수상돌기의 감소와 늦어지는 반응 속도
호르몬	최대 생산시기 (여성의 경우는 20대)	호르몬과 생식의 변화를 수반하는 폐경기	남성에게는 테스토스테론이 서서히 감소함	남성에게는 부수적인 테스토스테론의 감소가 있기는 하지만 그로 인한 변화는 적음
면역 체계	면역체계의 최대 효율성	면역체계의 효율성 감소	면역체계가 감퇴함에 따라 질병에 걸리기 쉬움	변화의 패턴이 가속화됨
성생활	성적 활동의 최절정기	성관계의 감소: 그러나 모든 성인들이 여전히 성적으로 활동적임	성인의 절반 정도가 성적으로 활발하지만 횟수는 감소됨	25% 이하의 성인들만이 성적으로 활발함

맞추어지고 있는 실정이다. 이는 성인들의 교육 가능성과 직결되어 성인들의 시력 및 청력 등의 노화는 학습 불가능 상태로 일반적으로 인식되고 있다. Bee(1996)는 성인기의 연령별 신체변화를 〈표 2-2〉와 같이 요약 · 정리하였다.

건강한 성인들을 대상으로 이루어진 한 연구에 의하면, 성인들은 40세경부터 평균적으로 2~5cm 정도 신장이 감소하였는데 이는 척추 사이의 디스크가 축소되기 때문이었다. 체력이나 근력도 대체로 30대를 전후하여 절정에 도달했다가 퇴화되지만 개인의 운동량이나 환경 및 특성에 따라 차이를 보였다.

(2) 감각의 변화

오감 중 성인의 연령과 가장 관계 깊은 것이 바로 시각이다. 눈의 굴절상태는 일생 중 언제나 일정한 것이 아니어서 출생 당시에는 원시 경향을 보이다가, 성장에 따라 정상 혹은 근시가 되었다가, 50세를 넘기면서 점차 원시로 이행해 간다. 시각의 감퇴는 대체로 40~50세 사이에 나타난다. 이렇게 눈으로 가는 혈액공급이 감소되면서 시각의 범위가 좁아지는 반면 사각범위는 커져 밝기에 대한 망막의 민감성은 낮아지는 것이다. 그뿐 아니라 파랑, 초록, 보라와 같은 파장이 짧은 색에 대해서는 민감도가 떨어져 파악이 어려워진다. 60세 이상의 운전자가 고속도로의 표지판을 제대로 읽기 위해서는 25세 이하의 운전자에 비해 75% 정도 더 가까이 가야만 하는 상황이 여기에서 비롯된다 (Fozard, Vercruyssen, Reynolds, & Quilter, 1990).

감각기관 중 가장 빨리 노화가 일어나는 청각은 40세경에 시작되어 점진적으로 일어난다. 고음에 대한 민감성이 먼저 감퇴되다가 50대에는 저음에 대한 변별력 감퇴도 일어난다. 소음이 많은 도시의 경우가 더 심하며, 직업적 · 사회적 역할이 많은 남성에게 더 빨리 나타난다. 이러한 현상이 심각해질 경우 대인관계에서의 의사소통에 혼란이 초래되어 안정감과 자신감에 영향을 미치며 새로운 장면과의 접촉을 꺼려 소외감을 자초하기도 한다.

그러나 성인의 노화는 한 번에 갑자기 일어나는 것이 아니며 노화가 진행된다고 해서 학습이 불가능한 것이 아님이 연구들을 통해 입증되었고, 이에 따라 성인들의 학습 가능성에 대한 긍정적인 전망들이 나오고 있다. 예를 들어, 시각의 변화는 못 보는 것이 아니라 선명도와 색조 변별력이 감퇴된 것이므로 좀 더 밝은 조명과 학습자료의 크기 조절을 통해 극복할 수 있다. 더불어 청력의 감퇴는 듣는 능력의 전반적 감퇴가 아닌 지각의 변화로 보자는 것이 최근의 주장이다. 즉, 아예 듣지 못하게 되는 것이 아니라 음절의 분별력이 떨어지는 것에 불과한 것이다. 그러므로 잘 조절된 성량의 큰 소리로 또박또박 발음하거나, 마이크를 적절히 사용하고 학습자를 정면으로 보고 이야기하거나, 시각적인 학습자료를 함께 제시함으로써 학습 가능성을 높여 갈 수 있다.

(3) 감각 · 지각 속도와 작업 성취도의 변화

연령이 증가함에 따라 신경계에 대한 외부 자극의 충격이 오래 지속되다보니 주어진 자극이나 요구되는 반응에 상관없이 반응 속도가 늦어지게 된다. 게다가 전반적인 체력의 감소 및 중추신경계의 기능 저하로 집중력이 떨어짐과 동시에 외부의 자극을 좀 더 느리게 지각하여 천천히 생각한 후 반응하므로 행동이나 작업 성취도가 낮아진다. 일의 성취에서 신체적 요소나 반응 속도, 감각요소들이 중요하기는 하지만 이것이 절대적인 요인은 아니다. 예를 들어, 사태에 대해 판단을 내리는 일, 안정성과 신뢰성이 요구되는 일에는 젊은이들보다 유리한 입장에 서 있을 수 있다. 또한 반응 속도는 연습이나 훈련에 의해 빨라질 수 있으므로 성인들에게 작업시간을 충분히 주고 집중할 수 있는 환경을 마련해 준다면 학습은 언제나 가능하다. 중요한 것은 성인학습을 지도하는 사람과 기관이 성인학습을 향상시키고자 하는 의지를 얼마나 갖고 있는가의 문제다.

2) 정의적 특성

정의적 특성이란 학습자가 학습활동을 하도록 하는 심리적 요인을 말한다.

정의적 특성은 인간행동의 심리적 기초를 이루며 지적 특성과 상호작용하기 때문에 학업 성취에서 지적 특성에 버금가는 영향력을 가진다. 예컨대, 지적 특성을 차의 용량에 비유한다면 정의적 특성은 차를 움직이게 하는 기름에 비유할 수 있다(송병순 외, 2000).

성인들은 바쁜 일상생활, 현실 만족의 안정지향성, 나이를 의식한 낮은 포부수준으로 말미암아 학습동기 유발이 쉽지 않다. 또한 성인에게 부과되는 사회적 요구에 대해 감소하는 에너지를 효율적으로 사용해야 한다는 강박감이 생겨나므로 성인이면 으레 안정적인 심리상태에 이를 것이란 일반적 기대가 더 큰 압박감으로 작용하게 된다.

특히, 중년기의 위기는 정서적인 면에서 큰 분기점으로 작용될 수 있다. Jung은 40세를 전후하여 이전에 가치를 두었던 삶의 목표와 과정에 대해 의문이 제기되면서 중년기의 위기가 시작된다고 보았다. 사회적으로 성취한 대부분의 것들이 어떤 면에서는 개인의 내재적 욕구의 억압을 바탕으로 이루어진 것이므로 사회적으로 성공한 사람들도 중년의 위기는 불가피한 것이다.

성인이 되어 감에 따라 나타나는 대표적인 성향은 고집이 세어진다는 '중심성과 경직성', 새로운 것을 시도하는 것에 대한 두려움인 '내향성 및 조심성'의 증가다. 즉, 자기 분야에서의 경험 누적은 자기중심적으로 사고하게 만들며, 살아오면서 겪었던 부정적인 경험과 신체적 기능의 감퇴로 인한 자신감의 저하가 새로운 일을 시작하는 데 조심성을 증가시킨다. 또한 옛 것, 친근한 것에 대한 고집은 학습에 대한 두려움을 증가시키므로 이를 고려하여 성인들의 경험이나 그들에게 친근한 사물이나 상황들을 학습에 활용할 필요가 있다. 오히려 성인들은 현실에서 직면하는 문제해결을 위해 다양한 학습동기를 갖고 있다. 또한 학습을 통해 생겨나는 작은 변화에 대해 기뻐하고, 실생활에서 만족할 만한 효과를 얻게 되면 더욱더 학습에 적극적으로 참여할 수 있는 장점이 있다.

성인학습에서 염두에 두어야 할 것은 학습의 시작 자체가 자발적인 선택 및 참여에 의해 이루어졌으므로 학습에 대한 정서적 두려움이나 혐오감 혹은 의식적, 무의식적 저항의식이나 방어의식이 생겨날 경우 학습을 쉽게 포기할 수도 있다는 것이다. 과거에 특정 학습과정에서 실패한 경험이 있다면 성인학습자들은 과거의 학습경험이나 학습행동으로 인한 불안감이 생겨 새롭게 접하는 학습에 대해서도 불안감을 갖기 쉽다. 또 이것이 의식에 작용하여 자신의 나이를 떠올리거나 머리 회전이 되지 않는다는 식으로 생각이 거듭되어 아예 학습을 포기해 버리는 경우도 나타난다. 중요한 것은 성인들이 학습에 임할 때 그들도 훌륭히 학습을 수행해 낼 수 있다는 자신감을 불어넣어 주는 일이다.

정의적 특성을 학습에 이용하기 위해서는 성인학습자와 지도자의 관계를 수직적이고 일방적으로 구조화시켜 학습을 진행시키기보다는 학습자들의 자율적인 참여와 학습계획 수립의 주도성에 여지를 허락함으로써 자존감을 회복시켜 주는 것이 좋다. 또한 학습자 스스로가 무엇인가를 성취해 가고 있다는 성공감을 불어넣어 주도록 프로그램을 짜야 한다. 강제성을 띠지 않는 성인학습은 학습자들이 각 단계마다 스스로 성취감을 느껴 내적 강화가 가능해질 때 학습을 지속해 나갈 의욕이 생겨나게 된다.

3) 성격적 특성

동일하거나 유사한 상황에 대한 개인의 반응은 천차만별이다. 이는 각자가 지니고 있는 고유한 특성이나 심리적 경향에 따른 차이다. 한 개인이 일상생활에서 어떻게 적응해 가는가를 알기 위해서는 그의 성격을 살펴보아야 한다. 성격이란 여러 상황들에서 일관되게 보여 주는 심리적 특성으로 주위 환경에 대한 개인의 독특한 적응양식이다. 출생과 더불어 계속적으로 형성되면서 아동기와 청년기에 이르러 어느 정도 안정성을 갖게 되는 성격은 변화 가능한 것일까? 여기에는 두 가지 관점이 있다.

성격의 일관성 및 안정성을 주장하는 Costa와 McCrae(1994)는 인간의 기본적인 성격을 다섯 가지로 제시하였다. 신경증(불안, 긴장, 불안정, 걱정이 많음), 외향성(활동적, 자기주장적, 에너지가 넘치고 열성적임), 개방성(편협하지 않고 공정하며 수용적임), 호감성(관용적, 관대, 친절, 신뢰할 수 있음), 성실성(효율적, 조직적, 계획적이고 책임감 있음)의 다섯 가지 성격은 비교적 오랫동안 안정적이므로 성격 특성에서 3/5 정도는 전 생애에 걸쳐 안정적이라고 보았다. 그러나 이러한 일관성에도 불구하고 개인적 변화나 발달적 변화에 의해 성격이 변화될 여지는 남겨두었다.

또 다른 견해는 성격의 변화 가능성을 내세워 인간이란 학습을 통해 성인기를 포함하여 평생 동안 변화되고 발달된다고 보는 사람들이다. 그렇다고 하여 각 단계마다 새로운 성격적 특성이 나타난다는 것이 아니라 이전의 성격적 특성을 바탕으로 하여 점진적으로 변화해 간다고 본다. 심리사회적 발달이론을 주장하였던 Erikson은 인간이 자신의 요구를 만족시키기 위해 각 단계마다 독특한 자아능력을 발달시켜 가는 과정 자체가 성격의 형성이며 발달과정이라고 보았다.

Neugarten(1964)은 성격의 변화하는 측면과 지속되는 측면을 밝혀 연령과 관계없이 지속되는 성격으로는 통합성, 방어성, 수동적 의존성과 비통합성을, 연령에 따라 현격한 변화를 보이는 성격으로는 활동적-수동적, 내향적-외향적인 것으로 보았다. 따라서 중년 이후의 성인의 경우 젊은이보다 자기자신을 성찰하고 반성하는 등 내부지향적인 성격으로 변화해 갈 가능성이 높아진다.

성격의 한 부분으로서 성역할은 남녀 모두 중년기 이후에는 양성성적 유형으로 전환된다. 남성은 모친성-여성성-유친성이 보다 증가함에 비해, 여성은 지배성-공격성-자기중심성이 증가함이 보고되고 있다. 즉, 중년기에 이르면 남성성과 여성성이 통합되어 성역할이 보다 융통성 있게 변화되며 잠재되었던 개개인의 인성이 출현하기 시작한다.

개인이 처해 있는 일상생활에 대한 적응양식인 성격은 학습에서의 참여도나 관심도의 계속성 그리고 학습자 간의 관계 형성에 많은 영향을 미치게 된다. 학습자 개개인의 성격에 대해 모두 배려할 수는 없겠으나, 기본적으로 모든 사람의 성격에는 차이가 있으며 그 차이에 의해 학습에 대한 태도와 기대가 다를 수 있음을 염두에 두어 학습 프로그램을 기획하고 진행시켜 가야 한다.

4) 사회적 특성

성인기의 사회적 관계는 그 사람이 갖고 있는 사회적 역할이나 직장 동료와의 관계, 친구와 가족관계 속에서 어떠한 상호작용을 하는가에 영향을 받으므로 사회적 상호작용을 통해 그 특성을 밝혀 보고자 한다.

나이가 들어감에 따라 성인들에게 요구되는 사회적 기대와 요구 사항들은 변화하는데 이러한 변화들이 성인기의 특성을 형성하게 된다. 인간은 변화하는 내적, 외적 환경에 어떻게 적응하는가에 따라 성공과 실패가 결정된다. 즉, 신체적 · 심리적 성숙과 결혼, 자녀양육, 직업생활 등의 사회적 요구들이 어떻게 상호작용하는가에 따라 달라지는 것이다. 이러한 발달과업들은 사회 · 문화적인 상황에 따라 다르게 정의되고 있지만, 중요한 것은 발달과업에 의해 성인들의 교육적 요구가 발생한다는 것이다. 성인들은 자신에게 부과된 여러 과업들을 성공적으로 수행해 내기 위해 새로운 지식과 기술을 필요로 하기 때문이다. 성인의 교육적 요구는 발달과업과 자신이 맡고 있는 업무를 성공적으로 수행하려는 노력과 연결되어 나타난다(Knox, 1986).

Acrstensen(1992)은 청소년기부터 50세까지의 성인 50명을 대상으로 사회적 관계에 대해 연구한 결과, 연령이 증가할수록 최대의 사회적 · 정서적 안정을 얻고 대인관계상의 손실을 최소화하기 위해 사회적 상호작용을 선택적으로 감소시켜 간다. 동시에 이미 확립된 관계는 더 가까워져 친구 수는 적어지지만 더욱더 친밀한 관계를 유지하게 된다. 이러한 결과는 연령이 증가하면서 다른 사람과의 인간관계가 감소함에도 불구하고 나이 많은 성인들은 젊은이들보다 외로움을 덜 느낀다는 Peplau 등(1992)의 연구 결과와도 일맥상통한다. 즉, 외로움은 자신이 원하는 사회적 접촉의 양과 자신의 현재 사회적 접촉의 양 간의 차이가 있을 때 일어나는 것이어서, 나이든 성인은 비록 상호작용하는 친구와 친척의 수가 적더라도 자신이 가진 상호작용에 만족할 수 있는 것이다.

이러한 사회적 특성을 가진 성인학습자들이 학습상황에 처하게 될 경우, 단독으로 학습하거나 수동적인 상태에서 학습하는 것보다는 다른 학습자들과 함께 하고 학습자와 지도자 간에 좀 더 직접적인 상호작용이 이루어질 때 교육의 질과 참여율, 학습성과가 높아진다. 성인의 상호작용 중 성인학습에 관련되는 것을 ① 학습자와 지도자, ② 학습자들 간, ③ 학습자와 학습활동 간의 상호작용으로 나누어 볼 수 있다.

먼저 학습자와 지도자의 상호작용을 보면 학습을 지도하고 이끌어 가는 지도자와 학습자가 어떤 관계를 형성하는가에 따라 학습성과 및 흥미유발 정도가 달라진다. 특히, 자율성이 중시되는 성인학습에서 학습자들 스스로가 자신의 학습활동에 지속적으로 관심을 갖고 학습 결과에 대해 희망을 갖게 하는 데는 지도자의 역할이 큰 비중을 차지한다. 즉, 학습자가 지도자와 얼마나 양적 · 질적으로 개인적인 친밀도를 쌓았느냐 하는 것이 성인학습에서 중요한 결정요인이 된다(Knowles, 1983).

다음은 학습에 참여한 학습자들 사이의 상호작용 문제다. 성인의 경우 혼자보다는 집단 속에서 학습이 보다 잘 이루어질 뿐만 아니라 학습의 효과나 학습자들의 만족도에서도 긍정적인 결과를 나타내었으며 성인들도 이를 원하고 있다(Long, 1996). 나아가 원만한 사회적 상호작용은 성인들의 행동, 특히 태도를 변화시키는 데 더 강력한 영향력을 발휘할 수 있으므로 참여자 간의 인간적 관계를 형성하는 것이 중요하다. 서로가 경쟁하고 공격하는 것이 아닌 서로가 보완해 주고 밀어 주는 관계를 통해 편안한 느낌을 서로 나눔으로써 혼자가 아니라는 안정감을 갖게 된다. 그리고 경험의 공유를 통해 새롭게 배우고 받아들인 제반 아이디어나 생활방식, 태도, 가치관 등을 타인의 지지 및 인정을 통해 그 집단 내에서 시도해 봄으로써 자신감을 얻게 된다.

그러므로 학습이라는 직접적인 목표와는 별도로 인간관계 자체를 증진시켜 주는 배려가 필요하다. 학습이 이루어지는 과정에서 학습자들의 상호관계를 최대한 높여 줌으로써 학습활동 이외에 학습자들이 상호 협조 및 이해도를 높임과 동시에 직접적인 학습활동의 효율성을 제고시키기 위한 학습기법 개발에 주력해야 한다.

마지막으로 학습자와 학습활동 사이의 상호작용도 중요한 부분이다. 성인의 경우 학습활동의 전개방식을 설계하고 목표를 세우는 등으로 학습 진행과정에 직접 참여했던 사람들의 학습에 대한 관심도와 학습효과가 높았다. 그러나 학습자들의 학습활동 계획에 대한 참여도가 학습성과에 얼마나 많은 영향을 주는가는 학습의 구조화 정도에 달려 있다 할 수 있다. Lyne(1981)은 연구를 통해 인지적 발달수준이 낮고 연령이 증가할수록 비교적 구조화된 학습활동 및 학습과제를 선호하는 데 비해, 인지적 발달수준이 높은 학습자들은 보다 융통성이 있고 다양한 학습과정을 선호함을 밝혔다.

5) 인지적 특성

인지적 능력인 지능의 변화에 대해 논하기에 앞서 과연 지능이란 무엇인가에 대한 고려가 있어야 하겠다. 지능에 대한 정의에 따라 지능과 연령의 함수관계가 달라지기 때문이다. 예를 들어, 지능을 단일요인으로 생각한다면 지능은 연령이 증가함에 따라 감소하는 것이 되나, 복합요인으로 보게 되면 지적인 능력 중에서 어떤 것은 연령의 증가에 따라 감소하지만 어떤 능력은 안정적이거나 오히려 증가할 것이란 가정이 가능하기 때문이다.

먼저 인간의 정신기능인 지능에 대한 관점을 네 가지로 유형화시켜 보자. ① '고도의 추상적인 사고능력' 으로 본 Terman과 Thurstone은 지능이란 고차원적인 추상적 사상을 다루는 능력으로 논리적 관계의 추출능력이나 판단, 사고능력과 같은 고등정신 능력이라고 보았다. ② Freeman, Woodrow, Gates는 지능을 '학습의 기초 능력' 으로 이해하며 경험에 의해 획득될 수 있는 것으로 보았다. 이는 교육과 관련지어 가장 실제적인 정의가 되지만, 넓게 해석하면 적응능력과 구별할 수 없게 되며, 좁게 해석하면 학습의 빠르기로 생각해 버리는 문제가 생긴다. ③ 지능을 '새로운 환경에 대한 적응능력' 으로 보는 관점에는 Stern, Piaget 등이 대표적이다. 이들은 지능이란 한 개인의 전체 환경에 대한 적응이며 생활의 새로운 문제 및 사태에 대한 일반적인 정신적 적응성이라고 정의했다. 하지만 지적 능력 이외의 또 다른 요인에 의한 적응 가능성은 설명하지 못하는 단점이 있다. ④ 마지막으로 지능을 '특수한 능력' 으로 보는 관점은 타인과 비교될 정도로 숫자 암기를 잘한다거나 기억력이 특출한 것을 예로 들었다.

그러나 지능을 그 어느 하나의 능력으로 보는 입장은 피해야 한다. Wechsler (1944)의 정의처럼 '지능은 목적적으로 행동하고, 합리적으로 사고하고, 환경을 효율적으로 다루는 개인의 종합적인 능력' 이기 때문에 전체적이고 총괄적으로 이해할 필요가 있다.

그렇다면 지능은 어떤 구조로 되어 있을까? 다양했던 지능에 대한 정의처럼 지능의 구조에 대한 견해 또한 다양하다. 대체로 네 가지로 나누어지는데, ① Binet의 일반 지능설, ② Spearman의 2요인설, ③ Kelly와 Thurstone 등에 의한 다요인설, ④ Guilford의 지능구조론이다. 지능을 단일요인으로 보는 것은 아동에게는 적절할지 모르나 청소년이나 성인에게는 유용하지 않다. 앞서 살펴본 바와 같이 인간의 지적 능력은 여러 복합적 능력요인으로 구성되어 있다. 그 가운데 어떤 것은 일찍 발달하여 일찍 감퇴하지만 다른 것은 늦게까지 발달하기 때문에 일률적인 곡선이론은 맞지 않다. 성인의 경우 각각의 인생주기에 따라 다양한 측면의 지능이 존재한다는 것이 밝혀지고 있기 때문이다.

특히, 성인들의 지능 감퇴가 학습능력 저하를 가져온다는 속설은 Cattell과 Horn의 연구에 의해 부정되고 있다. Cattell(1987)은 [그림 2-3]과 같이 지식을 단편적으로 보지 않고 유동성 지능(Fluid intelligence)과 결정성 지능(Crystallized intelligence)으로 구분하였다. 이 두 가지는 기능적으로 동일한 것이나 발달되는 과정, 즉 습득하는 방식에는 차이가 있다. 유동성 지능은 개인이 속한 문화의 내용이나 체계적 학습활동과는 관계없이 선천적인 유전에 의해 결정된 지능으로, 뇌신경의 성숙에 의해 발달하며 뇌세포의 감소와 손상

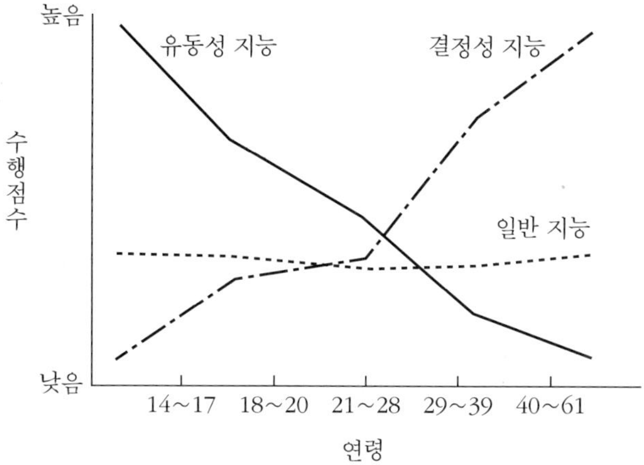

[그림 2-3] 연령에 따른 성인학습의 변화

에 의해 감퇴된다. 주로 수리능력, 공간지각력 등이 이에 속한다. 결정성 지능은 후천적 경험, 문화와 의도적 학습에 영향을 입어 습득되는 것으로 언어능력, 문제해결력 등이 해당된다. 즉, 학습과 경험의 양이 많고 지식을 많이 갖추었을수록 결정성 지능은 높아진다. 결론적으로 유동성 지능의 경우는 나이가 들어감에 따라 쇠퇴하는 경향이 있으나 결정성 지능은 나이가 들어갈수록 지속적으로 증가하므로 종합적으로 측정되는 일반 지능은 연령증가에 따라 차이가 나타나지 않게 된다.

Cattell의 지능이론은 성인학습자의 학습 가능성에 대해 대단히 중요한 근거가 되고 있다. 전통적 지능이론에서는 성인들은 지능이 감퇴하기 때문에 새로운 학습이 불가능하므로 교육은 어려서 받는 것이며, 학교에서 받은 교육으로도 성인기 이후의 생을 살아갈 수 있다고 생각했다. 이러한 교육관에 입각하여 발달한 것이 바로 학교교육이다. 학교가 교육의 전부라 믿는 데는 그 나름의 이유가 있었다. 그러나 Cattell의 이론은 인간의 지적 능력이 아동기의 학습만으로 충분히 발휘되는 것이 아님을 분명히 말해 준다. 아동기에 교육을 받았다 할지라도 평생에 걸쳐서 계속적으로 학습해야 하며, 새로운 경험을 쌓는 데도 노력을 게을리 해서는 안 된다는 사실을 강조한다. 더욱 중요한 사실은 성인기에도 계속적인 학습이 가능하므로 교육은 평생의 과업이란 것이다.

6) 학습능력

앞서 살펴본 바와 같이 종래의 성인학습에 대한 비관적 시각에 의한 신화는 지능을 비롯하여 각 특성의 계속적 발달과 변화 가능성을 증명해 냄으로써 성인학습에 대한 시각에 변화를 불러왔다.

성인의 학습능력이 20~25세에 절정에 이른다는 것에는 일반적으로 합의되어 있으나, 연령에서 기인되는 학습능력의 변화량과 성격에는 현격한 차이가 있으므로 성인의 학습능력을 단순화하여 얘기하기는 어렵다. 예를 들어, Thorndike(1952)는 초기 연구에서 20대 초반의 정점 이후부터 대략 43세에 이르기까지는 매년 1%의 비율로 학습능력이 낮아지며, 이후부터의 저하율은 가속화된다고 결론지었다. 그러나 Long(1996)은 성인들이 연령과 더불어 학습에 필요한 시간이 증가되어 학습시간상 불리하게 되어도 학습하려는 힘은 정점으로부터 그리 심하게 저하되지 않는다고 반박하였다.

최고 정점의 시기 이후 학습능력 면에 어떤 변화가 생길지라도 성인학습은 단순히 학습능력 자체에만 의존하여 이루어지지는 않는다. 동기와 흥미의 유발 또한 연령에 영향을 받지만 학습의욕과 학습자료에 대한 흥미는 다른 요인들보다 학습능력에 큰 촉진작용을 발휘하므로 학습능력과 밀접히 관련지어야 한다. 성인학습에는 과거의 학습경험이 상당한 영향을 미치며 새로운 자료에 대한 학습경험이 많이 쌓일수록 새로운 학업은 보다 쉽게 성취될 것이다. 더 나아가 지적 자질과 학습량이 많을수록 학습능력의 저하는 둔화될 것이다. 계속학습을 통한 지적 활동이 정신능력의 저하를 지연시키므로 성인학습 능력에 대한 최대 처방은 계속학습에 있다.

지능과 함께 학습에서 중요한 요인인 기억력에 대한 시각 또한 1960년대 '정보처리이론' 이 등장함에 따라 변화되고 있다. 이는 인간의 기억은 감각등

록기, 단기기억, 장기기억 등 투입된 정보가 머무르는 정보 저장소와 정보의 이동에 관여하는 주의집중, 지각, 시연, 부호화, 인출 등의 인지처리 과정을 거쳐 저장된다는 것이다. 일반적으로 나이가 들어감에 따라 저장량이 적고 저장시간이 짧은 감각 및 단기 기억은 감소하지만 일생동안 저장할 수 있는 장기기억은 안정적인 경향을 보이므로 성인학습의 입장에서는 장기기억에 대한 관심을 높여가고 있다. 이밖에도 신경계통의 노화, 신체적 질병에 대한 영향, 지능과 기억력의 감퇴 등 성인들의 생활 및 학습에 영향을 미치는 요인들에 관한 연구들은 성인학습에 대한 긍정적인 시사점을 제시해 주고 있다.

Birren(1965)은 성인의 학습능력 증가를 위한 조건들을 다음과 같이 제시하였다.

- 성인학습은 연령보다 얼마나 교육을 많이 받았느냐에 의해 결정된다. 따라서 교육연수가 길면 나이가 많아도 학습이 가능하다.
- 연령의 차이 자체 때문에 학습의 효과와 속도가 다른 것이 아니라 대개 질병, 동기, 주의집중, 태도, 지각과정 등이 차이를 만든다. 따라서 허약한 젊은이보다 강건한 노인의 학습능력이 높고, 억지로 공부하는 학생보다 필요에 의해 열심히 하는 성인의 학습능률이 높다. 경우에 따라 성인의 학습효과가 전반적으로 높게 나타나는 것은 이런 이유 때문이다.
- 성인의 건강은 학습의 중요한 조건으로 성인이라 할지라도 건강이 좋으면 청소년과 다르지 않다. 그래도 일반적으로 성인은 자연적으로 불리한 조건을 가지고 있기 때문에 성인학습에서는 최선의 환경조건을 마련해 주어야 한다.
- 학습자의 동기유발과 조직 및 적극적인 참여유도 등을 중요한 요인으로 보아야 한다. 특히, 학습자의 동기유발은 쉽지도 않고 유발되었다 하더라도 이제까지 자신이 쌓아온 사회적 역할에 의해 좀처럼 실행 기회를 만들기가 어려우므로 신경 써야 할 것이다.

이상과 같이 평생학습은 가능하지만 성인의 경우 여러 가지 상황적 특수성을 갖고 있는 것이 사실이다. 이 특수성으로 인해 성인학습 프로그램은 성인의 발달단계와 그가 처한 환경에 따라 접근방법을 달리 해야 한다. 예를 들면, 나이로 인해 반응 속도가 둔화됨을 염두에 두어 학습시간을 충분히 제공하거나, 자신감과 성취감 등의 정의적 요인에 먼저 관심을 두어 배려하거나, 성인들의 경험을 최대한 살려 학습자 상호간의 경험을 교환하게 하거나, 그것을 학습자원으로 활용하여 자신이 처한 문제에 직접적 해결방식으로 활용될 수 있도록 프로그램을 편성한다면 성인의 학습능력은 보장받을 수 있을 것이다.

4. 성인의 학습 경향성

1) 성인의 학습참여 동기

'성인들은 왜 학습에 참여하는가?' 라는 질문을 던져 보자. 성인의 학습참여 동기에 대한 연구는 1961년 Houle이 'Inquiring mind' 를 통해 성인의 교육참여 동기유형을 발표하고 난 후 가속화되었다. Houle은 성인학습에 참여하는 사람들의 근본적인 동기를 밝히기 위해 참여에 대한 의식과 가치 및 신념에 초점을 맞추었다. 계속해서 자발적으로 성인학습에 참여하고 있는 22명의 성인학습자를 대상으로 심층면담을 실시한 결과 참여동기를 세 가지로 유형화할 수 있었다.

- 첫 번째 유형은 '목표지향적인 학습자들' 로 자신이 가진 목표를 달성하고자 하는 욕구를 갖고 학습을 그 수단으로 인식하는 사람들이다. 그러므로 학습활동을 어떤 기관이나 내용 및 방법에 한정시키지 않고 자신의 목적에 맞는 프로그램을 찾아 학습에 연결시킨다.
- 두 번째 유형인 '활동지향적인 학습자들' 은 특정 목표를 획득한다거나

어떤 내용을 배우는 것보다는 학습활동 자체에 흥미를 느껴 활동을 위해 참여하는 사람들이다. 이들은 자신의 일상생활, 즉 직업생활이나 결혼생활과 같은 반복되는 삶에서 벗어나 새로운 삶의 방향을 찾기 위해 학습에 참여한다. 예를 들면, 친구를 만들거나 학위를 취득하기 위해 참여한다.

- 마지막으로 '학습지향적인 학습자들' 은 지식 자체를 추구하는 사람들이다. 이들은 학습을 통해 알고자 하는 자신의 욕구를 만족시키고 그 과정을 통해 조금씩 성장해 가기를 바라는 학습자들이므로 학습활동이 지속적으로 나타난다.

이와 같은 Houle의 연구에 힘입어 전개된 후속 연구들은 학습참여 동기의 더 많은 요인들을 찾아내었다. 대표적으로 Morstain과 Smart(1976)는 Boshier의 교육참여척도(EPS)를 토대로 요인분석을 실시하여 다음의 여섯 가지 교육 참여요인을 추출하였다.

- '외부적 기대' 를 가진 학습자들은 다른 사람의 지시에 따르기 위해 혹은 형식적 권위를 지닌 사람의 기대사항을 준수하기 위해, 권위자가 추천하는 것을 수행하기 위해 학습에 참여한다.
- '전문성을 향상' 시켜 직업적 진보를 얻기 위해 학습활동에 참여하는 학습자들이다. 즉, 직업에서 더 높은 지위를 차지하기 위해, 직업적 승신을 보장받기 위해, 경쟁에서 뒤떨어지지 않고자 학습에 참여한다.
- '사회적 관계' 에 관심을 가진 학습자들이다. 이들은 개인적 교재와 우정에 관한 요구를 충족시키기 위해 참여하거나 새로운 이성을 사귀거나 이성 회원을 만나기 위해 참여한다.
- '도피하거나 자극을 얻기 위해' 참여하는 학습자들이다. 이들은 일상생활의 지루함에서 벗어나거나 가정과 직장에서 벗어나 휴식을 얻기 위해, 지나온 삶과 남아 있는 인생의 질적 차이를 만들어 내고 싶은 열망으로 학습하고자 한다.

- '사회적 복지' 를 꿈꾸는 학습자들이다. 이들은 인류에 봉사할 수 있는 능력을 향상시키고, 자신이 속한 공동체에 대한 봉사활동을 준비하거나 공동체 작업에 참여할 수 있는 능력을 향상시키려는 학습동기를 갖고 있다.
- '인지적 흥미' 를 가진 학습자들이다. 이들은 단지 학습 자체에 대한 꿈을 갖고 자신을 위해 지식을 추구하고 자신의 알고자 하는 욕망을 충족시키려는 사람들이다.

이 두 연구의 차이점이라면 Houle은 학습자들이 학습에 대한 특징적인 지향점에 의해 일관적으로 동기화된다고 본 것에 반해, Morstain과 Smart는 같은 개인이라도 복합적인 학습 욕구가 존재하고 동기요인들은 변화의 여지를 갖고 있음을 시사한 것이다. Houle의 연구가 진행된 지 40여 년이 지났으나 그의 연구 결과는 오늘날에도 많은 영향을 미치고 있다.

이정의(1997)가 Houle의 참여동기 유형과 관련하여 우리나라 대학 성인교육 참여자들의 참여동기를 분석한 연구 결과를 살펴보면, 학습지향형 동기가 가장 높고 그 다음이 목표지향형 동기와 활동지향형 동기였다. 목표지향형 동기는 연령이 높아질수록, 기혼집단일수록, 소득수준이 높아질수록 감소하는 것으로 나타났다. 이에 반해 활동지향형 동기는 연령이 높아질수록, 기혼집단일수록 증대되는 것으로 나타났다. 학습지향형 동기는 교육수준이 높을수록 높게 나타났다.

이상과 같이 성인학습자들의 학습활동의 참여동기는 학습자가 속한 공동체의 속성이나 환경에 영향을 받으며 동시에 여러 가지 학습참여 동기를 갖기도 하므로 간단히 유형화할 수는 없다. 그러나 중요한 것은 성인학습자들이 학습상황으로 들어올 때는 학습을 통해 성취하고자 하는 목표와 동기가 있다는 사실이다. 이것이 바로 성인학습의 방향성을 제시해 주는 것이다.

2) 학습목표 유형별 지도방법

앞서 살펴본 학습활동에 참여하게 된 동기와 학습목표를 실제적 학습상황에 적용시켜 학습자들에게 어떻게 접근해 갈 것인지를 살펴보기로 하자. 三浦清一郎(1982)는 성인학습자들의 학습목표 유형별 특성을 파악해 내어 그에 알맞은 학습지도 방법과 지도상의 유의점을 다음과 같이 제시하였다.

(1) 무목표 학습자

이들은 자신이 선택한 학습활동임에도 불구하고 구체적인 목표를 갖고 있지 않은 사람들로서 학습을 통해 추구하는 것이나 학습하고 싶은 마음 없이 그저 시간을 보내기 위해 참가한다. 이들은 학습에 대한 지식이 적고 학습방법도 잘 모르는 상태다. 또한 참가 의욕이 적어서 학습태도의 적극성이 결여되어 있어 집단학습일 경우 자칫 집단 전체의 사기를 저하시킬 위험성을 갖고 있으므로 적극적인 관리가 필요한 사람들이다.

이 유형의 학습자들에게 학습의 효용가치를 알리거나 학습에 대한 흥미를 일깨워 주는 것은 지도자의 손에 달려 있다. 그러므로 구체적인 목표를 제시하거나 학습하는 방법을 습득시켜 점진적으로 학습의욕을 고취시켜 가되, 성인학습자로서의 자존감에 상처를 입히지 않도록 주의를 기울여야 한다.

(2) 사교적, 활동지향적 학습자

이 유형의 학습자들은 학습활동을 통해 다른 사람과의 인간관계를 넓히고 사회적 교류를 갖는 것에 첫째 목표를 두고 있으며 그 속에서 자신의 존재 가치를 인정받고자 하는 사람들이다. 이 유형은 대체로 학력이 낮거나 교육 정도가 낮은 사람들에게서 많이 나타나며, 간혹 사회적 관계에 관심이 쏠려 학습내용에는 관심을 두지 않는 경우도 생긴다. 한마디로 사람을 만나기 위해 학습에 참가하므로 학습은 하나의 수단에 불과하다.

이들에게는 학습의 직접적인 성과 이상으로 학습 분위기나 동료와의 교류

기회가 중요하므로 설정된 학습활동 이외의 교육의 장과 기회를 제공하는 것이 중요하다. 집단역동을 활용하는 집단활동은 이러한 학습과 인간적 교류라는 두 가지 문제를 동시에 충족시켜 줄 수 있다. 더불어 학습활동에 대한 평가도 사회적 교류의 관점에서 이루어지는 경향이 있음을 유념해야 한다.

(3) 자극-탐구적인 학습자

이 학습자들은 계속되는 일상생활에서 오는 단조로움을 극복하기 위해 학습활동을 통한 생활의 변화를 기대한다. 적절한 자극을 추구하며 호기심과 탐구정신이 높아 계획된 학습활동의 범위를 뛰어넘기도 한다. 이 유형은 학습활동을 통해 적절한 자극을 요구하며, 때로는 미지에 대한 모험적 요소로 학습을 간주하기도 한다. 탐구적 성향과 자율성이 강하여 지도자의 적극적 통제나 자극 없이도 스스로 학습하고자 한다.

이들은 어떤 학습자료와 학습방법이 제시될지 설명하고 학습의 방향에 대해 조언하는 식의 배려를 통해 사기가 진작되는 경우가 많으므로 학습활동에 대한 용기를 부여하고 조력하는 것에 관심을 두어야 한다. 학습자들의 자율성을 참고로 하여 동질집단 속에서 자주적으로 집단을 편성한다거나 조력을 위한 상담기회를 제공하는 것이 유용한 방법이다.

(4) 직업지향적인 학습자

이들은 직업상황에서 당면한 문제를 해결하고자 하는 사람들로서 학습을 하나의 수단이자 도구로 간주하는 경향이 높다. 따라서 학습 결과가 문제해결에 영향을 미치지 못하면 학습성과 자체도 인정하지 않는 것이 보통이다. 이들은 학습 결과의 즉시적 효과와 응용 가능성을 중요시하며 학습을 통해 구체적이고 현실적인 문제해결을 원하므로 학습성과가 구체적이고 응용 가능한 것이어야 한다.

이 경우 직업을 위해 특정 지식 및 기술을 습득하지 않으면 안 되는 절박한 상황에 처한 학습자가 많아 매우 열심히 학습에 임하게 된다. 이들에게는 직무와 관련된 사실이나 정보, 기술 제공에 주력한다면 높은 학습 참여율을 보장받을 수 있다. 그러나 일반적으로 계속적인 학습을 원하는 사람들이 아님을 감안하여 학습과정상에서 학습방법을 습득하게 한다든지 후속 학습의 필요성을 제시함으로써 다른 프로그램에 대한 자율적 참가를 유도해 내야 한다.

(5) 생활-변혁 지향적인 학습자

학습을 일종의 자기수양 과정으로 파악하는 이 학습자들은 학습에 의해 자기성장을 도모하고 그를 통해 생활의 변혁을 꾀하려 한다. 물론 어떤 영역에서 발전하고자 하는가를 정확히 유형화하기는 어렵지만 대체적으로 교양쌓기, 일, 사교생활 등의 여러 영역을 중시한다. 생활 향상을 위해 구체적이고 즉각적이며 응용 가능한 성과를 기대한다는 점에서는 직업지향형 학습자와 동일한 면을 가진다.

이들은 자기성장이나 향상과 같은 추상적이면서 원대한 목표를 갖고 있어 지금 참가하고 있는 학습활동은 그 최종목표에 도달하기 위한 하나의 과정으로 여긴다. 그러므로 학습활동 참여에 대한 지속성이 강하며 자기주도적 성향도 높으므로 자존감을 높여 주고 미래에 대한 가능성과 꿈을 계속적으로 추구하되 현실적으로 그에 접근해 갈 수 있는 방안을 제시해 주어야 할 것이다.

(6) 학습에 대한 무관심-거부형 학습자

이상의 유형과 같이 어떤 목적에서든 학습활동에 적극적인 학습자가 있는데 반해, 이 유형의 학습자들은 학습에 대해 거의 무관심하거나 왜 필요한지를 깨닫지 못한다. 나아가 학습활동 자체나 그 결과에 대해 불안이나 적대감을 갖고 있는 경우도 있는데, 이들 대부분은 과거에 학습을 통해 이익이나 만족할 만한 성과를 거둔 경험이 없는 경우가 많다.

자신의 생활과 학습활동 자체가 거리가 멀다고 여기는 이들은 학습활동으로부터 장기간 거리를 두어서 학습활동이 전혀 몸에 익숙하지 못한 경우가 많음을 충분히 고려해야 한다. 학습상황으로 다시 돌아오도록 하는 것이 급선무며 학습에 관한 거부감을 약화시키도록 지적 학습보다는 놀이로서의 학습으로 시작하는 것이 좋다. 나아가 자신감과 자존감을 가질 수 있도록 최대한 배려해야 한다.

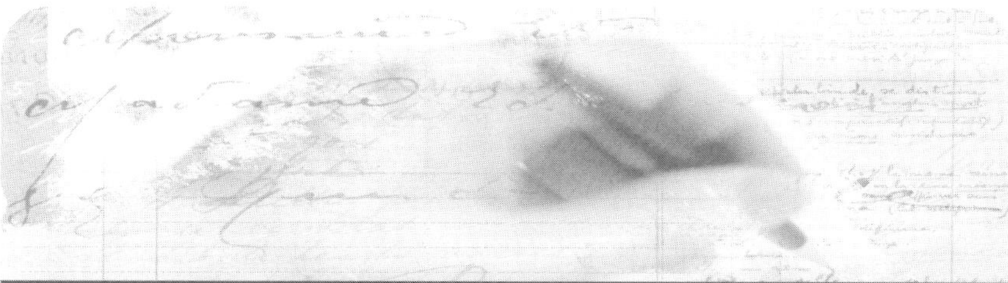

제3장

성인학습에 대한 이해

1. 성인학습의 의미

앞서 살펴본 바와 같이 성인기를 정확히 정의하기가 어렵기에 생물학적인 연령과 심리적 성숙도, 사회적 역할 등 종합적인 시각에서 접근해야 한다. 여기서는 성인기를 연령상 19세 이상의 자신의 삶에 대한 책임감을 갖고 사회적으로 성인의 역할을 수행해 내고 있는 사람으로 정의 내리고 성인학습에 대한 논의에 들어가겠다.

성인을 핵심에 두고 진행되는 성인학습이란 경험의 결과로 인해 사회에서 성인이라고 간주되는 사람들의 지식, 태도, 행동이 비교적 지속적으로 변화되는 과정(Mayer, 1982)이다. 1977년 독일에서 열린 성인교육에 관한 제5차 대회의 결의문에 따르면, 성인학습이란 '학습자 개인에게 그의 정체성을 확인시켜 주는 수단이며 삶의 의미를 일깨워 주는 도구'로서 개인의 전 생애를 통해 학습할 수 있는 기회를 보장하는 데 필수불가결한 요소다.

그러나 Brookfield(1995)가 '이제까지 성인학습에 관한 수많은 학술지와 책이 출판되고 연구회의가 개최되어 왔지만, 성인학습의 개념이나 이론에 대한 보편적인 이해가 가능할 만한 틀이 형성되지는 못했다.' 고 말한 것처럼 개념 정립이 쉽지 않음을 전제로 해야 할 것이다. 이에 성인학습에 대한 각각의 관점을 통해 성인학습의 의미를 파악해 보자.

먼저 학습대상을 성인으로 규정지어 성인학습을 성인교육에 대비시켜 정의 내리는 입장이 있다. UNESCO(1976)에 의하면 성인교육이란 내용, 수준, 방법에 관계없이, 그 교육이 학교교육을 대체했든 연장이든 상관없이 조직되는 교육과정의 구현체다. 김남선(2001)은 성인교육을 제1차 교육주기를 완료하였거나 중단한 자, 스스로가 제2차 교육주기의 단계에서 계속적으로 교육을 받고자 하는 요구에 의하여 학교의 교육을 통하여 일상생활에 관련된 기능과 태도의 변화를 갖게 하는 계열성이 있고 조직적인 교육의 과정으로 정의 내렸다. 차갑부(2002)는 성인교육을 성인기에 사회교육을 통해서 이루어지는 교육에 한정하였다. 성인교육에 대한 정의와 관련지어 Merriam과 Brockitt (1998)은 '교수-학습의 대응관계에서 교육자가 수행하는 일에 대응하는 측면으로서 학습자의 내부에서 일어나는 인지적 과정' 으로 정의 내렸다. 그러나 이 개념은 성인학습을 성인교육의 대칭적 개념으로 파악하고 있어 성인학습에 대한 이해의 폭을 좁히는 결과를 초래하게 된다.

그러므로 여기서는 교수와 학습의 대칭적 관점에서 성인학습에 접근하기보다 성인을 위해 이루어지는 성인교육의 개념까지 받아들여 광범위하게 접근해 들어가려 한다. 앞서 밝힌 바와 같이 Mayer는 성인들의 변화와 그 지속된 과정을 학습이라고 봄으로써 초점을 성인의 변화에 두었다. 이 개념에 따라 성인학습의 의미를 살펴보면 다음과 같다.

① 성인학습은 학습자들의 경험을 최고의 교재로 삼아 그들의 현실적 요구에서 출발한다. 성인학습자들이 지니고 있는 직업경험, 생활경험, 학습경험 등의 제반 경험에 기초하여 학습활동이 전개된다는 데 중요한 의의

가 있다. 따라서 성인학습은 자신의 실제 생활에서 느껴지는 필요성과 욕구가 중심이 되어 학습활동이 전개된다. 말하자면, 실생활 가운데서 당면한 자신의 현재 문제해결에 초점이 맞추어진 학습활동이다.

학교교육이 미래를 위한 준비의 성격이 강한 데 비해 성인학습은 현재에 초점을 맞추어 실생활에서 일어나는 문제를 해결하고 개인의 요구를 충족시키기 위해 실제 생활을 중심으로 학습자의 필요와 요구에 따라 실시되는 교육을 근간으로 한다.

② 교육의 구성요소 중 주체와 객체의 자리에 대해서는 아직도 의견이 분분하다. 전통적 의미에서는 교사가 주체였으며 학생은 객체였다. 그러나 현대사회로 이행되면서 교육의 정상화를 위해서는 학습의 주체 자리를 교사가 아닌 학생에게 넘겨 주어야 한다는 주장이 제기되었다.

이 구조를 성인학습으로 가져온다면 어떻게 될까? 성인학습에서는 주체와 객체라는 이분법에서 벗어나는 것이 전제조건이다. 누군가의 지도에 의해 일방적이고 수동적으로 일어나는 학습이 아닌 교사와 학습자가 수평적 관계에서 행해지는 상호학습의 성격을 띠기 때문이다. 즉, 교사는 주도자의 자리가 아닌 조력자로서 성인학습자가 주체적으로 자신의 학습을 진행시켜 가도록 돕는 체제다.

③ 성인학습은 다양한 형태와 내용의 학습을 통해 자아실현을 가능하게 한다. 성인학습은 국민으로서, 시민으로서 자각과 이해를 촉신하고 자신의 능력 및 자질을 최대한으로 발휘하여 자아실현을 기하는 데 궁극적인 목적이 있다. 계속적인 학습활동을 통해 성인기에 이루어 내야만 하는 발달과업을 적절히 달성하게 하고, 나아가 성인기에 부여된 역할 수행을 위한 교육적 요구를 충족시켜 충분히 기능을 발휘하는 생산적인 사람이 되도록 돕고자 하는 것이다.

④ 성인학습은 자발적으로 참여한 학습자가 학습활동의 계획이나 실행의 전 과정에 기본적인 선택권과 책임을 가지고 있는 자기주도적 학습이다. 여기에는 학습의 전제조건인 의도성과 계획성이 포함되어 있으므로 우

발적이거나 비조직적으로 진행되는 학습활동과는 구별된다. 의도적 행동으로서의 '학습'이란 말에는 학습의 동기와 목적이 있으며, 이를 실현하기 위한 수단으로서 적합성과 효율성에 대한 인식이 개념적으로 전제되어야 한다. 나아가 학습 주체자의 판단과 의지에 따라 이루어진 행동인 만큼 그 결과에 대한 책임 또한 그 자신에게 부여됨이 함축되어 있다(권두승, 2000).

결론적으로 성인학습은 평생학습 체제하에서 연령과 사회적 역할, 심리적 성숙도에 따라 성인으로 간주될 수 있는 사람들에 의해 이루어지는 학습활동이다. 성인학습은 성인이 학습의 주체로서 일상생활에서 부딪히게 되는 자신의 문제에 접근하기 위해 이제까지 자신의 삶에서 체득한 경험을 중심으로 이루어지는 학습이다. 더욱이 성인학습자 개개인의 자아실현을 가능하게 한다는 의도와 계획을 전제로 전문가의 조력에 힘입어 전개되는 학습활동이다.

2. 성인학습이 대두된 배경

학습은 결코 진공상태에서 일어나지 않는다. 우리의 학습요구나 필요는 우리가 살고 있는 사회적 환경과 불가분의 관계에 있기 때문이다. 사회 전체가 하나의 새로운 변혁기에 들어선 지금, 공식적인 학습의 장인 학교는 물론이거니와 성인학습 또한 사회적 문제해결에 한몫을 담당해 줄 것을 요구받고 있다.

1) 기존 교육체제의 한계와 성인학습

학습은 그 활동을 둘러싸고 있는 정치적, 경제적, 사회적, 문화적 체제의 다양한 세력들과의 관계에서 독립적일 수 없다. 이런 점에서 이제까지 학교교육은 사회적 기대에 부응하여 많은 역할을 수행해 왔으나 오늘날에는 그 역할의 한계가 드러나고 있다. 앞서 학교교육과 평생교육의 비교에서도 보았듯이 학교교육만으로는 교육의 역할을 다할 수 없음에 동의하고 있다. '교육' 하면 바로 '학교' 를 떠올릴 만큼 학교교육의 역할은 지배적이었다. 그러나 급속한 사회변화와 그에 따른 학습자들의 학습욕구를 만족시키기에는 역부족인 지금에 또 다른 대안책으로 성인학습이 제기되었다.

- 종래의 학교교육이 지나치게 학교라는 울타리 안에서 그들만의 교육과정을 통해 폐쇄적으로 진행되면서 사회로부터 고립을 자초하였다. 따라서 성인학습을 통해 지역을 하나의 학습공동체로 만들 필요성이 제기되었다.
- 학교교육의 암기위주의 주입식 교육은 편협한 지적 사고만을 강조하여 사고의 한계를 만들어 내었다. 이에 성인학습은 자율과 창의, 협동과 참여를 바탕으로 한 참된 인간의 모습을 찾아가도록 하는 데 기여하고자 한다.
- 기존의 학교교육은 특정 연령대의 전통적 학습자들만을 대상으로 교육함으로써 비전통적인 학습자, 즉 성인의 학습요구는 받아들여지지 못해 왔다. 그 한 예로 직장인들의 다양한 요구에 알맞은 직무능력 개발에는 한계를 보여 왔다. 이에 조직 내에서 제공되는 학습기회를 통해 성인의 직무능력이 개발되기를 기대하고 있다.
- 학교교육의 잠재적 병리는 학습에 대해 부정적, 소극적 태도를 갖게 함과 동시에 스스로 학습하려는 학습자의 의욕과 학습에 대한 주도성을 빼앗아 버린 데 있다. 증폭된 학습에 대한 기대와 가능성을 상실하게 만든 것이다.

이와 같이 학교위주의 제도교육이 절대적 교육모델로 각인되어 학교중심의 편협한 교육관이 당연한 것으로 수용되어 왔다. 하지만 학교교육이 본래의 기능을 잃고 표류하면서 한계에 다다르게 된 것이다. "학교는 죽었다."라고 말하는 Reimer나, Illich의 『탈학교 사회』, Goodman의 『잘못된 교육의 의무화』라는 저서에서 지적되었던 학교 존재 자체에 대한 의문은 현재 우리 사회의 '교실 붕괴' 상황을 통해 여실히 드러나고 있다. 그렇다 하여 극단적으로 학교를 없앨 수는 없는 노릇이고 학교교육을 대신할 수 있는 대안이 마련되어 있는 것도 아니다. 이에 우리에게 남은 것은 평생교육 체제다.

2) 현대사회와 성인학습

현대사회를 일컬어 평생학습 사회라 한다. 이는 지난 200여 년을 지배해 온 학교교육 중심의 교육체제만으로는 급속히 확대되는 교육요구와 학습요구를 충족시킬 수 없다는 자각에서 대두된 새로운 사회의 모습이다. 이에 따라 상대적으로 무시되어 온 학교 밖의 각종 교육조직들의 중요성이 새롭게 인정되고, 학교 이외의 다양한 학습형태가 더 중요한 교육적 기능을 발휘하는 사회로 이행되고 있다.

- 요람에서 무덤까지의 전 생애에 걸친 학습은 대표적인 학습의 장인 가정, 학교, 사회의 통합을 전제로 한다. 즉, 현대사회의 구조에 대응하기 위한 교육의 새로운 이념으로서 성인학습이 제기된 것이다. 이것은 사회 구성원들의 학습권을 보장하고 그들의 다양한 교육적 요구를 적극적으로 수용하기 위한 교육형태다.
- 인구통계학적으로 보면 성인 인구의 증가와 그에 따른 학습요구의 확대와 다양화를 들 수 있다. 우리나라의 경우 25년 사이 평균 수명이 62세에서 72세로 10년이나 늘어나 고령화 사회로 접어들었을 뿐 아니라, 이들은 과거 세대에 비해 훨씬 더 높은 교육수준을 가졌다. 성인 인구의 증가와 함께 교육수준의 증대는 교육에 대한 더 많은 기대와 요구를 갖게 한다. 그뿐 아니라 21세기 인간의 평균 수명이 120세에 이를 것으로 전망됨으로써 노령 인구 증가에 대비한 사회교육 프로그램이 개발되어야 할

것이다.

- 눈부신 과학기술의 발전은 일의 주체를 산업 노동자에서 지식 노동자로 바꾸어 인력구조를 변화시키고 기술우위 사회로 만들어 놓았다. 이러한 사회에서는 제한된 교육적 틀에서 배우고 익힌 지식에 대해 결코 만족하거나 안주할 수 없이 더 높은 수준의 전문지식 습득을 원하게 된다. 현 시대는 조직에서의 고용관계 형성과 유지를 위해서도 계속 학습이 필요하다.
- 급속한 변화를 특징으로 하는 현대사회의 발전은 모든 조직의 끊임없는 변화를 요구하고 있다. 1970년대 들어서면서 인류 지식의 절반 정도가 5년 사이에 쓸모없게 되었고, 1980년대에 들어서는 그 주기가 2~3년 사이로 좁혀졌다. 2000년에 18~24개월 만에 2배로 증가하던 인간의 지식은 2010년에는 2~3주 만에 2배로 증가될 것으로 예측되고 있다. 이러한 시점에서 학교교육에만 미래를 맡기는 것은 어리석기마저 한 일이다. 이에 따른 조직의 기본 요소인 물적 · 재정적 자원의 한계는 또 다른 요소인 인적 자원을 통해 돌파구를 마련하고자 하는 움직임을 만들었다. 조직에 속한 성인은 자타에 의해 일정한 학습을 하지 않으면 안 되는 상황에 이르렀다.
- 새롭게 변화되고 있는 경제구조도 하나의 이유다. 자본의 세계화 과정에서 IMF 체제를 맞이하였던 우리나라는 구조조정이나 조직개편으로 많은 변화를 겪어야만 했다. 이 과정에서 평생직장 및 평생직업의 개념이 사라져 이 사회에서 살아남기 위해서는 자신의 능력을 개발하여 현실에서 도태되지 않게 노력할 수밖에 없게 되었다. 또한 지식과 정보의 홍수에 의한 기술혁신은 노동의 내용을 변화시키고 직업주기를 단축하는 등 직업세계를 근본적으로 변화시켰다. 이러한 상황에서 자기 자리를 유지하거나 미래에 대비하기 위해서는 계속교육이 진행되어야만 한다.
- 정보통신 혁명에 바탕을 둔 정보화 시대는 '지식기반 사회'를 이끌어 왔다. 지식기반 사회의 핵심 자원은 바로 '지식'이다. 자본주의 사회에서

노동과 자본이 없는 나라가 후진국으로 전락했던 것처럼, 앞으로 21세기 지식기반 사회는 지식 없이는 생존이 불가능하게 될 것이다. 지속적으로 발전되는 현실에서는 학교교육이 획기적으로 바뀐다 하더라도 지식과 정보의 폭발적 증가 추세를 감안하면 사회 차원의 교육과 개인 차원의 학습은 더 이상 학교에만 의존할 수 없는 것이다. Thurow(1999)는 성장기에 받은 12년 또는 16년의 교육으로 평생동안 일하게 될 기능을 다 익힐 수 없기 때문에 모든 연령층의 기능 획득과 더불어 성인교육이 실현되어야 하며, 직업세계에 적응하고 성공하기 위해 자기 역량을 개발하기 위한 자기 교육에 힘써야 할 것을 권고하고 있다.

- 평균 수명의 연장, 과학기술의 발전을 통한 노동생산성 향상, 복지정책 확대는 노동시간의 축소를 가져왔고 이에 개인의 여가가 증대되어 여가 사회로 접어들었다. 여가시간의 학습활동은 노동 및 일상에서 오는 한가함과 지루함을 메우기 위함이 아닌 여가를 통해 정신적, 물질적 풍요를 맛보아 인생을 의미 있게 만드는 역할을 수행한다. 이에 성인학습에서는 개인의 여가선용 방안을 창출하고 자료를 개발하여 사회 전체가 보다 바람직한 생산적 여가선용 대책을 강구하도록 도와야 한다.
- 현대사회의 발전은 생활의 편리를 제공하였지만 엄청난 변화 속도에 적응하는 어려움은 자신과 사회에 대한 소외감을 가져왔다. 현대 인간관계에서 제기되고 있는 소외현상, 사회병리 현상은 현대사회를 '정신적 사막'으로 만들어 버렸다. 공동체적 유대감의 상실은 Heidegger가 "현대인에게는 집이 없다."라고 했던 것처럼 가족공동체의 해체와 더불어 지역공동체의 붕괴를 불러왔다. 또 기하급수적으로 증대되는 기술과 도시화는 정신적, 심미적 가치보다 물질적 가치에 큰 비중을 두는 분위기를 확산시켜 가치관의 혼란도 야기하였다. 이에 성인학습을 통해 자기 자신과 주위 환경에 대한 이해를 높이고 그 관계를 계속적으로 조정하고 정립해 나가는 기회를 부여해야 한다.

이처럼 우리 앞에 전개될 급격한 사회변동은 삶의 뿌리를 근원적으로 흔들어 놓을 것이다. 디지털 문화로 대변되는 지식기반 사회의 문화변동은 많은 사람들에게 문화적 충격과 문화지체를 안겨 주게 될 것이다. 이에 교육이 바로 서서 제 역할을 충실히 수행해야 할 것이다. 그런 의미에서 성인학습이 그 선두자로서 핵심적인 위치에 서 있다고 하겠다.

3. 성인학습의 이론적 배경

성인학습이 학문으로 정립되기 위해서는 그 근거가 될 이론이 제시되어야 하며, 그 이론은 학습자의 요구와 특성에 바탕을 둔 것이어야 한다. 지금의 성인학습의 자리매김에 기여한 이론들은 아주 많다. 여기서는 성인학습의 근간이 된 이론으로 생애주기 이론, 안드라고지, 자기주도학습, 구성주의 이론을 제시하고자 한다.

1) 생애주기 이론

'Life cycle' 이란 인간의 일생은 수정이라는 출발점에서 사망이라는 종착점에 이르는 과정이 그 특징에 따라서 발달단계별로 구분되며 그러한 발달단계가 주기적인 변화를 반복하는 것을 의미한다. 우리나라의 경우 춘 · 하 · 추 · 동 사계절이 있는 것과 마찬가지로 인간의 삶에도 춘 · 하 · 추 · 동의 주기가 존재한다. 이 과정은 전체로서 하나의 사슬이 되어 다음 단계의 기본을 이루게 된다. 각 단계에는 우열의 차가 존재하나 동등한 비중을 갖고 있음을 간과해서는 안 된다. 성인기 및 노년기가 비록 아동기나 청년기와 같은 상승적 발달이 진행되는 것은 아닐지라도 그 나름의 내재되어 있는 발달 가능성과 발달욕구를 해결하는 과정을 통해 완성단계로 나아가는 것이다. 그러므로 각 단계마다 생겨나는 문제들이나 삶의 욕구를 해결해 나가기 위해 학습은 인생의 전 과정에 투입되어야 한다.

이러한 생애주기 이론은 2000년 전으로 거슬러 올라가 『탈무드』에서그 기원을 찾아볼 수 있다. 탈무드는 출생에서 19세까지를 다섯 단계로, 20세부터 100세까지를 10년씩 아홉 단계로 나누어 각 단계에서 발달과제를 잠언의 형태로 서술하였다. 공자 또한 『논어(論語)』의 「위정편(爲政編)」에서 그 단계를 나누어 20세 약관(弱冠), 30세 이립(而立), 40세 불혹(不惑), 50세 지천명(知天命), 60세 이순(耳順)으로 명명하였다. 이러한 뿌리는 현대 심리학에 이르러 발달심리학이란 전문영역으로 확립됨으로써 인간 이해에 대한 독보적인 위치를 차지하게 되었다. 생애주기 이론은 성인학습의 성립에서 가장 기초적인 전제조건이 되었다. 그 대표적인 학자들을 소개하면 다음과 같다.

Piaget는 인간의 인지발달을 중심으로 감각운동기(0~2세), 전조작기(3~7세), 구체적 조작기(8~11세), 형식적 조작기(11세 이후)의 네 단계로 나누어 동화와 조절의 과정을 통해 평형을 이루어 가는 과정을 설명하였다. 그는 사고가 불가능한 시기에 외계를 직접 체험함으로써만 인식하게 되는 과정에서 시작된 불완전한 사고가 결국 눈에 보이지 않는 사실에 대한 가설-연역적 사고로까지 확장되어 가는 과정을 제시하였다.

인간의 성(性)에 기초한 심리성적 발달단계를 폈던 Freud는 과거의 경험이 축적된 무의식적 동기를 중시하였으며, 성적 에너지(libido)의 발달에 따라 인간발달을 다섯 단계로 나누었다. 즉, 구강기(0~1세), 항문기(2~3세), 남근기(4~6세), 잠복기(7~11세), 성기기(12~19세)로 나누어 각 시기에 나타나는 성적 욕구가 충족되지 않거나 억압되면 어느 한 단계에 고착되며, 충분히 해결되지 못한 심리적 상처는 성인기에 정신건강상의 문제로 표출된다고 보았다. Freud는 발달에서 중요한 부분은 청년기 이전에 대부분 확립된다고 보아 성인기 이후의 발달에는 관심을 기울이지 않았다.

Erikson은 Freud의 정신분석학을 기초로 삼고 있으나 Freud와는 달리 인간을 둘러싼 사회적 환경의 중요성을 강조하여 여덟 단계의 심리사회적 발달단계를 제시하였다. Freud가 인생발달을 전반부에 한정시켰던데 반해,

Erikson은 출생에서 사망에 이르기까지 평생의 발달을 중시하여 이후 Havighurst의 발달과업 이론과 Levinson의 생애주기 이론의 바탕이 되었다.

이와 같이 생애주기 이론은 각 발달단계는 그 단계마다 해결해야 할 발달과업이 존재함을 밝히고, 과제해결의 성공 혹은 실패가 이후의 발달에 어떤 영향을 미치는가에 관한 견해를 제시하였다. 더불어 성인기 이후의 삶도 비록 아동기나 청년기와는 다를지라도 그 나름의 발달 가능성을 지니고 있음을 밝혔다. 이를 통해 인간발달에 대한 비관적 견해를 극복하고 적극적인 인생관을 갖게 함으로써 성인학습의 가능성과 교육의 방향성을 탐색케 하는 이론적 토대가 되었다.

2) 안드라고지

성인학습에 대한 다양한 개념과 연구 결과들을 통합적인 틀로 묶어 보고자 하는 노력이 시도되었다. 그 중심에 안드라고지(Andragogy)가 존재한다. 안드라고지는 페다고지(Pedagogy)의 원리 및 실천방법으로 성인학습에 접근한다는 것이 역부족이라는 것이 밝혀지면서 등장한 개념이다. 물론 아동교육에서 도출된 원리를 성인들에게도 적용할 수는 있겠지만, 여러 측면에서 아동 및 청소년과 차이를 나타내는 성인교육에 적용하는 데 한계가 도출되어 양자가 서로 달라야 하지 않을까 하는 자각이 시작되었던 것이다. 즉, 자신이 쌓아온 경험을 기반으로 하는 성인학습은 아동교육과는 질적인 차이가 있으므로 성인생활에 적용될 수 있는 이론과 실제를 구축하고자 하는 노력에서 안드라고지는 출발하였다.

우선 안드라고지의 어원부터 살펴보자. Pedagogy는 그리스어인 paid(아동)와 agogos(지도하다)에서 나온 용어로 '아동을 가르치는 기술과 과학'의 의미를 가지며, Andragogy는 andros(성인)를 핵심으로 하는 '성인을 돕는 기술과 과학'이라는 의미를 갖고 있다(Knowles, 1980). 안드라고지가 하나의 용어로 인정받는 데는 오랜 시간을 기다려야 했다. 안드라고지는 1833년 독일인 교사 Alexander Kapp가 Plato의 교육철학을 설명하기 위해 언급한 용어였으나 동료교사 Fredrick Herbart의 반발로 통용되지 못하고 100여 년간 사장되어 있었다. 그러다 1921년 Rosenstock가 성인학습에는 별도의 교사, 방법, 철학이 요구된다는 견해를 펼치면서 다시 사용되기 시작하였고, 이후 1960년대 프랑스, 네덜란드, 유고슬라비아 등지에서 일반화되어 널리 사용되었다. 미국에서 안드라고지가 확산된 데는 Knowles의 공헌이 컸다. 1968년 4월 'Adult Leadership'에 기고한 "Andragogy, Not Pedagogy"가 발표된 후, 1970~1980년대에 이르러 비로소 안드라고지가 성인교육을 뜻하는 용어로 정착되었다.

안드라고지의 성립을 살펴보면, 페다고지의 원리 및 실천이 성인교육에는 적절하지 못하다는 차원에서 Knowles(1970)는 『Modern practice of adult education: Andragogy versus Pedagogy』라는 책을 통해 안드라고지와 페다고지를 이분법적으로 소개하였다. 그러나 양측을 너무 과잉 단순화하여 대립시켰음에 문제가 제기되자 1980년 『Modern practice of adult education: From pedagogy to andragogy』로 개정판을 내면서 두 이론이 서로에게 적용 가능함을 인정하였다. 즉, 안드라고지란 포괄적으로는 성인학습의 정책 및 제도 실시과정 전체를 체계적으로 탐색하는 학문이며, 좁게는 성인의 학습을 돕는 기술과 과학이라고 할 수 있다(Knowles, 1970).

그렇다면 페다고지와 안드라고지는 어떤 가정을 전제로 하였기에 서로 다르다는 결론이 도출되는가? Knowles(1980)는 아동과 성인 학습자의 특성을 네 가지 측면에서 비교하였다. 첫째, 인간은 성숙함에 따라 자아개념이 의존적 특성에서 자기주도적 특성으로 변화해 간다. 둘째, 학습자들은 학습자원이 되는 경험을 점차 누적시켜 나간다. 셋째, 학습에 대한 준비도는 사회적 역할과 관련되는 발달과업에 바탕을 둔다. 마지막으로 학습이란 미래 생활을 대비하기 위한 것이 아니라 실제 생활에 즉각적으로 적용하기 위한 것이며, 학습 성향은 교과중심에서 능력개발 중심으로 변한다는 가정이었다. 이러한 가정은 안드라고지와 페다고지 모델 간의 개념적 차이와 수업방식의 차이를 만

〈표 3-1〉 페다고지와 안드라고지의 교수활동 설계 요소 비교

계획요소	안드라고지	페다고지
학습 장면의 분위기	상호존중, 상호신뢰, 비형식적, 쾌적함, 지지적	권위주의적, 형식적, 경쟁적, 지시적
프로그램 기획	상호 기획, 기획에의 참가 및 결정사항의 공유	교사주도
학습요구의 진단	요구와 필요에 대한 상호 · 자가진단	교사주도
학습목표의 공식화	상호작용에 의한 협상적 결정	교사주도
학습계획안 설계	학습 준비도에 대응하는 계열과 문제 단위	교재의 논리와 내용 단위
학습활동	경험적 기법들	전달적 기법들
평가	상호작용에 의한 요구의 진단, 프로그램 결과에 대한 상호평가	교사에 의해

들어 놓았다.

이상의 학습자에 대한 가정을 기본으로 페다고지와 안드라고지의 차이점으로 접근해 들어가 보자. Knowles(1983)는 양자 간의 이론적 틀을 간단하게 〈표 3-1〉로 정리하였다.

Mezirow(1982)는 안드라고지에 입각하여 성인학습자들에게 자기주도성을 촉진시켜 적극적으로 학습하게 하는 데 필요한 지도원칙을 다음과 같이 열두 가지로 제시하였다.

- 교육자에 대한 의존성은 학습자가 성장하면서 점차적으로 감소된다.
- 학습자들이 그들의 학습자원, 특히 교육자를 포함한 타인의 경험 등을 활용하는 방법을 터득하도록 도와준다. 또한 교수-학습 상황에서 다른 학습자들과 호혜적인 학습관계를 형성하도록 도와주어야 한다.
- 학습자들이 그들의 학습요구에 영향을 미치는 문화적, 심리적 요인을 이해하고 즉각적으로 인식하도록 함과 동시에 자신의 학습요구를 확인할 수 있도록 지원하여야 한다.

- 학습자들이 자신의 학습목표를 설정하고 학습 프로그램을 계획하고, 나아가 학습성과를 적절하게 평가하는 데 필요한 책임감을 고양시킬 수 있도록 도와주어야 한다.
- 학습자들의 현재의 개인적 문제, 관심 그리고 이해 정도와 관련하여 학습내용을 선정하고 조직할 수 있어야 한다.
- 학습자들이 자신에게 적합한 학습경험을 선정하도록 하고, 선택 범위를 확대함으로써 의사결정력을 재고하도록 한다. 또한 다른 사람들의 관점을 수용할 수 있도록 조정해야 한다.
- 경험에 대한 인식이 자기 반성적이고 통합적이 될 수 있도록 보다 총괄적이면서 세분화된 판단준거를 활용하도록 한다.
- 학습은 물론 사실의 확인 및 유형화, 관점의 수용 및 선정, 학습습관 및 학습관계 등에서 자기 교정적이고 반성적인 접근을 할 수 있도록 촉진한다.
- 개인 및 집단 행동의 이행과 관련된 문제는 물론 공적인 문제와 사적인 문제 간의 관계를 인식하는 것과 관련하여 문제제기식, 문제해결식 방법을 동원하도록 촉진한다.
- 학습자들에게 계속학습을 제공하며 변화를 추구하고 위험을 감수하고자 하는 노력을 격려하고 피드백할 수 있는 지원적인 환경을 제공한다. 과제달성 정도에 대한 경쟁적인 평가를 피하고 나아가 상호 지원적인 집단방법을 적절하게 활용함으로써 자아개념을 강화하도록 해야 한다.
- 경험적, 참여지향적 그리고 실제지향적 수업방법을 강조하도록 한다. 또한 모델링과 학습계약법과 같은 것들을 적절하게 활용하도록 한다.
- 학습자들이 그들의 선택 범위를 확인하도록 하고 선택을 도와주며, 선택의 질을 재고하고 구체적인 선택을 할 수 있도록 격려해야 한다.

이러한 시사점에도 불구하고 안드라고지를 둘러싼 논쟁은 아직도 계속되고 있다. 안드라고지의 입장에서 아동과 성인은 존재방식 자체가 다르므로 성인의 학습활동을 위한 이론은 달라야 한다는 주장(Knowles, McKenzie, Kuhn)과 전통적 페다고지의 입장에서 성인교육과 아동교육은 본질적으로 동일한 것으로 보는 이분법적 구조를 반대하는 입장(Houle, London)이 대립되고 있다. 나아가 Lebel(1978)은 안드라고지를 인정하면서도 고령자들은 성인과는 또 다르다는 점에서 제로고지(Gerogogy)를 강조하였고, Knudson(1979)은 이 세 가지 이론을 초월하여 인간 전체로서의 학습을 다루는 이론인 휴머너고지(Humanagogy)를 제창하였다. 이러한 논쟁에도 불구하고 안드라고지가 갖고 있는 성인의 자아개념, 경험, 학습 준비도, 문제중심, 내적 동기에 대한 가정은 성인학습에 대한 많은 시사점을 제시하고 있다.

3) 자기주도학습

Piskurich(1993)는 자기주도학습을 '주어진 학습과제를 완수하는 데 교수자의 도움 없이 자신의 속도로 진행시켜 나가도록 하는 훈련설계'로 정의 내렸다. 교육개혁위원회(1995)는 '학습자들이 싫든 좋은 교사가 전달해 주는 내용을 이해 · 암기하는 식의 수동적인 학습태도에서 벗어나, 어떤 문제가 주어지더라도 겁내지 않고 각자의 다양한 능력과 개성을 최대한 발휘하여 적극적으로 문제를 해결하고 나아가 창의적인 생산을 할 줄 아는 능력을 기르는 학습체제'라고 정의 내렸다.

Long(1996)은 자기주도학습에 대해 넓은 의미에서는 교육내용, 교사, 학생 사이의 관계에 형성되는 교수과정, 교수방법, 심리적 과정을 포괄하는 것으로, 좁은 의미에서는 그중 하나에 초점을 맞추는 것으로 구분하면서 타인주도학습과 자기주도학습을 대비시켜 개념을 밝혔다. 그 차이점을 간단히 정리하면 〈표 3-2〉와 같다.

〈표 3-2〉 자기주도학습과 타인주도학습의 개념

자기주도학습	타인주도학습
상대적으로 독립적임	상대적으로 의존적임
솔선수범에 가치를 둠	지시에 따르는 것에 가치를 둠
긍정적인 자아효능감	제한된 자아효능감
초인지적 인식	초인지적 인식이 제한됨
내적으로 동기화됨	외적으로 동기화됨
깊이 있는 참여	표면적인 참여
정신적 초점에 우선권을 줌	정신적 초점이 산만함

성인학습에서 자기주도학습의 필요성에 대하여 학자들 간에 이견이 있지만 세 가지로 정리하면 다음과 같다.

- 학습에서 주도권을 가지면 뚜렷한 목적의식과 동기를 갖고 학습에 임하게 되므로 가만히 앉아서 가르쳐 주기만을 기대하는 것에 비해 더 효과적으로 학습이 이루어질 수 있다.
- 의존적 존재인 인간이 성숙해짐에 따라 부모, 교사와 같은 외부적인 통제에서 독립하고자 하는 심리적 욕구가 생겨 자신을 주도적으로 책임지고자 하는 욕구를 갖게 되는데, 이는 자연적인 발달과정으로 변화에 대응하기 위한 하나의 방편이 된다.
- 현재의 개방적이고 자유로워진 교육제도는 학습자에게 스스로의 학습에 대해 주도권과 책임감을 요구하고 있는 것이 시대적 추세며, 급변하는 세계에서 살아남아 원만하게 대처하기 위해서는 자기에게 필요한 지식이나 기술을 스스로 습득하는 능력을 갖지 않을 수 없다.

이러한 자기주도학습은 시행할 것이냐 말 것이냐의 이분법적 결정이 중요한 것이 아니라 학습자가 자기주도성을 얼마나 가지고 있느냐, 또는 내외적 상호작용을 통해 얼마나 향상시키고 키울 수 있느냐에 초점을 맞춰야 할 것이다. 문제는 자칫 자기주도학습의 의미를 확대 해석하여 홀로 학습을 진행시키는 것으로 오해하는 것이다. 자기주도학습이라 할지라도 진행에서 타인의 도움이 필요하다. 또한 학습은 사회적 공동체 속에서 진행되는 것이기에 동일한 직급의 두 사람이 자기주도적으로 학습한다고 하더라도 그 내용이 조직에 도움이 되느냐 마느냐에 따라 의미가 달리 부여될 수도 있으므로(Long, 1996) 외부에서 환경을 마련하고 조력해 주는 지도자의 역할은 한층 중요해진다. 상황적 리더십 모델에 기초한 Grow(1991)의 단계적 자기주도학습 모델(SSDL: Staged Self-Directed Learning)이 대표적인 이론이다. 학습자들이 자기주도적으로 학습을 진행시켜 가기 위해 지도자가 어떻게 중재할 것인가를 보여 주는 모델은 〈표 3-3〉과 같다.

〈표 3-3〉 단계적 자기주도학습 모델

단계	학습자	지도자 역할	교수 예
1	〈의존적 학습자〉 무엇인가를 가르쳐 줄 권위 있는 사람을 필요로 하는 낮은 자기주도성	권위자, 코치	즉각적인 피드백으로 코치, 반복연습, 정보제공을 위한 강의
2	〈관심 있는 학습자〉 학습에 대해 동기화되어 있고 확신은 있지만 무엇을 학습해야 할지 모르는 보통수준의 자기주도성	동기 유발자, 안내자	강의 및 유도된 토론
3	〈참여적 학습자〉 기술과 기초 지식을 갖고 있으면서 자기 스스로 특정한 내용을 탐구할 준비와 능력을 갖춘 중간수준의 자기주도성	촉진사	함께 참여하는 교사에 의해 촉진된 토론, 세미나, 집단 프로젝트
4	〈자기주도적 학습자〉 자신의 학습을 스스로 계획·실행·평가할 수 있는 의지와 능력을 가진 고도의 자기주도성	상담자, 위임자	인턴제, 연구논문, 개별과제 혹은 자기주도적 학습집단

- 제1단계의 의존적 학습자는 학습해야 할 내용, 방법, 시기에 대해 분명한 방향을 제시해 줄 수 있는 권위적인 인물이 필요하므로 지도자는 전문가로서 자격과 권위를 갖추고 있어야 한다. 지도자의 전문성과 효율성은

의존적 학습자를 다루는 열쇠와 같다. 의존 정도에 따라 학습자를 구분할 수도 있으나 모든 학습자들은 새로운 주제에 직면하면 일시적으로 의존적이 될 수 있음을 염두에 두어야 한다. 이 경우 훈련과 지시가 주가 되어 주로 일방적으로 구체적 과제를 구조화된 장면에서 제시하는 방식이 사용된다.

- 제2단계는 주제에 대해 관심을 지닌 학습자들로 이들의 관심을 동기화시키기 위해 학습상황에 재미와 흥미의 요소를 투입해야 한다. 지시적 방법을 통한 설명이 주가 되지만 지도자가 제시하는 것의 의미를 파악하고 지도자와의 상호작용을 통해 학습이 이루어지므로 의사소통은 양방향적이다. 지도자는 과제들을 설명하고 학습자들에게 그 가치를 설득시키면서 학습자의 관심과 교과를 지시적 기법을 통해 연결시킨다.
- 제3단계의 참여적 학습자들은 나름의 지식과 기술을 갖고 능동적으로 학습에 참여한 사람들로서 학습경험의 공동 참여자가 될 준비가 된 학습자들이다. 그러므로 가장 유용한 교수방법은 안내하고 촉진시키는 것이다. 지도자는 참여를 이끌어 내고 의사소통에 초점을 두면서 학습자들을 지원해 주는 역할을 한다.
- 자기주도적 학습이 가능한 지점에 도달한 제4단계 학습자에 대한 교수방법은 위임하고 격려하는 것으로 그 역할은 교과를 가르치는 것이 아니라 학습자의 학습능력을 배양시키는 것이다. 제4단계의 궁극적 목표는 학습자 자신의 학습력을 키워내는 것이다. 지도자는 학습자와 교육과정 전반에 대해 상의하고, 학습자들과 정기적인 모임을 갖고 그들 상호간에 협력하도록 격려하면 된다. 시간이 지남에 따라 지도자는 학습자와의 의사소통과 외적 강화를 감소시켜 학습자들 사이의 관계와 학습자 자신의 과제에 초점을 맞출 수 있게 도와야 한다.

Grow(1991)는 덧붙여 자기주도학습을 위한 훌륭한 교수법으로 두 가지를 제시하였다. 하나는 학습자의 자기주도성의 발달단계에 잘 맞추어 가는 것이고, 다른 하나는 학습자가 자기주도적으로 진보하도록 힘을 부여하는 방법이다. 즉, 훌륭한 교수는 상황적이며 학습자의 장기적인 발달을 촉진시키는 작업이다.

이러한 자기주도학습에서 얻어낼 수 있는 성인학습에 대한 시사점은 이미 알려진 내용을 그대로 전달하는 것은 이제 더 이상 현실적이지 못하다는 자각이다. 지식과 기술의 생명력이 점차 짧아지고 있는 현대에는 외부에서 주입된 학습을 통해 습득한 지식이나 기술의 효용성이 떨어지므로 새로운 지식이나 기술을 주도적으로 습득할 수 있는 능력을 키워 주어야 한다. 다른 하나는 교육을 아동 · 청소년 교육과 동일시하는 것이나 학습은 학교에서만 이루어진다는 식의 학습에 대한 사고방식의 변화가 이루어져야 한다. 즉, 생활 자체가 학습의 과정이며 경험을 통해 학습할 뿐만 아니라 주위에 있는 모든 것을 학습자원으로 활용하여 자신의 성장 · 발전을 도모해야 함을 보여 주는 것이다.

자기주도학습, 즉 학습자의 자기주도성은 단순히 개인의 특성으로만 볼 것이 아니라 다양한 개인적, 환경적 변인들에 의해 형성되고 변화될 수 있는 것으로 보아야 한다. 특히, 성인학습이 요구되는 현대사회에서 학습자의 자기주도성이 자기에게 필요한 것을 찾아내어 스스로 학습할 수 있는 능력이라면 현대인에게 필수적인 능력이라 할 수 있을 것이다.

4) 구성주의 이론

정보화 사회는 기하급수적인 정보의 증가로 인해 지식이 급변하면서 기존 산업사회의 정형화된 지도자 주도의 획일적 교육으로는 제대로 대응할 수 없는 한계상황을 펼쳐 놓았다. 현대는 학습자가 주도성을 가지고 현실적 문제에 스스로 대처하여 가장 적절한 해결책을 수립해야 한다. 또한 수많은 정보 중에 자신에게 유용한 정보를 판단하여 수집하고 그것을 자신의 문제해결에 적용시키기 위해 재조직하는 능력도 필요하다. 이와 같이 기존의 지도자 중심의 교육에서 학습자 중심의 교육으로의 전환이 구성주의 이론의 핵심적 가정이다. 이런 점에서 지금까지 교육계를 지배해 오던 객관주의는 1980년대 후반부터 지식의 맥락성과 인식 주체의 능동적 구성에 큰 의미를 부여하는 구성주의 학습이론에 자리를 내주었으며 구성주의는 제3의 패러다임으로 주목받게 되었다.

구성주의 학습이론의 기본 가정을 이해하기 위해서는 그들이 보는 지식에 대한 고찰이 선행되어야 할 것이다. 구성주의자들이 보는 지식이란 객관적으로 이미 주어진 어떤 실체가 아니라 각 개인의 환경과 상호작용하는 과정에서 각자의 독특한 해석을 통해 구성되는 것이다. 즉, 행동의 단순 반복이나 기존 지식의 단순 암기보다 학습자 스스로 의문을 제기하고 해석하는 과정중심 체제라는 점에서 기존의 객관주의 이론과 대비된다.

객관주의란 주관에 비해 객관을 존중하는 입장으로 삼라만상의 모든 것은 실체와 속성, 관계로 설명될 수 있으며, 지식은 이 세계를 정확히 묘사하는 고정적인 것이므로 확인할 수 있는 대상이라고 보았다. 일단 이런 지식을 '발견' 할 수만 있다면 그것은 역사적, 문화적, 시대적 제약에서 벗어나 모든 경우에 적용할 수 있다(강인애, 1998). 따라서 인식한다는 것은 단지 실체, 속성, 관계를 아는 것이다. 여기서 개인적 경험은 아무런 역할도 할 수 없게 된다.

이와 달리 구성주의는 지식의 상대주의와 경험주의를 주장하여 각자 자신의 경험에 의해 지식을 구성한다고 보며, 사물이나 사건의 해석에 사용되는 경험이나 정신구조를 통해 지식이 구성된다고 보았다. 학습자가 자신이 처한 실제 상황에서 능동적으로 경험해 봄으로써 자신에게 적합한 지식을 구성해 가게 된다. 즉, 인간의 지식이 외부 세계와의 상호작용을 통해 구성되기 때문에 지식은 객관적 실체로 존재하는 것이 아니라 각 개인의 의미에 따라 독특하게 구성된다는 것이다. 즉, 정신의 역할을 세상의 반사작용에 두기보다는 세상에 대한 자신만의 '의미 만들기' 로 본다. 이와 같은 지식에 대한 인식의 차이는 학습에 대한 서로 다른 관점을 형성하였다.

객관주의가 보는 학습의 목적은 학습자들에게 외부적 실체인 지식을 가능한 많이 전달하는 것이다. 그러므로 지도자는 지식의 전달자로서 주도적인 역할을 담당하며, 학습자는 수동적 존재로 투입된 지식을 받아들이게 된다. 반면, 구성주의에 입각한 학습이란 단순히 지식을 전수받는 것이 아니라 자신의 '체험적 해석' 을 통해 '의미를 적극적으로 구성하거나 재구성해 가는 과정' 이며 의미는 실생활 속에서 실천적 상호작용과 의미 협상을 통해 형성된다(Brown, Collins, & Duguid, 1989). 자기만의 독자적인 경험과 인지구조를 바탕으로 외부 세계와 상호작용을 통해 자신에게 의미 있는 지식을 구축해 나가는 과정이므로 학습자의 능동성, 창의성, 학습에 대한 책임이 중요시된다. 지도자는 학습자의 학습을 도와주고 촉진시켜 주는 역할을 한다. 이를 정리하면 〈표 3-4〉와 같다.

〈표 3-4〉 구성주의 교육과 객관주의 교육

특성 / 관점	구성주의 교육	객관주의 교육
학습자	생각, 아이디어의 능동적 창조자	지식의 수동적 수용자
교사	생각, 아이디어를 듣는 사람, 촉진자, 안내자, 조력자, 용기 부여자, 지지자, 교육과정 재구성자	지식, 아이디어의 보고, 전달자, 지휘자, 재촉자, 교육과정 실행자
교육방법	협동수업, 소집단 활동, 문제해결학습, 고등사고학습	강의, 암송, 반복, 일제수업, 시범
교육과정	창조적, 실용적, 아이디어 중심	의도적 교육과정
강조점	고등사고, 비판적 사고, 창조적 사고	완전학습
평가	질적 평가, 수행평가, 다양한 형태의 평가 학습자 본인, 동료, 교사의 평가 수업하는 과정에서 지속적으로 평가	교사에 의한 양적 · 객관적 평가, 준거지향 평가 학습목표 설정과 함께 설계되어 수업 마지막에 실시
결과	자기학습 능력 신장, 듣는 것보다 말하는 것을 강조, 협동주의 교육, 인간교육	지식전달 교육, 듣기 강조, 이기적, 경쟁주의적 교육, 비인간적 교육

구성주의에서 바라본 학습자는 외부 세계에 대한 의미를 직접 구성한다는 점에서 그야말로 적극적이고 능동적인 존재며, 자기 경험에 비추어 분석 · 평

가하고 재구성하여 새로운 환경과 상황에 적용하므로 무한한 발달 가능성을 지닌 존재다. 따라서 구성주의의 중심에는 당연히 학습자가 서 있다. 단지 무게중심만 학습자에게 있는 것이 아니라 자신의 세계를 직접 구성할 수 있는 재량권이 학습자에게 주어져 좀 더 많은 선택권, 자율권이 부여된다. 즉, 학습하는 삶의 주체가 바로 학습자들인 것이다.

그렇다 하여 지도자의 역할이 퇴색하거나 중요하지 않다는 의미는 결코 아니다. 지도자는 실용적인 교육과정을 설정하여 핵심을 제시하되 학습자들이 자신의 정보를 조직하고 그것을 다른 정보에 연결시켜 자신의 인지구조에 변화가 오도록 적극 도와주어야 한다. 지도자는 학습환경의 조성자이자 안내자, 동료 학습자로서 풍부하고 다양한 학습환경을 조성하고, 상황적 맥락에 따라 과제를 제시함으로써 의미 구성을 촉진시키는 역할을 해야 한다. 예를 들면, '문제해결학습' 이 있다. 이는 학습자가 어떤 문제나 과제에 대한 해결안 혹은 자신의 견해나 입장을 제시·설명하고 나아가 옹호할 수 있도록 하는 방법이다.

성인학습자의 경우 아동에 비해 풍부한 삶의 경험을 갖고 있으며, 자신의 학습 필요를 잘 인식하고 있다. 또한 주체적이고 주도적으로 학습활동을 계획하고 관리할 수 있는 능력이 있는 존재이므로 구성주의적 접근은 필수불가결한 선택이다.

구성주의 이론을 현장에 적용할 때 고려해 볼 세 가지 원칙은 다음과 같다. 첫째, 학습과정에서 현실성을 고려하여 실제 상황이나 유사한 학습환경을 제공해야 한다. 둘째, 학습자의 개별적 인지작용에 의한 지식 구성이 구성주의 학습의 핵심이므로 학습자의 능동성을 충분히 고려해야 한다. 마지막으로 개인적 학습보다 협동적 활동을 통해 보다 촉진되므로 협동학습이 더 효과적이다.

물론 구성주의에 대한 비판점이 없는 것은 아니다. 구성주의 이론이 지나치게 학습자 중심의 교육을 강조하다 보니 학습목표가 표류되고, 살아가는 데 반드시 필요한 지식마저도 학습자의 요구에 부합되지 않을 경우 거부되다 보니 기본 지식이 결여되어 상위 지식을 흡수하는 데 어려움이 따를 수 있다.

그렇다 할지라도 구성주의는 능동성과 주도성을 지닌 학습자 중심의 학습을 강조한 것과 의미 있는 지식이란 외부에서 주어지는 것이 아닌 학습자가 주체적으로 새로운 지식을 형성함으로써 얻어진다는 학습에 대한 새로운 전망을 보여 주었다. 나아가 급속한 발달에 휩싸여 혼란을 겪고 있는 현 교육이 나아갈 새로운 방향성을 제시한 이론으로 평가될 수 있다.

4. 성인학습의 목적 및 방향

성인학습의 목적을 몇 가지로 정리하기는 어렵다. 교육에서 기본적 방향과 목표는 정해져 있지만 참여자의 관심과 요구에 따라 세부 방향이 설정되고 추구하는 바도 달라질 수 있으므로 몇 가지 합의점을 찾기란 힘든 작업이기 때문이다.

Schultz(1977)는 1936년에 발간된 『성인교육의 실제』라는 저서에서 17명의 저명한 교육학자와 사회과학자, 철학자들이 성인교육의 필요성에 대해 제시한 답변을 예로 들어 그 목적을 설명하였다.

- 모든 사람을 교육시키기 위해(L. P. Jacks)
- 우리의 마음을 열어 놓기 위해(Nicholas M. Butler)
- 사실에 바탕을 둔 판단을 하기 위해(Newton D. Baker)
- 새로운 지식을 포용하기 위해(Dorothy C. Fisher)
- 현명한 파멸을 위해(A. E. Heath)
- 창조적 시도에 복귀하기 위해(John Erskine)
- 새로운 직업을 준비하기 위해(Charles A. Beard)
- 생활의 통합성을 회복하기 위해(Ernst Johnson)
- 사회적 안정을 확실히 하기 위해(James E. Russell)

- 사회변화를 이끌기 위해(Harry E. Barnes)
- 사회질서를 개선하기 위해(Glenn Frank)
- 새로운 개척정신을 열기 위해(William F. Russell)
- 대학교육 과정을 자유화하기 위해(Robert E. Leigh)
- 교사와 학습을 향상시키기 위해(H. A. Overstreet)
- 진정한 안전을 확보하기 위해(Alvin Johnson)
- 관점을 보기 위해(William Bolitho)
- 우리의 지평을 크게 열어 주기 위해(Lucy W. Adams)

이상의 답변들은 사뭇 서로 다른 관점들로 보여지겠지만 자세히 음미해 보면 서로 관련이 있으며, 성인학습의 목표설정에서 고려해야 할 철학적 관점들을 담고 있다. 이를 기초로 성인교육의 목적을 정리해 보면 다음과 같다(Darkenwald & Sharan, 1982).

- 교양교육과 철학적 분석에 의해 도출되는 지적 능력 배양을 목적으로 한다.
- 사회적 진보는 개인 성장의 산출로 나타난다.
- 진보적 교육운동에 영향을 받은 성인교육의 목적은 개인의 성장과 유지, 더 나은 사회로의 증진을 갖고 온다.
- 급진적 사고방식에 의해 교육이 사회질서의 변화를 야기하는 데 중요한 역할을 한다.
- 공공부문과 민간부문의 후원을 얻어 조직의 효과성을 높이는 것이 성인학습의 목적이다.

더불어 UNESCO(1985) 주최 '제4차 세계 성인교육회의'에 채택된 권고문에는 다음과 같이 성인교육의 목적이 제시되어 있다.

성인교육의 목적은 각자가 속한 사회가 정하는 기준에 따라 성인으로 간주되는 국민에게 ① 저마다 자신의 능력을 개발하게 하고, ② 기존의 지식을 더욱 풍부하게 만들며, ③ 이미 획득한 기술과 전문직업 자격을 새로운 상황하에서도 더욱 쓸모 있게 갱신할 수 있게 하며, ④ 지금까지의 태도나 행동양식을 바꾸게 하며, ⑤ 각 개인의 보다 완숙한 인성발달을 촉진하는 동시에, ⑥ 국민 한 사람 한 사람이 보다 균형적인 사회적, 경제적, 문화적 발전과업에 참여할 수 있도록 돕는 데 있다.

OECD는 '성인학습은 21세기를 대비하여 모든 사람들에게 가장 중요한 문제며, 모든 사람들이 그에 접근할 수 있도록 기회가 보장되어야 한다.' 라고 강조한 바 있다. 이에 성인학습이 지니는 목적과 중요성에 관련시켜 UNESCO 제5차 성인교육회의에서 제시한 성인학습의 기본 방향을 살펴보면 다음과 같다(최돈민, 1998).

- 성인학습을 통하여 민주주의를 실현한다.
- 성인학습의 조건과 질을 개선한다.
- 문해와 기초 교육에 대한 보편적인 권리를 존중한다.
- 성인학습을 통하여 성의 평등과 공평성을 확보한다.
- 성인학습을 통하여 직업세계의 도전에 대처한다.
- 성인학습을 통하여 환경, 건강, 인구 문제의 심각성을 인식시킨다.
- 성인학습에 새로운 문화, 매체, 정보공학을 활용한다.
- 성인학습은 해당 인구 전체를 대상으로 한다.
- 성인학습을 지원하는 재원을 확보한다.
- 성인학습과 관련하여 국제적인 협력과 유대를 강화한다.

5. 성인학습의 특성

학교교육 밖에서 성인을 대상으로 이루어지는 모든 형태의 성인학습은 학교학습과는 명백한 차이를 지닌다. 성인학습은 다양한 특성을 지닌 학습자들을 대상으로 그들의 다양한 욕구와 흥미를 만족시켜 주기 위해 프로그램, 지도자나 교사, 교육장소와 시간, 교육목표 수립과 교육과정 평가에 이르기까지 모든 활동이 융통성을 지니고 있어야 한다.

특히, 방법에서 성인학습은 세 가지 특성을 지니고 있다. 첫째, 성인학습자를 학습활동으로 유도해 줄 수 있는 분위기 및 환경이 제공되어야 한다. 둘째, 성인학습 참여자가 직면한 문제들을 풀어나가는 데 필요한 여러 가지 방안이나 기술들을 제공해야 한다. 마지막으로 성인학습의 방법은 학습자들의 학습욕구를 만족시켜 주며 학습자료들을 적절하게 제공할 수 있어야 한다.

성인학습이 갖는 교육적 특성은 다음의 아홉 가지로 정리된다.

1) 학습자 중심의 자발성

성인학습에서 가장 기본적 요건이자 특성이 바로 학습자의 자발성이다. 성인학습은 타인의 강요나 외부의 압력과 요구에 의해 시작되는 것이라기보다 자신의 필요와 교육적 요구에 따라 교육내용을 자율적으로 선택하며 그 참여마저도 자신의 의지에 의해 이루어지므로 다분히 자기주도적이라 할 수 있다. 이러한 자율성은 학교교육과 성인학습을 구별 짓는 중요한 잣대가 된다. 따라서 성인학습 프로그램은 학습자에게 유익하고 재미있으며 가치 있는 유인가를 갖고 있어야 한다.

'능력 있는 학습자는 학습 내용과 방법을 실질적으로 운영·통제한다.' 라는 Evans와 Smith(1973)의 말처럼 학습목표 설정, 내용과 방법 선정에 학습자의 의견이 상당 부분 반영되는 것은 학습자 중심을 드러내는 것이다. 그렇다고 하여 프로그램이 무계획적이고 비전문적이란 의미는 아니다. 오히려 성인학습의 프로그램 개발을 위해서는 철저한 사전조사를 통해 정확하게 학습욕구를 파악하여 그에 알맞은 프로그램의 초안을 잡고 프로그램 개발에 참여시켜 학습자의 참여율을 높이자는 의미다. 자발적인 참여란 학습자의 참여동기뿐만 아니라 참여 여부의 결정과 학습 내용과 방법, 평가에 이르기까지 전

과정을 학습자 중심으로 전개하여 학습자 자유의사에 따라 선택하고 결정하자는 것이다.

2) 다양성과 이질성을 인정하는 융통성

성인학습의 내용, 대상, 시기, 장소, 제도의 모든 면에 존재하는 다양성과 이질성에 잘 대처하기 위해서는 융통성을 가져야만 한다. 학교교육이 모든 면에서 정형화된 틀과 범위를 가지는 데 반해 성인학습은 거의 모든 면에서 비획일적이며 유동적이므로 어떤 틀을 마련한다는 것이 사실상 불가능하다고 생각하면 좋을 것이다.

교육대상은 성인으로 간주되는 모든 사람으로 노소와 학벌, 지역과 성별, 계층과 경제적 여건을 불문하고 누구나 그 대상이 될 수 있다. 정해진 기간에 정해진 장소에서 이루어지는 학교교육에 비해 성인학습은 교육 장소와 시기에 구애받지 않고 학습자가 원하는 생활의 장에서 이루어질 수 있다는 특성을 가진다. 교육연수에서도 교육 목표와 내용에 따라 정해질 뿐 법적으로 정해진 기간 없이 학습자에게 적당한 시기에 필요한 기간만큼 수시로 이루어질 수 있는 융통성을 갖고 있다.

성인학습의 탈정형성은 모든 과정에서 획일적이며 경직되고 폐쇄적이며 정형화된 교육적 요소가 극소화된다. Evans(1973)는 성인학습의 특성에 대해 뷔페식 교육과정 혹은 카페테리아식 교육과정이라 불렀다.

3) 학습자 경험의 자원화

성인학습의 내용은 미래를 위한 준비나 지적인 변화보다는 생활중심의 문제해결에 중점을 두므로 교과서보다는 학습자가 갖고 있는 경험이 가장 중요한 교재가 되기도 한다. 성인학습자들은 산타클로스처럼 선물자루에 다양한 경험을 담아서 학습상황으로 들어오는데(Waldron & Moore, 1991), 이때의 경험은 과거의 학습경험이 포함되며 그들의 생활환경의 전부를 의미한다.

성인학습의 기획, 실행, 평가의 모든 분야에서는 실제 경험을 통한 지식 축적을 중요시한다. 성인학습에서는 삶의 과정에서 축적되어 온 경험이 최대의 학습자원으로 중요시되며, 이 자원들이 학습과정 전체에서 적절히 활용될 수 있도록 강조하고 있다. 성인학습은 배우는 사람과 가르치는 사람의 경험을 최대의 자원으로 활용하는 경험중심적 교육이다.

4) 수평적 관계에 의한 상호학습성

학교는 학생이 교육의 주체가 되는 학생중심 교육으로 거듭나야 한다. 하지만 성숙자인 교사와 미성숙자인 학생으로 구분 지어진 교실상황에서는 교사가 주도권을 잡아 부득이 학습자는 수동적 · 의존적 관계에 놓여 수직적 관계가 형성되고 만다. 그러나 성인학습의 자발성과 주도성을 감안한다면 지도자와 학습자의 관계는 수직적으로 지식과 경험을 전달하는 관계가 아니라, 학습자를 위한 조력자로서 학습을 장려하고 분위기를 조성하며 학습을 안내하는 편의 제공자 혹은 학습 촉진자가 되는 수평적 관계다.

Coombs(1985)는 조력자로서의 지도자 역할을 중시하여 성인교육기관은 학습자가 스스로 학습을 할 수 있도록 자기교수 방법에 대한 전략을 수립하고, 지도자는 훈육자나 교과서의 대체물로서가 아니라 학습자를 안내하고 지도하는 학습방법 개발에 힘써야 함을 주장하였다. 성인학습에서 조력자는 반드시 일정한 자격을 구비하지 않더라도 전문가를 보조하는 조수나 비전문적 교사, 심지어 지도력이 있거나 특정 분야에 높은 기능과 지식을 가진 학습자도 그 역할을 수행할 수 있다. 이들은 전문성에서 뒤떨어지기는 하지만 비전문적인 조력자로서 학습자들 사이에 수평적 관계의 호응을 얻어낼 수 있으므로 그 나름의 활용 가치가 높다.

이처럼 성인학습은 상호학습성이 강해 가르치는 교사와 배우는 학생이 분명히 구분되지 않고 학습의도를 가진 학습자들이 서로의 경험을 교환함으로써 학습이 성립된다. 즉, 성인학습자 한 사람 한 사람이 경험과 지식을 갖춘 전문가로서 존중되고 자신이 가진 것을 통해 학습하는 체계다. 영국의 사상가 Tawney는 노동자를 위한 강좌가 한 사람의 강사와 30명의 학생으로 구성되어 있다면, 실제로는 31명의 학생과 31명의 강사로 구성된 교육형태(김도수, 1999)라고 말하였다. 즉, 모두가 가르치고 모두가 배우는 학습형태다. 결국 학습자 상호간, 교사와 학습자 간의 상호 지적·인격적 교류와 피드백을 통한 학습이 중요시되는 상호학습이다.

5) 교육제도의 융통성과 분권화

형식적·고정적·획일적 학교교육만으로 급속한 사회변화에 대응하기란 어렵다. 이에 반해 성인학습은 형식에 구애됨이 적고 다양한 형태의 학습이 가능하여 사회변화에 쉽게 대처할 수 있다. 즉, 성인학습은 학습자를 중심으로 교육 프로그램이 기획되고 진행되며, 교육 목표와 내용에 따라 교육의 시간과 기간, 장소, 교사나 방법이 선택되거나 개발되는 제도적인 융통성이 큰 장점이다.

교육 기획과 실행에서 중앙집권적 기획이 불가피한 것은 사실이나 그 한계의 적용을 최소화하는 것이 필요하다. 교육의 설계와 기획 과정을 최대한 분산시킴으로써 변화에 즉각 대처할 수 있는 유연성을 얻을 수 있다. 성인학습이 앞으로 더 발전하기 위해서는 제도적인 자유가 더욱더 보장되어야 할 것이다.

6) 학습과정 중심의 즐거운 학습

성인학습은 학교교육의 성적 또는 결과 중심의 학습과는 달리, 학습이 이루어지는 과정 자체가 중시되며, 성과 면에서도 외재적 성과보다는 내재적 성과를 측정한다. 학습 결과의 평가 또한 외부에서 행해지는 객관적 평가보다는 학습자 자신의 만족감과 성취감이 훨씬 더 중요시된다. 자기 삶의 질을 향상시키겠노라 자발적으로 시작된 성인학습에 평가의 척도를 들이댄다는 것은 어쩌면 앞뒤가 맞지 않는 작업인지도 모른다.

성인학습에는 무엇보다 배우는 것에 대한 즐거움이 함께 해야 한다. 성인학습이 자발적이고 비의무적인 참여에 의해 진행되는 자율학습인 만큼 무엇보다 학습 자체가 즐거워야 하며 학습을 통한 내적 만족과 즐거움이 충족될 때 그 성과는 높아질 수 있을 것이다. 이를 위해 학습자 생활에 기초를 둔 학습 문제를 가져올 뿐만 아니라 레크리에이션 요소도 가미시켜 교육을 통한 생활의 만족감과 지적 욕구충족이 함께 이루어져야 한다.

7) 현실적 요구에 기초한 학습

모든 학습 프로그램들은 학습자의 요구에 기초하여 진행될 때 성공적으로 목표를 달성해 낼 수 있다. 미래지향적인 속성을 띠는 학교교육과 달리 성인학습은 현실지향적, 실용적, 즉시적 적용 가치가 부각되어야 한다. 성인학습자들은 현재 자신의 필요성에 따라 자발적으로 학습에 참여했기 때문이다.

교육과정이 학습자의 주변 생활을 근거로 그들의 관심, 동기, 희망 등을 토대로 이루어지다 보니 성인학습은 취업과 곧잘 연결된다. 예를 들어, IMF 사태 이후 많은 실직자들이 새로운 직업을 얻기 위해 각종 성인학습 프로그램을 찾아 그 수효가 증가한 것에서 성인학습의 현실성을 엿볼 수 있다. 급격한 사회 발전은 학교교육에도 불구하고 교육받은 실업자를 대량으로 양산해 내었고, 학교에서 받은 교육만으로 생계를 위한 취업이 보장되는 시대는 과거의 이야기가 되어 버렸다. 이에 성인학습이 중점적으로 다루어야 할 분야가 학습과 취업의 연계성이 된 것이다.

성인학습과 취업의 연계점은, 첫째 현재 취업 중인 직장인을 대상으로 날로 발전하는 과학기술 문명과 정보에 대한 계속교육을 실시함으로써 계속적 취업을 보장받게 하는 것이다. 둘째, 학교교육에서 소홀히 다루어질 수 있는 개인적 적성과 진로에 대한 보완적 수정의 기회를 제공하는 것이다. 마지막으로 일할 수는 있으나 취업의 기회를 상실한 사람들에게 재취업의 기회를 잡을 수 있도록 준비시키는 작업들이다.

8) 사회변화 속도에 부응하는 학습기간과 비용

현대사회의 급속한 변화는 학습자들에게 짧은 시간 내에 많은 학습량을 요구하기 때문에 학습비용 또한 만만치 않은 문제로 등장하였다. 이런 점에서 보자면 정규 학교교육은 많은 시간과 비용의 투자를 전제로 하고 있다.

비용과 효과성에 직접적인 관련을 맺고 있는 학습기간을 따져 본다. 학습자의 필요를 가능한 짧은 기간 내에 성취할 수 있어야 한다. 현실적인 측면에서도 살펴보았지만 성인학습을 통해 습득된 지식과 기술은 즉각적으로 적용되어야 한다고 볼 때 시대의 조류를 놓치지 않는 실제성과 속도를 갖고 있어야 한다. 3~4년에 걸친 학교교육의 결과를 들고 사회에 나왔을 때 이미 사회는 다른 변화의 소용돌이 속에 돌아가고 있는 실정이기 때문이다.

교육기획과 정책결정에 지대한 영향을 미치는 비용의 측면에서 본다면 학교교육보다 저렴한 비용으로 그에 준하는 실질적인 문제해결 방식들을 습득할 수 있는 것이 성인학습의 특징이다. 성인학습은 학습의 질을 저하시키지 않으면서 활용 가능한 최대한의 자원을 이용하여 그 효율성을 제고할 수 있다. 예를 들면, 학습기간이 짧은 점과 장소에 구애받지 않는 점을 활용해 볼 수 있다. 기존의 시설과 설비를 임대하는 것도 하나의 방법이 될 것이다.

9) 홍보의 필요성

교육 프로그램의 성패는 참여자뿐만 아니라 잠재적 대상자에 대한 홍보에 달려 있다 해도 과언이 아니다. 학교교육은 국민의 기본 권리임과 동시에 의무이므로 특별한 홍보작업 없이도 학습자를 확보하는 데 크게 무리가 없다.

그러나 강제성이 부여되지 않은 성인학습은 홍보가 매우 중요한 요건이다. 성인학습 기관이 학습자를 확보하는 데 적극적이고 능동적이지 못하다면 그 기관의 존립 여부까지 문제시될 수 있음을 볼 때 심각하지 않을 수 없다.

여기서 말하는 홍보는 진행시킬 프로그램 자체를 넘어 근본적으로는 사회 일반에 대한 성인학습의 목적과 필요성에 대한 인식전환에 초점을 둘 때 성인학습의 생명력을 보장받을 수 있을 것이다. 나아가 자신이 실시하려는 성인학습 프로그램에 대한 완벽한 계획을 바탕으로 자신감을 갖고 가능한 많은 사람들의 자발성을 끌어내어 학습에 임할 수 있도록 하는 홍보작업에 최선을 다해야 할 것이다.

6. 성인학습의 원리

앞서 살펴본 바와 같이 성인학습은 청소년을 대상으로 하는 학교학습과 그 방식 자체가 차별화 될 수밖에 없다. 이러한 성인학습의 원리에 대한 주장은 매우 다양하다. 능률적인 학습을 위한 성인학습의 원리로 박노열(1987)은 참여 및 조직의 원리, 다양성의 원리, 상호학습의 원리, 계속성의 원리를, 조용하(1988)는 자발성의 원리, 자기학습의 원리, 상호학습의 원리, 생활적응의 원리, 지역성의 원리, 능률성의 원리를 제시하였다. 그리고 한국교육학회 사회교육연구회(1991)는 자발학습의 원리, 자기주도적 학습의 원리, 상호학습의 원리, 현실성의 원리, 다양성의 원리, 능률성의 원리, 참여교육의 원리, 유희 · 오락성의 원리를 들었다.

기존에 제시된 성인학습의 원리들에 기초하여 실제적으로 성인학습을 실시하는 데 고려해야 할 원리들을 제시하면 다음과 같다.

1) 자발학습의 원리

학습자는 외부의 권리나 타인의 강요에 의해 학습에 임하는 것이 아니라 스스로의 자발적 의지에 따라 학습에 참여하여야 한다. 자아개념이 확립된 상태인 성인은 외부에서 부여되는 학습에 대한 저항감이나 갈등을 느껴 거부하는 경향이 나타날 수도 있다. 그러므로 성인의 독립적인 자아개념을 존중하여 그들의 흥미, 관심에 기초한 학습이 전개될 때 성인학습자들이 자발적으로 학습의 장으로 찾아오게 될 것이다.

즉, 학습자들이 특정한 분야나 내용에 대한 학습의 필요성을 인지하도록 자극하고, 스스로 학습의 필요성을 느껴 자주적으로 필요한 것을 배우고자 하는 욕구를 끌어내야 한다. 또한 지속적으로 학습활동에 참여할 동기를 유발시키는 방법을 강구해야 한다. 성인학습자들은 과거 학습경험에 의해 불안감이나 저항감을 갖고 있을 가능성이 있으므로 학습참여에서 불안을 해소시킴과 동시에 자신감을 불어넣어 주는 것이 자발학습을 촉진시키는 방법이다.

2) 자기주도적 학습의 원리

타인의 판단이나 기준에 의하지 않고 학습자 스스로가 주체적으로 학습의 목적, 방법을 결정하도록 학습에 대한 자율성과 자기개발의 주도권을 부여하는 것을 말한다. 성인학습자들은 아동과는 비교될 수 없는 다양한 경험을 이미 갖고 있어 한층 질 높은 학습이 가능하며 새로운 학습이 전개될 수 있기 때문이다. 자기주도적 학습을 촉진시키기 위한 방법으로는 각종 사회교육시설을 확충하고 일반 대중에게 완전히 개방함으로써 학습자들이 성인학습을 편안하고 손쉽게 접힐 수 있는 기회를 부여하는 것이다.

3) 다양성 · 융통성의 원리

성인교육의 대상은 직업, 연령, 학력, 사회경제적 배경, 사회적 경험 등에서 매우 이질적임을 감안하여 교육내용과 방법을 선정해야 할 것이다. 기획단계부터 이질성을 고려하는 것에서 더 나아가 교육적 경험을 통해 다양한 경험을 얻을 수 있는 환경을 조성하는 것도 중요하다. 이러한 이질적 대상자들의 필요를 최대한으로 충족시켜 학습효과를 높이기 위한 다양한 방법들의 조화로운 적용이 필요하다.

모든 학습이 계획된 방향으로만 진행되는 것은 아니다. 때로는 계획과 다른 학습내용과 방법이 요구되므로 상황에 따라 임기응변식으로 새로운 방법을 도입하거나 그 계획 자체를 원천적으로 변경시켜야 할 경우도 생긴다. 각각의 사태에 대해 얼마나 융통성 있게 대처하느냐에 따라 성인학습의 성패가 달려 있다 해도 과언이 아닐 것이다.

4) 생활적응의 원리

현실적응의 원리로도 불리는 이 원리는 학습자가 생활에서 현실적으로 부딪히는 과제 및 요구를 중심으로 학습을 전개하고, 그 결과를 즉각적으로 생활에 활용할 수 있는지의 여부와 학습욕구의 충족 정도에 따라 학습활동이 결정된다. 성인학습자들은 가정, 직장, 사회의 구성원으로서 대부분 처해진 상황에서 실제적인 결정을 내려야만 한다. 이에 현실적으로 갖가지 문제들을 갖고 있으며, 해결의 수단으로서 교육의 필요성을 느끼는 사람들이다. 그러므로 어디까지나 현실성에 입각하여 구체적인 현실의 문제를 해결함으로써 역할 수행에 실제적인 도움을 줄 수 있어야 한다. 따라서 성인학습의 교육목표, 교육내용, 교육방법, 교육평가에 이르기까지 현실과 밀착될수록 교육의 유의미성이 높아진다.

5) 계속성의 원리

성인학습은 평생 동안 계속되어야 하므로 교육을 실시하는 기관과 담당자는 성인학습자가 지속적으로 학습에 참여할 수 있는 교육기회를 개발 · 제공해야 한다. 성인학습의 기회가 확대되고 그 내용이나 방법이 다양해지고는 있으나 단지 한 프로그램을 통해 학습자 개개인의 학습욕구를 충족시켜 주기란 불가능하다. 따라서 성인학습에서는 지속적인 학습이 가능하도록 지식 자체를 학습시키기보다는 학습하는 방법을 습득시키고 자기개발의 중요성을 각인시켜 학습의 기본을 심어 주는 것이 중요하다.

6) 상호학습의 원리

학습효과를 높이기 위해 지도자와 학습자, 학습자와 학습자가 서로 배우고 가르치는 형태를 통해 학습에 참여한 모든 사람의 집단역동을 활용하는 것이다. 성인의 경우 다양한 통로를 통해 축적한 각자의 경험을 학습자원으로 서로 공유하여 서로에게 영향을 주고받음으로써 상호학습이 가능하게 된다.

성인학습자들은 이미 가정이나 사회에서 교육자의 위치에 서 있으므로 가르치는 사람과 배우는 사람의 획일적인 구분이 불가능함을 고려해야 한다. 이에 성인학습 지도자는 '교사'라는 역할보다 '촉진자' '조언자'의 역할이 더 강조된다. 배우고 가르치는 사람 간에 지위 격차란 없으며 동료라는 특수한 관계가 강력한 힘을 발휘하기도 한다. 따라서 어떤 사물이나 사상에 대한 태도나 행동적인 변화가 요구되는 경우 이를 적극적으로 활용할 필요가 있다.

7) 참여교육의 원리

참여교육의 원리는 성인학습을 시행함에 있어 교육의 전 과정에 전문적인 지도자들과 성인학습자들이 함께 참여함으로써 교육이 이루어지고, 그 평가

결과에 피드백을 받아 새로운 교육이 또다시 실시되는 것을 말한다. 따라서 참여교육은 성인학습의 전 과정에 대해 학습자들이 적극 참여하도록 유도함으로써 학습자 생활의 질을 개선하고 보다 나은 상태로 변화하는 데 도움을 줄 수 있는 현실성을 강조한다.

8) 효율성의 원리

목적달성을 위해 다양한 학습 형태나 매체를 투입할 때 투자에 비해 산출결과가 높은 방법을 채택해야 할 것이다. 선정된 교육방법이 아무리 바람직하다 하더라도 시간적 · 경제적으로 얼마나 효과적이며 능률적인가를 따지지 않을 수 없다. 적당한 선에서 적절성 또는 효율성을 따져 능률적이고 효과적이며 가장 적절한 방법들을 선택해야 한다. 일정한 목표가 정해져 있고 계획에 의해 행해지는 활동이라면 성과에 주목하여 일정한 시간 내에 많은 성과를 올릴 수 있는 계획이 선행되어야 한다.

9) 유희 · 오락성의 원리

성인학습에 게임이나 오락적인 성격이 가미될 경우 참여자의 적극성을 높일 수 있으므로 이 원리는 반드시 고려되어야 한다. 성인학습자들은 학습에 대한 불안이나 부담감으로 인해 심리적 압박을 받는 경우가 많다. 따라서 가벼운 마음으로 알게 모르게 즐기는 과정에서 학습에 몰입할 수 있게 해야 한다. 예를 들어, 집단별로 선의의 경쟁을 벌여가며 의사전달 게임을 한다거나 역할극을 실시하는 등의 방법을 통해 즐겁게 문제들을 해결해 낼 수 있다. 성인학습의 내용이 진지하고 딱딱한 내용이라 할지라도 유희 · 오락적 접근법을 사용함으로써 쉽게 접근하게 하되 많은 것을 배우고 생각하게 할 수 있는 계기를 마련해 주는 것이다.

10) 적극적 서비스의 원리

성인학습에 투입할 인적 · 물적 자원과 조건을 최적화해야 한다는 실천적 원리다. 학습자들의 다양한 학습요구를 충족시킬 수 있도록 성인학습 프로그램은 다양해야 하고 질 높은 내용을 제공해야 하며, 모든 교육활동이 효율적으로 이루어지도록 적극적 서비스가 이루어져야 한다. 예를 들어, 성인학습자에 맞는 책 · 걸상과 쾌적한 교육환경이 제공되어야 하며, 이전의 학습활동 실패에 따른 열등감이나 낮은 자아개념에 대한 이해와 세심한 배려가 있어야 한다. 더불어 학습에 관련된 신속한 행정적 서비스 체제를 구축하여 친절하게 일을 진행시켜야 할 것이다.

제3부

성인학습 및 상담의 이론적 기초

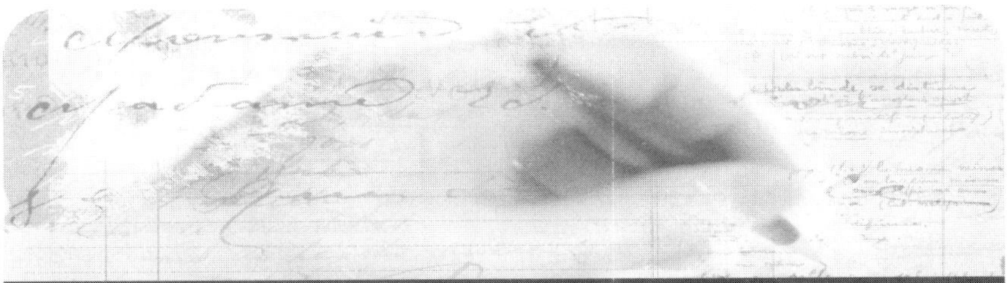

제4장 학습에 대한 이해

1. 학습의 개념 및 원리

1) 학습의 개념

인간이 태어나서 생을 마감할 때까지 계속되는 학습은 말 그대로 배우고 익히는 것이다. 그러나 학습에 대한 정의는 매우 광범위하여 정의 내리기가 쉽지 않다. 학습의 사전적 의미를 살펴보면 첫째, 지식을 얻고 이해하거나 경험, 연습을 통해 숙달하는 것 둘째, 마음이나 기억에 고정시키는 것 셋째, 경험을 통해 획득하는 것 넷째, 정보를 얻는 것과 발견하는 것이다. 학습에 대한 정의를 몇몇 학자들의 입장을 중심으로 살펴보면 다음과 같다.

우선 학습은 '경험 또는 연습의 결과로 생기는 비교적 영속적인 행동의 변화' 로 정의된다(Morgan & King, 1971). 이 정의는 대부분의 교육 관계자들에게 통용되고 있으며 그 밖의 정의들도 이 견해에서 크게 벗어나지는 않는다.

Gagné(1985)는 '학습이란 일정 기간 이상 인간의 성향이나 능력에 변화를 가져오는 현상을 말하며, 여기에는 단순한 성장과정에서 기인하는 변화는 포함되지 않는다.' 라고 하였다. 그리고 Hergenhahn(1976)은 '학습은 질병, 피로 또는 약물에 의한 일시적인 신체적 상태에 원인을 돌릴 수 없는, 경험에서 오는 행동 또는 행동 잠재력의 영속적인 변화' 라고 정의하였다.

학습이란 유기체가 주어진 상황에 반응함으로써 어떤 행동이 발생되거나 변화되는 것을 말한다. 이 말은 다음과 같은 세 가지 측면에서 풀어 생각할 수 있다. 첫째, 학습은 변화를 추구한다. 교육의 초점은 인간의 변화 가능성이다. 인간이 지닌 가변성에 대한 가정 없이 교육은 존재할 수 없다. 교육에서의 변화는 물론 바람직한 방향으로의 변화를 뜻한다. 교육은 가치지향적이므로 바람직한 변화는 그러한 가치기준에 합당한 것임을 의미한다. 이러한 변화는 체계적인 것이어서 통찰, 지각, 동기, 태도 등이 포함될 뿐만 아니라 이들 간의 결합된 행위도 포함된다. 둘째, 학습이 추구하는 변화는 경험이나 연습을 통해 일어나는 것이다. 따라서 성장이나 성숙 또는 상해에 의해 일어난 변화는 학습에서 제외된다. 성장이나 성숙은 유기체가 지니고 있는 생득적인 규정성에 의해 자연적이고 단계적으로 발달하는 현상이므로 학습으로 볼 수 없다. 마지막으로 학습이 추구하는 변화는 어느 정도 영속성을 지녀야 하지만, 그 시간적 길이를 일률적으로 적용하기란 어렵다. 다만 피로나 약물중독 등에 의해 일시적으로 일어나는 행동이나 정서의 변화 등은 학습에서 제외된다(이현림, 김영숙, 2001). 즉, 학습이란 직·간접의 경험이나 훈련에 의한 비교적 영속적인 행동상의 변화 혹은 그 변화에 대한 잠재력으로 정의 내릴 수 있다.

평생교육자가 학습을 어떻게 보느냐에 따라 교수방법은 달라지므로 이론에 대한 검토가 필수적이다. 교육한다 함은 학습을 촉진하는 것과 관련되어 있으므로 교육자로서 촉진시키고자 하는 것이 무엇인지 파악할 필요가 있다.

2) 학습의 원리

학습에 적용되는 일반적인 원리를 살펴보면 다음과 같다.

(1) 자발성의 원리

학습자가 학습활동에 의욕을 갖고 능동적으로 참여하도록 유도하는 원리다. 즉, 지도자와 학습자 간의 상호작용 속에서 학습이 이루어진다는 것이다. 오늘날의 학습은 전통적인 교사중심의 학습에서 벗어나 학습자 중심의 활동이 기본 전제가 되고 있다. 따라서 학습자가 수동적인 입장이 아닌 능동적이고 자발적인 주체로서 학습활동에 참여해야 함이 중시되고 있다. 행동변화의 대상은 학습자 자신이고, 지도자는 어디까지나 학습자 스스로의 경험과 활동을 조력해 주는 위치에 있는 것이다. 성인학습의 경우 이 원리는 무척 중요한 의미를 가진다. 이러한 학습자의 자발성에 뿌리를 두는 학습자의 내적 동기가 성인학습을 가능하게 하기 때문이다.

(2) 개별화의 원리

학습활동에서 학습자 개인을 존중하고 개성을 살리자는 의도를 가진 원리다. 즉, 학습의 내용과 속도를 학습자 개개인의 능력수준과 특성에 적합하도록 제시하여 개인차를 존중해야 한다는 의미에서 개성화의 원리라고도 한다. 모든 학습자는 개인 내의 차이와 개인 간의 차이를 가지고 있으므로 개인의 성숙단계와 흥미, 적성, 신체조건 등을 고려하여 학습자의 요구수준에 맞는 학습이 이루어져야 한다. 특히, 학습자의 개인적 특성과 요구를 중시하는 성인학습의 경우 반드시 고려해야 할 원리로 획일적이고 일률적인 학습은 지양되어야 할 것이다.

(3) 사회화의 원리

학습은 학습자 개인의 인격형성을 목적으로 하는 활동인 동시에 개인을 사회화하는 동화작용이기도 하다. 학습자가 자신이 속한 사회에 참여하여 원만한 인간관계를 유지하면서 그 사회의 삶의 양식을 배워가기 때문이다. 그러므로 집단 내의 학습활동을 통해 협동심이나 책임감을 가질 수 있게 학습 내용이나 분위기를 조성하는 것이 필요하다. 성인학습의 경우 실생활의 문제를 학습 상황으로 가져와 집단 내에서 학습이 이루어질 수 있도록 돕는 것이 필요하다.

(4) 통합의 원리

교육에서의 이상적인 목표는 조화롭고 전인적인 인간을 길러내는 것이다. 학습활동에서 지식이나 기능과 같이 어느 한 부분의 능력만을 발전시키는 것이 아니라 지 · 덕 · 체 또는 지 · 정 · 의와 같이 학습자의 행동특성을 조화롭게 발전시키고자 하는 원리다. 즉, 기존의 지식위주의 단편적인 교육에서 탈피하여 인간생활을 종합적으로 이해하고 지도하고자 하는 것이다. 또한 실제적인 측면에서 보면 학습활동에서 어느 하나의 방법이나 매체에 의존하지 않고 여러 가지를 다양하게 활용하여 학습자의 다양한 특성과 능력을 개발하고자 하는 노력이기도 하다. 성인학습자들은 지식 획득만을 위해 학습상황으로 되돌아온 것이 아님을 명심해야 한다.

(5) 직접경험의 원리

학습에서 종래의 설명위주의 언어주의보다는 구체적인 사물을 학습자가 직접 경험해 봄으로써 학습의 효과는 높아질 수 있다는 원리다. 오늘날 교육현장에 도입된 시청각적 방법과 교육공학적 접근은 직접경험의 원리를 활용하여 학습효과를 극대화하려는 노력의 일환이다.

이는 사물이나 현상을 직접 비교 · 분석해 봄으로써 살아 있는 지식을 얻어 실천력을 배양하려는 취지에서 시작되었다. Dewey는 '행함으로써 배운다(learning by doing).' 라는 말을 통해 진정한 학습은 실제의 경험을 통해 재구성되며, 이러한 경험을 기초로 성취된 행동이 확실한 지식임을 강조하였다.

(6) 흥미의 원리

학습목표 달성에서 중요한 것은 학습내용과 학습활동에 대해 학습자가 흥미를 갖고 임할 수 있도록 해야 한다는 원리다. 흥미란 모든 활동의 원동력으로 어떤 분야에 대한 동기를 갖게 하므로 흥미가 없으면 학습자들은 학습의 의미를 잃기 쉽다. 학습자의 경험 자체가 흥미를 일으키며 학습에 대한 흥미 정도가 학습활동에 영향을 준다고 할 때, 각자의 생활목표와 흥미를 갖고 학습상황으로 오는 성인학습자 개개인의 흥미를 잘 살려 학습요인으로 활용하는 것이 중요하다.

2. 학습이론

학습이론이란 학습이 어떤 과정을 통해 이루어지며, 어떠한 힘이 학습을 가능하게 하는지를 해명해 주는 이론체계다. 여기서는 이론체계가 확실히 정립된 행동주의 이론과 인지이론을 대표적으로 살펴보고자 한다.

1) 행동주의 이론

(1) 시행착오설

Thorndike가 제시한 시행착오설은 연합설 혹은 결합설로도 불린다. 이 이론은 학습을 자극(stimulus)에 대한 반응(response)의 관계로 보는 자극-반응(S-R)의 결합이론을 기본으로 하고 있다. 새로운 행동의 획득은 무작정 행하는 시행과 착오가 반복되는 과정을 통해 우연히 성공하고, 그 성공한 행동을 계속 반복함으로써 보다 바람직한 학습효과를 얻게 된다는 이론이다. Thorndike의 학습이론을 시행착오설이라고 하는 것도 이런 이유에서다.

Thorndike는 [그림 4-1]과 같은 문제상자(problem box) 속에 굶주린 고양이를 가두고 그 상자 밖에는 고양이가 좋아하는 음식물을 매달아 두어 고양이

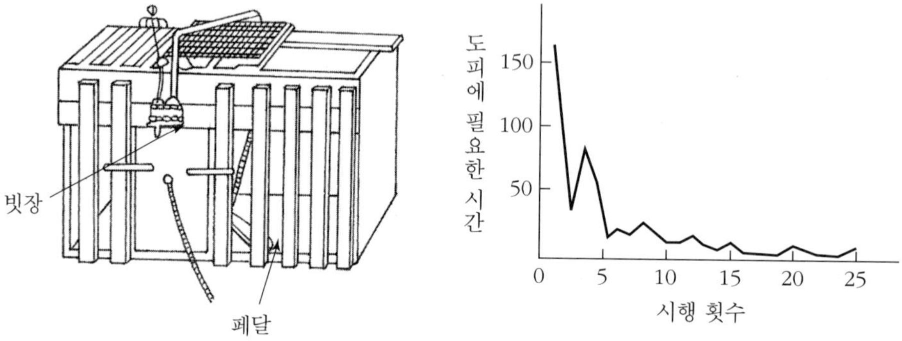

[그림 4-1] 문제상자와 실험결과

가 어떤 방법으로 상자 밖으로 나와 음식물을 먹는가를 관찰하였다. 문제상자 속에 갇힌 고양이는 처음에는 답답한 듯이 상자 안을 이리저리 헤매면서 아무데나 닥치는 대로 할퀴고 물어뜯고, 부딪혀 보는 등 밖으로 나오려 하나 번번이 실패했다. 이렇게 실패를 거듭하다가 우연히 상자 안에 있는 발판을 밟아 문이 열리면서 고양이가 상자 밖으로 나오는 데 성공하였다. Thorndike는 이러한 실험과정을 되풀이한 끝에 고양이가 짧은 시간에 발판을 밟고 탈출하여 밖에 매달아 놓은 음식물을 먹는 것을 보았다. 이와 같이 고양이가 스스로 해보고 실수를 거듭하다가 우연히 성공을 하게 되면서 불필요한 행동은 점차 감소되고 상자 밖으로 나오는 데 소요되는 시간도 매우 짧아지게 되었다. 다시 말해, 많은 시행과 착오를 거듭하면서 마침내 성공적인 행동을 할 수 있게 되어 점차 불필요한 행동은 줄어들고 곧바로 목표물인 음식물을 찾게 되었다.

Thorndike는 이러한 동물실험 연구를 통해 학습이 시행착오의 과정을 통해서 선택되고 결합되는 것이라고 보았다. 동물은 시행착오와 우연적 성공에 의해서 올바른 행동이 학습된다. 그는 만족스럽고 성공적인 행동은 각인되나 불만족스럽거나 실패한 행동은 배제된다는 측면에서 다음과 같은 세 가지 학습법칙을 제시하였다.

- **연습의 법칙** : 모든 학습은 연습을 통하여 진보·향상되어 바람직한 행

동이 형성된다. 앞의 고양이 실험에서와 같이 학습이나 모든 일에서 연습은 필수불가결한 것이다. 어떤 일이건 단번에 좋은 성과를 거둘 수는 없지만 꾸준한 반복연습을 통해 일정한 목표에 도달하고 성공할 수 있다. 이러한 의미에서 연습의 법칙을 일명 **빈도의 법칙**이라고도 한다. 또한 연습이 거듭 반복되면 자극과 반응이 잘 결합될 뿐만 아니라 보다 나은 강화가 이루어진다. 반면에 자주 반복하지 않으면 약화되고 결국에 가서는 소멸되고 만다. 여기서 전자를 **사용의 법칙**이라고 하고, 후자를 **불사용의 법칙**이라고 한다.

- 효과의 법칙 : 효과의 법칙은 일명 **결과의 법칙**이라고도 한다. 이는 우리들이 어떤 일을 계획하고 실천해서 그 결과가 자신에게 만족스러우면 하고자 하는 의욕이 높아지는 현상으로 설명할 수 있다. 반면, 연습을 계속해도 효과가 없다면 점차 의욕을 잃게 되어 결국에는 포기하게 되는데 이를 **불만족의 법칙**이라고 한다. 여기서 말하는 만족상태는 그것을 계속 반복하려는 것이며, 반대로 불만족 상태는 반복을 포기하려는 상태다. 중요한 것은 학습자의 능력과 요구에 맞게 일이 제시되면 실패나 실망을 비교적 적게 느껴 자신감과 성취감을 갖게 된다는 것이다. 만일 결과가 만족할 만한 것이 못되더라도 자기 일에 대한 긍지와 보람을 가지면 그것으로도 효과가 있다.
- 준비성의 법칙 : 준비성이란 학습하려고 하는 모든 행동의 준비를 말한다. 사전에 준비성이 충분히 갖추어진 학습활동은 학습이 만족스럽게 잘 되지만, 그렇지 않을 때는 오히려 실패하기 쉽다. 그러므로 바람직한 학습이 이루어지려면 사전에 충분한 준비가 필요하다. 여기서 말하는 준비성에는 물리적인 것뿐만 아니라 심리적인 것 역시 요구된다. 학습자의 심리적인 준비성에는 지능, 경험, 능력, 성취욕, 성숙도, 성격, 태도, 노력, 의지, 인정, 가치 등이 속한다. 그리고 이러한 준비성은 효과의 법칙과도 불가분의 관계에 있다. 학습지도를 할 때는 학습자의 신체적 및 정서적 발달단계에 맞도록 학습을 진행시키는 것이 바람직하다.

이상에서 살펴본 시행착오설은 처음부터 미리 가설이나 목표를 설정하지 않고 기계적이고 맹목적으로 시행하는 가운데 학습이 이루어진다고 본다. 이에 대해 형태주의 이론가들은 시행착오설이 요소론적이어서 정신현상의 체계적, 전체적 과정은 설명할 수 없으며 학습방법이 너무나 기계론적이라고 비판하고 있다.

(2) 고전적 조건형성

러시아의 대뇌생리학자인 Pavlov는 대뇌기능과 타액분비 반응의 생리학적 실험연구를 통해 심리학계에 크게 공헌하였다. 그 후 그는 미국으로 건너가 Watson을 중심으로 한 행동주의 심리학에 많은 영향을 주어 그들의 이론을 새로운 방향으로 발전시켰다. 또 생리학적 단위로서의 반사를 뜻하는 조건반사 대신 총체적인 운동을 포함한 반응에 관심을 두어 조건반응이론을 제시하였다.

Pavlov는 [그림 4−2]와 같은 실험장치를 고안하여 개를 대상으로 타액분비에 대한 실험을 하였다.

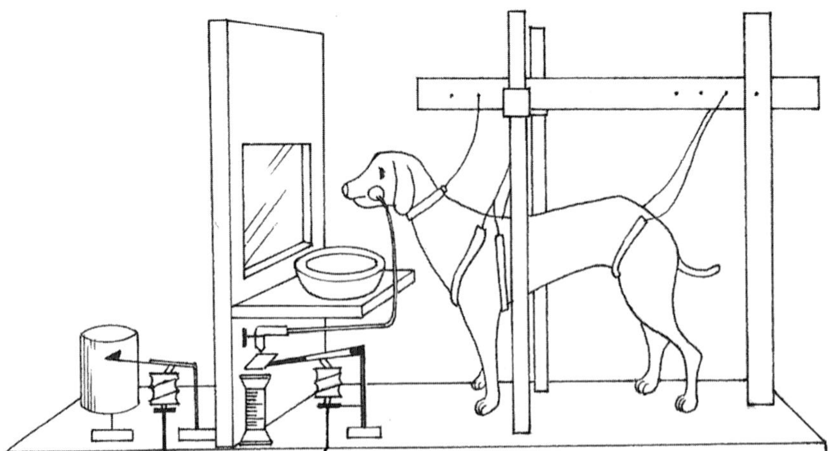

[그림 4−2] 조건반사 실험장치

이 실험장치에 익숙하게 만든 개를 대상으로 벨소리를 5~30초간 들려 준 후 먹이를 준다. 개는 벨소리가 처음 울릴 때는 귀만 위로 쫑긋 세울 뿐 타액을 분비하지 않았다. 그러나 벨소리와 먹이를 결합시키기 위해 40~60회 반복해 주면 그 후부터는 벨소리만 울려도 먹이를 주었을 때와 마찬가지로 타액이 분비되는 사실과 그때의 타액 분비량이 먹이만 주었을 때의 분비량과 같음을 알게 되었다.

이와 같이 벨소리의 자극과 타액분비의 반사 사이에 새로운 결합이 형성되는 과정을 조건화라고 한다. 이때 조건화를 일으키는 자극을 조건자극이라고 하고 그에 대한 반응을 조건반응이라고 한다. 그리고 제시하는 먹이를 무조건 자극이라 하고 그에 대한 타액분비를 무조건 반응이라 한다. 이러한 조건자극에 무조건 자극이 동반되는 조작을 강화라고 한다.

이상의 조건형성이 성립되기 위해서는 몇 가지 요건이 성립되어야 하는데 Pavlov는 다음과 같은 네 가지 조건반응의 원리를 제시하였다.

- **일관성의 원리** : 조건형성 과정에서 조건자극은 일관성 있게 제시되는 것이 효과적이라는 원리다. Pavlov의 실험에서도 벨소리를 일관성 있게 사용하였으므로 조건형성이 가능하였다. 벨소리를 울린 다음에 음식물을 제공하였는데, 음식물 대신 때린다거나 음식물을 주지 않는다면 그 다음부터는 벨소리에 대해 같은 반응은 일어나지 않는다.
- **강도의 원리** : 조건형성 과정에서 처음 주어지는 자극보다 다음에 주어지는 자극의 강도가 같거나 더 강한 것이라야 조건형성이 가능하다는 원리다. 가령 음식물을 보이고 그것을 먹지 못하게 하려면 음식에 대한 쾌감보다도 때렸을 때 느끼는 불쾌감이 더 커야만 행동수정이 가능하다.
- **시간의 원리** : 조건형성 과정에서 조건자극 제시와 무조건 자극 제시 간의 시간이 중요한 역할을 한다. 즉, 무조건 자극인 음식물과 동시에 벨소리를 울린다면 결합이 좀 더 쉽게 이루어진다.
- **계속성의 원리** : 어떤 자극이든지 한 번에 그 효과가 나타나는 것은 아니

다. 계속성의 원리는 자극과 반응 간의 관계가 반복되는 횟수가 많을수록 조건형성이 더욱 잘 형성된다는 원리다.

인간에 대한 고전적 조건형성의 예로 가장 널리 알려진 것은 Watson이 11개월 된 Albert를 대상으로 한 실험이다. Watson이 작은 방에서 Albert에게 흰 쥐를 보여 주자 아무런 거부감 없이 열심히 기어다니면서 쥐를 잡으려 하였다. 그러나 아이가 쥐에 접근할 때마다 쇠망치를 두들겨 큰 소리를 내는 작업을 몇 번 반복하였더니 Albert는 울기 시작하였으며 쥐를 볼 때마다 도망치려 하였다. 결국 Albert는 큰 소리를 쥐와 결합시키는 것을 학습하였으며 쥐를 두려워하게 되었다.

Jones는 이 결합을 역으로 이용하여 두려움을 없앨 수 있다고 주장하였다. Jones는 Peter가 좋아하는 아이스크림과 연결하여 흰쥐를 무서워하지 않을 만큼의 거리에 두고 아이스크림을 먹도록 하였다. 실험을 반복함에 따라 아이스크림을 통한 즐거운 반응이 쥐에 대한 감정과 결합되어 쥐에 대한 두려움을 극복하는 **탈학습**이 이루어졌다.

이상과 같은 조건형성 과정은 [그림 4-3]과 같이 세분화하여 설명할 수 있다.

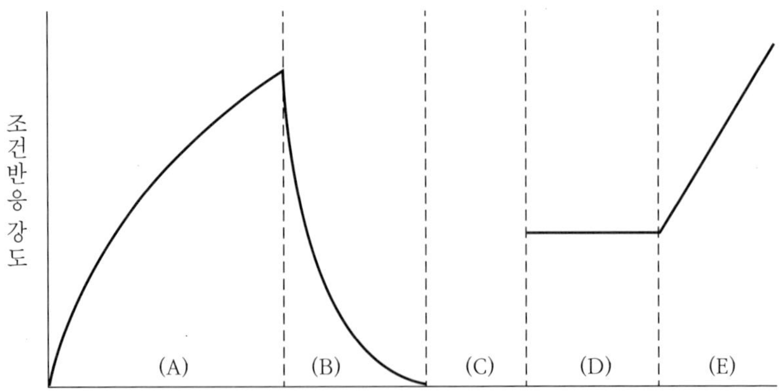

[그림 4-3] 조건형성 과정

- **획득(A)** : 조건자극이 무조건 자극과 반복적으로 제시되어 결합됨으로써 점차 조건반응이 획득된다. 조건자극에 이어 주어지는 무조건 자극의 제시를 강화라 한다. 조건반응의 획득에는 강화가 필수적이다.
- **소거(B)** : 소거는 무조건 자극을 중지하고 조건자극만 제시하면 획득된 조건반응의 강도가 점차적으로 약화되어 사라지는 현상을 말한다. 즉, 조건반응이 성립되어도 무조건 자극이 없이 조건자극만 반복되면 성립된 조건반응은 소거된다.
- **자발적 회복(D)** : 그러나 소거가 완전한 망각을 의미하지는 않는다. 소거된 조건반응도 어느 정도의 휴식기간(C)을 거친 후 다시 조건자극을 제시하면 일시적으로 조건반응을 보이게 되는데 이를 자발적 회복이라 한다. 일단 학습된 조건반응은 잠재적으로 남아 있어 재훈련 없이도 다시 나타난다. 즉, 자발적 회복은 이미 학습이 이루어졌음을 증명해 주는 것이다.
- **재획득(E)** : 자발적 회복이 이루어진 후에 아무런 강화가 주어지지 않으면 그 반응은 약해져 버리지만, 무조건 자극인 강화를 또다시 제시해 주면 조건자극이 재획득되어 간다. 자발적 회복 이후의 재획득은 처음 획득보다 훨씬 용이하다.
- **일반화** : 훈련받은 구체적 자극에 대해서는 물론 유사한 다른 자극에 대해서도 반응하는 경향을 말한다. 예를 들면, 높은 음을 조건자극으로 하여 훈련을 시키면 그 음과 비슷한 높이의 음에도 조건반응을 일으키게 된다.
- **변별** : 일반화된 상태에서 강화를 계속하여 완전학습이 이루어지면 최초의 조건자극 이외의 유사한 자극을 구분하여 첫 자극에 대해서만 반응을 보이게 된다. 이를 변별이라 하며 그 과정을 분화라 한다.
- **고차적 조건화** : 조건형성이 이루어진 후 그 조건자극과 또 다른 새로운 자극을 짝지어 반복 제시함으로써 2차 조건화를 형성해 낼 수 있다. 종소리에 타액을 분비하도록 학습된 개에게 불빛을 비추면서 종소리를 함께

들려 주기를 반복하면 결국 개는 불빛을 보고도 타액을 흘리게 된다. 이런 방법으로 계속 3차, 4차의 조건화를 유도해 낼 수 있다. 이를 통틀어 고차적 조건화라 부른다.

(3) 조작적 · 도구적 조건형성

의식이 완전히 배제된 극단적 행동주의를 주장한 Watson의 이론은 인간에게 적용하는 데 많은 한계를 드러내었고, 그에 대한 비판적 관점에서 신행동주의가 등장하였다. Skinner와 Hull로 대표되는 이 이론은 자극과 반응 사이에 유기체를 삽입해서 S-R 도식을 S-O-R(stimulus-organism-response)로 수정하여 유기체 내부에서도 어떤 변화가 일어남을 가정하였다.

Pavlov와는 달리 Skinner는 반응행동과 조작행동을 구분하여 외부 자극에 대해 자연적 · 직접적으로 발생하는 행동을 반응행동이라 보았고, 외부의 자극 없이 의도적 · 의식적 · 자발적으로 조작되어 방출된 반응은 조작행동이라 하였다. 즉, 고전적 조건형성이 외적 자극에 의해 유발된 반응이라고 본다면, Skinner의 입장은 어떤 동물이나 사람은 외적 자극을 받지 않고도 조작적 행동의 결과로 학습이 이루어진다는 것이다.

Skinner는 [그림 4-4]와 같은 Skinner 상자를 제작하여 쥐나 비둘기를 대상으로 실험을 하였다. 방음장치가 된 Skinner 상자는 그 속에 조명용 전등, 지렛대, 먹이 배출구, 먹이접시, 물통 등이 있고 지렛대에는 자동 먹이 배출

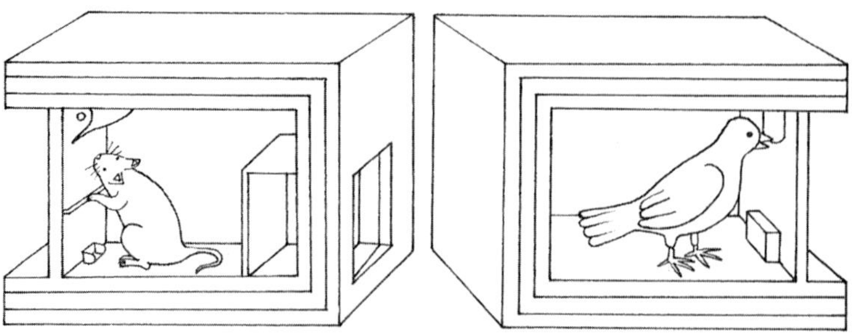

[그림 4-4] Skinner 상자

구와 기록계가 연결되어 있다.

이 상자 속에 굶주린 쥐를 집어넣으면 쥐가 처음에는 상자 안을 탐색하고 배회하기만 하다가 우연히 지렛대를 눌러 먹이를 얻는다. 이것을 몇 번 되풀이하는 가운데 쥐는 배고프면 지렛대를 누르고 배부르면 그것을 중지하는 행동을 보였다. 결국 쥐는 지렛대(조건자극)를 누르면(조건반응) 먹이(보수)가 나온다는 것을 학습한 것이다. 이와 같이 조건반응이 먹이(강화물)를 얻기 위한 도구가 되었다는 점에서 도구적 조건형성이라고도 부른다. Skinner는 초기 Pavlov의 조건반사설을 고전적 조건형성 혹은 S형 조건화 이론으로, 자신의 조작적 조건형성 이론을 R형 조건화로 대별하였다.

요약해 보면 어떤 동물, 즉 쥐나 비둘기가 자극(먹이나 모이)에 대하여 능동적이고 적극적이며 의도적인 반응을 한 결과로 보상 곧 강화를 받아 욕구가 충족됨으로써 새로운 행동을 얻게 되는 것이다. 따라서 모든 학습이나 작업은 연습과 함께 반드시 어떤 강화가 수반되어야 하며, 일단 성립된 학습일지라도 계속 반복해서 강화되지 않으면 소거되고 잊혀지게 된다. 그러므로 학습을 효과적으로 성취하려면 조작적인 조건이 필요하다고 할 수 있다. 이 이론을 응용하여 제작한 것이 Skinner의 '프로그램 학습' 이다.

조작적 조건형성의 특징을 살펴보면, ① 강화는 반응과 동시에 혹은 그 과정에서 일어나는 것이 아니라 반응 후에 일어나는 것이다. ② 유기체의 능동적 반응이 강화를 가져온다. 즉, 조작적 조건형성은 반응 때마다 즉시 강화를 함으로써 그 반응 자체가 강화되는 것이다. ③ 강화는 행동변화의 핵심적 변수다. Skinner의 이론을 강화이론이라 부르는 것도 여기에서 연유한다.

조작적 조건형성이 이루어지는 과정에서의 주요 개념들을 살펴보면 다음과 같다.

① 강화

어떤 조작을 통해 특정 행동이나 반응의 확률, 빈도를 증가시키는 현상을 말한다. 강화제 혹은 강화물이란 강화의 수단이 되는 물건이나 자극을 지칭한다. 그래서 강화란 강화물이 주는 효과를 말한다. 예를 들어, 교육 프로그램에 잘 참석하는 학습자에게 칭찬해 주었더니 더욱 적극적인 학습태도를 보여준다면 칭찬은 강화물이 되고 칭찬을 통해 학습태도를 강화시킨 것이 된다. 강화는 크게 다음과 같이 대별할 수 있다.

- 일차적 강화와 이차적 강화 : 일차적 강화물이란 음식, 수면, 성(性)과 같이 다른 강화물과의 결합 없이 그 자체로 보상의 의미를 지니는 것들이다. 이차적 강화물은 원래는 중성 자극이던 것이 강화력을 갖고 있는 다른 자극과 반복적으로 짝지어져 강화능력을 갖게 된 학습된 강화물로서 돈, 칭찬, 승인, 미소 등이 그 예다. 아이들은 돈이 있으면 과자(일차적 강화물)를 살 수 있다는 것을 학습한 다음에야 돈(이차적 강화물)에 가치를 두게 된다.
- 정적 강화와 부적 강화 : 정적 강화란 먹이, 사탕, 칭찬, 돈과 같이 정적 강화물을 제시하여 행동의 유발 가능성을 증가시키는 것을 말한다. 부적 강화란 전기충격, 큰 소음, 심한 열 같은 부적 강화물이 제거됨으로써 행동이나 반응의 빈도를 증가시키는 것이다. 정적 강화와 부적 강화 모두 어떤 행동의 발생 가능성을 증가시킨다는 점에서 공통점을 가진다. 하지만 정적 강화는 바람직한 행동을 함으로써 원하는 것을 얻게 되고, 부적 강화는 바람직한 행동을 함으로써 싫어하는 것을 피하게 된다는 차이가 있다. 여기서 예정된 처벌적 요소, 즉 비웃음, 실패, 나머지 공부 등의 위협적이거나 불유쾌한 경험들이 부적 강화물로 작용한다. 그러나 과도하게 부적 강화를 사용한다면 때에 따라서는 상황을 회피하거나 소극적인 경향을 보이는 등의 부정적인 결과를 초래할 수 있으므로 각별한 주의가 필요하다.

부적 강화와 함께 자주 거론되는 벌의 경우 특정 행동이나 반응이 일어날 가능성을 감소시키는 것으로 강화와는 별개의 것이다. 벌의 효과에 대해서는 끊임없는 논란이 계속되고 있다. Skinner는 행동변화에 대해 벌은 강화보다 효과가 적음을 지적하였다. 벌이라는 것은 안 되는 것을 말해 주는 것이지 해야 할 것의 방향을 제시해 주지 않는다는 점에서 생각해 볼 여지가 있다. 특히, 아동에 대한 체벌을 교육적 의미에서 시행할 때는 몇 가지 원칙이 필요하다. 예를 들면, 체벌자 자신의 감정을 파악하여 체벌의 시행이 교육적 선택인지 감정의 표출인지를 살펴야 할 것이다. 체벌기준에 대한 일관성과 공정성을 유지하며 체벌 이유에 대한 설명과 함께 바람직한 행동의 대안을 제시해 줄 필요가 있다. 중요한 것은 체벌은 고쳐야 할 행동에 대한 제재일 뿐, 애정은 변함없음을 표현하여 신뢰감에 상처를 주지 않는 것 등이다.

② 강화계획

강화계획은 행동에 대하여 강화의 제시나 중단을 지시하는 규칙 또는 절차로서 어떤 방법으로 강화를 제시할 것인가를 규칙화한 것이다. 이는 소멸을 방지하여 행동을 지속적으로 나타나게 하기 위해 시간적 차원과 반응 수의 차원을 고려해서 구성할 수 있다. 예를 들면, 모든 반응에 강화를 적용할 수도 있고, 5분 후 반응 혹은 10번째 반응과 같이 정해진 기준에 의해 강화를 시행할 수도 있다.

이와 같이 시간과 반응 수를 고려한 강화계획은 크게 연속적 강화와 간헐적 강화로 대별된다. 연속적 강화는 실험자가 원하는 반응이 나타날 때마다 즉시 강화해 주는 방법이다. 간헐적 강화는 모든 행동이 아닌 그중 일부 행동에 한하여 강화해 주는 방법이다.

간헐적 강화는 다시 반응 횟수에 따른 비율강화와 시간 간격에 따른 간격강화로 나누어진다. 그리고 비율이나 시간 간격을 일정한 계획에 따라 강화하는 고정강화와 비율이나 시간 간격을 무선적으로 강화하는 변동강화로 구분된다. 따라서 비율강화는 고정비율 강화와 변동비율 강화로 구분하고, 간격강화는 고정간격 강화와 변동간격 강화로 구분한다.

- **고정간격 강화계획** : 일정한 시간이 경과되지 않으면 아무리 반응을 해도 보상이 주어지지 않게 계획하는 것으로 시간 간격이 길수록 반응빈도는 낮아진다. 예를 들면, 일정한 기간이 경과한 후에 주어지는 보수가 있다.
- **고정비율 강화계획** : 일정한 횟수의 반응이 있은 후에 보상이 주어지는 강화계획이다. 예를 들면, 공장에서 완제품을 일정한 수만큼 만들었을 때마다 특정한 보수를 지급하는 것이다.
- **변동간격 강화계획** : 강화의 시간 간격이 일정하지 않은 경우다. 다시 말해, 평균적으로 보면 일정한 시간에 강화를 해 주기는 하지만 그 시간 간격이 일정하지 않은 강화계획이다. 물고기가 언제 물릴지 모르는 상태에서 하루종일 앉아 있는 낚시꾼이 그 예가 된다.
- **변동비율 강화계획** : 평균적으로는 일정한 반응비율에 따라 강화를 해 주지만 강화해 주는 반응 횟수는 일정하지 않은 강화계획이다. 즉, 강화와 강화 간의 반응 횟수가 어떤 평균치를 중심으로 변동하는 것이다. 예를 들면, 밤을 새워가면서 도박을 하는 경우를 들 수 있다.

2) 인지이론

형태심리학적 입장에 서 있는 인지이론은 행동주의 이론과는 큰 대립을 보인다. 자극과 반응의 결합을 통한 학습의 외적 변인들에 관심을 둔 행동주의에 비해, 인지이론은 자극과 반응을 조정하는 기억, 사고와 같은 유기체의 내적 변인을 중요시하였다. 즉, 인지이론에서는 인간이 동물에서는 거의 찾아볼 수 없는 인지과정을 갖고 있으므로 인간과 동물은 근본적으로 다른 차원에서 다루어져야 한다고 보았다. 인지란 학습자가 경험을 통해 어떤 의미를 갖게 되는 지각이며 사고과정을 의미한다. 인지이론에 따르면 여러 상황을 조직하고 연결시키는 법칙에 따라 학습자의 지각이 달라진다. 즉, 학습자는 현상들을 조각난 무의미한 파편으로 지각하는 것이 아니라 조직된 형태로 지각하려는 경향이 있다(임창재, 2000).

먼저 인지이론의 기초를 이루는 형태심리학의 입장을 살펴보자. 형태심리학은 경험이란 감각적 요소를 통해 생겨나지만 그 경험의 질은 감각 자체의 요소와는 다르다는 점에 착안하여 1920년대를 전후하여 독일에서 시작되었다.

형태심리학의 선구자인 Wertheimer는 **파이현상**을 증거로 들어 우리가 지각하는 것은 결합된 전체며 이러한 전체는 인위적인 원소들로 나누어질 수 없음을 보여 주었다. 파이현상이란 여러 개의 전구를 일정하게 배열한 후 짧은 간격으로 차례로 불을 켜나가면 전구들이 점멸되는 것으로 보이는 것이 아니라 불빛이 움직이는 것으로 지각하게 되는 것을 말한다. 이는 학습에서 인지적 처리의 중요성을 보여 주는 것이다. 즉, 인간의 지각 내용은 현상 자체지 현상을 구성하는 요소들이 아님을 증명해 주는 것이다. 인간이 경험하고 학습하는 것은 통합된 전체로서의 장이며, 이를 자극–반응의 단위와 같은 개개의 요소로 분석하는 것은 무의미하다고 주장하였다.

형태심리학에서 형태(gestalt)란 윤곽, 조직을 의미한다. 인간은 사물을 분리된 요소들로 보는 것이 아니라 유의미한 조직, 즉 형태로 모여진 자극으로 받아들인다. 사람을 볼 때 코, 입, 팔 등으로 구분하여 보는 것이 아니라 전체로서 하나로 지각하는 것을 보면 알 수 있다. 따라서 "전체는 부분의 합 이상이다."란 말이 형태주의자들의 명제가 된다.

한 부분은 다른 부분과 관련되어 전체를 이루므로 전체는 부분의 합 이상이라는 이들의 명제를 증명해 보자. 부분을 전체적 형태로 지각하는 데 사용되는 법칙은 다음과 같다(임창재, 2000).

- **근접성의 법칙** : 시 · 공간적으로 서로 떨어져 있는 자극들에 비해 서로 근접한 것끼리 지각되는 경향이 있다. 여러 개의 점이나 선이 나열되어 있을 때, 서로 가까이 위치한 점은 하나의 통합된 형태로 지각하게 된다.

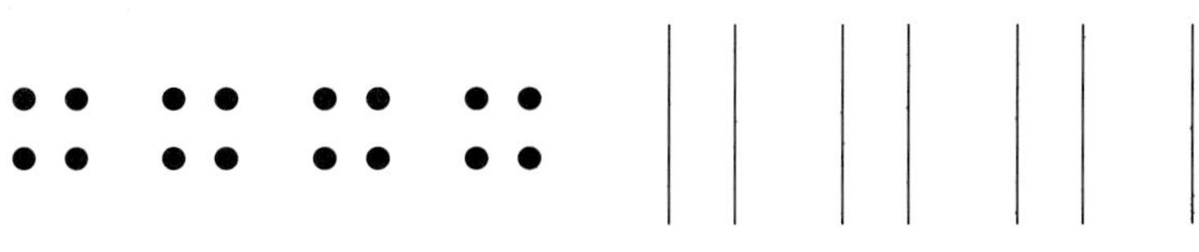

- **유사성의 법칙** : 각각의 부분들이 비슷한 것끼리 연결되어 하나의 형태나 색깔로 지각되는 현상이다. 즉, 유사한 동질의 한 쌍은 이질적인 한 쌍보다 훨씬 쉽게 학습된다.

- **폐쇄성의 법칙** : 공백이 있거나 불완전하게 떨어져 있는 부분을 보완하여 완성된 형태로 자극 정보를 받아들이는 현상이다.

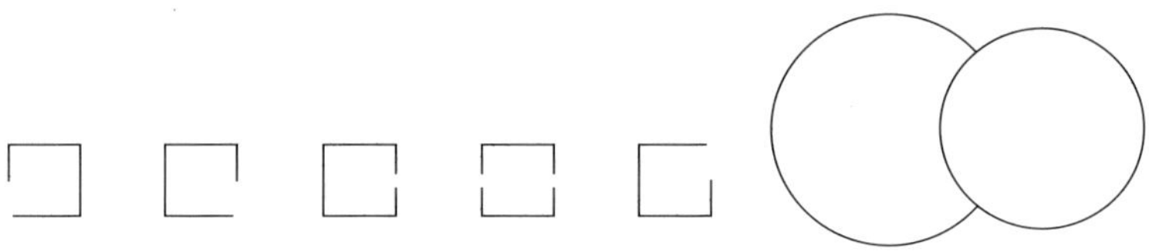

- **연속성의 법칙** : 연속되는 자극들을 단절된 정보보다 계속된 형태로 체제화하는 현상이다.

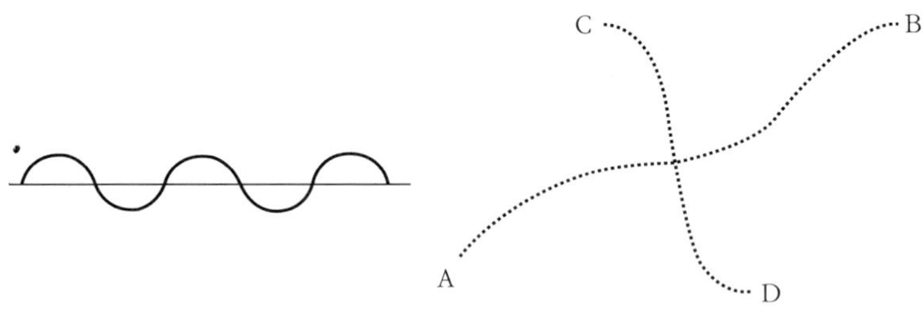

- **의미 부여에 따른 지각** : 지각에서 가장 기본이 되는 것은 장면을 '도형'과 '배경'으로 구분하는 것으로, 한 장면을 볼 때 주의를 기울여 보는 것은 도형이 되고 그 외의 부분은 배경이 되는 것이다. 즉, 장면 자체가 의미를 가지는 것이 아니라 보는 사람이 의미를 붙여서 보기 때문에 생각하는 대로 지각되는 현상을 말한다.

이처럼 인지이론은 형태주의 심리학파인 Wertheimer를 비롯하여 Koffka, Köhler, Lewin, Tolman이 주축이 되어 학습이론에 새로운 전기를 마련하였다. 인지이론은 지각이론을 근거로 한 학습이론으로서 학습을 인지구조의 변용으로 본다. 이 이론은 학습을 요소적 · 분석적 입장보다는 전체적 입장에서 논하는 점에서 앞서 말한 행동주의 이론과는 다르다. 인지이론을 대표하는 이론에는 통찰이론, 장(場)이론, 기호형태이론, 정보처리이론 등이 있다.

(1) 통찰이론

Köhler의 통찰이론은 Wertheimer나 Koffka와 같이 형태주의 심리학 또는 현상학적 심리학의 입장에 서 있다. 학습을 인지구조의 성립 또는 변용, 대뇌 중추과정으로 추론하며, 분석적인 입장보다는 전체적 입장에서 논하고 있는 것이 특징이다. Köhler는 아프리카의 섬 테네리페에서 침팬지 연구소를 차려 많은 실험을 통해 자신의 학습이론을 증명하였다.

[그림 4-5]와 같이 팔이 닿지 않는 높이에 바나나를 매달아 놓으면 침팬지는 팔을 뻗거나 뛰어오르는 행동을 한다. 그러나 몇 번 실패한 후에는 맹목적으로 시행착오적인 행동을 하는 대신 우리 주위를 주의 깊게 관찰하기 시작한다. 그리고는 미리 준비되어 있는 상자를 발견하고 이를 쌓고 올라가거나 막대기들을 서로 연결하여 바나나를 따먹었다. 또 다른 경우 침팬지 우리 속에 막대기 두 개를 함께 넣어 주고 밖에는 바나나 몇 개를 놓아두었더니 두 개의 막대를 연결하여 우리 밖에 떨어져 있는 먹이를 끌어당겨 먹었다. 다소 우연

[그림 4-5] Köhler의 침팬지 실험

적으로 보이기는 하나 도구를 이용해야 함을 통찰함으로써 과제를 해결할 수 있는 행동방식이 학습된 것이다. 즉, 학습은 목적과 수단, 전체와 부분의 관계를 통찰함으로써 가능하였다.

침팬지의 행동을 통한 통찰학습의 과정을 살펴보면 다음과 같다. 첫째, 학습자는 문제 장면에 직면하게 된다. 문제 장면은 일종의 인지적 불균형 상태를 야기하여 학습에 대한 동기를 갖게 한다. 둘째, 문제 장면에 대한 탐색이 이루어진다. 시행착오적인 탐색이 아니라 목적과 수단, 요소와 요소, 부분과 전체 간의 관계 파악을 통해 탐색이 이루어진다. 셋째, 이러한 관계를 이해하고 파악하는 통찰을 통해 학습이 일어난다.

Köhler가 말하는 통찰이란 부분과 부분, 부분과 전체 또는 수단과 목적 간의 관계를 이해하는 것이다. 이때 통찰은 완만한 곡선을 나타내며 서서히 이루어지는 것이 아닌 순간적인 성공이나 해결로 나타난다.

이러한 통찰에 의해 이루어진 문제해결은, 첫째 갑자기 일어나나 완전하고 행동으로 옮기는 데 원활하고 오류가 없다. 둘째, 상당 기간 동안 유지·반복되며 새로운 장면에 적용될 수도 있다. 셋째, 문제해결에 관련된 요소들이 학습자가 지각하기 쉽도록 잘 배열되어 있을 때 통찰은 더욱 쉽게 일어난다. Köhler는 이 실험을 통해 학습이란 행동의 변화가 아니라 능동적이고 의도적인 정신활동과 전체적 구조 파악을 통한 인지구조상의 변화임을 밝혔다.

(2) 장이론

장(場)이론(field theory)은 형태심리학 창설에 기여한 Lewin의 이론으로 행동이란 개인을 둘러싸고 있는 환경 속의 다양한 힘들의 상호작용에 대한 개인의 반응이다. 이에 Lewin은 학습을 생활공간이 보다 고도로 분화하면서 장의 인지구조가 변화하는 것으로 보아 $B=f(P \cdot E)$로 행동을 공식화하였다. 즉, 행동(behavior)은 개인(person)과 환경(environment)의 함수(function)관계로서 생활공간의 전체구조에 의해 나타난다. 여기서 말하는 생활공간이란 지리적 · 물리적으로 표현되는 공간이 아닌 행동을 일으키는 요인으로써 개체 내에 성립하고 있는 주관적인 공간이다. 따라서 객관적으로는 동일한 환경이라 하더라도 개인이 지각하는 공간은 다양해진다. 또한 생활공간은 지각적 운동영역과 내적인 개인영역으로 분화되므로 자극 대 반응의 관계가 아니라 인지대상인 지각의 장과 내적인 개인영역의 관계, 혹은 인지구조의 성립 또는 변화로 학습을 보았다.

Lewin에게 학습은 개인의 생활공간이 고도로 분화되는 것을 말한다. 학습의 결과로 행동이 습관화되었다는 것은 이미 분화된 여러 영역들 간의 연결통로들에 통일성이 증대되었음을 의미한다. 즉, 각 영역들로 옮겨지는 순서가 자연스럽게 이동되는 것을 말한다.

또한 Lewin은 행동이 일어나는 변화에 따라 학습을 네 가지 유형으로 분류하였다. 첫째 인지구조의 변화로서의 학습, 둘째 동기의 변화로서의 학습, 셋째 이데올로기의 변화로서의 학습, 넷째 근육조직의 자의적 통제 및 정교성의 획득으로서의 학습으로 나누어진다. 이 중에서 가장 일반적인 것은 인지구조의 변화로서 미분화된 생활공간들은 경험에 의해 인식이 획득되고 점차 체계화되어 막연하던 영역들이 뚜렷하게 분화되는 것이다. 이와 같이 장의 인지구조가 정립되고 문제해결에 효과적인 인지구조가 성립되고 변용되는 것이 학습이다.

Lewin은 학습에서 보상과 벌의 의미에도 관심을 기울였다. 보상과 벌이 학습을 형성하거나 파괴하는 것으로 보는 행동주의와 달리, 그는 보상과 벌을 구체적이고 순간적인 상황에서 행동을 통제하는 기제로 보았다. 즉, 보상이나 벌은 결합을 강화하거나 약화하는 것이 아니라 힘, 유인가 그리고 개인의 심리적 환경들과의 긴장체제에 변화를 일으키게 하는 변인으로 보았다.

(3) 기호형태이론

Tolman이 주장한 기호형태이론(sign-gestalt theory)은 기호-학습설, 기호-유의미설, 기호-기대설, 목적적 행동주의설 등 여러 가지로 불리고 있다. 행동주의 내용을 형태이론적 관점에 결부시킨 Tolman은 신행동주의 심리학자에 속하면서도 학습이론에서는 인지적인 입장을 강조하여 인지이론가로 분류되기도 한다.

Tolman은 관찰 가능한 자극과 외현적인 반응을 다루고 있지만, 연구대상으로 전체적 행동을 선택했다는 점에서 행동주의와는 구별된다. 전체적 행동은 분자적·미시적 단위의 과정이 아닌 전체적 단위며, 인간은 목적지향적이라 어떤 목표를 향해 부단히 노력하는 존재다. 또한 인간은 목표에 이르는 수단으로서 환경을 활용하며 가능한 간단하고 쉬운 수단을 선택하여 도달하려는 경향을 지닌다. 즉, 주위 환경에 대처해 가면서 앞으로 닥치게 될 유사한 상황에 적용할 수 있는 경험을 획득하고 쌓아나가는 것이다.

학습은 문제해결이나 목표도달의 수단이 되는 기호를 학습하는 것이고 기호형태에 대한 기대의 성립과 의미를 인지하는 데 있다. 이것은 마치 목표지점이 어디쯤 있는지 알지 못할 때 지도를 펴놓고 그 지점을 자세히 찾아 알게 되는 것과 같은 방식으로 학습도 이루어진다는 것이다. 그러나 이때의 학습은 어디까지나 움직이는 행동 자체가 아니라 목표를 향한 기호의 의미를 찾아내는 것이다. 즉, 학습은 구체적인 행동의 결과가 아닌 목적과 수단의 관계에 대한 인지도(cognitive map)를 형성해 가는 것이다. 가령 택시를 타고 집에 가는데 길이 많이 막히자 운전기사가 내가 알지 못했던 다른 길로 가서 새로운 길을 알게 되었다면 머릿속에 새로운 길에 대한 지도가 하나 더 추가될 것이다. 이것이 바로 새로운 인지도의 형성이다.

학습이란 단순한 자극-반응의 결합이며 강화가 수단이라는 행동주의 주장에 대해 보상-기대 실험을 해 보임으로써 유기체는 유목적적으로 행동하며 목적에 도달하지 못할 때는 지속적인 목적추구 행동을 수행한다는 것을 보여주었다. 예를 들어, 바나나로 훈련받은 원숭이에게 별로 좋아하지 않는 상추로 바꾸어 보상을 제시하자 원숭이는 계속해서 바나나를 찾아다녔다. 또한 인간은 단순한 근육의 결합에 의한 학습이 아니라 머릿속으로 생각하고 사고에 의한 인지도를 가지고 있으며, 학습은 인지도의 형성에 의해서 일어난다는 것과 강화 없이도 학습은 일어난다는 사실을 입증하였다. 즉, 학습이란 단순한 자극-반응 결합의 조건화가 아니라 중추신경 속에 전체 환경 장면에 대한 인지구조가 형성되는 것이라고 할 수 있다.

(4) 사회학습이론

만일 직접 체험을 통해서만 학습이 가능하다면 삶 자체가 너무나 복잡하고 비효율적이며 때론 상당한 위험도 감수해야 할 것이다. 그러나 인간은 다행히도 주변 사람의 행동을 모방할 수 있어 많은 시행착오 과정을 뛰어넘을 수 있다. 타인 행동의 관찰을 통한 관찰학습은 인류 역사만큼이나 오랜 현상인데 이를 이론화한 사람이 바로 Bandura다. Bandura 역시 행동주의에 기초를 두었지만 행동주의가 무시해 왔던 감정이나 이미지 등의 관찰 불가능한 내적 과정을 인정하여 결과적 행동보다 관찰에 포함된 인지과정에 초점을 두었기에 인지이론가로 분류되고 있다.

새로운 학습은 교사나 동료의 과제 수행과정을 보고 따라함으로써 획득될 수 있다. Bandura는 인간을 자신의 직접경험은 물론 타인의 행동에 가해지는 보상, 무시, 처벌의 결과를 관찰함으로써도 학습되는 존재로 보았다. 나아가 그는 개인의 변화는 개인과 환경의 상호작용의 결과라는 이른바 **상호결정주의**를 채택하고 있다.

예를 들어, 아동을 세 집단으로 나누고(Bandura, 1971), 첫 번째 집단에는 커다란 인형에게 공격적인 행동을 한 영화를, 두 번째 집단은 그러한 행동에 대해 칭찬하고 보상해 주는 영화를, 세 번째 집단은 공격적 행동에 의해 벌을 받는 영화를 보여 주었다. 그 결과 세 번째 집단의 공격성이 현격히 감소됨을 발견하였다. 즉, 인간은 다른 사람이 보상이나 벌을 받는 것을 관찰하는 간접적 경험만으로도 새로운 행동을 학습하거나 특정 행동을 억제·회피하게 되는 힘을 지닌 것이다. 관찰은 단순히 기계적인 모방의 과정을 뛰어넘어 개인의 능동적 판단에 의해 구성되는 과정이다. 관찰학습의 과정은 다음과 같다.

- 주의집중 과정 : 모델의 행동 중에서 중요한 특성에 주목하고 지각하게 되는데, 그 행동 중 어떤 것을 선택적으로 지각하고 학습할 것인가를 결정한다. 이 주의집중에서 학습자에게 가장 빈번히 노출되는 사람이나 집단뿐만 아니라 관찰자 자신의 흥미나 관심도 또는 모델 자체의 매력이 중요한 변수로 작용한다.
- 파지과정 : 모델링 된 단서가 어떤 형태로든 기억 속에 저장되어야 한다. 파지를 위한 상징적 부호화 과정은 관찰된 정보를 기억해 내기 쉬운 체제로 분류하고 통합하는 과정이다. 즉, 모델의 행동을 단어나 자신만의 심상으로 부호화했을 때 학습이 잘 이루어진다.
- 운동재생 과정 : 새로운 행동이 습득되고 나면 실제적 반복을 통해 몸에 익힌 후, 피드백을 통해 계속적으로 조정해 감으로써 행동은 세련되고 완전해지게 된다.
- 동기화 과정 : 행동에 대한 만족할 만한 결과가 예상되면 실행으로 옮기겠지만, 보상이 주어지지 않거나 불만족스러운 결과가 예상되면 시도하지 않게 된다. 즉, 모델 행동의 실제적·상징적 보상이 그 행동의 발현 가능성을 높여 준다.

관찰학습에서 강화란 결과를 통해 얻어지는 것이라기보다 선행조건이므로 인간행동에서 필수불가결한 요소라고 할 수는 없다. 즉, 관찰자가 모델의 행동을 모방하면 그것에 보상을 주는 방식보다는 모델의 행동을 채용했을 때 얻게 될 이익에 관한 정보를 제공함으로써 더 효과적으로 학습이 달성된다는 것이 사회학습이론이 제시하는 강화에 대한 견해다. 이런 의미에서 사회학습이론에서의 강화는 두 가지로 정리된다.

첫째, **대리강화**란 어떤 행동의 모방이 가져올 결과를 모델이 행한 결과를 통해 미리 예견하는 것이다. 긍정적 대리강화는 타인이 강화되는 것을 통해 그와 같은 행동이 증가되는 것이며, 대리처벌은 관찰된 부정적 결과에 의해 그러한 행동이 감소되는 것을 말한다.

둘째, **자기강화**란 학습자가 자기 행동의 결과를 스스로 예측할 수 있으며 피드백에 의한 자기평가가 가능하므로 외부에 의한 강화 없이도 스스로 행동을 강화할 수 있음을 말한다.

이처럼 새롭고 복잡한 행동을 가르치는 데 길고 긴 조건형성의 과정을 밟아 일일이 체험하지 않고도 학습이 가능할 때, 사회학습이론의 경제성과 효과성은 길게 설명할 필요가 없을 것이다. 학습은 자신이 속한 환경에서 만나는 사람들의 행동을 관찰함으로써 이루어지므로 사회적 상황의 중요성을 부각시키고 학습자 상호간의 모델링을 활용할 것을 권함으로써 성인학습에 기여하였다.

(5) 정보처리이론

정보처리이론은 인지심리학에서 최근에 대두된 이론이다. 인지심리학이 '인간의 정보처리'에 관한 이론으로 여러 견해를 포괄하는 것이라면 정보처리이론은 그중에서도 정보의 획득, 파지(기억), 활용 과정에 중점을 두어 학습의 한 국면을 다루는 이론이라 할 수 있다. 따라서 정보처리이론은 말 그대로 행동상의 외적 변화가 아니라 정보의 내적 처리과정에 관심을 두는 것이다.

정보처리 이론가들은 정보의 습득과 조직, 부호화, 저장 및 인출과 같은 인지과정과 추론, 언어의 이해와 사용, 문제해결에 사용되는 지식에 많은 관심을 갖는다. 학습은 일련의 정보 투입으로 볼 수 있으며, 이렇게 저장된 정보는 유사한 환경이나 새로운 문제상황에서 회상, 즉 인출된다는 것이다(안범희, 1996).

정보처리이론의 학습은 다음 세 단계를 거쳐 이루어진다.

- **새로운 정보와의 접촉** : 이 과정에서 중요한 것은 주의를 집중시키는 것이다. 학습뿐만 아니라 일상생활에서 수없이 접하게 되는 많은 감각자료로부터 자신을 보호하기 위해 우리의 지각과정은 선택적으로 주의를 기울이게 된다. 주의집중의 방법은 크게 두 가지다. 첫째, 자극자료의 제시 특성에 따라 주의를 집중시키는 자료주도적 방법으로, 예를 들어 줄긋기, 형광펜으로 칠하기 등이 있다. 둘째, 학습자가 원래 지니고 있던 인지도식을 기초로 부가적 방법을 활용하여 학습자의 주의를 특정 내용에 집중시켜 학습자의 인지체제를 변화시키는 방법이다. 일반적으로는 곤란도가 증가함에 따라 주의집중력이 높아지는 경향이 있다.
- **정보의 획득과 저장** : 두 번째 과정에서는 인간의 놀랄 만한 기억력을 이용하여 무수한 정보를 저장시킨다. 저장은 두 단계로 이루어진다. 감각기관으로 들어온 정보를 일시적으로 저장하였다가 기존의 기억정보와 비교하기 위해 기존의 정보를 인출하여 결합시키고 그 정보가 30초 이상 유지되도록 시연하는 과정인 단기기억이 첫 번째 과정이다. 그러나 정보처리적 관점에서 학습이란 들어온 정보를 장기기억으로 전이시키는 과정으로 간주되므로 장기기억을 위해 적극적으로 연습하거나 부호화하는 두 번째 과정이 중요시된다. 장기기억에 저장된 개념은 주로 어떤 명제에 대한 의미적 형태로 구성되어 있다. 학습이란 학습자가 현재 소유하고 있는 개념조직에 새로운 개념이나 명제를 계속적으로 추가시켜 조직화하고 확대시켜 가는 것이기에 이 장기기억의 과정이 곧 학습과정이라 할 수 있다.

- **정보의 인출** : 정보의 인출이란 저장된 정보를 찾아내어 그것을 의식 세계로 떠올리는 것으로, 주어진 조건에서 정보가 얼마나 빠르고 정확하게 인출되느냐가 관건이다. 정확한 인출을 위해서 고려해야 할 것은 완전 학습의 정도로 최초에 얼마나 완전하게 학습되었느냐에 달려 있다. 또 하나는 정보가 어떻게 부호화되었으며 학습자의 인지구조에 어떠한 형태로 저장되었느냐다.

이처럼 정보처리이론은 개개인이 다양한 정보를 어떻게 받아들여 사용하는지에 관심을 두어 인간의 내적 학습과정을 연구하였다. 정보처리이론을 컴퓨터와 비교하면서 인간을 기계적인 관점에서 접근하였다는 일부 비난이 있기는 하나, 이 이론은 컴퓨터의 활용에서 아이디어를 빌려 인간의 인지과정을 기술하려 했던 것뿐 인간을 기계로 보는 것은 아니다.

3. 학습관련 변인

학습에 영향을 미치는 변인들은 무척 다양하며, 이 또한 사람에 따라 다르게 받아들여지고 적용된다. 크게 보면 학습의 모델이자 안내자며 강화의 역할을 하는 교사와 가정, 학교, 사회로 구분되어지는 교육환경이 있다. 또 하나 중요한 영역이 바로 학습자가 갖고 있는 여러 가지 요소들로 지능, 창의력, 인지양식과 같은 지적 영역과 정의적 영역이다.

여기서는 성인학습에 대해 논하고 있으므로 교사, 환경, 학습자 변인 중 학습자를 대상으로 그들의 정의적 영역의 변인을 중심으로 살펴보고자 한다.

1) 동기

(1) 동기의 개념

동기(motivation)란 인간의 행동을 일으키게 하는 근원적인 힘으로 행동을 목표로 이끌어 가는 에너지다. 즉, 개인의 행동방향을 결정하는 경향이나 태세를 말한다. 정종진(1996)은 동기를 인간행동의 에너지로서 행동의 활성을 증감시키며 행동의 방향을 정해 주는 심리적 요인으로 보았다. 목표를 향한 행동을 일으켜 방향성을 부여하며 지속성과 반응 강도를 높이는 조건으로 작용한다. 일단 동기가 형성되면 행동이 일어나는데 그 행동은 반드시 어떤 방향으로 진행된다. 한마디로 동기란 행동을 일으키는 원동력이다. 동기에는 개인차가 크게 작용하므로 개개인의 동기를 정확하게 파악하기란 어렵다. 또한 행동이 단 하나의 동기에 의해 유발된다고 판단하기도 곤란하다. 따라서 동기는 행동의 다양성을 낳게 하는 요인이며 유발된 특정 행동을 일정한 목표나 대상으로 이끌어 가게 하는 역할을 한다. 또한 생리적인 면과 심리적인 면, 연상적 · 감정적 면을 갖고 있어 상호작용적으로 유발되므로 시 · 공간적으로 거리가 있는 목표에 대해서도 작용 가능하다.

(2) 동기의 기능

동기의 기능은 다음과 같이 네 가지로 요약될 수 있다.

- 발생적 기능 : 행동을 촉진시키는 기능으로 시발적 기능, 출발점 기능을 통해 인간을 지배한다. 어떠한 동기가 발생하면 목표를 달성할 때까지 긴장상태가 계속되며 그 목표를 달성함으로써 긴장을 해소하게 된다.
- 지향적 기능 : 행동의 방향을 결정하는 기능으로 학습의 목표를 지향하여 학습태도를 가지게 한다. 즉, 어떠한 상황에 적절한 행동이나 반응을 나타내어 목표를 정하는 방향설정에 작용하고 있는 것이 지향적 기능이다.
- 선택적 기능 : 가장 바람직한 행동을 선택하여 행동으로 나타나게 하는

것이다. 즉, 동기에 의하여 어떻게 반응하면 효과적인가를 고려하여 선택적으로 행동하게 된다.

- 강화의 기능 : 동기로 인해 일어난 행동의 결과가 개인의 욕구를 만족시켜 주고 학습목표에 대한 결과가 만족 여부나 행동의 지속성에 영향을 미친다. 만족감, 성취감, 학습의욕 등을 일으키고 자극하는 기능을 한다.

(3) 학습동기와 성취동기

학습동기란 학습자에게 어떤 학습목표를 향하여 학습하게 만드는 학습자의 모든 심리적인 상태로, 학습활동 전개에서 학습의욕을 불러일으키는 유기체의 내적인 힘을 말한다. 즉, 학습현장에서 학습자들이 어떤 학습 내용에 대해 배우고자 하는 학습의욕을 가지고 학습활동에 임하도록 하는 모든 심리적인 자세를 의미한다. 적절한 동기는 학습을 유도할 뿐만 아니라 학습자에게 능동적이며 활기 있게 학습활동에 계속 참여하게 하여 만족스러운 결과를 갖고 오게 한다. 그러므로 실제 학습상황에서 동기화된 학습자는 동기화되지 않은 학습자에 비해 학업 수행에서 집중력, 지구력, 이해력이 더 높아 학업 성취율을 높인다.

성취동기란 훌륭한 일을 이루어 내겠다는 내적인 의욕으로 도전적이고 어려운 과제를 성취함으로써 만족을 얻으려는 의욕 또는 성취하고자 하는 욕구다. 일반적으로 어떤 일을 성공적으로 완수하거나 성공할 것이라는 느낌을 갖게 되면, 성취동기를 충족하기 위해 노력하게 되거나 가치와 목표추구 활동을 계속하게 된다. 따라서 학습상황에서 성취동기는 학습동기와 직결된다고 볼 수 있다.

성취동기가 높은 사람들은 과업지향적이라 성취를 통해 자신의 능력을 펼 수 있는 일에 흥미를 가지며, 성취의 결과보다는 과정 자체를 즐기며, 자신의 능력에 부합된 적절한 모험심과 자신감을 갖고 있다. 또한 성취동기가 낮은 사람에 비해 자기 일에 보다 정력적이고 혁신적으로 대처하며, 수행 결과의 성공과 실패 여부에 무관하게 그 책임을 자신이 진다. 나아가 예상 결과를 유추해 봄으로써 가능한 객관적으로 미래를 예측해 낼 수 있을 때 성취행동은 더 강화된다. 다시 말해, 성취동기가 높은 사람들은 언제나 장기적인 계획을 세우고 미래에 얻게 될 만족을 기대하면서 현재의 작업에 열중하는 미래지향적인 성향을 갖고 있다.

(4) 동기유발 방법

동기유발이란 행동의 근원이 되는 힘인 동기를 일으키는 것을 말한다. 즉, 인간이 동기를 가지고 목표지향적인 행동을 하도록 하는 과정이다. 동기는 보상의 유형에 따라 두 가지로 나누어진다(Eggen & Kauchak, 1992). 행동의 과정이나 결과에 대해 스스로 만족을 느끼는 내적 보상에 의한 내적 동기와 외부에서 주어지는 외적 보상에 의한 외적 동기다.

학습활동에서 흥미나 호기심, 자기만족 등의 내적 동기는 활동 자체가 보상이므로 외부의 별다른 보상이 필요치 않다. 반면, 과제 자체는 매력이 없으나 칭찬, 체벌, 경쟁심을 통해 학습활동을 강화시키는 것이 외적 동기다. 즉, 내적 동기유발은 학습자 스스로 학습하려는 의욕을 갖게 되는 것이고, 외적 동기유발은 외부에서 학습자가 학습하도록 학습활동을 일으키는 것이다. 그러나 외적 동기유발의 경우 외적 보상이 없어지면 해 오던 활동도 감소할 수 있으므로 계속적인 동기부여를 위해서는 한 차원 높은 보상이 주어져야 한다. 또한 보상 자체에 관심을 갖고 있어 보상을 위해 가능한 쉬운 과제를 선택함으로써 활동의 질이 낮아져 창의력이나 심도 있는 사고력과 응용력을 기대하기 어렵다. 그러나 외적 동기유발은 학습활동을 유인하거나 즉각적으로 시작하게 하는 데 유용하다.

- 내적 동기유발 방법 : 학습자가 학습문제에 대해 호기심을 갖게 하고, 성취감을 높이고 실패의 경험이 적도록 배려하며, 지식, 기능, 인격 등에 감명을 줄 수 있는 모델을 정하여 동일시하도록 유도한다.
- 외적 동기유발 방법 : 학습목표와 학습과정을 분명히 알려 주어 학습활

동에 적극적으로 참여하게 하고, 학습 결과를 확인시켜 주며, 구성원으로서 집단에 소속감을 갖게 함과 동시에 약간의 경쟁심을 자극한다. 또한 다양한 학습자료나 실증적 예를 들려주고, 학습자 개인의 장점을 찾아 칭찬하되 상과 벌을 적절히 활용하고, 올바른 학습 습관이나 태도를 가르친다.

그러나 내적 보상과 외적 보상이 상호독립적으로 작용하는 것이 아니므로 학습상황에서 어떤 보상을 사용할 것인가에 대한 절대적 기준을 설정하기는 어렵다. 그러므로 학습자가 선호하는 동기의 형태에 따라 내적 보상과 외적 보상을 적절히 제시하는 것이 좋다. 단 외적 보상보다는 자신감이나 성취감을 주는 것이 가능할 경우 인정이나 성취에 대한 사회적 지지를 제시하는 것이 바람직하다. 학습상황에서 학습자의 동기를 유발하기 위한 방법을 간단히 정리하면 다음과 같다.

① 적절한 학습목표를 선정하여 목표를 명확히 제시하고 이해시킨다. ② 학습목표는 학습자의 개인적 욕구와 결부시켜 관심과 흥미를 불러일으킨다. ③ 학습과제에 긍정적인 태도를 가질 수 있게 한다. ④ 학습환경을 적절히 제시하며, 학습자가 주도적으로 학습에 임하게 한다. ⑤ 학습자들에게 성취의 기회를 자주 부여하고 그 성취에 대해서는 즉시 강화해 준다. ⑥ 피드백을 통해 학습의 진전 정도를 수시로 알려 준다. ⑦ 동료들 간의 협동적 분위기도 중요하나 경우에 따라서는 적절한 경쟁심을 유발하기도 한다. ⑧ 학습 결과에 대해 긍정적인 평가를 해 주되 미흡했던 부분도 언급해 주어야 한다. ⑨ 학습자들의 성공적 수행에 대해서는 그들의 능력과 노력을 부각시키는 능력귀인 피드백을, 실패하였다면 그들의 노력 부족에 그 원인을 두는 노력귀인 피드백을 제시한다.

2) 준비성

준비성(readiness)이란 특정한 것을 학습하는 데 필요한 모든 신체적 · 정신적 조건이 성숙되어 있는 상태를 말한다. 여기서 필요한 조건이란 신체나 신경계통의 성숙, 이미 습득하고 있는 지식과 기능, 흥미, 태도, 동기 등을 모두 포괄한 것이다. Havighurst는 준비성의 개념을 발달단계의 발달과업과 관련시켜 설명하였다. 즉, 그는 성숙을 통해 사회가 요구하는 것을 자신이 성취할 준비가 되어 있을 때 교육의 적정시기가 온다고 보았다. 학습자가 현재 어떤 발달단계에 처해 있는가를 살펴보면 어느 만큼 준비되어 있는가를 파악할 수 있다는 것이다. 이는 어떤 내용을 학습하는 데 언제가 가장 효과적인가 하는 적시성과 최적기에 초점을 두는 개념이다. 학습자가 준비되어 있다는 것은 교육의 최적시기로서 최소의 노력으로 최대의 효과를 얻을 수 있는 시기를 뜻하기도 한다.

발달심리학에서의 준비성이란 성숙과 동일시되는 것으로 학습자의 학습은 적절한 성숙단계에 도달해야만 가능하다. 바꿔 말하면 일정한 성숙이 이루어질 때까지는 학습활동이 불가능하므로 성숙될 때까지 기다려야 한다는 입장이다. 그러나 연합심리학 입장에서는 발달단계를 인정하지 않으며 점진적인 학습의 증가만이 있다고 보았다. 즉, 행동의 변화란 학습의 결과며 준비성도 이전의 학습 정도에 따라 결정된다고 본다.

(1) 성숙과 준비성

Gesell은 일란성 쌍생아를 대상으로 한 계단 오르기 실험을 통해 연습을 앞당겨 실시하는 것보다 자연스러운 성숙이 더 중요함을 밝혀내었다. 일란성 쌍생아가 46주 되는 때부터 A는 그대로 내버려 두고 B는 매일 10분씩 계단 오르기 연습을 실시하였다. 6주가 지난 후, 연습하지 않은 A는 계단 오르기에 45초가 걸렸으나 B는 26초가 걸렸다. 그 후 2주일 동안 훈련한 결과 애초에 훈련받지 않았던 A는 10초가, 훈련하였던 B는 20초가 걸렸다. B는 A에 비해

7주 먼저 3배나 훈련을 더 받았음에도 계단 오르기를 배우는 데 아무런 효과가 없었다는 결론이다.

정서적인 요인과도 관련된 성숙은 시간의 흐름을 거스르지 않는다. 그러므로 성숙이 이루어지기 전에 무리하게 학습시키는 것은 효과가 없음은 물론, 개인에게 어떤 정서문제나 장애를 야기할 수도 있음을 경고하였다. 준비성의 개념을 성숙과 관련시키면 다음과 같다.

- 학습은 성숙수준에 의존한다. 그러므로 성숙 정도에 따라 학습시키는 것이 효과적이다.
- 훈련이 전혀 영향을 미치지 않는 것은 아니지만 성숙이 이루어지지 않으면 그 효과가 적다.
- 성숙할수록 훈련이 덜 필요하며, 성숙은 어떤 내용을 학습할 수 있는 준비가 된다.
- 성숙 전의 훈련효과는 일시적이다.
- 성숙 전 훈련이 학습자의 욕구좌절을 일으키면 오히려 해롭다.
- 성숙은 학습의 준비성을 이룬다.

요컨대, 학습은 학습자의 성숙 정도에 따라 좌우되며, 성숙의 정도가 다르면 같은 훈련을 시켜도 학습효과가 다르게 나타난다.

(2) 경험과 준비성

학습자의 행동변화는 경험의 결과지 신경구조나 성숙의 결과는 아니다. 즉, 학습하기 전에 어느 정도, 어떤 종류의 경험을 했느냐의 선행경험이 학습의 준비성이다. 현재의 행동은 과거의 경험과 무관하게 이루어지는 것이 아니므로 특정 과제를 학습하기 위해서는 경험 또는 학습이 필요하며 성숙이 이루어질 때까지 기다려야 하는 것은 아니다.

경험을 중시하는 행동주의 심리학에서 준비란 선행경험을 의미한다. 학습에 대한 준비태세를 따지는 데 가장 중요한 것은 선행학습이 이루어져 있는가의 문제다. 현재의 행동은 과거의 경험 없이 이루어지는 것이 없으며 이전 행동을 뿌리로 하여 뻗어나가는 것이다. 즉, 학습자는 항상 지난날의 학습경험을 바탕으로 새로운 것을 받아들여 반응하고 학습해 가기에 과거의 학습경험이 가장 중요한 준비성이 된다. 경험을 중요한 요인으로 보는 Bruner는 성숙을 위해 마냥 기다리는 것은 무익하다는 입장에서 준비성을 경험과 관련지어 다음과 같이 정리하였다.

- 성숙이 이루어질 때까지 가르쳐야 할 것을 유보하는 것은 교육적 태만이다.
- 발달이란 일정한 연령에 고정되어 있는 것이 아니라 교육과 문화의 힘에 의해 촉진될 수 있다.
- 준비성은 선행하는 지식이나 기능을 충분히 익힘에 따라 이루어지는 것이다.
- 학습이란 준비성을 창조하는 일이다.

이상과 같이 준비성에서 성숙과 경험은 모두 필요한 요소다. 어떤 과제를 학습할 능력은 신경구조의 성숙을 필요로 하며, 학습자가 습득하는 행동은 특정의 지식이 제공되는 사회적 환경도 필요하기 때문이다. 따라서 성숙과 경험은 준비성의 양 날개로서 학습에서 필수요인이다.

3) 전이

전이(transference)란 학습을 통해 배운 것을 학습 이외의 상황에 적용하거나 하나의 학습 내용·방법이 다른 학습에 적용되는 것으로서 선행학습의 효과가 후속학습에 영향을 미치는 현상을 말한다. 즉, 하나를 배우면 열을 알게 되는 현상이다.

교육의 목적이 학습 자체에 있기보다는 활용과 적용에 있기 때문에 전이는 대단히 중요한 의미를 지닌다. 만약 전이가 일어나지 않는다면 모든 상황에서 발생할 수 있는 행위 하나하나를 구체적으로 배워야 할 것이다. 학습자들이 학습상황에서 배운 것을 학습 이외의 상황에 전이시키는 것이 교육의 궁극적인 목적임을 볼 때, 전이는 학습뿐 아니라 일상생활에 이르기까지 매우 중요한 요인이 된다. 그러므로 지금 학습하고 있는 내용들은 실생활 문제에 대처할 뿐만 아니라 미래의 어떤 상황에도 적용시킬 수 있는 유용한 것이어야 한다.

(1) 전이의 종류

학습의 전이는 선행학습이 후속학습에 영향을 주는 것을 말하는데, 크게 후속학습을 촉진하는 적극적 전이와 후속학습을 방해하고 금지하는 소극적 전이로 구분된다.

먼저 후속학습을 촉진하는 긍정적 전이 혹은 적극적 전이는 선행경험이 새로운 학습경험을 촉진시키는 경우다. 예를 들어, 영어를 잘하는 사람이 프랑스어나 독일어를 공부할 경우나 수학을 잘하는 사람이 화학이나 물리를 할 경우에 영어나 수학을 잘 못하는 사람에 비해 유리한 위치에서 학습을 시작하게 된다. 즉, 같은 계열의 학문분야를 학습하게 되면 좀 더 짧은 시간에 많은 이해를 얻을 수 있는 등 문제해결에 도움을 준다.

소극적 전이 또는 부정적 전이는 선행 학습이나 경험이 새로운 학습에 오히려 방해가 되는 경우다. 예를 들어, 수학을 잘하는 학습자가 인문계열의 학문을 학습할 때, 혹은 영어 학습에 어려움을 겪는 학습자가 프랑스어를 공부하게 될 때 시간이나 능률 면에서 효과가 떨어지는 것으로 새로운 문제해결에 방해가 되는 경우다.

Bruner(1960)는 특수 전이와 일반 전이의 개념을 제시하였다. 특수 전이는 새롭게 학습할 과제가 이미 학습한 것과 아주 유사하여 그것을 그대로 적용시켜 문제를 해결하는 경우로 구체적인 지식, 기능 등이 특정의 사태나 학습에 적용되므로 그 활용범위는 제한을 받는다. 일반 전이는 단편적이고 구체적인 지식이나 기능이 적용되는 것이 아니라 한 가지 학습에서 얻어진 원리나 태도가 다른 것을 학습하거나 문제해결을 하는 데 적용되는 경우를 말한다. Gagné(1970)는 학습의 전이를 수평적 전이와 수직적 전이로 구분하였다. 수평적 전이는 학습내용이 서로 다르기는 하지만 비슷한 수준의 것이어서 이미 습득된 기능이 다른 상황에서 응용되는 능력이다. 수직적 전이란 학습내용이 위계관계를 갖고 있어 단순한 과제를 통해 더욱 복잡한 과제를 이해하는 데 도움이 되는 것을 말한다.

(2) 전이의 이론

전이를 설명하는 이론은 다음과 같다.

- **형식도야설**: 능력심리학에 기초를 둔 것으로 훈련의 전이효과를 중시한다. 즉, 인간의 마음은 기억력, 추리력, 주의력, 의지력, 상상력 등으로 구성되어 있는데 교과를 통해 연습으로 단련하면 그 효과는 여러 가지 특수한 분야에 걸쳐서 일반적으로 전이된다는 이론이다. 예를 들면, 수학을 통해 추리력이나 상상력이 발달할 수 있다.
- **동일요소설**: Thorndike가 형식도야설을 비판하기 위해 경험적으로 제시한 이론으로서, 선행학습 경험과 새로운 학습 경험 사이에 같은 요소, 즉 동일요소가 있을 때만 전이가 가능하다는 이론이다. 그 예로서 영어를 잘하면 독일어를 잘하게 되는데 이것은 언어면서 동일한 요소가 있기 때문이다.
- **일반화설**: Judd가 특수한 사실이나 기능을 강조하는 동일요소설에 대한 대안으로 제시한 주장이다. 전이가 일어나는 것은 특수한 사실보다는 새로운 장면에 적용할 수 있는 일반적인 법칙이나 원리를 학습했기 때문이다. 이는 동일원리설이라고도 하며, 두 학습내용 간에 원리가 같을 때 전이가 일어난다는 이론이다.
- **형태이조설**: 형태심리학자들의 주장이며 일반화설이 확장된 것으로 전체적인 관계성, 즉 형태가 전이의 핵심이 되는 이론이다. 먼저 경험한 심

리적 사태가 다른 학습 장면에 나타나면 먼저 학습할 때 머릿속에 형성되었던 구조가 그대로 옮겨가기 때문에 전이가 이루어진다고 보는 이론이다. Bruner의 발견학습은 학습자 스스로 전체의 관계성을 발견했을 때 학습, 기억, 전이가 잘된다고 보기 때문에 이 입장을 지지한다고 볼 수 있다.

- 학습방법의 학습 : 선행학습의 방법이나 기술이 후속학습에 전이효과를 갖는다. 즉, 하나의 학습방법이 학습되면 같은 구조를 지닌 문제 장면에 대해서는 전이가 쉽게 일어난다. 학습방법에 대한 학습 정도가 낮으면 전이가 어려우나, 학습 정도가 높으면 쉽게 효과적으로 전이가 일어난다.

(3) 전이의 교육적 의의

학습 상황에 대해 전이는 어떠한 영향력을 미칠까? Biehler(1978)는 전이의 교육적 의미와 가치를 다음과 같이 일곱 가지로 제시하였다.

- 학습자들이 학습상황에서 배운 것을 학습 외의 사태에 적용함으로써 의미를 갖는다.
- 학습자들은 학습내용의 상당 부분을 잊어버리게 된다. 이때 전이의 정도는 교육의 성과를 평가하는 중요한 근거가 된다.
- 학습자들이 교육의 장기적 목표에 관심을 갖게 할 필요가 있다. 설사 그것이 시간적으로 너무 멀고 추상적이라 잘 이해되지 못한다고 하더라도 전이를 위해 필요하다.
- 학습상황과 실제 상황의 유사성을 높인다든지, 연습시간을 많이 준다든지, 가르치려는 개념과 원리에 대해 가능한 많은 사례를 제시해 주고 충분히 이해시켜 주는 것이 전이를 높이는 데 중요한 요건이다.
- 특수 전이와 일반 전이를 구분하고, 가능하면 앞으로 학습할 것과 생활에 폭넓게 도움이 되는 학습을 강조할 필요가 있다.
- 지식의 실용성과 현실과의 관련성을 배타적으로 강조하는 것은 오히려 전이를 제한시킬 수도 있으므로 주의해야 한다.

- 개념, 원리, 문제해결 등 일반 전이의 기본 내용들이 모든 연령의 학습자들이나 모든 교과에 해당되는 것은 아니다. 그러나 태도만은 모든 경우에 적용될 수 있다.

학습자들은 어떤 지식과 기능을 습득하면서 뭔가 잘되고, 마음이 편하고 즐거우며, 그것을 통해 타인들에게서 존중받을 때 바로 학습에 대한 긍정적 태도가 형성된다. 즉, 태도의 전이는 연령이나 교과와 관계없이 가능하며 그렇기 때문에 중요한 것이다.

(4) 전이의 효과를 높이는 방법

Ellis(1962)가 제시한 전이의 원리를 기초로 전이의 효과를 높일 수 있는 방법을 정리하면 다음과 같다.

- 수업목표를 구체화해 주고 학습내용이 새로운 학습에 적용될 것이라는 믿음과 자세를 갖게 한다.
- 학습내용 상호간이나 학습과 실제 상황 사이의 유사성이 클수록 전이는 극대화된다.
- 다양한 학습경험을 갖고 있으며 기본이 되는 학습과제에 대한 연습량이 많을수록 긍정적 전이가 많이 일어난다.
- 학습 원리나 규칙을 잘 알고 올바른 학습방법을 습득하였을 때 전이효과는 크다.
- 많은 경험을 통해 선행학습에서 완전학습이 이루어졌을 때, 충분한 연습이 이루어졌을 때 전이효과가 크다.
- 학습자 자신이 학습 결과를 평가할 수 있는 기회가 많으면 전이 정도가 높아진다.
- 편안한 분위기에서 학습자 스스로 문제를 해결하고 탐구하는 경험을 많이 가질수록 전이효과가 크다.

4) 불안

(1) 불안의 개념

불안이란 개인적으로 감당하기 힘든 내·외적 자극에 의해 생기는 걱정, 생리적 긴장과 같은 심리적 동요상태를 말한다. 심신의 반응이 깨어 있는 각성상태는 일반적으로 긴장을 수반하게 되는데, 이 긴장이 해소되지 않고 지나치게 과도해지면 불안이 유발된다. 즉, 불안이란 과도한 욕구나 동기로 인해 발생하는 일종의 긴장상태라 할 수 있다. 막연하게 느껴지는 불안은 구체적인 대상이 없다는 점에서 공포와는 구분되며, 현실적 위험에 적절하게 대처하라는 경고의 기능을 한다. 불쾌한 정서적 경험인 불안이 계속되면서 적절히 해소되지 않으면 불안 자체가 위험요소가 되어 각종 신체적, 정신적 문제를 가져올 수도 있다.

이러한 불안은 특성불안과 상태불안으로 나누어진다. **특성(trait)불안** 혹은 **일반불안**은 개인에게 내재되어 있는 습득된 행동경향으로서 개인적인 성격으로 굳어진 불안이다. 이 경우 여러 방면에서 좀 더 강하게 불안을 느끼는데 불안을 느끼는 상황에서는 손에 땀이 배기도 하고 심장박동이 빨라지며 강박적인 행동을 하거나 불안한 예감을 갖는 등 신체적·정서적 특징을 보인다 (Woolfolk & McCune-Nicolich, 1984). **상태불안** 혹은 **특수불안**은 시험불안과 같이 특정한 상황에서 일시적으로 나타나는 불안으로서 강도나 지속성이 수시로 변한다. 특성불안을 갖지 않은 사람들도 특수 상황에서 상태불안을 경험할 수 있으며, 상태불안의 반복되는 횟수가 많거나 고통이나 처벌이 결합되면 특성불안으로 바뀔 수도 있다.

일반적으로 불안은 IQ 검사 점수나 학업성취에 부적 상관을 보인다는 것이 이론적으로나 경험적으로 알려져 있다. 불안이 높은 상태에서는 자신의 지식을 바르게 평가하거나 판단하지 못하며 정확한 반응을 선택하는 것에 어려움을 보인다. 즉, 불안수준이 높은 사람은 어렵고 복잡하며 시간이 충분하지 않은 과제보다는 쉽고 단순하며 시간적으로 여유로울 때 제 기능을 발휘하였다.

그렇다고 불안이 낮은 것만이 좋은 것도 아니다. 불안이 너무 낮은 경우에는 동기형성이 이루어지지 않아 과제 수행에 대한 목표나 흥미를 형성하지 못하기도 한다. 따라서 학습자 스스로가 감당할 수 있을 정도의 적정선을 유지하도록 돕는 것이 필요하다.

(2) 불안과 성취수준

Hill과 Wigfield(1984)의 연구를 보면 천만 명의 미국 초·중등학생이 학교에서 심각한 시험불안에 시달리고 있었다. 여기서 불안을 가진 학생의 20% 정도가 학업에 실패하는 반면, 불안을 덜 가진 학생들은 6% 정도만이 실패하였다. 적절한 불안은 학업성취에 좋은 영향을 주고 학습동기를 유발하는 기제가 될 수 있지만, 불안을 전혀 느끼지 못하거나 반대로 지나친 불안을 갖고 있는 것은 학습자들의 학업성취에 부정적으로 작용한다. [그림 4-6]과 같이 적정 수준의 불안은 학습활동을 촉진시켜 주지만 불안이 아주 높거나 낮아지면 학습에 대한 열의를 잃게 되고, 매우 높은 수준에 다다르면 흥분상태에서 서두르게 되어 사고작용이 흐트러져 학습효과가 떨어진다.

그림에서 알 수 있듯이 불안이 매우 낮은 경우 학습자들은 주의가 산만하고 과제에 집중하지 않기 때문에 성취수준이 낮아진다. 그리고 불안이 지나치게 높으면 자기비하감이 인지능력의 일부를 차지하게 되어 과제 수행에 필요한

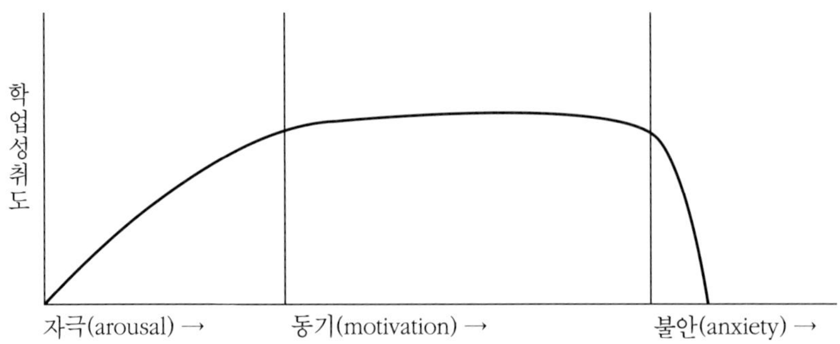

[그림 4-6] 불안수준과 성취수준

정보처리 용량이 부족해지므로 성취수준이 떨어진다(이용남 외, 2001). 이러한 불안은 학습과제에 따라 다르게 나타나기도 한다. 쉬운 과제일 경우 불안이 높을 때 학습의 효율성이 증대되나, 과제가 어려워지면 반대로 학습의 효율성이 낮아졌다. Sarason(1980)은 초등학교 수준의 학습에서 시간을 제한하지 않을 때, 또는 간단한 학습과제가 주어졌을 때는 학습에 대한 불안수준이 높은 학생들에게 유리한 것으로 나타났다. 반대로 시간제한이 가해지거나 여유가 없을 때, 또는 복잡한 학습과제가 주어졌을 때는 불안수준이 높은 학생들이 불리해지고 불안수준이 낮은 학생들이 유리한 것으로 나타났다.

앞에서 살펴본 여러 연구 결과를 종합해 볼 때, 높은 불안수준은 과제 수행을 방해할 뿐만 아니라 학습과정이나 학습전략과 과제집중력에도 영향을 미친다. 이처럼 불안은 그 강도에 따라 동기부여의 긍정적 작용을 하기도 하고 부정적 작용을 하기도 한다. 즉, 불안감이 심하지 않은 경우에는 극복하기 위한 노력을 통해 자신감을 증진시키고 더 높은 성취동기를 갖게 할 수도 있다.

그러므로 교육현장에서는 학습자에게 자신감을 가질 수 있도록 하는 언어적 보상이나 긍정적 반응을 보여 주어 스스로에게 신뢰감을 가지게 하며 다양한 경험을 갖도록 함으로써 적응과 문제해결에 접근하고자 하는 의욕을 불러일으켜야 할 것이다. 수업 내용과 방법을 학습자의 개인차에 맞도록 제시하여 학습자들이 성취감을 갖도록 하는 방안도 모색해야 한다.

(3) 성인의 학습 불안

성인학습자는 학습활동에 대해 많은 불안을 갖고 학습상황으로 들어온다. 불안의 원인을 살펴보면, 우선 노화과정으로 인한 지각의 둔화, 기억력 및 집중력의 저하, 신체적 피로 등으로 인하여 자기 자신에 대한 부정적인 지각에 영향을 받으며 높은 욕구에 따른 부담감도 원인이 된다. 누군가를 실망시키지 않을까 하는 두려움과 자신의 능력에 대한 낮은 평가나 믿음의 결여 등도 불안을 느끼게 한다. 또한 학교교육이나 예전 학습집단에서 가졌던 실패나 부정적인 감정 등도 한몫을 한다. 성인학습자들의 이러한 불안은 새로운 지식이나 기술의 습득과 숙달을 방해하며 독창적인 사고를 억제할 가능성도 있다. 나아가 자신을 신뢰하지 못하게 하여 지도자의 권위에 의존하거나 아예 학습상황 자체를 거부하는 경향으로 연결되기도 한다.

앞에서 살펴본 바와 같이 적당한 불안은 학습자를 동기화할 수도 있지만, 학습상황에서 느끼는 불안을 학습자 스스로가 적절히 조절한다는 것이 쉽지 않으므로 세심한 배려가 필요하다. 예를 들어, 학습자들의 새로운 지식과 기술에 대한 경험을 격려하고, 습관이나 관행은 객관적으로 평가하되 문제시되는 행동은 서서히 소거시켜 가야 한다. 부적절하거나 예고 없는 평가, 비판, 거부는 불안을 야기하며 한 번 야기된 불안은 원인이 소멸된 후에도 잔상이 남아 후속학습에 영향을 미치므로 주의해야 한다. 또 학습과제는 성취감을 충분히 느낄 수 있도록 작은 단위로 나누어 제시하고 학습 속도를 학습자에게 맞게 적절히 관리하며, 그 결과에 대해서는 신중하고 적절한 보상과 강화를 주어 자신감을 높여 주는 것이 좋다.

5) 기억과 망각

(1) 기억과 망각의 개념

기억이란 과거의 경험을 통해 얻은 정보를 저장하고 일정 기간 간직하였다가 필요한 때 재생하여 인지해 내는 과정이다. 과거에 일단 형성된 행동이 얼마동안 보유되어 그 다음 경험에 영향을 미치게 하는 작용이라고도 하며, 경험에 의하여 얻은 내용들을 저장 · 보존하는 현상을 말하기도 한다. 즉, 정보의 유입에서 반응에 이르기까지 일어나는 일련의 정보처리 과정으로 경험의 흔적이며 경험에서 얻어진 내용의 저장이라 할 수 있다.

학습과 기억이라는 말은 가끔 동일한 의미로 사용되며, 또 넓은 의미에서 기억이란 과거에 경험한 행동들에 대한 재생 및 재인 능력을 말한다(Zanden, 1980). 학습이 경험한 내용의 획득과정이라면, 기억은 획득된 내용을 저장하고 재생하는 과정이라 할 수 있다. 즉, 일상생활에서 경험한 내용을 머릿속에 저장하고 보존했다가 필요한 시기에 꺼내어 인지해 내는 과정이 기억이다. 종합해 보면 기억이란 학습한 내용을 머리에 간직했다가 다음 학습활동에 변용하지 않고 그대로 재생할 때까지의 심리적 과정을 말한다.

그러나 기억된 모든 것이 회상되거나 재생되는 것은 아니다. 기억된 것 중에서 재생되는 것을 파지라 하고 재생되지 않는 것을 망각이라 한다. 즉, 기억과정에서 저장된 것을 재생하지 못할 때 망각되었다고 한다. 망각이란 파지된 학습경험이 사용되지 않거나 시간이 경과됨에 따라 자연스럽게 약화되고 소멸되어 재생되지 않는 현상을 말한다. 즉, 기억흔적이 현재의 학습과 결합되지 않아 기억해 낼 수 없는 상태거나 장기기억 속의 학습내용을 다시 떠올리지 못하는 것이다. 그러나 완전히 잊어버린 것 같다가도 시간이 지나 다시 재생되거나 반복적으로 학습하면 처음보다 훨씬 쉽게 이해되는 경우들을 보아 재생이 안 된다고 모두 망각해 버렸다고 할 수는 없다.

학습과정에서 기억과 망각은 동일한 과정이면서 동시에 서로 반대되는 개념이기도 하다. 그러나 기억과 망각을 양극단에 놓인 상반된 입장에서 이해하기보다 밀접히 관련된 상호보완적인 관계로 파악하는 것이 적당할 것이다.

(2) 기억 유형 및 과정

① 기억 유형

쉴 새 없이 투입되는 자극의 대부분은 1~2초 동안 감각기억에 남아 있다가 급격히 소멸되어 아쉽게도 상당히 많은 자료가 기억에서 사라져 간다. 그 이유는 인간의 정보처리 용량이 크게 제한되어 있기 때문이다. 그런데도 우리의 학습과 기억이 어떻게 가능한지를 기억의 세 가지 유형을 통해 설명하면 다음과 같다.

- 감각기억 : 외부에서 주어지는 정보는 감각수용기에 감각적 유입의 과정을 거쳐 지극히 짧은 시간 동안 저장되는데 이러한 유형의 기억을 감각기

억이라고 한다. 즉, 시각, 청각, 촉각, 미각, 후각 등의 감각적인 경로를 통해 유입되어 극히 짧은 시간 동안 저장되지만 상당히 완전하고 정확한 형태로 보유된다. 감각기억은 잠시 동안 감각수용기에 머물러 있다가 소멸되어 버리거나 다음 단계인 단기기억으로 전이된다. 보통 시감각 기억은 약 1초, 청감각 기억은 4~5초 정도 유지되는 것으로 알려져 있다.

- **단기기억** : 극히 짧은 시간 동안 감각수용기에 머물러 있던 경험내용이 의식화되어 20~30초 정도 흔적으로 남는 기억을 단기기억이라고 한다. 단기기억은 파지기간이 감각기억보다 길지만 그 용량은 7±2개로 극히 한정되어 있다. 전화번호부에서 번호를 찾아 다이얼을 돌린 후 곧 그 번호가 생각나지 않는 것이 단기기억의 좋은 예다. 그러나 각 항목을 관계지어 기명하면 기억의 용량이 증대되며, 반복적으로 연습하면 파지기간을 연장할 수 있다. 그러나 반복 연습이 없는 경우에는 이 시스템에 저장되는 정보는 보통 20~30초 안에 소실되고 만다.
- **장기기억** : 새로운 정보를 의미 있게 처리함으로써 단기기억에서 장기기억으로 전이된다. 장기기억은 단기기억에서 파지된 정보가 장기기억으로 수송되어 와서 저장되는 시스템을 말한다. 기억이 장기간에 걸쳐 파지되는 것은 장기기억에 의한 것으로 그 용량은 대단히 커서 1,000조 정도의 항목을 수용할 수 있다. 장기기억에 들어간 정보는 대개 접근과 이용이 가능할 뿐만 아니라 장기간 혹은 일생 동안 그 정보를 저장하였다가 떠올릴 수 있다. 우리가 흔히 기억이라고 말하는 것은 장기기억을 뜻하며, 기억이 잘 나지 않는다는 것은 곧 장기기억화되지 못하였음을 의미한다.

② 기억의 과정

Atkinson과 Shiffrin(1971)의 정보처리이론에 따르면 기억의 과정은 기호화(encoding), 저장(storage), 인출(retrieval)의 세 단계를 거친다. 첫째, 기억 과정에서 정보를 분류하거나 유목화하는 과정을 기호화라고 부른다. 기호화는 정보의 지각과 그 정보의 적절한 분류에 의해 적어도 한 가지 이상의 특성을 찾아낼 수 있을 때 가능하다. 둘째, 저장은 시연 정도에 따라 단기기억이나 장기기억으로 분류된다. 일단 저장된 것은 여러 가지 이유로 인출이 방해받을 뿐 소멸되는 것은 아니라고 가정해 볼 수 있다. 셋째, 인출은 기호화의 반대 방향으로 진행된다. 우리가 무엇인가를 기억해 내고자 이것저것 기억을 더듬는 것은 수준 높은 의식의 과정이라고 하기는 어렵지만, 그 정보를 어떻게 기호화했는가를 기억해 내고자 하는 노력은 각성수준에 이르는 의식과정이다.

또 다른 측면에서 기억의 과정을 설명하면, 기명(memorizing), 파지(retention), 재생(reproduction or recall), 재인(recognition)의 네 단계로 설명할 수 있다. 첫째, 기명은 자극을 지각하거나 정보를 받아들여 정리하는 과정이며, 경험내용을 머릿속에 흔적으로 각인하는 과정을 말한다. 둘째, 파지는 기명된 것을 일정 기간 동안 기억흔적으로 간직하는 것이다. 셋째, 재생은 파지하고 있는 내용을 생각해 내어 의식화하는 과정이다. 넷째, 재인은 기명된 내용과 재생된 내용이 일치하는지를 의식하는 것을 말한다.

망각이란 이상의 기억 조작과정 중 어느 하나에 문제가 있기 때문에 발생하는 것으로 볼 수 있다. 기호화가 부적절하거나, 정보가 저장 중에 왜곡되거나, 저장용량이 너무 적거나 많거나, 엉뚱한 곳에서 저장한 내용을 찾고자 하는 등의 이유로 인출이 되지 않는 경우가 망각이다.

(3) 망각

① 망각의 원인

학습에서 중요한 것은 기억 자체뿐만 아니라 망각이 왜, 어떻게 일어나느냐는 문제와 어떻게 하면 망각을 방지하고 기억을 촉진시킬 수 있느냐는 것이다. 망각이 왜 일어나느냐에 대한 관점은 다음과 같다.

- 사용하지 않음으로써 기억흔적의 쇠퇴로 망각이 일어난다. 학습한 내용이나 유입된 정보는 대뇌 속에 기억흔적으로 남게 되는데 사용되지 않은

채 방치되면 기억흔적은 점차 희미해지기 때문에 망각현상이 나타나게 된다. 이는 연습을 하지 않는 동안 서서히 쇠퇴해 간다는 의미에서 쇠퇴설이라고도 불리고, 사용하지 않는 동안 잊어버리게 된다는 의미에서 불용설이라고도 한다.

- 형태심리학자 Koffka는 기억흔적의 변용이라는 점에서 망각을 설명하고 있다. 즉, 흔적이 시간의 경과에 따라 점진적으로 변용 · 쇠퇴하거나, 새로운 흔적 또는 과정에 동화되어 약화 · 소실되거나, 흔적이 남아 있더라도 이용되지 못할 경우 망각이 일어난다는 것이다. 경우에 따라서는 학습 후의 후속 활동에 의해서 영향을 받을 때도 많다.
- 사용하지 않음으로 인한 소멸현상이라기보다는 이전의 학습경험과 새로이 획득한 학습경험이 서로 역학적으로 간섭 · 방해 · 억제하는 현상이 일어나서 학습이 잘 이루어지지 않을 뿐만 아니라 재생이 잘 안 된다고 보는 관점이다. 이를 역행제지 혹은 순행제지라고 한다.
- 자극조건의 변화로 인하여 자극을 주는 조건이 학습과 기억이 일어났을 때의 그 장소, 환경과 다른 경우에 망각현상이 일어날 수 있다.
- 부적당한 자세와 태도 등 처음 학습할 때의 학습자의 마음가짐이 파지기간 중에 변해서 그것을 재생하려고 할 때 적절한 자세와 태도가 되어 있지 않기 때문에 망각이 일어난다.

실제로는 이상의 원인들이 상호복합적으로 작용하여 망각이 일어난다.

② 망각곡선

사실상 망각은 학습한 직후에 가장 많이 일어난다. Ebbinghaus는 1885년 40세가량의 성인학습자를 대상으로 1,200개의 무의미 철자를 학습한 후에 일어나는 망각에 대하여 과학적 실험을 시행하였다. 그리고 학습한 지 40분 이내에 학습내용의 50% 정도가 망각되는 결과를 [그림 4-7]과 같이 제시하였다. Ebbinghaus는 지속적인 추가학습이 뒤따라야 파지율이 높아져 어느 정도

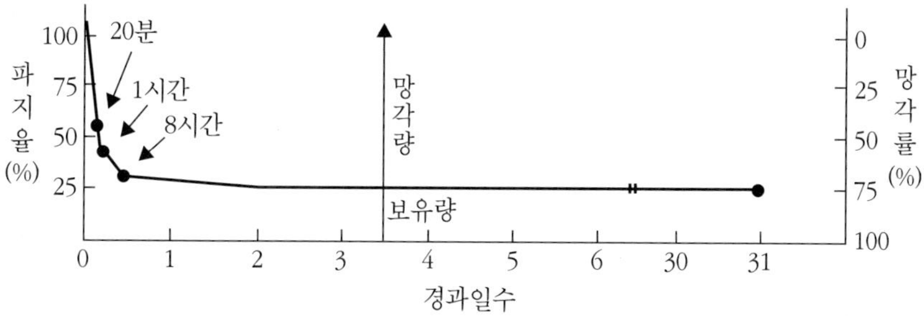

[그림 4-7] Ebbinghaus의 망각곡선

의 망각을 방지할 수 있음을 밝혔다. 실험을 통해 비록 완전히 학습된 내용이라 할지라도 망각은 학습 직후에 많이 일어나므로 일정 기간이 경과한 후에 파지율이 낮아지는 현상은 자연적인 쇠퇴에 의한 것만은 아니라는 것을 알 수 있다.

(4) 기억 높이기와 망각 방지

기억을 높인다는 것은 유입된 정보를 최대한 장기기억으로 옮겨 놓아 장기간 기억하게 함을 의미하는 것인 동시에 망각을 방지하는 것을 의미한다. 사실상 기억을 높이는 것과 망각을 방지하는 것은 같은 의미라고 볼 수 있다. 그 방법을 설명하기 전에 망각의 원인부터 밝혀 보기로 하자(Biehler, 1978). ① 유입된 정보, 지식, 기능 등을 다시 사용하지 않기 때문이다. ② 이미 유입된 정보가 새로 유입되는 자극이나 정보에 의해 간섭을 받거나 재구성되거나 혼동을 일으키기 때문이다. ③ 불쾌한 자극이나 경험과 함께 유입된 정보는 무의식에 억압되기도 한다. 이처럼 망각을 일으키는 여러 원인들을 염두에 두어 기억력을 증진시킬 수 있는 방안들을 정리하면 다음과 같다.

- 망각을 방지하기 위해서는 우선 반복해서 사용하고 재생해 낼 수 있는 기회를 많이 가져야 한다. 처음부터 중요한 것은 여러 번 반복하여 완전학습이 되도록 하며 새로운 상황에 적용할 기회를 갖는다. 반복에 가장

좋은 시기는 학습 직후다.

- 혼동이나 재구성됨을 방지해야 하는데 그 방법으로는, 첫째 여러 가지 자극과 정보를 낱개로 방치하지 말고 자신의 생활이나 생각과 관련시켜 의미를 부여한다. 둘째, 완전학습이 되도록 한다. 셋째, 자주 복습할 수 있는 기회를 갖는다. 넷째, 나누어 학습한 부분들의 관련성을 파악하여 전체의 의미와 구조를 이해한다. 다섯째, 분산학습법을 사용하여 하나의 과제에 집중한 후에는 쉬는 시간이나 가벼운 신체활동을 하는 것이 좋다.
- 중요한 부분에 주의를 집중할 수 있도록 반복해서 발음하거나 밑줄을 긋는 등의 방법을 사용한다.
- 장기기억을 도와주기 위해서는 학습내용의 가치, 활용방안을 설명하여 동기를 갖게 하며, 학습자 개인에게 어떤 의미를 지닐 수 있는지 설명해 주어야 한다.
- 언어나 동작이 곁들여진 학습내용은 장기기억이 용이하다. 즉, 머릿속으로만 생각하면서 외우는 것보다 눈으로 보거나 귀로 들은 것을 학습자가 말로 직접 표현하면서 외우는 것이 훨씬 효과적이다.
- 밝고 온화한 학습 분위기를 만들어 불쾌한 자극이나 경험에 의한 억압을 미연에 방지한다. 또한 학습경험이 흥미롭고 즐거울 때 학습동기도 높아지고 학습내용도 보다 오래 기억된다.

6) 연습

새로운 경험이나 행동을 획득하기 위해 행동이나 학습을 끊임없이 반복하는 운동과정과 그 효과를 아우르는 전체 과정을 연습이라 한다. 학습은 연습이 뒤따를 때 그 결과가 향상될 수 있다. 일정한 동작을 계속적으로 반복해 두면 어떤 문제 사태에 처했을 때 적응하거나 변용시켜 적용할 수 있게 된다. 이와 같이 동작을 적극적인 방향으로 변화시키려는 반복 또는 숙달을 지향하는 것이 연습이다. 따라서 지적 기능과 운동기능을 개발하고 그에 따른 동작의 변용을 위해서는 연습과 반복이 반드시 필요하다. 학습에 반드시 연습이 뒤따를 때 그 결과도 향상됨을 잊지 말아야 한다.

(1) 연습방법

우리는 연습을 무척 단순한 것으로 이해하는 경향이 있다. 그러나 능력향상을 위한 연습에는 그 나름의 방법이 존재한다.

① 집중학습과 분산학습

연습 사이에 휴식을 넣을 것인가 말 것인가에 따라 집중학습과 분산학습으로 구분된다.

- **집중학습** : 연습 중에 휴식 없이 연속적으로 반복하는 것을 말한다. 집중학습이 필요한 경우는 학습과제가 유의성이 있고 통찰학습이 가능한 경우며, 과거의 학습효과를 통한 적극적인 전이가 용이한 경우다. 또한 이미 학습된 것에 어느 정도 망각이 일어났다 해도 높은 학습효과를 보이는 경우다. 집중학습이 유리한 경우는 학습준비라든가 준비운동을 하기 위하여 일정한 시간이 필요한 경우, 분산학습을 하면 너무 오랜 휴식시간을 두게 되어 망각현상이 생긴다거나, 휴식 후의 시행이 전혀 새로운 시행이 되는 경우다.
- **분산학습** : 연습 도중에 휴식을 넣어서 연습해 나가는 것을 말한다. 분산학습이 필요한 경우는 학습과제가 유의성이 없고, 학습내용이 곤란하고 복잡하며, 학습의 초보단계일 경우다. 또한 동기유발이 낮고 많은 노력과 시간이 투입되어야 할 경우다. 휴식 후에 다시 학습 분위기를 형성하는 것이 변수로 작용하기는 하지만 일반적으로 분산학습이 집중학습보다 효과적이다. 이는 연습시간이 길수록 휴식시간도 긴 것이 바람직하기 때문이다. 새로운 학습과제는 가능한 소량으로 나누어 학습자에게 제시되어야 한다.

② 전습법과 분습법

학습내용의 단위를 어떻게 나누어 연습할 것인가에 따라 전습법과 분습법으로 나누어진다.

- **전습법** : 학습내용이나 기술을 한꺼번에 학습하는 방법이다. 전습법의 장점은 망각이 적고, 학습에 필요한 반복이 적으며, 시간과 노력이 적게 든다. 전습법이 필요한 경우는, 첫째 학습과제가 비교적 유의성이 있고 통찰학습이 가능한 경우, 둘째 과거의 학습효과로 적극적인 전이가 용이한 경우, 셋째 이미 학습된 기능에 어느 정도 망각이 일어난다고 하더라도 높은 수준의 학습효과를 보일 것이라 생각되는 경우, 넷째 잘 알려진 지식과 기능을 숙달하기 위한 고도의 요구가 있을 경우, 마지막으로 연습기간이 장기간 연장되어도 생산적인 결과를 필요로 하는 경우다.
- **분습법** : 학습내용이나 기술을 몇 개의 단위로 나누어 학습하는 방법이다. 각 내용이나 기술이 일정한 수준에 도달할 때까지 각각 따로 학습한 후 일정한 시간이 흐르면 다시 각 내용이나 기술을 동시에 학습하여 일정한 수준까지 학습하는 것을 순수 분습법이라 한다. 내용이나 기술을 각각 학습하고 나서 그것을 점차적으로 합하여 학습하는 것을 점진적 분습법이라 한다. 그리고 매 학습마다 전체 내용을 반복해서 학습하는 것을 반복적 분습법이라 한다. 학습법에 따른 학습순서를 표현하면 [그림 4-8]과 같다.

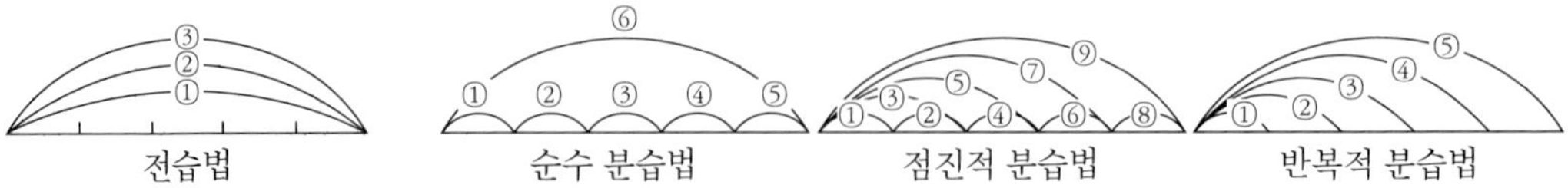

[그림 4-8] 전습법과 분습법의 학습순서

(2) 학습곡선

아주 복잡한 학습현상을 단순하게 표시한 [그림 4-9]를 학습곡선 혹은 연습곡선이라 한다. 대체로 학습의 초기에는 학습효과가 아주 서서히 상승해 가다가 차츰 가속도가 붙는다. 그러나 학습곡선이 상승해 가던 중에 지체되는 지점을 만나면 계속적인 연습이 있어도 학습능률이 더 이상 오르지 않고 제자리걸음만 하며 부진을 나타내게 되는데 이러한 현상을 **고원현상**이라 한다.

아래 그림에서 보면 어느 정도 발전이 이루어졌을 때는 대개 중간부진 현상이 나타난다. 즉, 학습과제에 대한 실망이나 흥미 상실, 과제의 곤란도 증가, 과제의 일부분에 신경이 집중됨, 나쁜 습관이나 고집, 적합한 학습방법을 채택하지 못한 것 등이 그 원인이 될 수 있다. 이때는 다소 휴식을 취하면서 심신의 안정을 되찾고 꾸준히 노력함으로써 해결할 수 있다.

연습과 관련하여 학습곡선에서 시사받을 수 있는 점은 다음과 같다.

- 학습곡선의 초기 단계에 진전이 빠르냐 아니냐의 문제는 그 사람의 타고난 능력이나 과거 경험 및 준비도에 달려 있다. 따라서 새로운 기능을 학습할 때 초기 단계의 진전이 적은 학습자들에게는 지도자의 특별한 보조와 격려가 필요하다.
- 학습이란 개인의 의지만으로 이루어지는 것이 아니므로 최초의 학습경험에서 가능한 흥미를 유발해 주고 격려해 주어야 한다. 특히, 최초의 인

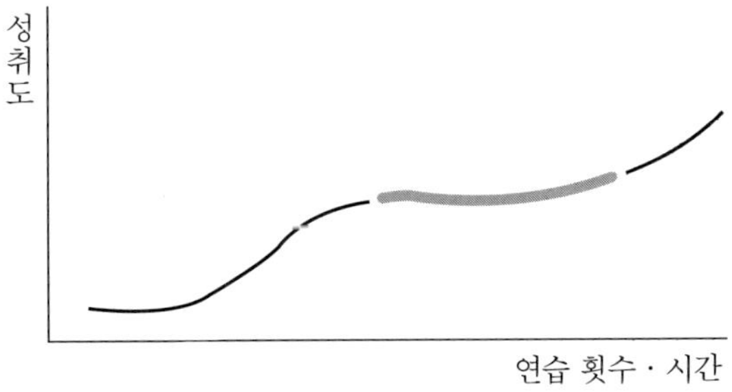

[그림 4-9] 학습곡선의 고원현상

상과 경험이 중요한 작용을 할 수도 있다.

- 초기의 진전이 있은 후 고원현상이 나타나면 이를 이해하고 꾸준히 노력하도록 격려하되 쉬어가면서 연습하도록 여유를 주는 것이 좋다. 지나친 연습은 오히려 역작용을 가져올 수도 있다.
- 기능이 완전히 숙달되고 나면 소멸은 잘 일어나지 않는다. 이는 글씨 쓰기나 운전법을 잊어버리는 경우가 드문 것과 같다. 특히, 많은 반복을 통해 충분한 연습이 이루어진 경우는 계속적으로 강화받는 것이기 때문에 거의 소멸되지 않는다.

(3) 연습의 원리

효과적인 연습을 유도해 내기 위해 고려할 점들은 다음과 같다.

① 학습자의 개인차를 고려하여야 한다. ② 학습자에게 연습의 필요성을 알려 동기를 유발한다. ③ 연습의 의미와 효과를 이해시킨다. ④ 연습 또는 학습의 진전상황을 수시로 알려 주어 자신의 상태를 올바르게 인식하게 한다. ⑤ 학습자료의 내용을 분석하여 그에 알맞게 집중학습과 분산학습, 전습법과 분습법을 적용하여 연습시킨다.

제5장

상담에 대한 이해

직업지도에서 처음 시작된 상담은 계속적인 발전을 통해 학교, 가정, 사회 등에서 겪게 되는 인간행동, 성격, 학업, 여가, 사회성 등의 모든 문제와 사건에 대한 현명한 선택과 해결에 적용되게 되었다. 특히, 환경과 생활조건이 급속도로 변화하고 있는 현대사회는 다양한 문제에 대한 전문적 조력을 필요로 하고 있다. 이러한 의미에서 상담은 내담자의 문제를 해결해 주는 처방적 작용이라기보다 그 사람 내부에 존재하는 자신의 해결책을 스스로 찾고 실행으로 옮길 수 있도록 돕는 작업이다. 이 장에서는 상담의 구체적인 의미를 살펴보고자 한다. 이러한 상담에는 여러 가지 이론과 그에 따른 다양한 상담방법이 있으므로 내담자와 그가 처한 환경에 따라 각각 다르게 적용하는 지혜가 필요하다.

1. 상담의 의미

'상담' 이라는 용어는 근래에 매우 다양한 영역에서 폭넓게 활용되고 있다. 그런 만큼 그 의미를 정확하게 파악하기란 쉽지 않다. 우선 相談이란 글자로 보아서는 서로 말을 주고받는다는 뜻이 되기 때문에 정보를 교환하고 서로 협의하는 모든 상황은 상담이라 할 수 있다. 그러나 단순히 얼굴을 대면하여 의견을 교환하는 것이 전부는 아니며 한쪽이 다른 쪽의 문제해결에 도움을 주는 특성을 지닌다. 즉, 전문기능으로서의 상담은 독특한 인간관계에 기초하여 이루어지는 매우 전문적인 활동이다.

상담의 어원은 consulere로서 고려하다, 반성하다, 숙고하다, 조언을 받는다, 상담한다 등의 뜻을 지니고 있다. 상담이란 말은 무엇을 목적으로, 어떤 사람에게, 어떤 종류의 도움을 주느냐에 따라 의미가 달라지므로 누구나 동의할 수 있는 정의를 내리기란 쉽지 않다.

Rogers(1942)는 상담이란 훈련받은 상담자와 도움을 받고자 하는 내담자를 연결 짓는 상호작용 과정으로서 상담자는 내담자의 감정을 수용하고 명료화하고 허용하게 된다. 그는 상담을 내담자 스스로가 자기를 이해하고 발전적인 수준으로 나아가도록 도와주는 과정으로 보았다. Erikson(1981)은 '상담이란 문제를 가진 개인과 문제해결을 도울 수 있는 사람과의 일대일 관계' 라고 하였다. 이장호(1996)는 도움을 필요로 하는 사람이 전문적 훈련을 받은 사람과의 대면관계에서 생활과제의 해결과 사고 · 행동 및 감정 측면의 인간적 성장을 위해 노력하는 학습과정으로 상담을 정의하였다. 간단히 말해서 상담이란 개인 성격의 성장을 도우며 통일된 개인이 되도록 돕는 과정이라고 할 수 있다.

근래 들어 정신건강 운동이 활성화되면서 상담활동의 기능이 확장되고 다양화되어 상담의 의미가 문제해결과 치료에서 예방적 차원의 상담으로 선회하고 있다. 이형득(1994)은 치료나 문제해결에 관심을 둘 것이 아니라 예방과

보다 나은 정신건강의 증진 및 개인발달에 관심을 두어야 하며, 개인 내적 변화나 치료에서 한 발 더 나아가 개인의 생활환경 변화까지 관심을 가져야 한다고 강조했다. 그뿐 아니라 개인의 약점이나 문제점을 찾아 해결하고 보완하는 소극적인 활동에 머물 것이 아니라 자신의 장점이나 자원을 토대로 자조할 수 있는 능력을 길러 주는 한편, 지역사회를 스스로의 힘으로 개선하도록 도와주는 형태의 적극적인 상담을 제시하였다.

이처럼 상담의 정의에 대하여 학자 간에 다소 견해차를 보이고 있다. 일상적인 인간관계와 구별되는 특성을 통해 상담의 의미를 정리하면 다음과 같다.

- 상담이란 내담자를 위하여 설정된 특수한 조력관계다. 따라서 상담관계에서 상담자는 가능한 자기중심적 입장에서 벗어나 내담자 중심적 입장에서 상담관계를 맺어야 한다.
- 상담관계란 하나의 역동적인 상호작용 관계다. 상담관계는 상담자가 일방적으로 내담자에게 지시하거나 충고하는 관계가 아니라 쌍방이 협조하여 세운 상담목표를 향하여 동등하게 책임을 지고 노력하는 협력적인 관계다.
- 상담관계는 도움을 필요로 하는 내담자와 전문적인 자질을 갖춘 전문가의 상호작용에 의한 조력관계다. 즉, 상담자는 전문가로서 한 분야에 대한 필수적인 지식, 태도, 기술 등을 터득하고 이를 선용할 수 있는 능력을 갖춘 후 그것을 상담에 효율적으로 적용해야 한다.
- 상담관계는 일상적인 대인관계에 비하여 사적이고 비밀이 철저히 보장되는 관계다. 내담자의 허락 없이는 가능한 철저히 비밀을 보장하는 전문적인 직업윤리를 가져야 한다.
- 상담관계는 상식적인 범주의 틀을 벗어난 참만남의 관계다. 상식적으로는 이해되지도 용납될 수도 없는 심층의 고뇌는 상식의 한계를 넘어선 한 인간실존과 다른 인간실존 간의 직면을 통해서만이 취급할 수 있는 것이다.

2. 상담, 심리치료, 생활지도

상담은 심리치료와 어떤 차이가 있는가? 생활지도와는 어떤 관계가 있는가? 심리치료, 생활지도는 상담과 흔히 혼동하거나 중복되어 사용되는 말들이다. 간단히 말해, 생활지도는 주로 교육 장면의 학생 전체를 대상으로 한 교도활동이고, 상담은 학생을 포함한 모든 사람이 구체적인 생활과제와 적응문제에 대처하도록 돕는 활동이며, 심리치료는 주로 병원 장면에서 신경증과 같은 정신장애를 다루는 활동이라 할 수 있다. 이들은 모두 조력관계에 기초하여 개인의 행동상의 장애와 적응상의 문제를 해결하도록 도와준다는 공통점을 가지고 있지만 여러 가지로 차이를 보인다. 그 차이를 살펴보면 〈표 5-1〉과 같다.

〈표 5-1〉 생활지도, 상담, 심리치료의 비교

	생활지도	상 담	심리치료
대상	학생 전체	정상적인 학생, 내담자	개인환자
목표	바람직한 생활과정과 성장 발달의 지도	구체적 생활과제의 해결: 감정, 사고, 행동양식의 변화	정서적 문제의 해소: 성격구조의 심층적 변화
다루는 문제	현실적 능력의 평가 및 장래계획	긴장, 불안, 당면 문제의 선택 · 해결, 적응문제	신경증, 성격장애, 우울증, 정신병
접근방법	정보, 자료 제공: 교양강좌, 토의집단 등	면접 중의 조언, 일시적인 욕구불만이나 갈등 해결, 교육, 훈련, 분석	분석적 면접, 약물요법, 문제환경에서 격리 · 수용, 성격장애 치료와 교정
전문가	일반교사, 교도교사, 연수 담당자	상담교사, 상담심리 전문가	정신과 의사, 임상심리 전문가
장소	교육 장면 전체	상담실, 출장장소	진료실, 환자 가정
기간	단시간, 1~6회 정도	단시간, 1~20회 정도	장시간, 20~200회 정도
상담료	무료	무료 혹은 유료	유료

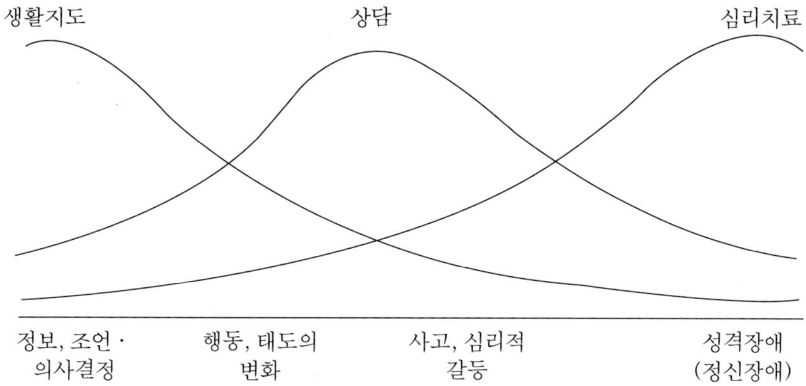

[그림 5-1] 생활지도, 상담, 심리치료의 영역 비교

이들 영역의 구별에 대해서는 의견이 분분한 편이다. 어떤 이들은 용어의 구별이 필요 없다고 하는 반면, 어떤 이들은 반드시 구별해야 한다고 주장한다. 근래에는 이들 사이에 큰 차이를 두지 않으려는 것이 일반적인 경향이다. 왜냐하면 그 사이에서 명백한 구분점 또는 차이점을 찾기가 어렵기 때문이다. 분명한 것은 ① 상담, 심리치료, 생활지도가 명확히 구별되기 힘들고, ② 상담자가 상담이라고 생각하는 것을 심리치료에서 하고 있는 반면에, 심리치료자가 심리치료라고 보는 것을 상담자가 하고 있으며, ③ 그렇다 해도 이 셋은 동일한 것이 아니라는 것이다. 이 관계는 [그림 5-1]과 같이 정리할 수 있다.

여기에서는 성인학습자와 깊이 관련된 상담과 심리치료를 중점적으로 비교하도록 하겠다. 상담과 심리치료를 분명하게 구분하기란 쉽지 않지만 각기 나름의 뚜렷한 특징을 갖고 있다. 가령 목표 면에서 보면 상담은 주로 교육적, 예방적, 발달적인 데 목표를 두는 반면 심리치료는 적응적, 교정적, 치료적인 데 목표를 두고 있다.

Shertzer와 Stone(1976)은 상담과 심리치료의 차이를 다음과 같이 정리하였다.

- 상담에서는 상황적이고 환경적인 부분을 다루는 반면, 심리치료에서는 성격의 수정과 좀 더 심각한 행동수정에 관여한다.
- 상담은 정상적인 사람들을 대상으로 하는 반면, 심리치료는 주로 심각한 적응문제나 심리적 장애를 가지고 있는 사람들을 대상으로 한다.
- 상담에서는 현재의 의식적인 자료를 강조하는 반면, 심리치료에서는 무의식적 과정의 반응에 대한 개인의 과거와 상징적인 자료를 강조한다.
- 상담은 주로 학교, 대학, 지역사회 건강센터 등에서 실시되는 반면, 심리치료는 임상진료소, 병원 등에서 실시된다.
- 상담에서는 개인의 긍정적인 장점을 강조하지만, 심리치료에서는 진단과 치료를 강조한다.
- 상담은 주로 단기간 실시되지만, 심리치료는 좀 더 장기간 실시된다.
- 상담에서는 개인이 자신의 발달과업에 적응하도록 도와주지만, 심리치료에서는 개인의 내적 갈등을 주로 다룬다.

마찬가지로 Brammer와 Shostron(1981)도 두 가지 활동이 중복됨에 동의하면서도 일반적으로 상담은 '교육적, 직업적, 지지적, 상황적, 문제해결, 의식의 인식, 정상적, 현재, 단기간'의 말로 특징지었고, 심리치료는 '위기 상황에서 지지적, 재구성적, 심층의 강조, 분석적, 과거에 대한 강조, 신경증, 그 밖의 심한 정서적 문제, 장기간' 등의 말로 특징지었다. 즉, 상담과 심리치료의 차이는 '누가, 주로 어떤 내담자를 대상으로, 어떤 방법으로, 어느 정도까지 접근하느냐'에 달려 있다고 볼 수 있다. 다시 말해서 상담은 이른바 '정상인'을, 심리치료는 '환자'를 각각 주 대상으로 한다. 그리고 상담이 대체로 교육적이고 상황적인 문제해결과 의식적인 내용의 자각에 주력하는 반면, 심리치료는 '재구성적' '심층분석적'인 문제해결과 무의식적 동기의 통찰에 역점을 두고 있다고 말할 수 있다.

3. 상담목표

인간의 모든 행동은 목표지향적이다. 상담목표는 상담자의 훈련방법, 가치체계, 역할에 대한 지각, 내담자의 욕구 등에 따라 조금씩 다르지만 상담의 일반적인 목표에 대해서는 학자들 간에 어느 정도 의견의 일치가 이루어졌다.

상담의 기본적인 목표는 내담자에게 영향을 주어 행동을 변화시킴으로써 내담자가 좀 더 생산적이고 만족스러운 삶을 살아갈 수 있도록 도우려는 것이다(Shertzer & Stone, 1981). 다시 말하면 상담과정을 통해 내담자는 적절한 지식이나 판단력을 얻을 수도 있고 살아가는 방법이나 용기를 얻을 수도 있다. 나아가 자신의 느낌이나 생각, 주위의 여건에 대한 올바른 인식을 갖게 되기도 한다. 그 결과 한층 깊은 차원에서 자기 자신과 자신이 처한 현실을 있는 그대로 이해하고 수용하며 개방할 수 있게 되어 궁극적으로는 인격적인 변화를 경험하고 적응하게 되는 것이다.

Krumboltz(1969)는 상담의 목표가 모든 내담자에게 동일하게 적용될 수 없으므로 다음의 세 가지를 고려하도록 했다. ① 상담의 목표는 내담자가 요구하는 목표여야 하고, ② 상담자는 내담자가 이런 목표를 달성할 수 있도록 기꺼이 도와주어야 하며, ③ 내담자가 상담목표를 성취한 정도를 평가할 수 있어야 한다.

Rogers(1981)는 상담의 목표를 ① 내담자들의 행동변화를 촉진하고, ② 새로운 환경에 적응할 수 있는 기술을 습득하며, ③ 의사결정 능력을 증진하게 하며, ④ 사회적 상호관계 속에서 심리적 조력관계를 개선하고, ⑤ 내담자 속에 있는 잠재력을 개발하는 것에 두었다.

George와 Cristiani(1990)는 상담목표를 ① 행동변화의 촉진, ② 관계수립과 능력개선, ③ 내담자의 효율성 제고와 능력향상, ④ 의사결정 과정의 증진, ⑤ 내담자의 잠재력 개발 촉진 등으로 제시하였다. 이와 같이 상담목표는 행동의 변화, 정신건강 증진, 문제해결, 개인의 잠재력 개발, 의사결정을 도움으로써 효과적으로 기능하는 사람이 되게 하려는 것이다.

이처럼 상담은 행동의 변화가 관찰되어질 때 성공했다 말할 수 있으므로 상담목표는 행동적인 용어로 기술되어야 한다. 그러나 흔히 내담자는 자기가 상담받으려는 목표를 정확히 모르는 경우가 많다. 불안이나 긴장, 불행하다는 느낌으로 상담을 받으러 오기는 하지만 대체로 모호하고 관념적이어서 상담목표를 구체적으로 말하기란 쉽지 않다. 그러므로 상담자나 내담자가 사용하는 용어를 명확히 하여 구체화하고, 과거의 중요한 경험을 언어화하여 내담자의 주요 행동과 감정을 구체적으로 이해시키는 과정을 통해 상담목표에 접근해 가야 한다.

목표에서 중요한 문제는 '누가 상담목표를 정해야 하는가' 다. 대부분의 상담이론은 상담목표를 결정하는 것이 내담자의 책임이라는 원리에 동의하고 있다. 상담자는 기본적인 틀 속에서 일반적인 목표를 제시하여 내담자가 설정한 상담목표를 보완해 나가야 한다.

4. 상담의 원리

전문적인 상담을 하기 위해서는 상담의 원리를 파악하고 있어야 한다. 첫째, 내담자의 모든 행동에는 이유가 있음을 염두에 두어 행동 및 반응의 목적과 의미를 가능한 정확히 파악하려 노력해야 한다. 둘째, 내담자의 반응에는 관찰될 수 있는 것과 관찰될 수 없는 것, 즉각적으로 나타나는 것과 뒤늦게 나타나는 것이 있음에 주목하여 가능한 정확히 예측해 내려 노력해야 한다. 셋째, 상담의 최종목표와 중간목표를 구별하여 먼저 중간목표인 상담자와 내담자의 '촉진적 관계형성' 에 주의를 기울여 상담을 시작해야 한다.

상담의 기본 원리를 Biestek의 이론을 통해 간략히 살펴보면 다음과 같은 일곱 가지다(George & Cristiani, 1990).

- 개별화의 원리 : 상담자는 내담자의 개성과 개인차를 인정하는 범위 내에서 상담을 전개해야 한다. 그러므로 상담자는 인간에 대한 전문적인 이해를 바탕으로 편견이나 선입관에서 탈피해야 하며, 내담자의 감정변화를 민감하게 포착하여 그 말을 경청하고 내담자의 보조에 맞추어 상담을 진행시켜야 한다.
- 의도적 감정표현의 원리 : 내담자가 자유롭게 자신의 감정표현을 할 수 있도록 상담자는 온화한 분위기를 조성해 주어야 한다. 내담자의 감정표현을 비난하거나 좌절시켜서는 안 되며, 인내심을 가지고 경청함으로써 내담자의 긴장을 완화하여 자신의 문제를 자유롭게 표현하게 한다.
- 통제된 정서관여의 원리 : 상담은 주로 정서에 큰 비중을 두는 작업이므로 상담자는 내담자의 정서변화에 민감하게 반응하여 이해하고 적절한 대응책을 마련할 태세를 갖추어 적극적으로 관여해야 한다.
- 수용의 원리 : 말이나 행동, 표정을 통해 내담자를 인격체로 존중하고 있음을 표현해야 한다. 상담자의 권위적이고 강압적인 자세는 상담관계를 저해한다. 따라서 내담자 중심으로 그들의 진정한 욕구와 권리를 존중하며 감정이나 태도를 적극적으로 이해할 수 있어야 한다. 만약 내담자와 의견이 맞지 않을 때는 동의하지 않음을 분명히 전달하되, 그 표현이나 자세는 어디까지나 온화해야 할 것이다.
- 비판단적 태도의 원리 : 내담자들은 죄책감, 열등감, 불인 등을 갖고 있어 타인의 비판에 민감하며 그에 대해 자신을 방어하여 안전망을 구축하려 한다. 따라서 내담자의 행동, 태도, 가치관 등을 객관적으로 평가하되, '유죄다' '책임져야 한다' '나쁘다' 등의 판단적인 언어로 내담자의 문제를 다루어서는 안 된다.
- 자기결정의 원리 : 상남자의 지도와 충고가 주어진다 하여 내담자가 무조건 그것을 수용하는 것은 아니다. 왜냐하면 내담자는 자신의 판단을 토대로 변화의 방향과 태도를 결정하는 독립된 인격체기 때문이다. 그러므로 상담자는 내담자 개인의 가치와 존엄성을 존중하고 내담자가 자기

힘으로 문제를 해결해 나갈 수 있다는 신념을 가져야 한다.

- 비밀보장의 원리 : 상담과정에서 가장 명심해야 할 것은 바로 비밀보장이다. 상담자는 내담자와의 상담내용을 사적인 자리에서 이야기하는 습관을 버려야 한다. 상담자는 비밀을 지켜줄 윤리적 의무를 지녔기 때문이다.

5. 상담이론

상담이론은 내담자의 문제를 파악하고 이해하는 기본 관점을 제시하며, 상담목표를 설정하고 방법을 선택하는 데 길잡이 역할을 해 준다. 나아가 독특한 개개인을 효과적으로 돕는 데 활용할 수 있는 방법을 발전시키는 데 도움이 된다. 상담이론은 학자에 따라서 여러 가지로 다양하게 거론되고 있는데, 여기서는 성인상담과 관련하여 특성요인적 상담, 인간중심적 상담, 정신분석적 상담, 행동주의적 상담, 인지·정서·행동적 상담의 다섯 가지를 간략하게 소개하고자 한다.

1) 특성요인적 상담

특성요인적 상담은 미네소타 접근, 의사결정적 접근, 지시적 접근, 상담자중심 접근으로도 불린다. 때로는 상담이나 치료를 위한 진단을 강조하기 때문에 의학적 모형이라고도 한다(Patterson, 1966). 특성요인적 상담은 직업선택에서 시작된 것으로 합리적인 자료를 제공하여 개인이 장래 계획을 세울 때 현명한 결정을 내리도록 하는 데 초점을 두고 있다. 따라서 이 접근법은 학생상담과 직업상담에 주로 활용되고 있다(Gilliland, James, Roberts, & Bowman, 1983). Edmund Williamson의 특성요인적 상담은 직업적 배경과 교육적 배경이 결합되어 발전했다는 점에서 다른 상담방법과 차이가 있다. 특성요인적 상담의 주요 개념, 상담목표, 상담과정과 기술 등을 살펴보면 다음과 같다.

(1) 인간관

Williamson은 교육과 마찬가지로 상담의 목적을 지적인 능력의 훈련뿐만 아니라 잠재능력의 범위 내에 있는 사회적, 문화적, 정신적 성장을 돕는 것에 두었다. Patterson(1980)은 인간 본성에 대한 기본 가정을 다음과 같이 정리하였다.

- 인간은 선과 악의 잠재력을 모두 지니고 있는 존재다.
- 인간은 선을 실현하는 과정에서 타인의 도움을 필요로 하는 존재다.
- 인간의 선한 생활을 결정하는 것은 바로 자기 자신이다.
- 선의 본질은 자아의 완전한 실현이다.
- 우주와 인간의 관계, 즉 세계관은 개인적인 것으로 인간은 누구나 그 자신만의 독특한 세계관을 지닌다.

요컨대, 인간은 선뿐만 아니라 악의 잠재력도 동시에 지니기 때문에 타인의 효과적인 도움을 받아야 하며, 어느 정도만 도움을 받게 되면 그 다음부터는 스스로의 노력을 통해 선한 생활을 찾을 수 있다고 보았다.

(2) 상담의 철학적 가정

Williamson에 의하면 상담활동은 다음과 같은 가정을 바탕으로 이루어진다.

- 상담자는 내담자에게 영향을 주는 존재다. 상담자는 중립적인 존재가 아니라 내담자의 모델이 되는 사람이며, 내담자가 목표를 정하고 문제를 해결하도록 능동적으로 돕는 존재다.
- 상담자는 의사결정을 돕는 전문가로 인정을 받으며, 또 그렇게 행동하는 존재다.
- 인간에게는 나름대로의 독특한 심리적 특성이 있다. 그러한 심리특성은 객관적인 심리검사를 통해 측정되고 확인할 수 있다.

- 인간은 이성적인 존재다. 어떤 계획을 세우고 의사결정을 하는 과정에서 자기 자신의 이성을 활용할 수 있다.
- 인간은 바람직한 의사결정을 위해 타인의 도움을 필요로 한다. 이러한 도움은 교육이라는 과정을 통하여 이루어지며, 여기서 상담은 교육의 기능을 수행하게 된다.
- 상담의 목표인 '훌륭한 생활'을 성취하는 데는 개인의 가능성을 최대한으로 활용하는 것도 포함된다. 즉, 상담활동을 통하여 어떤 개인이 현재뿐만 아니라 장래를 위하여 자신의 가능성을 최대한으로 실현하도록 도울 수 있다.
- 상담의 철학적 가정은 부단히 재검토되어야 한다.

(3) 상담목표

특성요인적 상담의 목표가 구체적으로 제시된 것을 찾기는 힘들지만 궁극적으로는 선한 생활, 즉 탁월성을 갖도록 하는 것으로 볼 수 있다. 이를 달성하기 위한 구체적인 목표는 다음과 같다(Patterson, 1980).

- 내담자가 이성적으로 생활하도록 한다.
- 내담자가 자기 자신의 가능성을 확인하고, 그 가능성을 실제로 활용할 수 있게 한다.
- 내담자의 자기통제가 가능하도록 한다.
- 내담자 자신의 동기, 능력, 적성, 성격, 흥미 등의 특성과 요인을 이해하고 수용하도록 한다.
- 내담자 자신이 필요로 하는 정보를 수집 · 분석 · 종합할 수 있도록 한다.
- 내담자 자신의 특성 및 요인, 직업, 외부조건 등을 검토하여 만족스러운 결정을 내릴 수 있도록 한다.
- 내담자가 자신의 문제를 해결하도록 한다.

특성요인적 상담은 문제해결력을 기르도록 조력하는 것이고 자기이해 및 자기지도, 즉 자기성장을 조력하는 것이라고 보았다. 특성요인적 상담은 내담자가 자신의 가능성을 최대한 실현시킬 수 있도록 개인의 전체적 발달을 다루었다.

특성요인적 상담은 개인의 전체적인 발달을 목적으로 삼고 있지만, Williamson은 "실제로 상담자의 임무는 내담자가 잠재적으로 소유하고 있는 모든 개성을 발달시키는 데 주력할 것이 아니라 내담자가 어떤 특정 방향으로 발달하도록 영향을 주는 것이다."라고 말했다. 즉, 상담자는 내담자에게 영향을 주는 일에 종사하지만, 내담자를 억압하거나 내담자가 가진 자기결정의 권리를 부정하지 말고, 자신의 가치체계를 발전시켜 올바른 선택과 의사결정을 할 수 있도록 도와야 한다.

(4) 상담과정

특성요인적 상담의 과정에 대해 기술하기 전에 먼저 상담자와 내담자의 관계를 살펴보면 다음과 같다.

① 상담자와 내담자의 관계

특성요인적 상담은 교사 역할의 상담자와 학생 역할의 내담자 간의 교육과정이라고 볼 수 있다. 즉, 상담자와 내담자의 관계는 인격적이고 개별화된 교수-학습 과정이다. 이에 Patterson(1980)은 상담자와 내담자의 관계를 매우 강조하면서 상담관계를 다음과 같이 정리하였다.

- 상담면접은 개별화된다.
- 일대일 관계는 지극히 인격적이다.
- 상담관계는 조력관계다.
- 상담관계는 발전적이다.
- 상담면접은 생활중심적이다.

- 정서적 건강은 문제해결의 에너지로 활용된다.
- 상담관계는 내담자를 한 인간으로서 존중함으로써 내담자의 잠재적 가능성의 실현을 돕는다.
- 상담면접은 내담자의 사고력, 비판력, 합리적 문제해결에 관심을 둔다.

② 상담과정

상담자와 내담자의 관계를 바탕으로 한 특성요인적 상담의 과정은 교사인 상담자와 학생인 내담자 사이에서 이루어지는 지극히 개별화된 과정이다. Williamson과 Darley(1937)는 특성요인적 상담의 과정을 다음과 같이 여섯 단계로 구분하여 설명하였다.

- **1단계 – 분석** : 내담자의 현재 상태 및 미래 가능성을 종합적으로 이해하기 위해 적절한 측정기술을 선택 · 활용하여 신뢰롭고 타당성 있는 정보와 자료들을 모으는 데 초점을 둔다. 분석을 위한 도구로는 누가기록, 면접, 시간표, 자서전, 일화기록, 심리검사 등을 들 수 있다.
- **2단계 – 종합** : 내담자의 다양한 측면들을 정리하고 재배열하여 하나의 전체적인 상을 그려 본다. 이때 내담자 생활의 대인관계적 측면과 개인 내적 측면의 장단점에 대한 정보를 이용한다. 즉, 내담자의 적응, 부적응, 장단점 등을 분석하기 위한 자료를 요약하고 체계적으로 정리하는 것이다.
- **3단계 – 진단** : 문제를 사실적으로 확인하고 그 원인을 발견하며 내담자의 반응과 논리적 결과를 검토하여 객관적이고 주관적인 자료에 기초한 행동 프로그램을 제안한다. 진단은 먼저 문제를 확인한 후 원인 발견의 단계로 진행된다. 진단할 때 주의할 점은 성급한 결론을 내려서는 안 된다는 것이다. 즉, 진단은 어디까지나 잠정적으로 내려야만 하는데, 이는 인간의 행동이 복잡다양하여 잘못 판단할 가능성이 많기 때문이다. 또한 새로운 진단이 내려지면 언제든지 바뀔 수 있다는 것을 명심해야 한다.

- 4단계 – 예후 : 가능한 선택들을 기초로 하여 예후단계가 이어진다. 진단은 과거와 현재의 상태에 관련된 것인 반면, 예후는 미래와 관련된 것으로 일종의 예언을 시도하는 것이다. 예후단계에서 상담자는 진단 후 충분한 시간을 가지고, 가능하면 관련문헌이나 관련사례를 참고한 다음 예언을 하여야 할 것이다. 예를 들어, 지능이 낮다는 진단이 나왔다면 어려운 학교과제는 잘 수행하지 못할 것이란 예측이 나올 수 있다.
- 5단계 – 상담 : 일반화된 방식으로 생활 전체를 다루는 것을 학습하는 단계다. 이때 상담이란 무미건조한 치료상황 이상의 것으로, 다양한 기법에 의한 개인적인 조력을 통해 상담에서 배운 학습을 모든 문제상황에 적용할 수 있도록 돕는 학습이자 재교육이다. Williamson은 상담에 대해 다음과 같이 정리하였다. 첫째, 상담에는 자기이해를 위한 안내된 학습이라는 관계가 포함된다. 둘째, 상담에는 내담자가 자기 생활에 적응하고 개인적 목표를 달성하는 데 필요한 재교육 또는 재학습이 포함된다. 셋째, 상담에는 내담자가 자기 자신을 이해하고, 일상생활에 일반 의미론의 원리와 기법을 적용시킬 기술을 숙달하는 데 상담자가 주어야 할 개인적인 도움이 포함된다. 넷째, 상담이라는 용어에는 치료효과를 낳을 수 있는 기법 또는 관계가 포함되어 있다. 다섯째, 어떤 형태의 재교육은 치료에 의해 정화가 일어날 때 자연스럽게 이루어진다는 사실을 내포하고 있다.
- 6단계 – 추수지도 : 상담에서 학습했던 것을 일상생활에 적용할 때 이루어지는 발전을 강화하고 재평가하며 점검하는 단계다. 이 단계는 상담효과를 평가하고자 할 경우나 상담 종료 후 내담자에게 다시 문제가 발생하였을 경우에 실시된다.

이상의 여섯 단계를 상남자가 엄격하게 따를 필요는 없다. 어떤 단계는 생략할 수도 있으며 중복이나 순서의 역행도 있을 수 있다. 특성요인적 상담에서 세 번째 단계인 진단은 다섯 번째 단계인 상담의 기초가 되기 때문에 이 여섯 단계 중 진단과 상담을 가장 중요한 단계로 들 수 있다.

(5) 상담의 기술과 특징

① 상담기술

상담에 적용되는 상담자의 기술을 살펴보면 다음과 같다.

- 동조를 요구하기 : 내담자가 자신의 환경에 적응하도록 강요하는 기술이다.
- 환경을 변화시키기 : 내담자에게 곤란을 야기하는 환경이 실제적이든 잠재적이든 간에 내담자의 환경을 부분적으로 변화시키려는 시도다.
- 적절한 환경을 선택하기 : 환경을 변화시키는 것보다 좀 더 적극적인 기술로 내담자의 개성이나 성격에 가장 알맞은 환경을 선택하게 하는 것이다.
- 필요한 기술 학습하기 : 내담자에게 곤란을 야기하는 결함들을 극복하도록 조력하는 것이다.
- 태도 바꾸기 : 가장 치료적인 성격의 기술로 내담자의 욕구가 환경의 요구와 조화를 이루도록 내담자의 태도를 바꾸게 하는 것이다.

이상의 상담자 기술들은 상담단계에서 다음과 같이 활용된다.

- 래포의 형성 : 상담면접의 효과는 상담자와 내담자 사이에 어느 정도의 래포(rapport)가 형성되었는가에 달려 있다고 해도 과언이 아니다. 래포를 형성하는 데 중요한 요인은 상담자가 보이는 온화한 태도와 내담자를 이해하려는 감정이다. 래포 형성을 위해서는 내담자의 특별한 흥미, 취미 등 일상적인 대화부터 시작하는 것이 좋다.
- 자기이해의 증진 : 상담자가 진단 결과를 해석하여 전달하고 이 진단의 증거를 제시할 때 내담자가 어느 정도 이해하고 있는지 확인해야 한다. 상담자가 내담자의 자기이해를 증진시키려면 검사자료의 분석 결과를

내담자가 이해할 수 있도록 전달해야 한다.

- **조언이나 활동계획의 수립** : 내담자는 상담자가 제시하는 자료와 증거에 대하여 조언을 인정하고 수용할 준비자세가 되어 있어야 한다. 상담자는 증거를 논리적으로 정리하여 설명하는 방법으로 내담자의 잠재능력을 유용하게 사용할 수 있는 가능한 조건들을 지적한다.
- **계획의 실행** : 내담자의 선택이나 결정 후에 상담자가 그 실행을 직·간접적으로 도와줄 수 있음을 의미한다. 여기에는 치료적인 과제, 교육, 훈련계획 등이 포함된다.
- **다른 전문가에게 의뢰** : 상담자가 모든 분야의 전문가가 될 수 없기 때문에 자신의 한계에 도달한 경우에는 다른 전문가에게 문의하거나 의뢰해야 한다. 경험이 부족한 상담자는 자신의 한계나 내담자가 가진 문제의 복잡성을 잘 이해하지 못하여 모든 문제를 자기가 직접 다루려고 한다. 그러나 한 상담자가 직업, 고용기회, 언어교정, 정서적 부적응의 치료 등 모든 문제에 통달할 수는 없다. 그러므로 상담기간 중 어느 때라도 자신의 힘으로 역부족일 때는 내담자의 동의를 얻어 다른 전문가에게 의뢰할 수 있다.

Williamson은 모든 내담자에게 적용할 수 있는 일반적인 기법은 없다고 보았다. 따라서 상담자는 내담자나 내담자가 가진 문제에 따라 신축성 있게 적절한 기법을 선택하여 사용해야 한다.

② 상담특징

특성요인적 상담의 특징을 살펴보면, 첫째는 상담자 중심의 상담방법이다. 즉, 상담자가 문제의 원인을 발견하고 해결하는 데 책임이 있고, 내담사는 상담자의 역할에 협조하고 그 지시에 복종하는 것이다. 둘째는 내담자에 대한 정서적 이해보다는 문제의 객관적 이해에 중점을 둔다는 점이다. 셋째는 내담자에게 정보를 제공하고 학습기술과 사회적응 기술을 알려 주는 것을 중요시한다. 넷째는 내담자를 객관적으로 이해하고 올바른 예언을 하기 위하여 사례나 사례연구를 상담의 중요한 자료로 삼는다.

(6) 평가

특성요인적 상담은 학습상황에서 정확한 자기이해를 바탕으로 진로를 선택하거나 당면한 문제를 해결하는 데 많이 적용되고 있다. 상담에 대한 공헌과 한계점은 다음과 같다.

① 공헌

특성요인적 상담은 광범위한 영역, 예를 들면 중등학교, 대학내 취업보도국, 재활센터 등에서 학문적이고 실제적인 문제의 해결책으로 활용되어 왔으며, 한편으로는 측정, 통계 기법을 매우 강조하여 측정운동을 발달시키는 데 기여하였다. 또한 여섯 단계의 상담과정은 장애학생에게 효과적으로 적용되기도 한다. 나아가 상담발달의 초기 단계에서 개인의 문제에 과학적인 접근을 시도하여 상담활동 자체를 전문화하는 촉매작용을 하였으며, 상담을 위한 검사의 제작과 보급 활동을 촉진하게 된 계기를 만들어 준 점 또한 중요한 공헌점이다.

② 한계

특성요인적 상담의 과학적인 접근방법은 다음과 같은 문제점도 내포하고 있다.

첫째, 인간이 선과 악의 잠재성을 동시에 가지고 있다는 가정과 함께 내담자가 스스로 선택할 수 있는 권리를 보장하고자 하므로 상담자로서는 난처한 입장에 놓일 가능성이 있다. 둘째, 특성요인적 상담이론은 상담을 객관적인 자료와 측정을 바탕으로 한 합리적인 의사결정의 과정이라 생각했다. 이에 따라 객관적인 자료에만 의존하여 내담자의 감정과 정서가 무시될 수 있다. 상담이 순수한 직업정보 제시에 국한된다면 몰라도 인간의 전체적인 발달을 목표로 한다면 과연 특성요인적 접근만으로 가능할지가 의문이다. 셋째, 특성요인적 상담이론에는 체계성이 결여되어 있다. 즉, 인간의 행동을 설명할 수 있는 성격이론이나 상담이론이 없고 상담과정에서 상담자의 행동에 지침이 될 수 있는 기준이 없다. 또한 상담과정에서 중요한 요인은 상담자의 진단인데, 과연 그 진단이 얼마나 신빙성이 있을지도 의문이다.

상담자는 이상의 문제점들을 파악하여 체계적으로 보완하고 자신의 독특한 기술과 스타일을 개발하여 노련한 전문가가 되어야 한다. 이를 위해 온화하고 이해심 있고 친근하게 상담을 수행하는 능력을 길러야 할 것이다.

2) 인간중심적 상담

Carl Ransom Rogers에 의해 1940년대 초에 창시된 인간중심적 상담은 처음에는 비지시적 상담 혹은 민주적 상담으로 출발하여, 1970년대에 이르러서는 내담자중심 상담으로 불리다가, 최근에 와서는 인간중심적 상담으로 명칭이 바뀌어 왔다. 이 상담은 현상학적 접근, 혹은 자아개념을 중시하는 현상학적 심리학에 기초를 두고 있기 때문에 자아이론 접근이라고도 한다.

인간중심적 상담에서는 모든 내담자가 자기 자신의 중요한 일들을 스스로 결정하고 해결할 수 있는 능력을 지니고 있음을 강조한다. 여기서 상담자는 내남자들이 긴장이나 정서적 불안을 발산하고 자신의 문제에 대한 해결능력을 되찾아 인간적인 성숙을 기할 수 있도록 돕고, 적극적으로 성장할 수 있도록 허용적인 분위기를 만드는 데 주력한다. 이런 점에서 Rogers는 상담에서 인간의 위치를 단순히 행위를 받기만 하는 로봇의 개념에서 잠재력과 성장능력을 가진 인격체로 그 의미를 변화시켰다고 할 수 있다.

(1) 인간관

Rogers 이전의 상담영역에서 보는 인간이란 일반적으로 비합리적이고 사회화되기 어려우며 자기 자신이나 타인에 대해 파괴적인 존재였다. 이에 반해 Rogers는 인간을 근본적으로 합목적적이고, 건설적이고, 긍정적이며, 독립적이고, 수용적이며, 현실적인 존재인 동시에 아주 신뢰할 만한 선한 존재로 보고 있다. 또한 Freud와 달리 한 인간을 결정론적인 입장에서 보는 것이 아니라 자유로운 존재로 보았다. 즉, 인간은 사회적이고 미래지향적이며 자아실현의 의지와 더불어 선한 마음을 갖고 태어난다고 보았다. 또 인간은 부적응 상태를 극복하고 정신적 건강상태를 되찾을 수 있는 능력을 선천적으로 가지고 있다고 믿기 때문에 치료 진행의 책임을 내담자 자신에게 주었다. 그러므로 상담과정에서 상담자는 최선의 해결책을 모두 다 알고 있는 권위적 존재로 상담에 임하지 않는다. 따라서 내담자는 상담자의 지시에 단순히 따르기만 하는 수동적인 존재가 아니라 상담 및 심리치료의 과정에서 일차적 책임을 지는 능동적인 존재로 보았다.

(2) 상담의 철학적 가정

인간중심적 상담은 Rogers 자신의 독특한 철학적 가정을 바탕으로 인간의 성격과 행동에 대해 언급하고 있다. 인간중심적 상담의 기본 바탕이 되는 철학적 가정을 Rogers의 견해에 따라 종합적으로 열거해 보면 다음과 같다.

- 인간은 가치를 지닌 독특하고 유일한 존재다.
- 인간은 자기확충을 향한 적극적인 성장력을 지녔다.
- 인간은 근본적으로 선하며 이성적이고 믿을 수 있는 존재다.
- 개인을 알기 위해서는 개인의 주관적 생활에 초점을 두어야 한다.
- 개인은 의사결정과 장래에 대해 선택권을 가졌다. 이런 개인을 가장 잘 돕는 방법은 자기지도를 가능하게 하는 것이다.
- 개인은 결정하고 계획하고 훌륭한 사람이 되는 데 유용한 내적 자원을

가지고 있다. 왜곡된 지각, 갈등 그리고 문제와 같은 심리적 장애는 이러한 자원의 활용을 방해한다.

- 상담목표는 개인이 자기를 수용하고 심리적 장애를 제거하려는 자기통찰을 통하여 전인적인 기능을 발휘하도록 하는 것이다.

(3) 상담목표 및 특징

① 상담목표

인간중심적 상담의 목표를 한마디로 말하면 Rogers가 말하는 인간관을 가진 사람이 되게 하는 것이다. 상담자는 상호신뢰적인 분위기를 조성하여 내담자가 거리낌 없이 자기를 공개하도록 함으로써 내담자 자신의 내면세계(감정, 욕망, 가치판단 등)를 이해하고 자신의 문제를 파악할 수 있도록 돕는다. 상담을 통해 내담자는 자신이 가진 환경에 대한 왜곡된 지각을 수정하고, 현실적 경험과 자아개념 간의 조화를 이루어 최종적으로는 자신의 능력과 개성을 최대한 발휘하는 자아실현을 촉진하게 된다.

이런 자아실현을 이룬 사람의 특징은 첫째, 자기방어를 위해 현실을 왜곡하지 않으며 둘째, 자기 자신에 대한 올바른 이해에 바탕을 둔 신뢰감과 융통성 있는 마음의 자세를 갖고 있고 셋째, 실존 문제에 대한 해답을 자신의 내부에서 찾으려 하며 넷째, 인간적인 성숙이 지속적인 과정임을 알고 있다.

② 상담특징

인간중심적 상담의 특징은 다음과 같다.

- 상담자 중심이 아니라 내담자 중심의 상담이다. 즉, 문제해결을 위한 최종적인 선택권을 내담자에게 부여한다.
- 내담자의 문제를 중요시하기보다는 사람 자체를 중요시한다.
- 지적인 면보다는 정의적인 면을 더 강조한다.
- 공감이 기본이 되며 상담자가 내담자의 마음상태를 이해하기 위해 래포

는 필수조건이 된다.

- 내담자가 상담자보다 자신의 문제와 문제의 해결방법을 더 잘 알고 있으므로 각종 심리검사, 기록, 사례사들도 필요하겠지만 때로는 이런 자료들이 문제해결에 방해요소로 작용되기도 한다.
- 진단을 중요시하지 않고 배제한다.
- 내담자의 과거 경험보다는 현재 상태를 중요시한다.

(4) 상담과정

상담과정을 파악하기 전에 상담자가 갖추어야 할 태도를 논의해 본 후 상담과정의 조건, 상담과정, 상담 결과를 살펴보기로 한다.

① 상담자가 갖추어야 할 태도

인간중심적 상담은 상담자의 따뜻함, 허용적 분위기, 성실함을 통해 내담자의 느낌이나 감정을 수용하여 자기통찰을 하게 하고, 나아가 적극적으로 행동을 촉진하고 신장시키기 위해 인격적인 관계를 유지하고자 한다. 따라서 이 접근법에서는 진단과 처방의 기술보다는 상담자의 태도가 더욱 중요시된다. 즉, 인간중심적 상담은 상담자와 내담자의 관계, 상담자가 내담자를 대하는 태도를 중시한다. 그러므로 내담자가 상담자를 인간 대 인간으로 받아들이고 자신의 방어적 태도를 버리고 솔직해질 수 있는 허용적 분위기를 만들기 위해 가장 필요한 것이 상담자의 태도다.

인간중심적 상담관계에 핵심이 되는 상담자의 성격특성과 태도로서, Rogers(1942)는 일치성 혹은 진실성, 무조건적인 긍정적 관심, 공감적 이해의 세 가지를 들었다. 이러한 상담자의 태도가 만들어 내는 분위기를 통해 내담자는 자기탐색과 자기이해의 긍정적인 성장을 경험하게 된다.

- **일치성 혹은 진실성**: 상담자가 내담자와의 관계에서 순간순간 경험하는 자신의 감정이나 태도를 있는 그대로 솔직하게 인정하고 경우에 따라

서는 솔직하게 표현하는 태도를 말한다. 이는 상담자에게 가장 중요한 태도라 할 수 있다.

- 무조건적인 긍정적 관심 : 상담관계에서 내담자를 구별하거나 비교하거나 선택하는 과정으로 평가 · 판단하지 않고, 내담자가 나타내는 어떠한 감정이나 행동특성들도 있는 그대로 수용하여 소중히 여기고 존중하는 상담자의 태도를 말한다.
- 공감적 이해 : 상담과정에서 상담자와 내담자가 상호작용하는 동안에 발생하는 내담자의 경험과 감정들뿐만 아니라 순간순간 내담자가 갖는 의미를 상담자가 민감하고 정확하게 이해하려는 노력을 말한다. 공감은 동정이나 동일시와는 달리 상담자가 '내담자의 입장이 되어' 내담자를 깊이 있게 주관적으로 이해하면서도 상담자 자신의 본연의 자세는 버리지 않는 것이다.

인간중심적 상담은 내담자가 있는 그대로의 자신에게 보다 가깝게 접근해 갈 수 있도록 격려하고 보다 깊이 있게 경험할 수 있도록 도움으로써, 내담자 내부의 자아와 유기체적 경험 간의 불일치성을 인지하고 해결할 수 있도록 하는 것이다.

② 상담과정의 조건

인간중심적 상담이 이루어지려면 다음과 같은 조건들이 구비되어야 한다.

- 두 사람이 서로 만나야 한다.
- 내담자는 불일치적 상태, 취약한 상태, 불안정한 상태에 있어야 한다.
- 상담자는 관계성에서 균형과 일치 상태에 있어야 한다.
- 상담자는 내담자에게 무조건적인 긍정적 관심을 가져야 한다.
- 상담자는 내담자의 내적 준거에 대하여 공감적 이해를 경험해야 한다.
- 내담자도 최소한의 긍정적 지각과 공감적 이해의 상태를 갖고 있어야 한다.

③ 상담과정

인간중심적 상담의 과정을 '무엇이 어떻게 진행되는가'를 중심으로 상담기술과 절차로써 살펴보면 다음의 12단계를 거쳐 이루어진다.

- 1단계 : 내담자가 도움을 받기 위해 상담실로 온다.
- 2단계 : 상담상황을 정의한다. 양자 간의 상담관계, 즉 도와주는 상황과 절차 등이 정의된다.
- 3단계 : 상담자가 내담자의 정서반응에 대해 반영하고 명료화하여, 내담자가 자신의 문제에 관한 감정을 자유롭게 표현하도록 북돋워 준다.
- 4단계 : 상담자는 내담자가 표출하는 부정적 감정을 수용하고 이해하며 정리해 주어야 한다.
- 5단계 : 내담자가 부정적인 감정을 완전히 표현할 수 있게 된 후에는 미약하고 부분적이기는 하나 성장에 보탬이 되는 긍정적 감정과 충동이 나타나게 된다.
- 6단계 : 상담자는 내담자의 부정적 감정을 수용한 것과 같이 긍정적인 감정도 인정하고 받아들인다. 내담자 쪽에서는 자기평가와 정서반응 간의 일치 및 조화를 탐색하고 정리한다.
- 7단계 : 부정적 감정과 긍정적 감정을 모두 경험하면 자기이해, 자기수용, 자기통찰이 나타난다. 내담자는 문제행동에 대한 대안적 선택과정을 탐색한다.
- 8단계 : 통찰과 함께 여러 가지 의사결정을 할 수 있는 길이 선명하게 보이게 된다. 내담자는 긍정적 사고를 하기 시작한다.
- 9단계 : 내담자는 긍정적 행동을 취하게 되며, 생활 장면에 대해 더욱 정확하고 온전한 분별을 하게 된다.
- 10단계 : 더욱더 성장해 간다. 긍정적인 행동을 하면 점차 통찰이 심화되어 좀 더 정확한 자기이해를 할 수 있다.
- 11단계 : 내담자는 보다 통합된 긍정적 행동을 점점 더 많이 하게 된다.

- **공격적 행위의 한계** : 놀이치료 등에 관련되는 것으로 타인 및 타인의 물건을 손상시키는 데 대한 한계다.
- **애정의 한계** : 상담 시 상담자가 보이는 애정에는 어떤 한계가 있음을 내담자에게 알려야 한다. 이것은 내담자 스스로 조절해야 할 부분이다.

이상에서 우리는 상담상황에서 나타날 수 있는 몇 가지 한계들을 살펴보았는데, 이 한계들은 상담자가 내담자를 편안하고 자연스럽게 대할 수 있게 도와준다. 만약 이런 한계의 설정이 빈약하게 되면 내담자는 상담자에게 무리한 요구를 하게 될 수도 있다.

(6) 평가

인간중심적 상담은 일대일 개인상담에만 국한되어 있지 않고 교육, 상업, 산업 등의 다방면에 영향을 미치고 있다. 이 접근은 인본주의적 입장에 서서 인간은 누구나 자아실현에 대한 내적 욕구를 갖고 있다고 강조한다. 따라서 상담자는 내담자의 개인차를 존중하고 따뜻함, 수용, 정확한 공감적 이해를 제공함으로써 내담자가 자신의 능력을 통합하여 해결책을 발견하도록 격려하고 돕는다. 상담자의 이러한 치료적 분위기는 상담 장면 이외에 개인적으로나 조력관계와 관련된 직업 장면에서도 적용될 수 있다.

① 공헌

인간중심적 상담의 공헌을 살펴보면 다음과 같다. 첫째, 내담자를 지시적인 상황에서 로봇처럼 생각하여 해석 · 진단하므로 어떤 급진적인 인격변화를 시도하려는 특성요인적 상담보다 훨씬 더 자연스럽다. 둘째, 내담자의 말을 귀 기울여 들어 주는 귀한 기회를 만들어 주기 때문에 내담자는 자기들의 감정을 표현하게 되고, 또 평가되고 판단되지 않을 것이라는 사실을 통해 본래의 자기 자신이 될 수 있다. 셋째, 상담에서 상담자와 내담자 사이의 관계의 중요성을 강조하였다. 넷째, 내담자를 중요한 결정을 스스로 할 수 있는 인격체로 인정하였다. 다섯째, 상담에서 기술적 측면보다는 상담자의 태도가 더 중요함을 강조하였고, 인간행동에서 정서와 감정의 역할이 중요함을 인식하게 하였다. 여섯째, 상담방법의 실제 적용이 가능하며 시험할 수 있는 가설로 구성하여 가설을 연구에 종속시켜 다른 상담가들에게 광범위한 연구를 실시하도록 영감을 주었다. 즉, 인간중심적 상담은 녹음기 등의 기계 사용 또는 면접기록 등을 통해서 내담자의 감정을 객관적이고 과학적으로 연구하고 평가하는 데 공헌하였다.

② 한계

인간중심적 상담의 문제점은 다음과 같다. 첫째, 지나치게 소박한 현상학에 근거하여 인간에 의하여 지각되고 있는 경험의 장, 즉 현상학적인 장을 개인의 실제 세계로 보기 때문에 의식적으로 표현되는 것을 신뢰하는 대신 무의식의 요인에 대해서는 무지하다. 둘째, 내담자의 내면세계, 즉 감정의 표현을 강조함으로써 정서적이고 감정적인 요인을 중시함에 반해 지적이고 인지적인 요인은 무시하는 경향이 있다. 셋째, 내담자 중심을 강조하여 상담자는 가치중립적이어야 한다고 주장하지만 상담자 또한 인간이므로 전적으로 가치를 배제한다는 것은 불가능하다. 넷째, 상담에 종사하는 사람이면 누구나 적용할 수 있다고 생각할 만큼 쉽고 단순하다고 오해받을 수 있다. 다섯째, 내담자는 인간중심적 상담방법이 시원하게 자신의 문제를 꼬집어 주지 않기 때문에 상담자가 무엇을 지향하고 있는지를 이해하지 못하여 성급히 물러서는 경우가 생긴다. 여섯째, 인간중심적 상담은 상담자의 인격과 소양이 중요시되기 때문에 상담자에게 너무 많은 것을 기대하고 있다.

3) 정신분석적 상담

Sigmund Freud는 40년이란 긴 기간 동안 포괄적인 성격이론을 발전시켜 현대 상담이론에 지대한 영향을 미쳤다. 그에게 정신장애란 해소되지 못한 억압된 갈등에 대한 불안에서 기인된 것이다. 이러한 무의식적인 충동과 갈등이 직접적으로 표현되지 않으면 여러 가지 증세와 신경질적인 행위를 통하여 간접적으로 해소하려 한다. 그러므로 상담의 목적은 각 개인에게 이러한 무의식적인 욕구나 갈등을 의식적으로 인식하게 하거나 통찰력을 갖게 함으로써 정서적인 긴장감을 해소하고 궁극적으로는 이들에 대한 통제력을 갖게 하는 것이다. 이를 위해 자유연상과 꿈의 분석, 전이와 같은 치료적 기법을 통해 무의식에 접근하여 내담자의 문제를 해결하고자 노력하였다.

이후 Freud 이론을 통해 자신들의 이론을 펼쳐온 Adler, Horney, Fromm, Sullivan 등은 Freud의 이론을 수정하고 확장시켜 자신만의 독특한 이론을 발전시켜 신 프로이트 학파라고 한다.

(1) 주요 개념

① 인간관

Freud는 인간을 세 체제(본능, 자아, 초자아) 사이에 심리 에너지가 분포된 복합적 에너지 체계로 보아 인간행동이 그러한 무의식적인 힘을 통해 나타난다고 보았다. 그러므로 그는 인간을 그들의 생리적 충동과 본능의 지배를 받는 비합리적이며 반사회적인 존재로 보았다. 인간행동은 생후 5, 6년간의 비합리적인 힘, 무의식적인 동기, 생물적이고 본능적인 동기 그리고 심리·성적인 사건에 의해 결정된다는 결정론적 인간관을 갖고 있다. 그러나 Freud 이후의 신 프로이트 학파는 이러한 결정론적인 인간관에 반기를 들어 인간의 행동에는 사회적, 문화적, 대인관계적 요인들이 포함되어 있음을 강조하였다.

본능은 Freud에게 있어 중심 개념이다. 그는 자기 자신과 환자들을 관찰한 결과 모든 행위는 '생의 본능(eros)'과 '죽음의 본능(thanatos)'에 의해 지배된다고 보았다. 생의 본능은 성충동이라고도 한다. 이는 단순한 성충동 이상의 창조적인 욕구를 말한다. 그리고 죽음의 본능은 공격 충동이라고도 한다.

이는 자기파괴나 질서규범 등을 파괴하려는 모든 욕구들을 포함한다. 또한 신체적 활동과 마찬가지로 심리적 활동도 에너지를 필요로 하는데 이러한 창조적 충동, 즉 생의 본능 에너지를 리비도(libido)라고 불렀다.

② 성격구조

성격은 세 가지 조직, 즉 본능(id), 자아(ego), 초자아(superego)로 구성된다. 이 세 가지는 부분으로 구분되기보다 전체로서 작용하는 개인의 성격기능이다. 본능은 생물적인 구성요소고, 자아는 심리적인 구성요소며, 초자아는 사회적인 구성요소다. 성격의 역동성은 심적 에너지가 본능, 자아, 초자아에 분포되는 방식에 따라 구성되고 행동은 이 심적 에너지에 의해 결정된다.

③ 의식과 무의식

무의식과 의식에 관한 개념은 인간의 행동과 성격 문제를 이해하는 데 중요하다. 이는 직접 연구할 수가 없기 때문에 행동에서 추론된다. Freud는 의식을 정신의 한 작은 부분으로 보고, 정신의 더 큰 부분은 의식의 표면 아래에 존재한다고 보았다. 무의식은 자각할 수 없는 영역이며 경험과 기억 그리고 억압된 경험의 자료들이 저장된다. 접근할 수 없고 자각할 수 없는 욕구와 동기들은 통제영역 밖에 존재하고 대부분의 심리적 기능은 자각의 바깥영역에 존재한다고 믿었다. 그러므로 정신분석적 상담의 목적은 무의식적인 동기를 의식화하는 것이다. 무의식의 역할을 이해하는 것은 정신분석적 모형을 파악하는 데 가장 중요하며, 비록 이것을 자각할 수 없다 하더라도 행동에 영향을 준다. 무의식의 과정은 신경증적 증후와 행동의 근원이다. 이런 관점에서 '치료'는 건강한 기능을 저해하는 증상의 의미, 행동의 원인, 억압 등을 밝혀내는 일이다. 결국 무의식의 역할을 바르게 이해하는 것이 정신분석적 상담의 핵심이라고 할 수 있다.

④ 불안

정신분석적 상담의 필수적 개념인 불안은 무엇을 하기 위해 동기를 유발하게 하는 긴장상태다. 불안은 생명의 안전을 위협하는 모든 상황에 대해 유발된다. 불안은 심적 에너지를 통제할 수 없을 때 발달하는 것으로 본능, 자아 그리고 초자아 간의 갈등이다. 불안은 적절한 대책이 취해지지 않으면 자아를 위협하게 되고, 자아가 합리적이고 직접적인 방법으로 불안을 제거할 수 없을 때 자아는 비현실적인 방법, 즉 자아 방어기제에 의존하게 된다. 불안에는 현실적 불안, 신경증적 불안, 도덕적 불안이 있다. 현실적 불안은 외부 세계에서 오는 위협에 대한 두려움으로 외부 세계가 주는 실제 위협의 정도에 따라 불안 정도가 비례한다. 신경증적 불안은 본능이 통제되지 않아 개인이 어떤 행동을 함으로써 느끼는 처벌에 대한 두려움이다. 그리고 도덕적 불안은 자신의 양심에 대한 두려움으로 자신의 도덕률에 위배되는 일을 할 때 느끼는 죄의식이다.

⑤ 방어기제

이성적이고 직접적인 방법으로 불안을 통제할 수 없을 때, 자아를 붕괴의 위험에서 보호하기 위해 무의식적으로 사용되는 사고 및 행동 수단을 방어기제라고 한다. 방어기제는 성격발달의 수준이나 불안의 정도에 따라 억압, 투사, 반동형성, 퇴행, 합리화, 승화, 동일시, 보상, 치환 등의 여러 가지 형태로 나타난다. 방어기제는 현재의 사실을 거부하거나 왜곡시키며 무의식적으로 작용되는 것이 그 특징이다.

(2) 상담의 철학적 가정

정신분석적 접근은 학파에 따라 인간의 본성이나 발달의 결정적 시기에 대한 철학적 견해가 각기 다르다. Freud 정통파가 지녔던 철학적 가정은 다음과 같다.

- 인간은 생물학적 욕구를 일차적으로 중요시한다. 유전과 환경의 중요성에 대해서는 학파에 따라 견해 차이가 있다.

- 인간은 발생학적으로 제한을 받고 있다. 그러나 이 제한된 범위 내에서는 어느 정도의 변용이 가능하다.
- 모든 행동에는 목적이 있고 이는 무의식적 동기에 의하여 크게 좌우된다.
- 인간의 내부에는 삶의 힘과 죽음 또는 파괴의 힘의 상극적인 두 힘이 내재하고 있다.
- 인간의 마음은 본능적 측면(id), 사회적 · 자기확충적 측면(ego) 그리고 도덕적 측면(superego)으로 구성되어 있다.
- 인간행동을 이해하려면 과거의 생활을 이해하지 않으면 안 된다.
- 상담목표는 개인의 정신건강 회복에 있다. 이 목표는 내담자가 자신의 무의식적 동기를 이해하고 자신의 잠재력을 일상생활에서 활용하면서 조화 있는 생활을 할 수 있게 되었을 때 비로소 달성될 수 있다.

(3) 상담목표

정신분석적 상담의 목표는 무의식을 의식화함으로써 개인의 성격구조를 수정하고, 행동을 보다 현실적으로 변화시킴으로써 본능 충동의 요구에 따르지 않도록 자아를 강화하는 것이다. Freud는 이를 '진정 사랑할 수 있으며 일할 수 있는 사람' 이라는 의미로 '잘 적응하는 개인' 이라고 정의하였다. 이와 같은 적응을 방해하는 요소는 무의식 속에서 동기로 작용하고 있는 억압된 충동들이다. 무의식의 내용을 의식화하는 과정을 통하여 내담자는 자신의 현재 행동의 적절성과 부적절성을 탐색할 수 있고, 나아가 자신의 문제행동의 원인을 통찰하게 되어 새로운 행동을 할 수 있게 되는 것이다.

이와 같은 정신분석적 상담의 초점은 무의식의 자료를 철저히 분석하는 치료방법을 통해 아동기의 경험을 재구성하여 논의하고 해석 · 분석하는 것이다. 결국 정신분석적 상담의 목표는 문제해결이나 새로운 행동을 학습하기보다 깊이 있는 자기이해를 위해 과거 속으로 깊이 탐색해 들어가는 것이다. 정신분석적 상담은 통찰을 얻기 위해 실시되지만 자기이해와 관련되는 감정과 기억들에 대한 경험을 전제로 한다.

(4) 상담과정

정신분석적 상담의 과정은 내담자의 문제나 상황 및 상담자의 접근방법에 따라 매우 다양하다. Fine(1973)은 정신분석적 상담의 과정을 ① 상담관계의 설정, ② 분석의 시작, ③ 최초의 상담위기의 경험, ④ 상담의 심화, ⑤ 전이의 반복적 학습, ⑥ 종결의 과정으로 나누었다. 그리고 Arlow(1979)는 ① 초기 시작의 단계, ② 전이의 발달단계, ③ 전이의 반복적 학습, ④ 전이의 해결단계의 네 단계로 이루어진다고 보았다. 정신분석적 상담 과정의 특징을 요약하면 다음과 같다.

- 내담자가 갈등이나 부정적 감정 등과 같은 도움을 필요로 하는 심리적 상태를 말하기 시작한다.
- 상담장면에서 내담자가 신경증적 증세를 보인다.
- 상담자는 자유연상, 꿈의 분석, 최면 등을 통해 내담자의 신경증적 갈등을 탐색한다.
- 상담자가 내담자의 언어내용에서 갈등의 핵심, 주제내용과 관련된 행동측면을 추리한다.
- 상담자는 전이 장면에서 내담자의 갈등이 표출되도록 한다.
- 상담자는 내담자의 저항적 언어반응을 해석한다.
- 상담사는 해석에 대한 내담자의 반응 및 수용을 격려한다.
- 신경증 감소 및 제거가 시작된다.
- 내담자의 부정적 감정이 해소되고 정신 에너지가 발생된다.
- 내담자에게서 보다 적절한 언어반응은 물론 자아통정력 및 통찰이 생긴다.

(5) 상담기술

정신분석적 상담은 내담자의 자각을 증진시키고 행동에 대한 지적 통찰을 얻게 하며 증상의 의미를 이해하게 하려는 목적을 가지고 있다. 따라서 상담과정은 내담자가 자기 자신을 지적으로나 정서적으로 이해하도록 하고 내담자를 재교육한다는 목표를 향해 가는 것이다. 이에 정신분석적 상담에서 주로 사용되는 기술을 살펴보면 다음과 같다(Corey, 1996).

① 자유연상법

내담자에게 자연스럽게 생각이 떠오르는 대로 말하게 하는 방법으로, 부정적이든 긍정적이든 마음에 떠오르는 것은 무엇이든 말하게 한다. 이때 보통 내담자는 긴 안락의자에 눕고, 상담자는 내담자의 옆이나 뒤에 앉아 감정이나 주의를 집중시켜 기억과 사고의 흐름을 방해하지 않도록 한다. 이러한 감정의 정화가 그 자체로는 커다란 치료효과가 없는데도 내담자에게 일시적인 위안을 주는 경우가 있고, 자유연상 과정을 통하여 정서적 문제에 대한 무의식적 동기나 원인이 되는 단서를 찾을 수 있음에 의의를 둔다.

② 해석

꿈이나 자유연상, 저항, 상담관계 등에서 나타난 내담자 행동의 의미를 상담자가 지적하고 설명하고 때로는 가르치기도 하는 정신분석적 상담의 기본적인 절차다. 그 목적은 자아를 새로운 자료에 동화시켜 더 깊은 무의식의 자료를 밝히기 위한 것이다.

적절한 해석을 위한 몇 가지 원칙을 살펴보자. 첫째, 해석을 시도하는 시기가 적절해야 한다. 적절하지 못한 시기에 해석을 하게 되면 내담자가 거부반응을 일으킬 수 있기 때문이다. 둘째, 내담자가 소화할 수 있을 정도의 깊이까지만 해석해야 한다. 해석은 항상 표면에서 시작해서 내담자가 정서적으로 상황을 수용할 수 있는 한도 내에서 해석해야 한다. 셋째, 저항이나 방어의 저변에 깔려 있는 무의식적 감정 및 갈등을 해석하기 전에 그 저항과 방어를 먼저 지적해 주어야 한다.

③ 꿈의 분석

무의식적으로 억압된 욕구를 찾아내고 내담자에게 해결되지 않은 문제들에 대한 통찰력을 얻게 하는 중요한 절차다. 잠자는 동안에는 방어가 허술해져서 억압된 감정들이 표면화된다. 이렇게 나타난 꿈속에서는 무의식적인 염원, 욕구, 두려움이 표출되는 것이다. 그래서 꿈을 분석할 때는 꿈의 내용이 아니라 꿈에 상징적으로 나타나 있는 갈등에 대한 동기에 초점을 둔다.

상담에서 내담자는 꿈에 관해 말하고 꿈의 요소에 대해 자유연상을 하며 환기된 느낌을 회상하도록 한다. 상담자는 꿈이 주는 현재 상황에 대한 이해뿐만 아니라 과거의 중요한 타인의 역할도 이해하게끔 돕는다. 꿈은 내담자가 부딪히는 장애의 반영이므로 꿈의 분석을 통해 내담자는 자신의 현재 행동에 대한 인식을 갖게 된다.

④ 저항의 분석

저항은 상담의 발전을 저해하고 내담자가 무의식적 욕구를 표출하는 데서의 방해요소다. 예를 들면, 상담 약속을 어긴다거나 특정한 생각이나 감정, 경험 등을 털어놓지 않는 것이다. 이렇게 내담자가 저항을 하는 이유는 자신의 억압된 충동이나 감정을 알아차렸을 때 느끼게 되는 불안으로부터 자신을 방어하기 위함이다. 따라서 상담자는 이러한 저항을 지적해야 하며, 내담자는 자신의 갈등을 해결하고자 한다면 이런 저항에 직면해야 한다.

⑤ 전이의 분석

전이란 내담자가 과거의 중요한 인물에 대해 느꼈던 감정을 상담자에게 옮기는 것이다. 정신분석적 상담이 진행됨에 따라 개인이 과거에 경험한 타인과의 관계, 특히 부모와 자녀 간에 이루어졌던 관계가 재현된다. 이러한 전이는 정신분석적 상담의 고비가 된다. 즉, 정신분석적 상담의 성공 여부는 내담자의 전이를 이해하고 어떻게 다루느냐에 달려 있다. 결국 상담자의 분석으로 전이 감정이 해소되면 내담자는 과거의 영향에서 벗어나 보다 정서적으로 성숙한 인간이 될 수 있게 된다.

(6) 평가

정신분석적 상담은 상담자에게 내담자의 행동뿐만 아니라 증상의 근원과 기능을 보는 개념적 구조를 제공해 주며, 불안에 대한 반응으로서의 자아 방어기제의 기능을 이해하게 해 준다. 내담자의 과거 경험 중에서 어두웠던 측면이 현재 갈등의 원인이 되어 내담자의 성장을 방해하고 있다고 본다. 그러나 정신분석의 개념을 그대로 받아들이기에는 무리가 있으므로 Freud가 제시한 여러 개념과 상담기법을 이해하고 활용함으로써 내담자가 보이는 문제행동의 역동성을 이해하여 상담과정에 깊이를 더할 수 있을 것이다.

① 공헌

상담영역에서 정신분석 이론이 가지는 시사점은 매우 크다. 첫째, Freud는 처음으로 체계적인 성격이론과 심리치료의 기술을 개발해 내었다. 둘째, 인간은 자신이 인식하지 못하고 수용할 수 없는 충동들에 의해 사고나 행동이 동기화된다는 사실을 밝혀 주었다. 셋째, 성격발달에서 유아기의 중요성을 강조한 Freud의 이론은 자녀양육에 대한 각성과 연구를 자극하였다. 넷째, Freud는 심리치료에서 면접을 활용한 모형을 개발하였다. 다섯째, 신경증이나 치료과정에서 불안의 기능을 처음으로 확인하였고, 해석, 저항, 전이현상의 중요성을 강조하였다. 여섯째, 방어기제를 증명해 내어 이상행동과 불안의 역할을 이해하는 데 중요한 단서를 제시하였다.

② 한계

Freud의 정신분석적 상담에 대한 비판점을 살펴보면 다음과 같다. 첫째, 유아기부터 성적인 동기와 파괴적인 욕구에 의하여 행동이 동기화된다고 본다. 둘째, 오이디푸스 콤플렉스나 엘렉트라 콤플렉스 이론에서 볼 수 있는 것처럼 모든 인간에게 근친상간과 쾌락적인 충동이 있다고 한다. 셋째, 현재에 대한 이해의 근거로 유아기의 경험들과 억압된 무의식의 내용을 중요시하여, 인간을 결정론적이고 비합리적인 존재로 보고 인간의 자율성과 책임성 그리고 합리성을 무시하고 있다. 넷째, Freud는 모든 문제의 근원을 성에 결부시켰지만, 그 이론을 뒷받침해 줄 수 있는 연구자료들은 불완전하다. 다섯째, 정신분석적 상담의 결과에 대한 연구들은 그 효과성을 충분히 지지해 주지 못하고 있다.

이와 같이 Freud 이론은 비록 많은 비판을 받고 있지만, 심리치료 및 상담에서 이론적으로나 방법적으로 그 나름대로의 체계를 세움으로써 오늘날과 같은 심리치료 및 상담 이론과 실제의 발달에 큰 공헌을 하였다.

4) 행동주의적 상담

학습이론에 기초를 둔 행동주의적 상담은 주로 스탠퍼드 대학의 John D. Krumboltz와 Carl E. Thoresen, 애리조나 주립대학의 Jack Michael과 Lee Meyerson, 캘리포니아 대학 Santa Barbara의 Ray E. Hosford 등에 의해서 발전되어 온 이론으로 학습이론적 접근 또는 행동주의 접근이라고 부르기도 한다. 이는 상담에 학습의 법칙과 원리, 즉 역조건형성이나 조작적 절차 혹은 강화를 적용하여 행동을 수정해 가는 접근방법이다. Kazdin(1978)은 행동수정을 '개인적, 사회적 문제를 해결하고 인간기능을 증대시키고자 실험심리학의 기본적 연구와 이론을 적용하는 것' 이라고 정의하였다.

(1) 주요 개념

행동주의적 상담의 기초가 되는 인간관과 강화의 원리는 다음과 같다.

① 인간관

상담에서 행동주의 접근을 시도하는 상담자들은 인간행동이 유전과 환경 간 상호작용의 소산이라고 보았다. 인간행동은 복잡하기는 하나 원칙적으로 예측이 가능하고 현재의 행동은 어떤 선행조건에 의하여 결정된다는 견해다. 또한 인간의 의식은 믿을 수 없어 과학적인 자료로 활용될 수 없으므로 관찰 가능한 표출된 행동만이 과학적 자료가 될 수 있다고 보았다. 그러므로 이 이론에 입각한 상담자들은 주로 관찰 가능한 인간의 행동에 관심을 갖게 되고, 상담의 효과적인 면에서도 표출된 행동만이 평가의 기준이 되었다. 이러한 견해는 Rogers의 인간중심적 접근이나 Freud의 정신분석학적 접근의 철학적 개념과는 상반되는 입장이다. 즉, 인간은 무의식이나 어떠한 욕구의 지배하에 놓여 있는 것이 아니라는 점이다. 만약 무의식이나 욕구 등이 인간에게 존재한다면, 이들은 어떠한 방법으로든지 표출될 것이라고 생각한다. 행동주의적 상담이론 중에서도 여러 가지 다른 견해들이 있으나 거의 모든 이론가들은 인간의 행동이 학습된 것이라는 점에서 의견을 같이 한다. 그러므로 인간행동은 학습조건의 변화와 조작에 따라 수정이 가능한 것으로 본다. 근본적으로 상담과정은 내담자의 문제해결을 위해서 그들의 행동을 변화시키는 데 도움이 되는 학습이나 재학습의 경험을 제시하는 것에 관심을 기울이고 있다.

② 강화의 원리

행동주의적 상담에서 가장 광범위하게 사용되는 상담기법은 강화의 원리다. 즉, 내담자의 반응에 대해 상담자가 특별한 관심을 표시하거나 내담자의 말을 인정하고 그의 태도를 격려해 주는 것은 내담자의 행동변화에 큰 영향을 줄 수 있다. 특히, 이러한 강화기법은 상담과정 중 적절한 시점이나 기회에 사용될 때 그 효과가 크다. 강화는 크게 정적 강화와 부적 강화로 나누어진다. 정적 강화인자는 칭찬, 관심과 같은 보상으로 어떤 자극이나 결과를 제공함으로써 그 자극을 받은 행동의 빈도와 강도가 늘어나는 것을 말한다. 그리고 부적 강화인자는 정적 강화와 마찬가지로 어떤 행동을 새롭게 형성하거나 증가시킬 때 사용되는 것이지만, 싫어하는 자극을 제거시켜 줌으로써 그 행동의 발생이나 형성을 촉진시키는 것이다.

(2) 상담의 철학적 가정

행동주의적 상담은 인간행동에 대한 과학적 관점에 근거하여 상담에 대해 체계적이고도 구조적으로 접근하고 있다. 이러한 접근방법에서의 인간이란 단지 사회·문화적 조건의 산물이라는 결정론적 관점에서 탈피하여 그 자신의 환경을 산출하는 주체라는 것이다(Corey, 1996). 따라서 이 접근법에 따르는 상담자들은 바람직한 목표를 향하여 행동이 변화되도록 돕는 입장을 취하고 있다. 이들이 가치를 두고 있는 구체적인 입장을 몇 가지 들어 보면 다음과 같다.

- 인간행동 과학은 타인의 행동을 변화시켜 주는 데 필요한 기술을 마련한다.
- 인간은 사회적 존재이므로 타인을 통해 학습한다.
- 인간은 타인의 행동에 영향을 미칠 수 있다.
- 목표와 그 성취를 위한 수단은 별개의 것이므로 상담자의 역할은 내담자에게 목표에 도달하는 가장 효과적인 수단을 선택하고 사용하게 하는 것이다.
- 인간은 무엇이 자신을 위하여 가장 좋은 것이며, 어떤 결과가 인간으로서의 발달에 기여할 것인지를 알고 있다.

(3) 상담목표 및 과정

① 상담목표

행동주의적 상담에서는 상담자가 먼저 내담자의 문제에 대해 관심과 해결 가능성을 갖고 그 문제의 윤리적 부분에 대해 자기판단을 내린 후 상담에 임하게 된다. 행동주의적 상담에서의 상담이란 학습과정을 조력하는 것이며, 상담자의 역할은 내담자가 적응적인 행동을 학습하여 스스로 문제를 해결할 수 있도록 돕는 과정이다.

Krumboltz와 Thoresen(1969)은 모든 사람은 부적절한 행동을 갖고 있으며, 모든 문제행동은 복합적으로 이루어져 있다고 보았다. 내담자는 자신의 문제를 해결하는 방법을 배워야 하므로 상담자의 이해만으로 문제가 해결될 것이라는 종전의 견해에 반대하여 상담을 학습과정으로 보는 것이 합당하다고 주장하였다. 그렇게 함으로써, 첫째 학습문제에 관련된 실증적 연구 결과와 사고는 새로운 아이디어를 창출해 낼 수 있게 한다. 둘째, 상담을 학습으로 개념화함으로써 교육활동에 통합시킬 수 있다. 셋째, 상담목표가 분명히 규정될 수 있고, 이 목표들은 학습을 통해서 도달될 수 있다. 넷째, 적응행동을 높이기 위해서 무엇을 해야 되는가에 관심을 집중할 수 있다. 다섯째, 내담자는 스스로 자신의 행동 결과를 직시하게 되므로 자신의 행동에 대해서 책임질 수 있게 된다.

상담목표는 구체적이면서 관찰되고 측정될 수 있는 행동 술어로 진술되어야 한다. 이를테면, 학생의 평균 성적을 몇 점까지 올리는 것을 목표로 한다든가, 학생이 하루에 화를 내는 횟수를 얼마만큼 줄이는 것을 목표로 한다는 식으로 표현되어야 한다. 이러한 상담의 목표를 평가하는 데는 다음과 같은 세 가지 기준이 적용된다.

- 내담자가 원하는 목표여야 한다.
- 상담자는 내담자들이 목표에 도달할 수 있도록 기꺼이 도와주어야 한다.
- 내담자들이 상담을 통한 학습의 결과로 어느 정도 목표에 도달할 수 있는가를 평가할 수 있어야 한다.

② 상담과정

상담과정을 학습과정의 특별한 형태로 본 행동주의적 상담은 학습이론에 따라 각각 독특한 상담과정을 제기하였다. 따라서 여러 학습이론을 상담에 적용하고 있는 행동주의 접근에서는 통일된 하나의 상담과정을 제시하기가 어려울 수밖에 없다. 특히, 행동주의 접근에서는 개개인에게 알맞은 개별적인 상담목표를 강조하기 때문에 더욱더 그러하다. 다음은 일반적으로 적용되고 있는 상담과정이다.

- 변화시킬 행동을 밝혀내고 그것을 행동용어로 서술한다.
- 바라는 목표행동의 기본 방향을 설정한다.

- 목표행동이 일어나도록 상담상황을 조정한다.
- 내담자에게 강화가 될 수 있는 자극이나 사건들을 확인한다.
- 바람직한 목표행동이나 그 행동에 근접한 행동을 강화한다.
- 목표행동으로 변화되어 가는 행동을 기록함으로써 상담절차의 효과를 평가한다.
- 상담을 종결한다.

(4) 상담기법

행동주의적 상담은 내담자가 상담에 능동적으로 참여하고 노력할 것을 강조한다. 각 내담자는 환경의 지배를 받는 동시에 환경을 지배하는 존재이므로 상담자는 내담자의 자기관리를 촉진하고 가르치고 지원해 주는 역할을 한다.

행동주의적 상담의 수많은 기법과 절차들은 여러 변인들을 고려하며 적용되어야 한다. Hosford(1969)는 다음의 네 가지 요인을 제시하였다. 즉, ① 내담자의 행동적 특징과 결함, ② 내담자가 제시하는 문제의 유형, ③ 내담자의 생활환경에서 이용될 수 있는 여러 가지 강화의 유형과 그 가치, ④ 상담자가 내담자의 바람직한 행동을 육성함에 도움을 줄 수 있는 중요한 타인의 존재 여부 등에 따라서 결정된다.

행동주의 접근의 중요한 강점 중 하나는 과학적 방법을 통해 특수한 치료절차를 발달시켜 왔다는 점이나. 따라서 이 접근법을 취하는 상담자들이 사용하는 기법과 절차는 특수한 내담자에게만 적절하다. 여기서는 내담자의 내적인 행동변화를 촉진시키는 기법과 외적인 행동변화를 촉진시키는 기법으로 나누어 간단히 설명하겠다.

① 내적인 행동변화를 촉진시키는 방법

내담자의 내적인 행동변화와 관련되어 있는 몇 가지 방법은 다음과 같다.

- **체계적 둔감법** : 체계적 둔감법은 불안을 일으키는 자극을 가장 약한 정

도에서 출발하여 가장 강한 자극으로 높여 가며 제시함으로써 점차 자극력을 감소시켜 나가는 방법이다. 체계적 둔감법은 세 가지 단계로 이루어진다. 1단계에서는 근육의 긴장이완 훈련을 한다. 2단계는 환자에게 불안을 야기하는 자극상황을 모두 열거하도록 한 후, 가장 심하게 불안을 느끼게 하는 상황을 제일 위에 두고 가장 약하게 불안을 느끼는 자극상황을 제일 밑으로 하여 불안을 느끼는 정도에 따라 그 순서대로 불안의 위계(位階)를 작성한다. 3단계는 근육긴장을 이완하도록 한 후 가장 약한 불안을 야기하는 상황부터 차례로 상상하도록 하여 불안유발 자극을 제시한 다음 근육이완에 의해서 불안을 제지한다.

- **근육이완 훈련** : 근육이완 훈련은 이완상태와 불안은 서로 양립할 수 없다는 이론에 근거를 두고 있다. 이 방법은 근육의 긴장상태를 이완반응으로 해소하게 되면 그 이완된 상태는 불안과 양립될 수 없기 때문에 불안반응이 제지된다고 보는 입장에서 출발한다.
- **인지적 모델링** : 인지적 모델링은 상담자가 과제를 수행하면서 자기 스스로에게 말하고 있는 것을 사람들에게 직접 보여 주는 절차다. 대학생들의 시험불안을 감소시키기 위해 인지적 모델링을 사용한 Sarason(1973)은 이 절차를 '모델이 하고 있는 외현적 반응에 이르는 과정을 관찰자들에게 뚜렷하게 보여 주려는 노력' 이라고 하였다.
- **사고정지(thought stopping)** : 사고정지는 내담자가 부정적인 인지를 억압하거나 제거함으로써 비생산적이고 자기패배적인 사고와 심상을 통제하도록 도와주기 위해 사용된다. 사고정지는 특히 돌이킬 수 없는 과거 사건에 대해 고심하는 내담자, 발생 가능성이 없는 사건에 대한 생각에 빠져 있는 내담자, 반복적이고 비생산적이며 부정적인 사고와 반복적으로 불안을 유발하는 사고 그리고 자기패배적인 심상에 빠져 있는 내담자 등에게 적용할 수 있다.
- **인지적 재구조화** : 인지적 재구조화는 내담자 자신의 인지를 확인하고 평가하는 과정으로 어떤 사고에 의해 일어나는 행동의 부정적 영향을 이

해하는 과정이다. 또한 이러한 인지를 좀 더 현실적이고 적절한 사고로 대치하는 것을 학습하는 과정이다. 즉, 내담자가 부정적인 자기패배적 사고 대신에 긍정적이고 진보적인 사고를 갖도록 교수하는 체계적인 기법이다.

- **스트레스 접종** : 스트레스 접종은 예상되는 신체적, 정신적 긴장을 약화시켜 내담자가 충분히 자신의 문제를 다룰 수 있도록 준비시키는 데 사용되는 기법이다. Meichenbaum과 Turk(1976)는 심리적 긴장으로부터 내담자를 보호하기 위한 스트레스 접종은 마치 질병으로부터 신체를 보호하기 위해 의학적인 예방접종을 실시하는 것과 유사하다고 보았다. 이 기법은 현재의 문제와 미래의 문제 모두에 적용할 수 있는 대처기술을 가르치도록 고안되었다.
- **정서적 상상** : 정서적 상상은 내담자에게 실제 장면이나 행동에 대한 정서적인 느낌이나 감정을 마음속으로나마 생생하게 상상해 보도록 하는 방법으로 Lazarus와 Abramovitz에 의해 개발된 기법이다. 정서적 상상은 체계적 둔감법에서 유추된 것으로 내담자의 공포를 제거하는 데 효과적인 것으로 입증되었다.

② 외적인 행동변화를 촉진시키는 방법

내담자의 외적인 행동변화와 관련되어 있는 몇 가지 방법을 제시하면 다음과 같다.

- **상표제도** : 행동주의 기법 중에 광범위하게 사용되고 있는 상표제도는 Skinner의 강화원리를 포함하여 조작적 조건형성의 원리를 적용시킨 것이다. 이는 직접적으로 강화인자를 쓰는 대신 의도하는 행동변화가 일어난 후에 내담자가 원하는 다양한 물건과 교환할 수 있는 토큰을 보상으로 제공하는 것이다. 즉, 적절한 행동을 할 때마다 직접 확인될 수 있는 강화물로 토큰이 제공되며, 토큰이 모여지면 더 큰 보상을 얻어낼 수가

있으므로 내담자에게 효과적인 강화기법이다.

- **모델링** : 모델링은 내담자에게 가능한 행동대안들을 시범적으로 보여 주는 것이다. 이는 상담자 개인이나 집단상황에서, 혹은 동료들이나 중요한 타인들에 의해 영화, 비디오, 녹음된 테이프 등을 통해 수행될 수 있다. 모델링은 관찰학습, 모방, 사회학습, 대리학습 등과 같은 용어들과 함께 사용된다.
- **주장훈련** : 주장훈련은 불안을 역제지하는 방법으로 특히 대인관계에서 오는 불안을 제지하는 데 효과가 있다. Wolpe(1969)는 주장행동을 하지 못하는 것은 불안 때문이라고 가정하고 상호제지의 원리에 의한 주장훈련을 시도하였다. 주장훈련의 목표는 내담자에게 광범위한 대인관계 상황을 효과적으로 다루기 위해 필요한 기술과 태도를 갖추게 하는 데 있다.
- **자기관리 프로그램** : 자기관리 프로그램은 내담자 스스로가 자기관리와 자기지시적인 삶을 영위하여 상담자에게 의존하지 않도록 하기 위해 상담자가 내담자와 지식을 공유하는 기법이다. 즉, 상담자는 일차적으로 내담자에게 자신의 삶을 효율적으로 영위해 나가는 데 필요한 기술을 가르쳐 주어야 한다.
- **행동계약** : 행동계약은 두 사람 혹은 그 이상의 사람들이 정해진 기간 내에 각자 해야 할 행동을 분명하게 정해 놓은 후 그 내용을 지키기로 서로 계약을 맺는 것이다. 계약내용이 어느 한편에 의해 불이행될 때는 공정성이 없기 때문에 다시 의논해서 새로운 계약을 설정한다.
- **행동시연** : 행동시연은 원래 행동적 심리극이라고 부른다. 이 기법은 구체적인 어떤 장면에서 자신이 하고 싶은 그대로 행동할 수 없어 이상행동을 보이는 내담자에게 도움이 된다. 이 기법은 내담자의 실생활에서 행동하기 어려운 구체적 장면에 대해 역할연기를 반복적으로 연습하게 된다. 이는 한두 번으로 끝나지 않고 상담자가 바라는 행동수준에 이를 때까지 시범이나 교육, 피드백을 통해 계속해서 반복적으로 연습된다.

• 역할연기 : 역할연기는 일상생활 속에서 수행하지 못하거나 수행하기 곤란한 역할행동 때문에 이상행동을 하고 있는 내담자에게 현실적 장면이나 극적인 장면을 통하여 역할행동을 시키고 그것을 시연시킴으로써 이상행동을 적응행동으로 바꾸는 기법이다.

• 혐오치료 : 특수한 행동에 대한 불안을 제거하는 데 널리 사용되어 온 혐오치료는 바람직하지 않은 행동이 제거될 때까지 증상적인 행동과 고통스러운 자극을 연관시키는 것을 말한다. 이러한 혐오자극의 대표적인 것으로는 전기쇼크, 구토를 일으키는 약물에 의한 벌 등이 있다.

• 바이오피드백(biofeedback) : 바이오피드백은 '생물 그 자체인 인간에 대한 생물학적 정보에 의한 단순한 피드백' 으로 설명된다. 즉, 바이오피드백은 개인에게 자신의 근육활동, 체온, 심장박동 수, 혈압, 심지어 뇌파 등에 이르기까지 광범위한 정보를 제공해 주는 과정이다. 바이오피드백 훈련(biofeedback training: BFT)은 내부의 생리적 활동에 대한 정보를 내담자에게 지속적으로 제공해 주는 동시에 그러한 생리적 활동에 대한 자기관리적 통제를 가능하게 해 주는 것으로 현재 널리 보급되고 있다.

(5) 평가

행동주의적 상담은 심리학의 행동주의 이론을 상담이론에 도입한 것이다. 주로 미국 서부에 있는 스탠퍼드 대학의 Krumboltz를 중심으로 여러 학자들에 의해서 고안되고 주창된 것이며, 1960년대에 와서 관심을 모으게 된 상담이론이다. 행동주의적 상담이론에서는 관찰 가능한 행동이 주된 관심사로 자아개념, 억압된 감정 등과 같은 관찰이 불가능한 개념은 거부된다. 상담목표는 내담자가 구체적인 적응의 문제를 해결하기 위해 구체적 행동의 변화를 가져올 수 있게 하고, 문제해결의 방법을 선택하고 결정하는 과정을 학습하게 하며, 나아가 문제의 발생을 예방할 수 있는 능력을 습득하도록 하는 것이다.

① 공헌

상담에 대한 행동주의 상담의 공헌으로는 다음을 들 수 있다. 첫째, 학습과정에 관해서 알려진 지식을 상담과정에 적용하고 연구를 수행함으로써 상담을 과학으로 발전시켰다. 둘째, 상담 결과를 측정할 수 있게 함으로써 구체적이고 실증적인 행동목표를 명백하게 하였다. 셋째, 환경 내에 존재하는 여러 가지 제약을 어떻게 제거할 수 있으며, 효율적 행동의 학습을 위한 환경적 조건을 어떻게 조성할 수 있는가를 밝혔다.

② 한계

행동주의적 상담이론은 다음과 같은 점들 때문에 비판을 받고 있다. 첫째, 행동적인 영역을 지나치게 강조하여 상담관계 자체를 부차적인 것으로 간주하였다. 둘째, 상담의 기술을 지나치게 강조하는 경향이 있다. 셋째, 내담자의 독특성을 강조하여 그에 맞는 상담방법이 필요하다고 하지만, 실제로는 많은 내담자들이 비슷하거나 동일한 문제를 지니고 있는 경우가 많아 동일한 상담방법이 적용되는 경우가 많다. 넷째, 학습이론에서 발전된 특정 개념, 가설, 법칙들은 아직 인간의 모든 학습현상을 종합적으로 설명할 수 있을 만큼 포괄적이지 못하다는 점이다.

5) 인지 · 정서 · 행동적 상담

인지 · 정서 · 행동적 상담(rational emotive behavior therapy: REBT)을 창시한 Albert Ellis는 정서란 경험보다도 그 사실에 대하여 어떻게 생각하느냐에 따라 달라진다고 보았다. 합리적 치료(rational therapy, 1955)로 시작된 이론은 이후, 합리-정서적 치료(rational-emotive therapy: RET, 1962)로 바뀌었다가 1993년에 들어 정서 못지않게 행동을 중시하여 REBT로 개칭하였다.

(1) 주요 개념

① 인간관

REBT에서의 인간은 합리적 사고와 비합리적 사고를 모두 할 수 있는 존재라는 가정에서 출발한다. 즉, 인간은 가치를 보존하고, 행복을 누리고, 사고하고, 말하고, 사랑하며 다른 사람과 친분을 맺고, 스스로 성장시키고 자아를 실현하고자 하는 경향성을 갖고 있으면서도, 스스로 파괴하고, 일을 뒤로 미루고, 실수를 계속 반복하고, 미신에 빠져들고, 참을성이 없고, 완벽하려 들고, 자기를 비난하고, 자신의 가능성을 파괴하는 잠재력도 갖고 있다(Corey, 1996). 또한 모든 인간은 생각하고 감정을 나타내며 행동하는 것을 동시에 할 수 있는데, Ellis(1962)는 인간의 사고가 그들의 감정이나 행동에 중요하게 영향을 미친다고 보았다.

Ellis는 인간을 본능에 의해 움직이는 생물학적 존재로 보지 않았다. 오히려 인간을 독특하고 고유하며 한계를 이해하는 능력을 지니고 있는 이성적인 존재로 지각하였다. 그러나 인간의 자아실현 경향을 강조하는 실존주의적 견해에도 완전히 찬성하지는 않았다.

다음은 Ellis가 가정하는 REBT의 인간관이다(Ellis & Dryden, 1987).

- 인간은 어떤 외부적 요인에 의해서 혼란에 빠지고 불안해지기보다는 스스로 혼란과 불안을 자초한다.
- 인간은 왜곡되게 생각하고 불필요하게 스스로를 혼란시키려는 생물학적, 문화적 성향을 갖고 있다.
- 인간은 스스로를 혼란시키는 신념을 만들뿐 아니라 자신이 지금 혼란과 불안를 느끼는 자체에 대해서도 계속해서 혼란과 불안을 느낀다.
- 인간은 자신의 인지, 정서, 행동 과정을 변화시킬 수 있는 능력이 있다.

② 상담의 기본 원리

REBT에서 주장하는 상담의 기본 원리는 다음과 같다.

- 인지는 인간의 정서를 결정하는 가장 중요한 요소다. 즉, '우리가 생각하는 것을 느낀다.' 는 의미다. 다른 사람들이 우리의 기분을 좋게 또는 나쁘게 만드는 것이 아니라 우리 스스로가 인지적으로 그렇게 만든다는 것이다. 그러므로 과거나 현재의 외적인 사건이 직접적으로 정서와 관련되는 것은 아니며 오히려 인간의 내적인 사건, 특히 이러한 지각에 대한 평가가 인간의 정서적 반응에 더욱 직접적이고 강한 영향을 주는 원천이다.
- 역기능적 사고는 정서장애의 결정적 요인이다. 역기능적 정서상태나 정신병리의 많은 부분들은 역기능적 사고과정의 결과다. 이러한 역기능적 사고는 과장, 지나친 일반화나 단순화, 잘못된 추론, 절대적 사고 등으로 나타난다.
- 정서적인 문제를 해결하기 위해서는 사고를 분석하는 데서 시작하는 것이 가장 효과적이다. 만약 우리가 지닌 고통이 불합리한 사고의 산물이라면 그 고통을 극복하는 길은 사고를 변화시키는 것이다.
- 유전과 환경을 포함한 다양한 요인들은 불합리한 사고나 정신병리를 일으키는 원천이 된다. 인간은 선천적으로 불합리하게 생각하는 경향이 있지만 환경의 영향을 받아 비합리적으로 사고할 수도 있다.
- 다른 상담이론들과 마찬가지로 REBT도 행동에 대한 과거의 영향보다는 현재에 초점을 둔다.
- 반드시 이루어진다고 생각하지는 않지만 신념은 변화된다고 믿는다. 특히, 불합리한 신념은 적극적이고 계속적인 노력에 의해 변화될 수 있다.

③ 심리적 장애의 발달

비합리적 생각과 행동으로 인한 신경증은 인간 모두에게 어느 정도 영향을 미치는 것으로 자연스러운 현상이다. 이러한 현상은 우리가 인간이며 사회 속에서 타인과 함께 더불어 살아가야 하기 때문에 발생하는 것이다. 정신병리는 원래 학습되며 아동기에 중요한 타인에게서 배운 잘못된 신념체제에 의해 더욱 악화된다. 이는 자기암시나 반복적 과정을 통해 조금씩 입력되어진다. 그러므로 인간의 역기능적 태도는 부모의 암시보다는 비합리적 신념에 대한 자기 자신의 암시나 암송일 때가 많다. 정서는 인간의 사고에 대한 산물이다. 무엇인가를 나쁘다고 생각하면 우리는 그것에 대한 나쁜 감정을 갖게 되는 것이다(Ellis, 1994; Yankura & Dryden, 1994).

Ellis(1967)는 정서장애의 핵심을 '비난' 으로 보았다. 그러므로 신경증이나 정신병을 치료하기 위해서는 우선 자기 자신이나 타인을 비난하는 것부터 그만두어야 한다. 불안도 '나는 나의 행동을 혐오한다. 따라서 변화시키고 싶다.' 와 같은 사고를 반복하는 내적 암송이나 '나의 잘못된 행동이나 실수 때문에 나는 나쁜 인간이며, 나는 비난받고 고통받아 마땅하다.' 와 같은 자기비난적 사고에서 기인한다고 보았다.

④ 비합리적 신념의 유형

Ellis는 인간은 출생과 더불어 논리적 · 합리적 사고의 가능성을 갖고 태어나지만, 어린 시절에 형성된 '왜곡된 사고' 에 의해서 비논리적이고 무절제한 사람이 된다고 보았다. Ellis는 성격의 발달, 특히 이상성격과 관련된 비합리적 신념을 서구문화권을 중심으로 다음과 같이 열네 가지로 제시하였다.

- 인간은 중요한 모든 사람들에게 사랑과 인정, 이해를 받을 때 가치 있는 사람이다. 그렇지 못한다면 그것은 끔찍한 일이다.
- 자신이 가치 있다고 인정받으려면 모든 영역에서 완벽해야 하고 성공해야 한다.
- 어떤 사람은 나쁘고 사악하며 악랄하다. 그러므로 그들은 반드시 비난과 처벌을 받아야만 한다.
- 일이 뜻대로 진행되지 않는 것은 무시무시하고 끔찍한 일이다.
- 불행이란 외부 환경 때문에 생기며 사람이 그 불행을 막을 길은 거의 또는 전혀 없다.
- 만약 어떤 사람에게 위험하거나 두려운 일이 일어날 가능성이 있다면 그

일에 대해 염려해야 하고 그 가능성에 대해 늘 생각하고 있어야 한다.

- 살아가면서 어려움에 부딪히게 될 때는 직면하거나 책임 있게 해결하기보다 피해 가는 것이 편하다.
- 사람은 다른 사람에게 의지해야 하고, 의지할 수 있는 더 강한 누군가가 있어야 한다.
- 한 개인의 과거사는 현재의 행동을 결정하는 가장 중요한 요인으로 사람은 과거의 영향에서 벗어날 수 없다.
- 사람은 다른 사람의 문제와 어려움에 대해 함께 괴로워하고 속상해해야 한다.
- 인간의 모든 문제에는 완전한 해결책이 반드시 있다. 그 해결책을 찾아내지 못한다면 그것은 끔찍한 일이다.
- 세상은 반드시 공평해야 하며 정의는 반드시 승리해야 한다.
- 항상 고통 없이 편안해야 한다.
- 아마도 나는 미쳐가고 있을지도 모른다. 그러나 미쳐서는 안 된다. 왜냐하면 그것을 견딜 수 없기 때문이다.

(2) 상담목표

REBT의 상담목표는 내담자가 보이는 문제행동의 직접적인 제거에 두기보다는 문제행동의 배후에 있는 핵심적인 자기패배적 신념과 비합리적 사고를 극소화하고 삶에 대해 보다 현실적이고 합리적인 가치관을 갖게 하는 데 있다. REBT 상담자가 내담자와 더불어 함께 추구해야 할 구체적인 상담목표는 다음과 같다.

- **자기에 대한 관심** : 정서적으로 건강한 사람은 자기 자신에게 완전히 빠져 버리지 않으면서도 스스로에게 관심을 가질 수 있다.
- **사회에 대한 관심** : 건강한 사람은 소외된 실존을 택하지 않고 사회에서 다른 사람과 협조적으로 어울려 사는 데 관심을 갖는다.

- **자기지향** : 정서적으로 건강한 사람은 다른 사람에게 지지받는 것을 좋아할 수도 있으나 그러한 지지를 항상 요구하지는 않는다. 그들은 자신의 삶에 책임감을 느끼며 자신의 문제를 혼자서 해결할 수 있다.
- **관용** : 성숙한 사람은 다른 사람의 실수나 잘못을 수용하며 그런 행동을 경멸하지 않는다.
- **유연성** : 건강한 사람은 사고가 유연하며 변화에 개방적이고 다른 사람들의 의견에 허용적이다.
- **불확실성의 수용** : 성숙한 사람은 자신이 불확실한 세상에 살고 있음을 인정한다. 질서정연함을 좋아한다 할지라도 질서나 확실성이 결여되어 있을 때도 불평하지 않는다.
- **창조적인 일의 실행** : 건강한 사람은 자기 외부의 일에 적극적인 관심을 갖는다. 또한 한두 가지 정도의 창조적인 일에 몰두한다.
- **과학적 사고** : 성숙한 사람은 깊이 생각하고 분명하게 행동한다. 또한 자기 자신과 결과에 대해 반성함으로써 감정과 행동들을 조절해 간다.
- **자기수용** : 건강한 사람은 자기가 살아 있다는 것만으로도 기뻐하며, 자신의 가치를 외적 성취나 남과의 비교를 통해 평가하지 않는다.
- **모험 시도(risk taking)** : 정서적으로 건강한 사람은 모험을 좋아한다. 또한 자신이 인생에서 진정으로 원하는 것이 무엇인가를 깊이 생각해 보고 모험을 시도하며 인생을 개척해 간다.
- **비유토피아주의(nonutopianism)** : 성숙하고 정서적으로 건강한 사람은 자신이 얻고자 하는 모든 것을 다 얻을 수는 없으며, 모든 고난들을 다 회피할 수는 없다는 것을 알고 있다.
- **장기적 쾌락** : 건강한 사람은 단기적이고 일시적인 쾌락보다는 장기적이고 미래지향적인 쾌락을 추구한다.

(3) 상담과정

REBT의 상담과정은 내담자가 가지고 있는 비합리적 생각과 그 생각에 근거한 자기언어를 찾아서 그에 대한 비합리성을 확인하고 논박하며, 합리적 생각과 자기언어로 바꾸어 이를 토대로 적절한 정서와 행동을 갖도록 하는 것이다. 이 과정을 구체적으로 살펴보면 다음과 같다.

REBT 상담의 기본 절차는 'ABCDE 모형'으로 설명된다. A는 내담자가 노출되었던 문제 장면 또는 선행사건(Antecedents), B는 문제 장면에 대한 내담자의 관점 또는 신념(Belief), C는 내담자가 선행사건 A 때문에 생겨났다고 보는 정서적 · 행동적 결과(Consequences), D는 비합리적 관념에 대한 치료자의 논박(Dispute), 그리고 E는 내담자의 비합리적 관념을 직면 또는 논박한 효과(Effect)를 말한다. 이 모형에서 핵심은 내담자를 정서적으로 곤란하게 하는 것(C)은 선행사건(A)이 아니라 말로 표현되는 내담자의 신념(B)이라는 것이다. 이 모형의 구체적인 상담과정은 다음과 같이 12단계로 나누어진다.

- 1단계 : 상담자는 내담자에게 문제점을 질문한다.
- 2단계 : 문제점을 규명한다.
- 3단계 : 부적절한 부정적 감정을 알아본다.
- 4단계 : 선행사건(A)을 찾아내고 평가한다.
- 5단계 : 이차적 정서문제를 규명한다.
- 6단계 : B-C의 연관성을 가르쳐 준다.
- 7단계 : 비합리적 신념(B)을 평가하고 확인한다.
- 8단계 : 비합리적인 신념체제(B)와 결과(C)를 연관시켜 비합리적 신념을 확인시킨다.
- 9단계 : 비합리적인 신념을 논박한다.
- 10단계 : 합리적 신념체제를 내담자가 학습하고 심화하도록 한다.
- 11단계 : 새로 학습된 신념체제를 실천에 옮기도록 내담자를 격려하고 연습시킨다.
- 12단계 : 합리적 인생관을 확립하게 한다.

(4) 상담기법

상담과정은 비합리적 생각을 합리적 생각으로 대치시켜 정서와 행동을 변화시키는 데 중점을 두며 12단계를 통해 이루어진다. REBT는 인지적 기법, 정서적 환기기법, 행동적 · 적극적 지시기법의 세 영역이 포괄적으로 적용되는 종합적인 상담방법이다.

① 인지적 기법

REBT의 가장 핵심적인 인지적 방법은 상담자가 적극적으로 내담자의 비합리적 신념을 논박하는 것이다. 구체적인 기법들을 제시하면 다음과 같다.

- 암시 : 자신뿐만 아니라 타인 혹은 사회에 관하여 자기패배적인 진술을 되풀이하는 부정적 사고형인 내담자가 있다고 하자. REBT에서는 상담자가 내담자에게 부정적인 사고를 긍정적인 사고로 대체시키는 방법을 보여 줌으로써 내담자가 개선될 수 있음을 암시한다.
- 자기방어의 최소화 : 내담자가 비록 여러 가지 잘못을 저질렀다 할지라도 그 때문에 내담자가 경멸당하거나 저주받을 이유가 없음을 보여 주어야 한다. 이러한 자기수용은 내담자의 방어욕구를 최소화하여 준다.
- 대안의 제시 : 내담자가 생각하는 것보다 훨씬 더 많은 대안이 존재하는 경우가 종종 있다. 그러므로 REBT 상담자들은 내담자가 가능한 모든 대안들을 찾아낼 수 있게 노와야 한다. 가장 좋은 방법은 내담자 스스로 그러한 대안들을 찾아낼 수 있도록 돕는 것이다.
- 기분 전환시키기 : 내담자가 자기패배적인 생각이나 행동에서 벗어나 다른 곳에 주의집중을 하게 된다면 이완훈련, 요가, 운동 같은 신체적 기법도 인지적인 것이 될 수 있다고 주장한다. REBT는 내담자가 장기적이고 건설적인 목표에 관심을 가질 수 있게 격려한다.
- 인지적 과제수행 : '반드시 ~이어야만 한다' '절대로 ~을(를) 해서는 안 된다' 는 식의 내면화된 신념체제를 내담자에게 과제를 제시함으로써

제거하려는 방법이다. 예를 들어, 청중 앞에서 실수할까 불안해하는 연기자에게 작은 배역을 부여한 후, "나는 실패할 거야. 바보 같아 보이고 아무도 나를 좋아하지 않을 거야."라는 부정적인 자기진술을 "나는 잘할 수 있어. 할 수 있는 한 최선을 다하겠어. 근사하게 보일 거야. 모든 사람이 다 나를 좋아하지는 않겠지만 그렇다고 끝나는 것은 아니야."라고 보다 긍정적으로 진술하도록 지도한다. 즉, 인간은 가끔 부정적인 예언을 만들어 자신이 그렇게 될 것이라고 스스로에게 말하기 때문에 실패한다는 것이다. 내담자는 상담기간 동안 독서와 같은 특정 과제를 매일 생활 속에서 이행하도록 요구받는다. 이런 방법을 통해 내담자는 조금씩 불안을 다루게 되며 기본적인 비합리적 신념에 도전하게 된다.

- 정확한 언어 사용 : 언어와 사고는 상호작용을 통해 틀을 형성한다는 것에 근거를 두어 상담자는 내담자의 언어유형에 주의를 기울인다. 그러므로 내담자의 '해야만 한다'를 '하고 싶다'로, '만약 ~한다면 끔찍할 거야'라는 말 대신에 '만약 ~한다면 좀 불편할 거야'로 대치하는 방법을 학습하게 된다. 무기력하고 자기비하적인 말투를 갖고 있던 내담자가 새로운 진술법을 배움으로써 자신에 대한 힘을 얻을 수 있다.
- 유추기법 : 항상 미루거나 지각하는 습관이 있는 내담자라면 그러한 행동이 어디부터 시작되는지 유추해 보도록 한다. 이 기법은 내담자가 자신의 특성을 이해함으로써 자신에게 도움이 되지 않는 자신의 습관을 확실히 깨닫도록 해 주는 데 목적을 둔다.

② 정서적 환기기법

- 합리적 정서 상상 : 합리적 정서 상상은 부정적 상상과 긍정적 상상을 통해 사용된다. 부정적 상상은 내담자에게 특정 상황에서 부적절한 정서를 느끼고 있는 자기 자신을 상상하게 한 다음, 행동을 변화시키겠다는 결심과 같은 적절한 정서로 대치시킨 자신을 떠올리게 한다. 반대로 긍정적 상상은 불쾌한 장면을 상상하고 그 감정의 기초를 이룬 비합리적 신

념들을 떠올린 다음, 자신의 비합리적 신념을 포기하고 합리적 신념으로 대체했을 때의 느낌에 집중한다.

- **수치심 제거 연습** : 이 기법은 정서적 · 행동적 요소가 모두 포함된다. 정서장애의 핵심을 수치심과 자기비난으로 보고 있는 Ellis는 내담자에게 그들이 창피하거나 부끄럽다고 생각하는 방법으로 행동해 보도록 과제를 내준다. 직접 행동을 시연해 봄으로써 다른 사람들은 자신이 생각했던 것만큼 타인에 대하여 관심이 없으며, 다른 사람의 비난에 대해 크게 영향받을 필요가 없다는 것을 발견하게 된다. 물론 기존 법질서를 위협하는 행동은 제외된다.
- **유머 사용** : 이치에 맞지 않는 생각 때문에 일어나는 내담자의 불안을 줄여 주는 무기로 유머가 사용되기도 한다. 내담자에게 분노나 죄의식이 얼마나 어리석고 비생산적인지를 설명하고, 유머를 구사하거나 유머러스한 노래를 부르도록 할 수 있다. 이러한 유머는 내담자의 불안을 줄여 주고 덜 진지하게 생각하도록 하여 사고나 행동에 변화를 유도하는 계기가 될 수도 있다.
- **역할연기** : 내담자가 자신의 정서를 이끌어 내기 위해 타인과의 상호작용을 재연해 낼 때 이 기법을 사용한다. 역할연기를 통해 표출된 감정을 이용하여 내담자가 비합리적 신념을 극복하도록 돕는다.
- **감정적 언어 사용** : 상담자는 가끔씩 감정적인 단어나 문장을 사용해 보임으로써 내담자가 자기 자신에게 사용할 수 있도록 모델이 된다. Ellis는 내담자의 비합리적 신념을 변화시키는 데 때로는 강한 어조가 훨씬 높은 영향력을 가질 수 있다고 보았다.

③ 행동적 · 적극적 지시기법

- **강화기법** : 바람직한 행동을 증가시키는 자극을 통해 행동의 변화를 갖게 하는 방법이다. 예를 들어, 텔레비전 보기, 놀기와 같이 즐겨 하는 행동을 공부하기, 숙제하기와 같이 발생 빈도가 낮은 행동의 발생 가능성

을 증가시키는 강화제로 사용할 수 있다.

- **과제부여** : REBT의 중심기법 중 하나는 행동지향적인 과제를 부과하는 것이다. 보통은 내담자가 하기 어려워하거나 두려워하는 일을 하도록 한다. 과제를 부과할 때는 일반적으로 난이도가 낮은 것에서 시작하여 서서히 높아지는 체계로 구성해야 한다.
- **자극통제** : 상담자는 내담자에게 특정 자극의 통제방법을 시범으로 보여 줌으로써 내담자가 역기능적으로 행동할 가능성을 줄일 수 있다. 자극통제의 목적은 내담자의 환경을 재구성하여 역기능적 행동을 유도하는 자극들에 노출되지 않도록 하는 것이다. 예를 들면, 직장에 다니는 비만인 내담자가 휴식시간에 매점에 가지 않도록 훈련시키는 것이다.

(5) 평가

REBT는 정서장애가 생활 사건 자체를 통해 유발되는 것이 아니라 사건에 대한 왜곡된 지각 때문에 유발된다는 가정에서 시작한다. 이 왜곡된 지각 또는 잘못된 생각의 뿌리에는 비합리적이고 자기패배적인 관념들이 깔려 있다고 본다. 그러므로 상담자는 내담자의 비합리적 사고를 최소화하여 합리적 사고를 극대화함으로써 내담자가 문제에서 벗어나게 할 수 있다고 보았다.

① 공헌

REBT 이론의 공헌점을 살펴보면 다음과 같다. 첫째, REBT는 인간행동의 인지적 측면을 강조함으로써 사고와 신념이 행동에 미치는 효과를 규명하였고 상담에서 합리적 사고에 대한 중요성을 재인식시켰다. 둘째, 인간의 사고와 정서 간의 관계를 명료화하고 강조하였다. 내담자의 정서를 변화시키는 효과적인 방법이 사고내용을 변화시키는 것이라는 지적은 매우 의미 있는 발견이다. 셋째, 정서장애와 문제행동의 원인 및 해결방법을 아주 명확하게 제시하고 있다. Ellis가 제시한 ABCDE 이론은 어떤 상담이론보다도 해결방법을 분명히 제시해 주는 것이다. 넷째, 인간에게 장애를 유발하는 것은 과거 사건이나 심리적 외상 자체가 아니라 그에 대한 개인의 해석이라는 것을 강조하였다. 또한 Ellis는 정서적 장애를 가진 사람이 어떻게 그러한 정서장애를 현재까지 지속시키고 있는가를 설득력 있게 기술하고, 정서적 곤란이 발생하고 지속되는 데 대한 책임이 내담자 자신에게 있음을 강조하였다. 다섯째, REBT는 과제부과에 의해서 상담절차가 상담실 밖에서도 계속되게 하였고, 상담과정에 상담자가 보다 적극적으로 개입하는 방법들을 발전시켜 놓았다.

② 한계

REBT가 갖고 있는 제한점은 다음과 같다. 첫째, 이 이론은 인지구조를 바꾸는 것과 관련되기 때문에 자신의 합리적 생각에 대해 철저한 분석을 통한 논박을 할 수 없는 지적 수준이 낮은 내담자, 현실감이 거의 없거나 생각이 매우 경직된 내담자, 철학적 편견을 가진 내담자에게는 그 효과를 기대하기 어렵다. 그러므로 REBT는 부과된 과제를 기꺼이 수행할 뿐 아니라 합리적 접근법을 자신의 문제에 적용시켜 실천해 보고자 하는 내담자에 한해 적용될 수 있다. 따라서 REBT는 현실과 제대로 접촉하고 있으며 변화를 위해 과제를 기꺼이 수행하는 충분히 동기화된 자발적인 사람들에게 효과가 있다. 둘째, REBT는 매우 설득적이고 지시적인 방법이기 때문에 상담자가 자신의 인생철학을 단순히 내담자에게 강요하지 않도록 주의해야 한다. REBT는 상담자의 훈련수준, 지식과 기술, 지각력 그리고 판단력의 정밀도에 영향을 많이 받는다. 제대로 훈련받지 않은 상담자는 설득, 논리와 충고로써 내담자를 '설득하는(beating down)' 방법으로 REBT를 구사할 위험성이 있다. 이에 상담자가 REBT를 속결 치료방법으로 축소하여 내담자의 잘못됨이 무엇이며 어떻게 변화시켜야 할지의 방법을 일방적으로 알려 주는 것으로 오용할 수가 있다. 셋째, 과거 경험을 경시한다는 점이다. REBT에서는 과거 이야기에 관심을 보이지 않는다. 그러나 과연 개인의 과거 경험이 그에게 영향을 미치지 않았다고 볼 수 있을지는 의문이다.

제4부

성인학습 및 상담의 실제

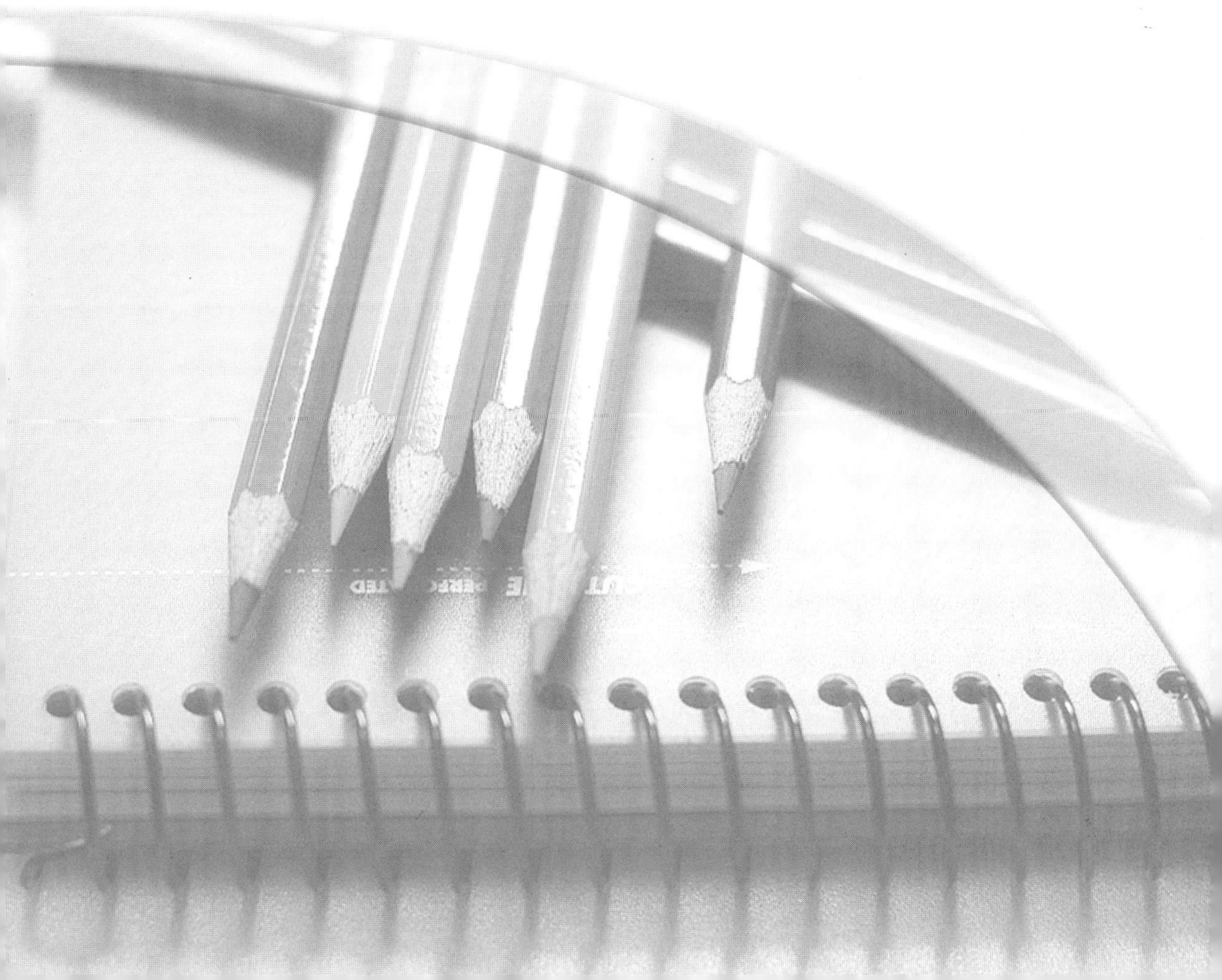

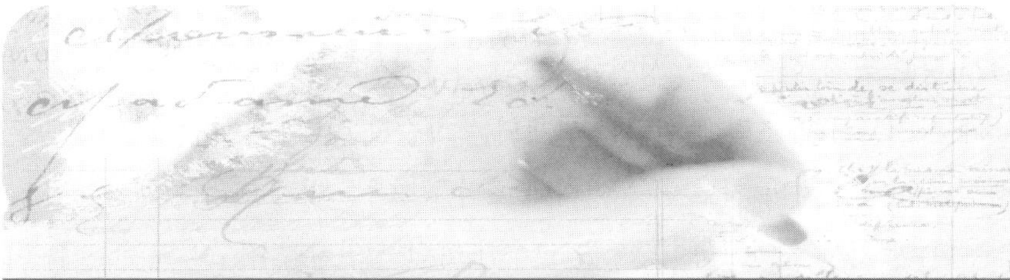

제6장

성인학습의 실제

1. 성인학습 프로그램 개발

1) 성인학습 지도

(1) 성인학습 지도의 개념

성인학습은 교육활동의 시작부터가 학교교육과 다르다. 학교교육의 경우 이미 확정된 교육과정 아래서 학습활동이 이루어지지만, 성인학습은 확정된 교육과정이나 프로그램이 없다. 성인학습은 그 대상이 일정하지 않아 프로그램이 시작되는 지점 자체가 달라지는 것이다.

앞서 논의했던 바와 같이 성인학습이란 '평생학습의 전체 체제하에서 연령과 사회적 역할, 심리적 성숙도에 따라 성인으로 간주되는 사람들에 의해 이루어지는 학습활동' 이다. 성인학습은 성인이 학습의 주체로서 자신의 일상생활에서 부딪히는 문제에 접근하기 위해 이제까지 자신의 삶에서 체득한 경험을 바탕으로 한 학습으로, 성인학습자의 자아실현을 돕는다는 의도와 계획을 전제로 전문가의 조력에 힘입어 전개되는 학습활동이다. 이러한 성인학습은 핵심 축인 학습자와 지도자 중 어디에 초점을 맞추느냐에 따라 전개방식이 달라진다. 여기서 성인교육이나 성인교수가 아닌 성인학습 지도라고 한 것은 이제까지의 교사중심의 전통적인 교육방법에서 벗어나 학습자를 교육의 주체로 세워 지도자는 보조자의 입장에서 학습자를 돕고 안내하는 역할임을 강조하기 위함이다.

즉, 성인학습 지도란 성인 학습자가 어떻게 학습할 것인가에 관심을 두어 성인의 학습활동을 촉진 · 조장 · 지원하는 것에 관련된 모든 행위를 말한다. 성인학습자의 학습 가능성과 상호작용을 통한 변화 가능성을 전제로 그들의 생활경험을 통해 문제해결이 가능하도록 돕고자 하는 것이다. 그러므로 이는 성인학습자를 어떻게 만든다거나 성인학습자에게 무엇을 부여하는 것과는 차별화된 개념이다.

(2) 성인학습의 지도원리

성인학습 프로그램의 개발에 앞서 생각해 보아야 할 것이 성인학습 지도에 적용될 원리들이다. Kroejnett의 RAMP 2FAME의 원리를 성인학습 프로그램 개발의 출발점으로 삼기 위해 제시하면 다음과 같다(이강봉 역, 1999).

- **근접성의 원리**(law of Recency) : 선행하는 학습과 후행하는 학습이 시간적, 공간적, 표상적으로 근접 또는 유사성을 띠게 될 때 보다 쉽게 학습된다. 그러므로 지도자는 자주 요점을 정리해 주고 중요한 내용은 수업 종료 시점에 다시 한 번 강조해 주는 것이 좋다.
- **적합성의 원리**(law of Appropriateness) : 모든 교육, 정보, 교육용 보조 자료, 사례연구, 기타 모든 자료들을 학습자의 요구에 부합시켜 의욕을 높여 주어야 한다. 그러므로 지도자는 학습자들의 선행 지식과 더불어 새로운 지식이 어떻게 연계되는지 계속 자각하게 함으로써 그들에게서

모르는 것에 대한 두려움을 제거해야 한다. 또한 학습자들의 요구를 분명히 파악하며, 학습자들이 익숙하게 느끼는 사례나 삽화를 적절하게 활용하는 것도 좋은 방법이다.

- 동기부여의 원리(law of Motivation) : 학습자들이 배우기를 원하며 배울 준비가 되어 있고 배울 여유가 있어야 한다. 동기부여가 되어 있고 목적의식이 강한 경우 학습효과가 높다는 것은 이미 알려진 사실이다. 그러기 위해서는 자연스러운 학습 분위기를 유지하여 학습자들이 잘 아는 내용부터 시작하는 것이 좋다.
- 우선성의 원리(law of Primacy) : 일반적으로 수업 초반에 배운 내용이 가장 잘 학습되므로 학습상황에서 지도자에 대한 첫 인상이 중요하다. 그리고 수업 도입부에 핵심적인 부분부터 시작하여 연관된 분야로 범위를 확대시켜 가는 것이 좋다. 이에 따라 수업 초반에 중요한 내용을 많이 다루며, 그것을 바탕으로 흥미롭게 진행되도록 신경 써야 할 것이다.
- 쌍방향 커뮤니케이션의 원리(law of 2-way communication) : 교수-학습과정은 학습자들과 함께 의사소통하면서 진행되어야 한다. 그렇다 하여 전체 수업이 토론으로 진행되어야 함을 의미하는 것은 아니다. 이는 지도자와 학습자 간에, 학습자들 상호간에 상호작용이 반드시 이루어져야 함을 의미한다.
- 피드백의 원리(law of Feedback) : 교수-학습 상황에서 지도자나 학습자 모두 서로에 대한 정보가 필요함을 말한다. 지도자의 입장에서는 의도한 방향으로 학습이 전개되고 있는지, 진행 속도는 적절한지를 파악하고 있어야 한다. 학습자에게 자신의 학습활동이 기준에 비추어 어디쯤 위치하는지 피드백해 줌으로써 그 자체로 강화의 효과를 얻도록 한다. 물론 피드백과 함께 정적인 강화를 받는다면 더욱 효과를 높일 수 있을 것이다.
- 참여학습의 원리(law of Active learning) : 학습자들이 학습에 능동적으로 참여할 때 더 많은 것을 학습하게 된다. 이는 "나는 들은 것은 잊어버

리고, 본 것은 기억하며, 행한 것은 이해한다."는 공자의 말과 일맥상통한다. 학습자의 학습 유지율에 대한 연구 결과에 의하면 수동적으로 임하는 경우 5%만을 기억하고 있었고, 시청각적인 방법으로는 20%, 토론집단은 50%, 실제적인 활동을 통한 학습 결과는 75%까지 학습내용을 유지하고 있었다. 그러므로 가장 확실한 방법은 직접참여의 방법이다.

- 다중감각을 활용한 학습원리(law of Multiple-sense learning) : 학습자들이 자신의 오감 중 둘 이상을 학습에 사용하게 되면 더 효율적인 학습이 이루어진다. 그러므로 학습에 도움이 되는 범위에서 학습자들의 감각을 활용하는 시청각적 방법을 다양하게 도입할 필요가 있다.
- 반복학습의 원리(law of Exercise) : 반복 학습한 내용이 가장 잘 기억된다. 학습의 목적은 단지 학습 자체에만 있는 것이 아니라 그 활용에 있으므로 지식을 연습하고 반복하면 실생활에서 활용할 가능성이 증가되는 것이다. 그러므로 학습상황에서 연습하거나 다양한 방식으로 지식을 반복 습득케 함으로써 충분한 숙달이 가능하게 해야 한다.

2) 성인학습 프로그램 개발

(1) 성인학습 프로그램 개발의 개념

성인학습 참여자들은 교육적 요구가 매우 다양하며, 필요에 따라 자발적으로 학습상황에 들어오므로 학교교육과는 달리 선택과 융통성이 크게 부각된다. 학교교육에서 사용되는 교육과정이란 용어인 curriculum이나 course의 개념과는 차별화된 '프로그램' 이라는 용어를 통해 성인학습의 교육과정을 밝히고자 한다.

성인학습 과정은 학교교육 과정에 비해 실생활과 밀접한 관련을 가지고 있는 내용이 주를 이룬다. 그리고 비교적 시간이 유동적이어서 단기과정들이 많고, 학습방법에서도 다양한 방법들이 사용된다. 그러므로 그 종류를 유형화하는 것이 쉽지 않다.

성인학습 과정의 프로그램 개발이란 학습자들이 살고 있는 지역사회의 상태, 조건, 상황을 증진시키는 데 기여할 교육 프로그램을 설계하려는 노력이다(Boyle, 1981). 또한 변화를 필요로 하는 영역, 즉 성인학습자의 기술의 변화, 태도의 변화, 가치관의 변화와 같은 다양한 측면의 변화를 유발하기 위해 계획적이고 체계적인 방법으로 교육과정을 계획하고 운영하는 것(권대봉, 2001)으로 정의내릴 수 있다. 즉, 성인학습자가 처한 상황을 개선하기 위한 변화의 방식이 파악되고 기술되어야 하며, 나아가 그러한 변화를 위한 학습자의 지식, 태도, 기술이 언급되어야 한다.

Boone(1985)은 성인학습에서 프로그램 개발의 의미를 학습자 개인, 학습자 집단, 체제에서 계획적인 행동변화를 꾀하는 광범위하고 기초적인 과정으로 보았다. 개인의 행동과 그가 속한 기관의 변화를 위해 프로그램의 기획·설계 및 실행·평가에서 학습자 개인뿐만 아니라 학습자 집단과 기관의 지도자, 성인학습자의 협력과 계획적인 노력이 필요하다. 프로그램 개발과정은 역동적인 동시에 계속적인 과정이므로 끊임없는 순환체제로 간주될 수 있다. 즉, 프로그램 개발과정은 집단 구성원의 학습욕구를 파악하고 평가·분석하며 학습욕구를 충족시키기 위한 프로그램을 설계·실행하는 과정으로 이루어진다. 그리고 이후 프로그램이 학습자들의 학습욕구를 어느 정도 충족시켰는지에 대한 증거를 수집·보고하기 위해 성인학습 기관과 학습자 집단을 연결시키는 하나의 체제다.

성인학습 프로그램을 개발한다는 것은 학습자와 그가 살고 있는 환경의 바람직한 변화를 촉진시키기 위해 성인학습 기관, 변화 주체 및 프로그래머, 학습자 대표, 학습자 자신의 노력을 총망라하는 종합적이고 체계적인 과정이다. 이는 목표달성에 필요한 제반 요인들, 예컨대 교육의 대상자, 내용, 방법, 평가, 지도자, 장소, 시기, 시간, 예산에 이르기까지 시간적인 순서에 따라 일목요연하게 편성해 놓은 계획이며 내용이다. 이처럼 하나의 프로그램이 기획·설계된 후에 실제적인 성인학습이 이루어지게 된다.

(2) 프로그램 개발의 의의

성인학습에서 프로그램 개발이 갖는 의미에 관해 Boone(1985)은 다음 네 가지를 제시하였다.

- 학습자의 행동을 변화시키기 위해 설계된 교육 프로그램을 실행할 때 성인교육자의 지도에 의미를 부여하고 관리하도록 하는 논리적이고 합리적인 틀이다.
- 일반 대중들을 분석 · 파악하고 교육 대상자와 지도자를 찾아내어 만나봄으로써 그들의 학습욕구를 파악 · 평가 · 분석한 후, 욕구를 충족시키기 위한 프로그램을 설계하고 실행함으로써 성인학습 기관과 일반 대중을 연결시키는 수단이다.
- 성인학습자의 생활방식에 장기적이고 적극적인 영향을 미치는 데 필요한 이상을 가진 지도자와 적극적인 행동을 실천하기 위한 성인교육자들의 활동의 장이다.
- 성인학습 기관이 교육을 통해서 결과를 얻고자 하는 제 조건을 조성하기 위한 기회다.

결과적으로 프로그램 개발은 일반 대중의 학습욕구 분석을 통해 이를 충족시킬 만한 프로그램을 기획하여 성인학습자들에게 제시하기 위한 기초 과정이다. 이렇게 기획된 프로그램의 성패가 성인학습 기관의 존속 여부를 판가름한다고 볼 때 성인학습의 기틀을 마련하는 합리적 · 계획적 · 체계적 절차라고 할 수 있다.

(3) 성인학습 프로그램 개발과정

성인학습이 의도하고 있는 목표를 달성하기 위한 프로그램을 개발하는 과정에 대해서는 학자마다 다소 상이한 단계들을 제시하고 있다. Knowles(1980)는 자기주도성을 가진 성인학습자들이 그들의 경험을 학습자원으로 활용하며 학습한 것을 즉시 적용하기를 원한다는 가정을 토대로, 전통적인 교육과정의 합리적 모형인 Tyler의 모형에 기초하여 일곱 단계로 나누어 제시하였다. 즉, ① 조직체의 환경 및 구조의 설정, ② 위원회를 통한 참여계획, ③ 개인, 조직, 지역사회의 요구 진단, ④ 진단된 교육요구를 토대로 구체적인 교육목표 설정, ⑤ 학습경험 설계를 중심으로 한 종합적인 프로그램 설계, ⑥ 종합적인 프로그램 운영, ⑦ 평가다.

Boone(1985)의 프로그램 개발단계는 다음과 같다. 즉, 하나의 프로그램은 ① 성인학습 지도자가 소속된 조직체의 책임, 철학, 기능, 구조, 과정 그리고 문화역동적인 체제와 변화중심 체제로서 조직체의 계속적인 재생, ② 조직체 환경 속에서의 대중의 연구 및 분석, 구획화, ③ 대상집단의 확인, ④ 대상집단 지도자의 확인과 접촉, ⑤ 지도자, 학습자 집단, 개인 학습자와 공동 노력을 통한 대상집단의 특수한 요구 확인, ⑥ 표현된 요구를 계획된 프로그램으로 전환하고 결합시킴, ⑦ 계획된 프로그램을 수행하기 위한 활동계획을 설계하고 수행함, ⑧ 학습자의 행동변화를 유발하고 계획된 프로그램과 활동계획의 효과 평가, ⑨ 평가 결과의 활용과 프로그램 개정과 조직체 재생을 위한 피드백, 학습자와 지도자, 사회교육조직, 재정지원기관, 전문가, 정부기관에 보고서 작성 · 제출 후 피드백의 단계를 거쳐 탄생한다.

여러 학자들의 성인교육 프로그램의 개발과정을 종합하면 일반적으로 다음과 같은 일곱 단계를 필수적으로 거치게 된다.

- 1단계 : 프로그램을 개발할 지도자와 기관의 현재 상태를 파악한다.
- 2단계 : 프로그램 대상을 선정하여 그들의 욕구를 분석한다.
- 3단계 : 분석 결과를 기초로 교육목표를 잡고 교육방법을 설정한다.
- 4단계 : 프로그램 수행을 위해 구체적으로 계획한다.
- 5단계 : 교재를 개발하고 현재 교육자원의 상태와 한계점을 점검한다.
- 6단계 : 교육 프로그램을 실행한다.
- 7단계 : 프로그램의 목표달성 정도를 평가한다.

(4) 성인학습 프로그램의 유형

학교교육과 같이 일률적으로 정해진 교육과정을 갖지 않은 성인학습 프로그램은 목적, 과정, 방법 등에서 너무나 다양하므로 그 종류를 유형화하기란 쉽지 않다. 몇몇 학자들은 교육대상, 교육기관, 변화영역, 교육목적, 교육내용에 따라 성인학습 프로그램에 대한 유형화를 시도하였다. 예를 들면, 누구에게 혜택이 주어지는가에 따라 '기관중심 프로그램' '고객중심 프로그램' '절충식 프로그램' 으로 분류될 수 있다. 이현청(1993)은 교육변화의 영역에 따라 '기술중심 프로그램' '이해중심 프로그램' '태도중심 프로그램' 으로 구분하였다. 이 밖에도 대상과 내용에 따라 부모교육, 인간관계 훈련, 여가선용, 기업체 교육, 문화센터 교육 등으로 나누어 볼 수 있다.

여기서는 Boyle(1981)의 분류를 예로 들어 설명하고자 한다. Boyle은 교육목적 및 목표, 지식의 사용, 학습자의 참여, 지도자의 역할, 효율성을 기준으로 성인학습 프로그램을 〈표 6-1〉과 같이 세 가지로 유형화하고 설명하였다.

- **개발 프로그램** : 학습자, 지역사회, 또는 사회 전체가 갖고 있는 중요한 문제가 무엇인지를 파악한 후 그 문제를 해결하거나 대처하는 데 도움을 주는 교육 프로그램이다. 이 프로그램은 끊임없이 일어나는 사회의 변화에 적응해야만 하는 현대인들에게 중요한 프로그램이라 하겠다. 이는 막연한 인식의 수준에서 모호한 형태로 시작된다는 점에서 접근영역이 매우 다양하다는 것이 특징이다. 또한 학습자의 욕구나 문제를 파악하여 해결해 준다는 측면에서 문제해결 프로그램으로도 불린다. 다른 프로그램에 비해 프로그래머의 역할이 매우 광범위하며 문제해결의 정도에 따라 프로그램의 효과가 결정된다.
- **기관 프로그램** : 성인학습 기관이 주체가 되어 개인의 기초 능력을 신장 · 발달시키기 위한 프로그램으로 비교적 구조화되어 있다. 학습자의 욕구에 기초하여 프로그램이 개발되므로 지도자의 경우 어떤 분야에 대한 전문적 지식을 갖고 있어야 한다. 목표달성 정도는 성인학습 지도자

〈표 6-1〉 Boyle의 성인학습 프로그램 유형 비교

구분 \ 유형	개발 프로그램	기관 프로그램	정보 프로그램
주요 목표	개인, 집단, 지역사회의 문제를 파악하고 해결	개인의 지식, 기술, 기초 능력의 신장·발달	정보교환
목표의 원천	고객의 욕구나 문제로부터 개발	교과나 지식영역·교육자로부터 개발	연구 결과, 개정된 법률 또는 규정으로부터 개발
지식의 활용	지식은 문제해결에 도움이 되는 데 활용	내용이나 지식을 숙달하는 데 활용	학습자가 즉시 사용할 수 있는 내용을 전달하는 데 활용
학습자 참여	문제나 욕구, 프로그램의 범위와 성격을 결정하는 데 참여	학습기회에 참여	정보 습득자로서 참여
프로그래머의 역할	욕구분석에서 평가과정에 이르기까지 전 교육과정을 촉진하는 역할, 그 밖에 홍보, 합법화, 결과에 대해 의견을 교환하는 역할	수업과정을 통해 지식을 보급하는 역할	정보요구에 대해 해답을 제공하는 역할
효과성의 기준	문제해결의 질, 개인·집단·지역사회가 문제해결을 모색하는 정도	내용에 대한 학습자의 숙달 정도	참여자 수와 정보 보급의 양

가 제시한 내용을 학습자가 어느 정도 익혔는가에 의해 평가된다.

- **정보 프로그램** : 정보를 갖고 있는 사람과 그것을 필요로 하는 사람 사이의 정보교환을 주된 목적으로 개발된다. 새로운 연구 결과나 변화의 흐름, 개정된 체제 등 기존의 지식내용이 바뀌었을 때 그에 대한 정보를 얻고자 하는 인간의 기본 욕구에 부응하여 개발되는 프로그램이다. 피드백 자체가 불가능한 경우 참여자 수와 정보 보급의 양과 같은 양적인 평가에 의존할 수밖에 없음이 앞의 두 프로그램과의 차이점이다.

(5) 성인학습 프로그램 개발에서 고려할 사항

프로그램의 개발과정에서 계속적으로 고려해 보아야 할 내용들은 다음과 같이 여덟 가지다.

- **참여 대상자의 특성** : 아직 학습참여를 결정하지 않은 잠재적 대상자들의 성, 연령, 학력, 직업 등의 다양한 특성과 학습에 대한 준비도를 파악하여 이를 근거로 교육목표를 수립하고 그들의 흥미를 학습의 동기로 활용할 수 있는 방안을 모색해야 한다. 특히, 대상자의 문제나 상황을 정확히 파악하는 것이 중요하므로 대상자들이 프로그램 개발과정에 직접 참여하는 통로를 열어 두는 것이 좋다.
- **프로그램의 목표 및 우선순위 결정** : 프로그램을 통해서 얻고자 하는 것에 기초하여 목표를 설정해야 한다. 목표가 일관성을 갖고 현재의 생활과 관련지어 실용성과 능률성을 내포하고 있을 때 학습자의 능동성은 높아지게 된다. 학습자들의 다양한 욕구에 부응하려다 보면 학습내용이 너무 많아질 수 있으므로 학습자와 함께 프로그램의 우선순위를 결정하는 것이 바람직하다.
- **교육 지도자 선정** : 프로그램을 이끌어 갈 지도자를 어떻게 확보할 것인지 사전에 고려해야 한다. 강사뿐만 아니라 프로그램 개발 연구자와 프로그램 진행요원 등을 미리 확보해 두어야 하며, 필요한 경우 프로그램 실시 전 오리엔테이션을 통해 구체적인 역할을 설정해 두는 것이 좋다.
- **예산** : 교육실시를 위해 얼마의 예산이 필요하며 어떻게 예산을 확보할 것인지, 교육 실시 후 예상되는 경제적인 효과와 경제 외적 효과를 따져 프로그램에 대한 투자비용을 산출해야 한다. 또한 교육 프로그램이 시작되면서 조정해야 할 예산과 프로그램 과정에서 필요한 기타 자원들의 사용 범위와 한계점을 설정한다.
- **교재** : 학습의 특성과 학습상황을 고려하여 책, 유인물, 비디오, 컴퓨터 등 어떤 교재를 사용하는 것이 적합한지 결정해야 한다. 기존의 교재를

사용할 수도 있지만 새로이 교재를 개발해야 할 경우도 있으므로 넉넉히 시간을 두고 시작해야 한다. 선택된 교재가 학습자 수준에 적합한지를 판단하고 조언해 줄 전문가를 확보해 두면 좋다.

- **교육시설** : 교재와 마찬가지로 교육내용과 학습자 특성, 상황에 따라 준비되어야 할 시설도 달라진다. 필요한 시설, 장비, 자료들을 누가 어떻게 확보하고 관리할 것인지도 구체적으로 계획하고, 만일 보유하지 못한 시설과 장비일 경우 사전 합의를 통해 활용 가능하도록 준비해야 한다.
- **홍보** : 하나의 프로그램은 여타의 수많은 프로그램들과 경쟁관계에 놓이게 되므로 홍보활동은 매우 현실적인 조건이다. 홍보는 광고, PR, 마케팅 등의 요소를 적절히 활용해야 한다. 성공적인 홍보를 위해 목표, 대상, 미디어의 특성, 필요조건, 시기에 이르기까지 다각적으로 검토해야 한다.
- **프로그램 진행과 평가계획** : 프로그램의 진행과 관련된 제반 사항과 담당자에 대한 사전 계획과 업무파악 정도를 따져 보아 프로그램에 무리가 없도록 해야 한다. 더불어 프로그램이 끝난 후의 효과 검증에서 기준과 방법에 관해서도 미리 고려해야 한다.

2. 성인학습의 전개과정

성인학습 프로그램을 개발한다고 함은 단위 수업을 포함한 전반적인 과정, 즉 교육과정을 계획하고 시행하며 평가하는 데 이르기까지의 모든 과정을 아우르는 것이다. 그러나 이 장에서 논의해 보고자 하는 것은 실제로 이루어지는 수업 한 시간 한 시간에 대한 설계로서 개발된 프로그램을 수업현장으로 가져와 전개시켜 나가는 과정이다. 즉, 학습자의 요구에 맞는 학습목표를 세우고 그에 맞게 선정 · 조직한 교육내용을 학습자에게 전달하며 그 효과를 평가하는 일련의 작업에 관한 논의다. 여기서는 성인학습 과정을 성인학습의 설계, 지도, 평가의 세 부분으로 나누어 살펴보고자 한다.

1) 성인학습의 설계

(1) 수업설계의 개념

수업이란 가르치는 교수와 배우는 학습이 하나의 과정으로 통합되어 교육목표를 달성해 가는 과정이다. 수업설계란 수업의 전 과정에서 예상되는 모든 결과들에 대한 계획으로서 하나의 수업과정이 성공하기 위한 최초의 작업이며 수업의 항해도를 만드는 것과 같다. 즉, 개개 학습자의 학습을 돕고 활성화할 것을 목적으로 최적의 방법을 찾아 결정하는 과정이다. 이를 통해 학습목표 달성의 성패가 가늠된다고 해도 과언이 아니다.

수업설계는 사전에 충분히 검토함으로써 폭발적으로 늘어나는 정보 중 가치 있는 학습내용을 선정할 수 있으며 효율적으로 수업진행을 가능할 수 있다. 즉, 짧은 수업시간 동안 최대의 교육효과를 얻기 위한 노력이기도 하다. 나아가 수업에서 발생할 수 있는 오류나 실패를 최소화하고 교정을 용이하게 하기 위해서도 수업설계는 이루어져야 한다.

(2) 수업설계의 변인

일반적으로 수업설계에는 과정모형과 개념모형의 두 가지 접근방법이 적용된다. 과정모형적 접근은 수업의 목표, 내용의 선정과 조직, 평가와 같은 전반적인 진행과정에 초점을 둔 것으로 Glasser가 대표적인 학자다. 개념모형적 접근은 수업절차가 아닌 수업설계의 여러 요인에 대한 분석에 초점을 두는 것이다. 수업설계의 기본적인 변인은 학습자, 학습내용, 수업방법, 학습환경의 네 가지며 구체적 하위 변인은 다음과 같다(Richey, 1986).

- **학습자 변인** : 학습자에 관련된 변인으로 학습자의 연령, 성, 문화적 배경과 같은 인종적 특성과 지능, 인지발달 수준, 신체발달 수준과 관련된

선천적 능력, 학습자가 습득하고 있는 경험적 능력, 마지막으로 태도에 관련된 가치관, 자아개념, 동기유발 수준 등이 포함된다.

- **학습내용 변인** : 인지, 정의, 운동 기능과 관련된 학습과제 유형과 주의집중력, 기억력, 전이와 관련된 정신적 활동유형, 그리고 기초 학습능력, 문화적 영역, 직업적 전문영역, 취업이나 대인관계와 같은 개인적으로 관심 두는 교과영역으로 세분화된다.
- **수업방법 변인** : 수업단위 · 수업목표와 같은 수업영역, 수업매체 · 수업과정에 대한 수업전략, 수업기술 · 수업방식을 포함하는 수업내용의 제시방법, 제시순서와 계획에 대한 수업계열화 등을 말한다.
- **학습환경 변인** : 학교수준, 산업시설, 건강진료, 지역사회, 정부기관, 외부 영향력과 같은 물리적 환경과 조직의 분위기, 시설물과 그 배치, 참여자들의 특성에 해당하는 심리적 환경 등을 말한다.

(3) 수업설계의 원리

수업설계란 수업의 기본 방향과 과정을 미리 정하는 것이다. 이를 통해 학습자의 목표가 수업의 목표와 합치되어 하나의 과정으로 태어나므로 수업에 관련된 모든 요소들이 적절히 고려되고 통합되어야 한다. 즉, 수업을 통해 성취되어야 할 목표와 구체적인 학습내용이 무엇인지, 목표를 구체적으로 실현하기 위한 방법과 자료들은 무엇인지, 목표달성에 대한 평가전략은 무엇인지를 고려하여야 한다. 수업설계의 중심원리를 살펴보면 다음과 같다(강태훈, 1997).

- 수업설계는 수업목표 달성을 최대한 보장해야 한다. 이는 수업의 최대 관심사가 수업목표 달성 정도에 귀착되기 때문이다.
- 수업설계는 학습자의 능력에 적합해야 한다. 수업설계는 학습자의 학습을 도와주는 절차와 방법을 설계하는 것이기 때문이다.
- 수업설계에는 자료의 특성이 반영되어야 한다.
- 수업설계에서는 학습자의 상황적 조건이 고려되어야 한다. 나아가 지역사

회의 물리적 조건, 심리적 조건, 시설과 학습자료 등이 고려되어야 한다.

- 수업설계는 경험의 계속성과 계열성이 유지될 수 있도록 계획되어야 한다.
- 수업설계는 융통성 있게 계획되어야 한다. 다양한 학습자들과의 상호작용 과정에서 예상치 못한 돌발 사태가 일어날 경우 즉각적으로 대처하고 그것을 효과적으로 활용할 수 있도록 충분한 융통성을 지니고 있어야 한다.

요컨대, 학습자의 특성 파악 및 수업목표와 교수방법의 적절성, 학습과정과 학습자를 효율적으로 연계시킬 교수법과 교수매체는 무엇인지를 고려하여 수업설계가 이루어져야 할 것이다.

(4) 수업설계의 과정

효율적인 학습을 위해 수업을 설계해 나가는 과정은 ① 학습목표 설정, ② 학습내용의 선정과 조직, ③ 학습지도 방법과 학습매체 선택, ④ 학습지도안 작성이다. 이를 구체적으로 살펴보면 다음과 같다.

① 학습목표 설정

- **학습목표의 개념** : 학습목표란 특정한 수업절차를 통하여 달성시키고자 하는 학습자들의 성취행동을 말한다. 학습목표 설정은 교육활동의 실질적인 내용을 결정하여 방향을 제시해 주는 이정표와 같은 것으로, 학습경험을 선정하는 데 기준이 될 뿐만 아니라 최종적인 평가의 기준으로도 작용한다. 학습자에게는 목표의식을 심어 주어 학습의 원동력으로 작용하며, 지도자에게는 수업을 전개하는 데서의 기본 지침이자 정당성을 부여하는 중요한 기능을 한다.

  학교교육에서 학습목표 설정은 오로지 교사의 몫이지만, 성인학습으로 오게 되면 이에 관련된 전문가뿐만 아니라 학습활동의 참여자도 직·간접적으로 영향을 미칠 수 있음이 큰 특징이다. 학습자의 욕구가 가장 중요한 요인이었던 만큼 학습자의 참여기회를 보장함으로써 현실적이고 실질적인 학습목표를 얻어낼 수 있을 것이다.

- **학습목표의 분류** : 수업이 적용되는 대상이나 범위 또는 내용과 특성에 따라 학습목표는 여러 가지로 분류된다. 예를 들어, 계열로 나누면 추상적 · 집단적 · 전체적 · 계속적 목표인 일반목표와 구체적 · 개별적 · 부분적 · 일시적 목표인 특수목표로 분류된다. 그리고 적용대상에 따라 단계적으로 분류하면 국가목표, 지역단위 목표, 기관목표, 프로그램 목표, 시간별 목표로 나눌 수 있다.

  가장 대표적인 Bloom(1956)의 학습목표 분류법을 보면 인지적 영역, 정의적 영역, 신체 운동적 영역으로 대별된다. 첫째, 인지적 영역은 지식, 이해력, 응용력, 분석력, 종합력, 평가력으로 세분하여 단계적으로 성장해 가는 것으로 보았다. 이는 전통적으로 학교교육에서 중시되어 온 영역들이다. 둘째, 정의적 영역은 감수성 혹은 집중, 반응, 가치화, 조직화, 가치에 의한 인격화 혹은 가치 복합의 영역으로 나누어진다. 그런데 정의적 영역은 내면화를 통해 나타나므로 단계적인 면이 불분명하다. 셋째, 신체 운동적 영역은 지각, 자세, 반응유도, 기계화, 복합적 외현 반응, 적용, 조직 등이 단계적으로 발전되어 간다.

- **학습목표의 진술** : 수업설계에서 설정된 학습목표를 정확하게 진술한다는 것은 수업의 명확한 틀을 제공하는 과정이므로 학습과정의 방향과 내용을 뚜렷하게 구체적으로 명문화해야 한다. 학습목표는 학습내용을 선정하는 것이나 지도자의 지도에 가장 도움을 주는 형태여야 하지만 지도자의 행동이 아닌 학습자의 행동으로 진술해야 한다. 실현 가능한 것을 구체적이고 명료한 행동용어로 진술하되, 내용과 행동이 이원적으로 진술되어야 한다. 그리고 하나의 목표 속에는 하나의 개념만 들어가는 단일문장으로 진술해야 한다.

  학습목표 진술에 대해 Mager(1984)는 ABCD 이론으로 설명하였다. A(audience)는 누가 학습할 것인지에 관한 대상을 분명히 하고, B(behavior)는 학습자가 성취해야 할 것을 관찰 가능한 행동으로 진술하며, C(condition)는 목표에 도달하는 데 사용되는 자원, 시간, 조건을 제시하고, D(degree)는 학습자가 목표에 도달했는지의 여부를 나타내는 기준을 명확히 함을 의미한다.

② 학습내용의 선정과 조직

학습내용이란 수업과정 중에 학습자들이 실제로 배우고 경험하는 내용 혹은 학습자와 지도자가 상호작용할 매개물을 뜻한다. 성인학습 분야에서는 학습내용이 학습자의 특성과 요구에 따라 매우 다양하므로 그 중에서 목표달성에 필요한 내용을 어떻게 가려내어 선정하고 알맞게 재배열할 것인가는 중요한 과제다.

학습내용 선정에서 그 내용을 무엇으로 보는가에 대하여 세 가지 입장이 있다. 본질주의 입장에서 교과내용으로 보는 견해와 진보주의 입장에서 학습경험으로 보는 입장 그리고 양자를 통합한 입장으로 대별된다.

간단히 살펴보면, 먼저 **본질주의 내용**은 문화내용을 영역별로 집약한 체계화된 지식인 교과서와 학습자들을 동화시키기 위해 교사에게 주도권을 맡겼다. 이에 반해 **진보주의 입장**은 교과서가 아니라 학습자가 문제를 해결하는 과정이나 경험을 학습내용으로 받아들여 학습자의 능동적 · 적극적 문제해결 과정을 중요하게 보았다. **통합적 입장**은 학습에서 내용과 과정의 양면을 겸비한 것으로써 학습을 위해서는 그 교과의 특성에 맞는 탐구절차와 탐구방식을 적용해야 함을 주장한다. 이와 같이 서로 다른 견해들에 의해 학습내용을 선정하는 기준이 달라지므로 지도자는 학습목표에 맞게 선정기준을 정해야 할 것이다.

학습내용이 선정되고 나면 학습자의 수준에 알맞게 범위를 한정시키고 배열해야 한다. 학습내용을 조직할 때 고려해야 할 여섯 가지 원리는, 첫째 중요한 개념이나 원리, 사실이 계속해서 반복되도록 배열하는 계속성의 원리, 둘째 이미 학습한 내용을 기초로 양적인 확대성과 질적인 심화성을 지녀 점진적인 발달을 가능케 하는 계열성의 원리, 셋째 학습목표를 충실하게 반영하는 타당성의 원리, 넷째 학습내용들 간의 상호연결을 꾀하는 통합성의 원리, 다섯째 학습에서 전이 가치가 높은 것을 우선에 두는 범위의 원리, 여섯째 각각의 내용들이 가지고 있는 고유한 가치를 존중해야 한다는 균형의 원리다. 그러나 성인학습은 단계적으로 구성된 학교교육과 달리 독특한 프로그램을 단기간에 마치는 경우가 대부분이므로 이러한 원리는 참고적으로 고려해 봄직하다.

학습내용은 학습목표에 따라 결정되는 것이므로 일정한 내용을 미리 확정지을 수는 없다. 다만 학습내용을 선정 · 조직할 때 고려해 볼 수 있는 것은 교육목표에서 지정한 내용으로 학습자의 필요를 충족시키는 것이어야 하며, 현실적으로 지도 가능하다면 하나의 내용을 통해 여러 가지 목표가 달성되도록 구성하는 것이 좋다.

③ 학습지도 방법과 교수매체 선택

학습목표와 내용이 선정 · 조직되고 나면 목표달성에 가장 효과적인 전달방법을 모색해야 한다. 학습지도 방법과 교수매체는 무수히 많아 모든 교수상황에 적용될 수 있는 최고의 방법이란 존재하지 않으며 하나의 목표에 대응되는 하나의 방법과 매체도 존재하지 않는다. 다만 특정 학습목표와 학습자의 특성, 학습상황에 적용되는 최적의 방법이 있을 뿐이다.

학습지도 방법과 교수매체 선택에서 가장 기본이 되는 것은 학습자의 특성을 고려하여 그들이 성취감과 만족감을 느껴 수업에 참여할 수 있게 하는 것이다. 특히, 성인학습의 경우 현장중심의 활용 가능한 기법들의 선택이 중요하다. 학습참여를 극대화하고 학습목표에 제시된 행동을 경험할 수 있는 기회가 학습방법을 통해 제공되어야 하며, 다양한 교수매체를 제시하여 학습자들이 흥미를 갖고 자기주도적인 학습이 되도록 배려해야 한다. 물론 충분한 보조시설이 마련되어야 하고, 지도자가 방법과 매체에 익숙하도록 사전에 준비해야 하는 것은 필수조건이다.

④ 학습지도안 작성

학습지도안이란 수업의 전 과정을 어떤 방법과 형태로 지도할 것인지를 사전에 체계적으로 계획한 것이다. 즉, 선정된 학습활동을 여러 조건들과 결합시켜 하나의 행동체제로 구성하여 문서화한 것이다. 학습지도안을 작성하는 이유는 수업의 목표를 철저히 인식하여 최소한의 시간과 노력으로 최대의 효과를 얻도록 수업의 방향을 제시하고자 함이다. 또한 사전 계획을 통해 학습 구성요소를 빠짐없이 다루어 전체적인 흐름 속에서 질서 있고 원활한 수업이 되도록 하는 것이며 학습현장에서 발생하는 돌발 사태에 대응하기 위한 대비책이다.

한편, 학습지도안이 학습자와 지도자의 자유롭고 활발한 학습활동 전개에 방해요인이 될 수도 있음을 내세워 무용성을 제기하는 사람들도 있다. 그러나 학습지도안은 어디까지나 계획안으로서 학습의 효율적인 진행을 위해 가변성 있게 적용할 것을 전제로 하는 작업임을 이해한다면 수업이 획일화될 것이라는 걱정은 불식될 것이다.

학습지도안 작성이 계획을 위한 계획이 되지 않도록 하기 위해 학습내용, 학습자의 요구수준, 학습경험에 맞게 현실성 있게 작성해야 한다. 학습지도안에는 예상했던 학습목표의 결과에 대해 설명하고, 이미 학습된 사항과 연결시켜 학습과정, 방법, 매체를 선택 · 조직하여 알맞은 지도기술과 함께 제시하도록 한다. 마지막으로 목표달성에 대해 적절한 평가와 다음에 이어질 학습에 대한 예고로 구성한다. 학습지도안 작성은 학습 내용과 수준, 학습상황에 따라 다소 차이가 있지만 도입, 전개, 정리의 과정 속에서 융통성 있게 작성하면 된다. 학습지도안 작성의 예를 들면 다음과 같다.

프로그램 교수-학습지도안

일　　시 :　　　년　월　일 (시간)
학습대상 :
지 도 자 :

1. 프로그램명

2. 프로그램 설정의 이유

3. 프로그램의 학습목표
   ① 이해면
   ② 기능면
   ③ 태도면

4. 전체 지도계획

차시	지도내용	학습매체	관련 프로그램
1/3			
2/3			
3/3			

5. 본시의 주안점(지도상의 유의점)

6. 본시(　/　차시) 지도안
   ① 프로그램명(대단원, 소단원)
   ② 본시의 학습목표
   ③ 학습자료 : 지도자
　　　　　　　학습자

④ 학습(지도)활동

단계	학습(지도)내용	학습활동		매체 및 지도상 유의점	시간(분)
		지도자	학습자		
도입					
전개					
정리					
평가					
차시 예고					

⑤ 판서계획(괘도, OHP, 파워포인트)

⑥ 평가계획

⑦ 수업자료

⑧ 학습자 실태조사(연령, 성, 학력, 학습 분위기 등)

학습지도안 작성에서 유의할 점은 다음과 같다.

- 프로그램 전체와 시간별 학습목표가 뚜렷이 드러나게 작성한다.
- 학습자의 실제 학습상황에 적합하고 현실 가능한 구체적인 내용으로 작성한다.
- 성인학습자의 자주성을 인정하여 그들의 의견을 수렴하는 시간을 편성해 놓는다.
- 성인학습자의 학습에 대한 긴장을 감안하여 여유롭게 시간을 구성하고 편안한 분위기가 형성되도록 오락적 요소를 가미한다.
- 지도순서를 일목요연하게 제시하며 논리적 체계성이 있어야 한다.
- 가능한 다양한 교수매체를 활용하여 수업의 역동성을 부여한다.

• 준비물과 그 활용방법을 명시하여 학습활동에 어떻게 적용할 것인지를 계획한다.
• 지도자가 직접 작성하되 지도자의 편의를 위한 것이어서는 안 된다.

2) 성인학습의 지도

성인학습 지도는 학습자가 학습목표를 효과적으로 달성하도록 실제로 학습지도 활동을 전개하는 교육과정의 핵심적인 부분이다. 또한 새롭게 개발된 프로그램에 관한 세부계획을 학습지도안에 의거하여 교수활동으로 옮기는 과정이다.

(1) 성인학습 지도원리

학습활동을 안내하고 지도하는 실제적 과정에 적용되는 지도원리는 다음과 같은 여섯 가지다.

• 자발성의 원리 : 자기활동의 원리라고도 한다. 학습자가 지도자의 강요나 간섭 없이 자발적으로 학습에 참여하게 하여 학습활동을 능동적으로 전개시켜 나간다. 전통적인 방법에서 탈피한 학습자 중심 수업으로 적극성과 창의성을 발휘하도록 지도자는 학습에 적합한 환경을 제공하는 조력자가 된다. 이는 성인학습자들의 학습참여 동기를 인정하자는 원리다.
• 개별화의 원리 : 학습자의 개인적 특성과 개인차를 토대로 그들의 요구와 능력에 알맞은 학습활동을 마련해 주어야 한다. 획일적인 대상과 내용, 방법으로 전개되는 학교교육 상황과 대별되는 것으로 성인학습 과정에서 깊이 생각해 보아야 할 원리다.
• 직관의 원리 : 직접경험의 원리라고도 한다. 사물이나 실물을 통한 직·간접의 경험을 중시한다. 말로만 이루어지는 언어주의에서 벗어나 시청각 교육이나 현장학습, 경험을 통한 학습이 이루어질 경우 흥미가 유발

되고 이해가 쉽고 빠르며 깊은 인상을 남겨 오랫동안 기억에 남게 된다. 학습자의 경험을 중시하는 성인학습에서는 자신의 경험에서 도출되는 문제해결 방식을 통해 많은 흥미를 유발시킬 수 있을 것이다.

- **목적의 원리** : 설정된 학습목표가 명확하고 학습자가 그에 대해 동의할 때 학습은 적극적으로 진행되며 조직화된다. 학습자의 입장에서는 자발적이며 적극적인 활동이 유발되며, 결과를 스스로 평가하고 그에 따라 자기 행동을 수정하여 의도한 목적에 도달할 수 있게 한다. 지도자의 입장에서는 교수활동과 평가에서의 준거로 작용한다.
- **사회화의 원리** : 학습자가 경험한 사실을 구체화하고 적절하게 재구성하는 과정을 거쳐 그가 속해 있는 사회로 투입되었을 때 적절한 사회적 활동을 할 수 있게 지도해야 한다. 사회 속에서 이미 자신의 위치를 확보하고 있는 성인학습자들에게는 사회를 보는 통찰력을 길러 주고 사회문제에 대해 올바른 견해를 갖도록 지도해야 한다. 이는 사회 속의 개인을 강조하는 것이므로 자칫 개별화의 원리와 상치될 수도 있다.
- **통합화의 원리** : 교육은 지식이나 기능보다 전체로서 통합된 전인적 인간을 만들기에 역점을 두어야 한다. 복잡한 환경에 대한 내재된 적응능력을 조화롭게 발달시키기 위해 당면한 문제들을 종합적으로 해결해 나가도록 지도해야 한다. 특히, 성인학습자들은 전문적인 지식보다 생활에 관련된 정의적인 태도와 문제해결법에 더 많은 관심을 두고 있어 통합화의 원리에 입각한 지도가 잘 이루어질 것으로 보인다.

하나의 수업에서 이상의 모든 원리들이 적용될 수는 없다. 어느 하나의 원리가 강조되면 상대적으로 다른 원리는 간과될 수도 있기 때문이다. 그러므로 프로그램에 따라 어떤 원리가 적합한가를 분별하여 상대적으로 적용해야 할 것이다.

(2) 성인학습 지도의 기술

학습지도안에서 언급했듯이 각 시간 단위는 크게 도입-전개-정리 과정으로 구성되어 단계적으로 진행된다. 그러므로 각 과정마다 목표로 하는 부분이 다르고 그에 따라 지도자가 학습자들을 배려해야 할 사항들도 달라진다. 각 단계별 지도기술을 살펴보면 다음과 같다.

① 도입단계의 지도기술

도입단계는 학습자가 해당 시간에 펼쳐질 학습활동 전반을 이해하고 학습에 대한 흥미와 의욕을 갖도록 학습풍토를 조성하는 것이 핵심이다. 그러기 위해서는 학습목표를 명확히 주지시켜 학습활동의 결과에 대해 의미를 부여해야 한다. 이런 의미에서 도입단계를 동기유발 단계라고도 하고 학습에 대한 정보를 제시하는 오리엔테이션 단계라고도 한다.

명확한 학습목표 제시를 통해 학습자의 적극적인 태도를 이끌어 내고, 성공에 대한 자신감과 그 결과의 실생활 적용에 대한 기대감을 갖도록 출발단계에서 확실한 자극을 주어야 한다. 또한 학습과정이나 전반적 일정이 어떻게 전개될 것인지에 대해 유인물 등을 준비하여 간단히 설명하고 이해를 증진시킬 수도 있다. 이를 위해 공지사항이나 행정적 서류도 미리 처리하도록 한다.

또한 부드럽고 자유스러운 분위기를 형성하여 수업에 대한 부담감을 줄여주는 것도 좋은 방법이다. 예를 들면, 지도자로부터 참가자 모두가 자기소개를 함으로써 신상감을 없애 주고 편안하게 어울리게 할 수 있다. 필요하다면 학습자에 대한 사전 조사를 실시하여 프로그램 진행에 대한 정보를 입수해 둘 필요도 있다.

② 전개단계의 지도기술

도입단계의 오리엔테이션을 통해 유발된 학습동기를 유지하면서 학습활동의 본론으로 들어가게 된다. 이 과정에서 학습지도 방법과 교수매체가 적용되어 본격적인 학습이 시작된다. 효과적인 학습지도를 위해서는 목표의식을 잃지 않으면서도 학습지도안에 얽매여 교실의 실제 상황을 놓치지 않도록 융통성을 가져야 한다.

도입단계에서 유발된 학습동기를 구체적인 학습내용으로 전이시켜 계속 유지되도록 만들어야 한다. 성인의 경우 외적 동기보다 내적 동기가 더 중요하지만, 이 두 가지는 상호작용하고 있음에 착안하여 외적 동기를 통해 내적 동기를 형성해 나가는 것이 좋다. 즉, 피드백이나 강화와 같은 외적 동기를 통해 내적으로 동기가 유지되도록 주의를 기울여야 할 것이다.

학교교육에 비해 강제성이 약한 성인학습의 경우 지적인 동기와 함께 수업의 분위기, 특히 지도자와의 관계가 학습을 지속시키는 데 상당한 영향을 미친다. 이런 점에서 지도자와 학습자 간의 친밀한 관계를 형성하고 유지하는 것이 중요하다. 개방적인 교실 분위기에서 지도자 자신의 경험을 예로 들어 수업에 활용하거나 가급적 학습자의 이름을 부르는 등의 노력으로 학습자들에 대한 적극적인 관심을 보여 주어야 한다. 이를 통해 인간적인 친밀감과 함께 학습자가 원하면 언제든지 돕겠다는 마음으로 접근해 들어가면 학습자의 지도자에 대한 신뢰도는 높아질 것이다.

모든 교육상황이 그러하지만 학습자 이해의 전제조건은 학습자의 개인차 인정이다. 성인학습자들은 이미 학습에서 그들만의 독특한 학습형태를 갖고 있음을 인정해야 한다. 성인학습자에게 학습은 무엇을 배우는가에 못지않게 어떻게 배우는가가 더 중요하다. 도입과정을 통해 파악된 학습자의 스타일을 참고로 하여 그에 맞게 접근해 들어가는 융통성이 필요하다. 그렇다고 하여 모든 학습자의 스타일에 일일이 부응할 수는 없는 노릇이지만 다양한 학습형태에 대한 인정 자체를 그 출발점으로 삼을 수 있다.

③ 정리단계의 지도기술

전개된 학습내용을 총괄적으로 정리하고 그 결과를 음미해 보는 과정이다. 이 과정에서는 학습자들이 개별 혹은 공동 작업을 통해 얻게 된 결과를 서로 교환해 보고 통합해 봄으로써 심리적인 만족감을 얻고 학습의 중요성을 부각시키는 것이 중요하다. 그러므로 이 과정에서는 수업내용을 정리하는 것 못지 않게 강화를 통해 계속 학습하고자 하는 의욕을 부여하여 다음 단계의 수업에 대한 기대를 불러일으키는 것이 중요하다.

3) 성인학습의 평가

(1) 평가의 개념

교육평가는 일반적으로 교육목적의 달성 정도를 판단하는 과정과 함께 일정한 기준을 갖고 교육활동의 효율성을 가늠해 보고 이를 통해 나타난 결과에 대한 가치를 판단하는 체계적인 과정이다(김대현, 김석우, 1998). 또한 한 개인의 어떤 특성이나 성취 결과에 대해 주어진 목적이나 기준에 비추어 그 가치나 달성도를 따지는 과정이며, 개발된 프로그램과 그 수행과정, 방법과 매체들의 타당성을 판단하는 데 필요한 정보를 얻는 과정이다. 평가는 교육과정에서 필요로 하는 학습자에 관한 사항 및 각종 정보를 체계적으로 수집하고 해석하여 그 가치를 판단함으로써 교수-학습을 위한 의사결정에 도움을 주기 위한 활동이다. 평가에 대해 차갑부(2001)는 선택 가능한 여러 가지 것들 중에서 한 가지를 선택하고, 어떤 것을 계속할 것인지 포기할 것인지를 결정하는 행위라고 보았다.

Boyle(1981)은 평가란 표준 또는 기준의 설정, 기준에 대한 증거수집, 이것을 비교함으로써 나타나는 것에 대한 판단을 포함하는 일종의 의사결정의 과정이라 보았다. 평가자는 우선 무엇을 평가할 것인지에 대한 분명한 기준을 갖고 있어야 한다. 즉, 기준이나 잣대가 결정되면 그 다음으로 증거를 수집한다. 평가할 내용이나 대상에 대한 현재의 상태, 다시 말해 실제로 어떤 상태인가를 파악하는 것으로 결국 설정된 기준과 수집된 증거를 판단하는 것이다.

학습평가는 세 가지 영역에서 실시된다. 첫째, 원래 의도하였던 학습목표가 달성되었는지를 파악한다. 둘째, 학습자의 학습지도나 생활지도에 관한 이해를 높여 줄 정보를 수집하였는지를 점검한다. 셋째, 학습목표의 타당성,

내용 선정 및 조직의 적합성, 방법의 효율성 면에서 전 과정을 검토한다. 즉, 평가라는 작업은 학습과정 전반에 걸쳐 필요한 자료를 수집하고 그에 의거해 가치를 평가하는 일련의 활동이다.

그러나 성인을 대상으로 하는 평가에 대해서는 논란의 여지가 있다. 학습결과에 대한 평가는 반드시 필요하다는 견해를 가진 사람이 있는가 하면, 성인학습에 대한 평가는 자기평가에 한정해야 한다는 목소리도 높다. 어쨌든 중요한 것은 성인학습 평가를 통해 얻은 자료는 학습자를 등급 매기기 위한 자료가 아니라 추후 동일한 프로그램을 실시할 경우에 기초 자료로 활용되어야 한다. 다시 말해, 잘못된 부분은 수정·보완하고 잘된 부분은 강화해가기 위한 자료여야 한다는 것이다. 그러므로 성인학습에서의 평가는 일반 학교의 측정방법과 달리 반응조사나 점검의 형태로 이루어지는 경우가 많다(김지자, 정지웅, 2000). 이에 이 장에서는 평가의 초점을 학습자의 목표달성보다 프로그램 시행에 대한 평가에 맞추어 서술하고자 한다.

(2) 프로그램 평가

성인학습에서 프로그램 평가란 시행된 프로그램의 설계와 실행이 효과적이며 목적한 바가 성취되었는지를 결정하기 위한 과정이다(Carrarella, 1994). 평가는 계획단계에서 추후지도에 이르기까지 계속되는 과정으로 프로그램 평가의 핵심은 프로그램의 가치를 객관적으로 판단하는 것이다. 즉, 학습 프로그램 평가는 어떤 목적달성을 위해 개발된 프로그램이 과연 가치가 있었는지를 판단하는 것이다.

평가방법 중 가장 널리 활용되는 것은 학습자의 수행 정도에 대한 시험이지만, 이 방법을 통해 성인학습의 본래 목적을 평가하는 것에는 무리가 있다. 시험을 통한 평가방법은 성인들의 학습을 도와준다기보다 점수를 산출하여 등급을 매기는 것에 더 가깝기 때문이다. 결국 성인학습 프로그램에 대한 평가는 학습자의 등급이나 서열을 매기기 위한 작업이 아니라, 개발된 프로그램의 기획에서 실행에 이르는 모든 과정에 대해 피드백을 제공함으로써 문제점을 수정하거나 프로그램의 지속성 여부를 결정하는 자료로 활용하기 위함이다(차갑부, 2000).

(3) 평가의 기능

학교교육 과정에서 이루어지는 평가의 기능은 다음과 같다(노승윤, 1996).

- **학습자에 대한 진단** : 학습자 개개인에 대한 이해의 실마리를 제공하여 각 학습자에 맞는 수업전략을 처방할 수 있게 한다. 교사들에게는 학습자의 지적, 성격적, 신체적, 사회경제적 측면을 이해시켜 주고, 학습자에게는 자기 자신을 객관적으로 볼 수 있게 해 준다.
- **학습동기 유발** : 인위적인 사회적 압력이기는 하지만 이것이 자극이 되어 학습자의 학습동기를 유발하는 긍정적인 면도 있다. 또한 결과를 통해 진보 여부를 확인시킴으로써도 동기는 유발된다.
- **교수-학습 과정의 개선** : 학습자만을 평가하는 것이 아니라 교사의 지도 방법과 교육과정을 평가·진단하여 개선하는 기능도 가진다. 즉, 교사의 수업능력과 수업전략에 대한 반성의 자료가 된다.
- **교육정치(敎育定置)** : 학습자의 능력이나 조건에 알맞게 취업이나 진학을 통해 위치를 지어 주고 배치하는 데 자료가 된다.
- **생활지도** : 학습자의 흥미와 적성, 건강, 가치관, 태도에 관한 정확한 자료를 제시하여 학습자를 이해하고 지도하는 데 도움이 된다.

물론 성인학습에서의 평가도 이상의 기능을 수행하고 있다. 그러나 학습동기 유발이나 교육정치, 생활지도보다는 학습자의 진단을 통한 교수-학습 과정의 개선에 가장 큰 주안점을 누고 있다.

Knowles(1980)는 평가의 기능을 조직활동(기획과정, 구조, 의사결정 과정, 인사, 시설, 재정, 모집, 훈련, 공공관계, 행정관리 등)을 향상시키는 것과 프로그램(학습목표, 학습자, 학습방법, 학습결과의 질 등)의 향상에 기여하는 것으로 보았다. 김용현(1999)은 평가의 목적을 프로그램이 당초 계획대로 잘 시행되고 있는지를 확인하여 다음 프로그램의 학습지도를 위한 자료를 제공하며, 관련 지역사회나 국가 발전에 얼마나 공헌하고 있는지를 밝혀 앞으로의 지역사회나 국가정책을 결정할 때 어떤 프로그램들을 강화하고 변경해야 할 것인지에 대한 판단자료를 제시해 주는 것으로 보았다. 즉, 프로그램에 대한 개혁, 수정, 폐기와 같은 의사결정에 필요한 자료를 제공하는 것이다.

프로그램 자체에 대해 평가를 실시하는 이유는 그 프로그램을 계속할 것인지 개선할 것인지를 결정하기 위한 것이다. 그 구체적인 평가내용은 다음과 같다(Phillips, 1991). ① 프로그램의 목적달성 정도, ② 프로그램의 효과(장단점), ③ 프로그램의 비용에 대한 유용성 평가, ④ 다음 프로그램에 누가 참여할 것인지, ⑤ 교육과정 중에 사용된 시험, 질문, 연습의 타당성, ⑥ 참가자의 성공도 여부, ⑦ 학습자들에게 중요한 점을 강화시켰는지, ⑧ 다음 프로그램 마케팅에 도움이 될 만한 자료수집, ⑨ 프로그램의 부족한 부분이나 잘못된 부분 해결, ⑩ 경영자 측의 의사결정 과정에 영향을 줄 기초 자료 등이다.

(4) 평가의 유형

평가에서 활용되는 평가도구들을 간략하게 정리하면 〈표 6-2〉와 같다.

이 유형들 중 프로그램 평가에 활용되는 진단 · 형성 · 총괄평가에 대해 살펴보면 다음과 같다. 진단평가는 프로그램 계획과정에서 학습자를 파악하는 자료로서 아주 유용한 역할을 하고 있다. 그리고 형성평가는 실행 중에 있는 프로그램을 개선하거나 변화시킬 때, 총괄평가는 프로그램의 결과를 파악하고자 할 때 행해진다. 특히, 형성평가는 어떤 활동을 개선하거나 장단점을 파악하여 프로그램에 적용시키기 위한 증거를 수집하고 평가하는 과정이다. 형성평가를 유용하게 사용하려면 학습활동이 이루어지고 있는 동안 정보가 수집되어 활용될 수 있어야 한다. 형성평가는 학습활동의 개선을 주된 목적으로 하기 때문에 성인교육 프로그램에서 가장 유용성이 높다고 할 수 있다. 그에 비해 총괄평가는 프로그램을 계속할 것인지 종료할 것인지를 결정하는 데 큰

〈표 6-2〉 학습과정 평가의 유형

유 형		방 법	내 용
내용	평가 영역	능력평가	무엇을 할 수 있느냐에 관심을 둔다. 예, 적성평가와 학력평가
		인성평가	무엇을 하려고 하느냐에 관심을 둔다. 예, 성격, 적응, 기질, 흥미, 태도 측정
	평가 기준	상대평가	규준지향 평가로서 집단 내에서의 상대적 위치를 파악하게 한다. 집단 속의 규준에 비교하여 상대적으로 평가되므로 그 기준은 다른 학습자들이 된다. 고교 내신평가를 예로 들 수 있다. 경쟁을 통한 외적 동기가 유발되고, 상대적 위치를 파악하게 하며, 정해진 인원을 선발하는 데 용이된다. 그러나 교육목표의 달성 정도를 파악할 수 없고, 문제의 보완 · 개선을 위한 정보수집에 한계가 있으며, 학습자의 정신건강을 해치기도 한다.
		절대평가	목표-준거 지향평가로 주어진 교육목표 달성 정도를 평가하여 결과를 타인과 비교함이 없이 그대로 기록한다. 교수-학습의 능률성을 증대시키거나 자격을 인정하고 수준을 확인하는 데 사용된다. 개인차 · 능력차를 고려하여 수업설계의 자료로 활용할 수 있다.
	평가 시기	진단평가	본 수업이 시작되기 전에 학습자의 정보를 수집하여 수업지도에 활용하고자 한다. 선수학습 능력을 파악하고, 수업목표의 달성 가능성을 예상하며, 학습자 능력에 따른 전략 수립에 활용된다.
		형성평가	수업이 진행되는 과정 중에 실시된다. 목표의 달성을 위해 정상적인 진전을 보여 주는지를 수시로 점검 · 확인하여 피드백을 제공함으로써 학습능력을 촉진시키고 수업의 질을 개선한다.
		총괄평가	수업이 끝난 후에 실시된다. 학습성과를 포괄적으로 측정하여 목표 달성도를 파악하며 학습자에게 성적을 부여한다. 학습과정의 적절성에 대한 분석에 기초가 된다.
도구	반응 양식	주관식	수험자가 답을 구상하거나 상기하여 기입하는 것으로 학습내용에 대한 종합적인 이해를 측정한다. 채점의 객관도가 떨어지며 지식 · 이해의 평가에 치우칠 수도 있다.
		객관식	제시된 답지들 중에서 선택하여 답하는 것으로 정확한 지식이 요구된다. 문항제작에 고도의 기술이 필요하며 추측에 의한 임의 선택이 가능하다는 단점이 있다.

(계속)

유 형		방 법	내 용
도구	출제방식	표준화 검사	고도로 훈련된 평가 전문가에 의해 제작되어 실시·채점·해석과정이 표준화되어 있다. 전국적 수준에서 광범위하게 실시될 수 있다.
		임의검사	필요에 따라 교사 개인이나 집단이 제작하여 실시한다. 작성절차가 간단하나 관련된 특정 집단에서만 실시 가능하다.
	평가상황	검사상황	특수한 시간과 장소에서 검사상태에 노출되어 검사를 받고 있음을 알고 있다.
		관찰상황	자연상태에서 실시되므로 검사받고 있음을 감지하지 못한다.

역할을 한다. 형성평가가 학습경험의 지속성을 위한 조건들을 다룬다면, 총괄평가는 결론을 내리는 것이다(Waldron & Moore, 1991).

(5) 평가의 절차

수업의 진행과 함께 계속되는 평가는 누구를 대상으로 어떤 방법으로 행해지든 간에 사전에 계획되어야 한다. 평가는 다음과 같은 절차를 거쳐 실시된다.

- **1단계-평가의 대상, 시기, 상황 선정** : 먼저 평가의 대상이 될 수 있는 사람은 프로그램 참가자, 교육담당자, 지원인사, 관리요원, 위원회 및 외부 전문가, 지역사회의 대표 등이다. 프로그램의 종류, 시기, 내용, 과정에 따라 누구를 대상으로 삼을 것인가를 결정한다. 둘째, 평가는 공식적·비공식적으로 프로그램 시작 전, 진행과정, 종료 후 중에서 언제 실시할 것인지 그 시기를 선정해야 한다. 마지막으로 학습목표인 행동의 증거가 나타날 수 있는 상황을 선정해야 한다.
- **2단계-평가의 목표설정** : 무엇을 위해 왜 프로그램을 평가하는지 목표가 명시되어야 한다. 즉, 평가될 내용과 행동, 그 대상과 방법에 대한 윤곽을 제시하고 평가 후의 활용에 대한 지침을 제시해야 한다.

- **3단계-평가 내용과 방법 결정** : 평가목표에 제시된 기본적인 사항을 실제로 평가할 내용과 방법을 결정한다. 평가내용은 학습내용에 따라 학습자가 습득한 지식, 이해, 태도 등이 해당된다. 학습자에 대한 평가방법으로는 지필고사가 대표적이며, 프로그램에 대한 평가로는 질문지법, 면접법, 관찰법 등이 있다.
- **4단계-평가도구 제작** : 평가모형과 평가방법이 구체적으로 적용되는 틀을 평가도구라 한다. 프로그램 자체를 평가하는 도구가 무엇이냐에 따라 평가의 정확성은 판명된다. 평가도구는 타당도, 신뢰도, 객관도, 실용도가 확보되어야 한다.
- **5단계-평가 실시 및 자료수집** : 평가를 위한 제반 준비가 이루어지고 나면 실제로 평가가 실시된다. 평가의 실시란 바로 프로그램에 대한 자료수집이다. 프로그램에 대한 자료를 수집할 때는 사전에 준비된 분명한 지시문을 갖고 편안한 상황에서 익명으로 실시해야 한다.
- **6단계-평가 결과 처리 및 분석** : 자료가 수집되면 결과를 처리하고 분석하는 작업으로 들어간다. 분석은 자료수집 전에 미리 개발한 기준에 기초하여 이루어져야 한다. 정확하고 객관적인 분석을 통해 결과의 활용 가능성을 높일 수 있다.
- **7단계-평가의 활용** : 평가 결과를 실제 학습 장면에 적용하고, 필요에 따라서는 성인학습 프로그램의 목표설정이나 과정 전체의 기초 자료로 활용할 수 있다. 활용방법은 평가도구의 역할에 제시된 내용과 같다.

(6) 평가단계의 지도 기술

앞서 살펴본 바와 같이 평가자가 평가의 기능 중 어디에 초점을 맞추어 평가를 계획하고 실시할 것인가에 따라 평가의 역할은 달라진다. 그러므로 많은 기능 중 어느 한 차원만을 강조한다면 평가의 본질적인 의미가 사라져 버릴 것이므로 유의해야 한다.

성인학습에서 평가는 학습자들의 동기를 자극하는 데 큰 작용을 한다. 즉,

점수, 리포트, 지도자의 조언이나 피드백이 학습태도에 상당한 영향을 미친다. 학습자의 동기를 자극하기 위한 몇 가지 기술을 소개하면 다음과 같다(권두승, 조아미, 2002).

- 학습자에게 계속해서 피드백을 제공한다. 피드백은 학습 결과를 제시하여 동기를 자극하고 학습자의 자기평가의 기준이 된다. 효과적인 피드백을 하기 위해서는 어떤 기준에 의한 결과를 즉각적으로 제시하되 긍정적인 방향이어야 한다.
- 평가 기준과 과제를 학습자들에게 구체적이고 명확하게 제시하여 학습자들의 자기평가, 자기조절, 자기지도가 가능하게 한다.
- 학습자들이 배운 내용을 실생활에서 적용할 수 있도록 방법과 기능 면에서 실생활과 최대한 유사한 상황을 설정하여 학습하게 한다.
- 학습자들을 평가할 때는 필기시험과 같은 단순한 형태를 뛰어넘어 자신의 장점과 지식의 다양한 부분을 점검하는 방향으로 이루어져야 한다.
- 평가기준은 학습의 핵심적인 측면을 평가하는 것이어야 하며, 학습자들이 명확하게 자기평가를 할 수 있도록 공정하고 효과적인 평가가 이루어져야 한다.
- 평가자에 의한 평가보다 자기평가를 적극적으로 활용할 수 있도록 배려한다.

3. 성인학습 지도법

1) 학습지도법의 개념

학습자의 요구와 특성에 맞추어 설정된 학습목표를 달성하기 위해서는 교수방법이 중요하다. 가르치는 교사에 중점을 두면 교수방법이나 교수법으로,

학습자에 중점을 두면 학습지도법으로 표현된다. 여기서는 성인학습자에 초점을 맞추어 학습지도법이라 하였다.

Corey(1986)는 학습지도법이란 개인이 특정한 조건이나 특정한 상황에 대한 반응으로서 목표행동을 나타내도록 학습하게 하거나 목표행동에 다가갈 수 있도록 개인을 둘러싼 환경을 계획적으로 조작하는 과정이라고 정의하였다. 또한 김상원(1996)은 학습효율의 극대화를 위한 조건형성 과정으로, 이돈희(1985)는 교육목표 달성을 위하여 주어진 수단들을 조직하고 운영하며 관리하는 과정으로 정의 내렸다. 즉, 학습지도법이란 교육목표를 달성하기 위하여 주어진 수단들을 조직 · 운영하고 관리하는 과정이라 정의할 수 있다.

그러나 지도할 대상이나 내용이 제각기 다르므로 모든 것을 충족시킬 최적의 단일 방법을 선정하려는 것은 무모한 시도다. 더군다나 학습지도 방법은 학습목적, 학습지도 형태, 학습자의 조직, 지도자와 학습자의 입장에 따라 너무나 다양한 형태가 있다. 그러므로 재단사가 사람에 맞추어 옷을 재단하듯이 프로그램과 학습상황, 학습대상을 배려하여 최선의 방법을 찾는 노력이 필요하다.

기존의 학교교육에서 활용되는 다양한 교수법들이 성인학습에서도 적용된다. 그러나 성인학습의 목표, 성인학습자가 갖고 있는 개인적 경험, 실생활에 대한 문제, 사회적 요구 등을 주요 변인으로 고려하여 기존의 교수법들을 가져오되, 형식적인 이론에서 벗어나 실생활 중심의 내용으로 사율성과 융통성을 기저로 접근해 들어가야 할 것이다.

2) 학습지도법의 선정기준

앞서 밝힌 바와 같이 학습목표 달성을 위한 유일한 방법은 존재하지 않는다. 더욱 효과적인 학습지도가 되기 위해 학습목표가 무엇인지, 인지 · 정의 · 운동기능 중 어떤 영역에 초점을 두고 있는지, 집단의 규모는 어떠한지, 그 속에서 학습자의 참여도는 어느 정도인지를 고려하여 학습지도 방법을 선정해야 한다. 나아가 학습시간이나 비용, 공간 · 시설 등의 경제성도 고려해야 하며, 지도자의 교수법에 대한 활용능력도 중요한 기준이 된다.

권두승(2000)은 학습지도법 선택에서 ① 목표달성에 효과적인가, ② 제공되는 내용의 질과 양에 적절한가, ③ 교재 · 교구의 이용이 가능한가, ④ 지도자 및 참가자의 경험 · 능력에 비추어 적합한가, ⑤ 참여의 효과를 높이기 위하여 둘 이상의 방법을 혼용하는 것이 가능한가, ⑥ 집합적인 방법과 개별적인 방법의 상호교류가 가능한가에 특히 유념하라고 권고한다.

임창재(2000)는 수업상황에 맞는 학습지도법의 선정기준으로 ① 지도자의 능력과 지식, 흥미에 적합한지, ② 학습자의 능력이 발휘될 수 있는지, ③ 의도하고 있는 교수형태에 지식, 기술, 가치 등을 맞추었는지, ④ 수업 시간과 장소를 고려하였는지, ⑤ 현재의 교과에 적합한지, ⑥ 학습자의 수에 적합한지, ⑦ 학습자의 흥미, 경험에 적합한지, ⑧ 학습자와 교과내용과 맞는지, ⑨ 학습자의 학습양식과 지도자의 교수양식에 일치하는지를 고려할 것을 권고하였다.

〈표 6-3〉은 김용현(1999)이 도표화한 교수-학습 방법의 선정기준으로 사용될 수 있는 내용들이다.

학습목표 달성에 알맞은 학습지도법 선정의 중요성은 아무리 강조해도 지나치지 않다. 학습지도법 중에는 경우에 따라 최적의 방식이 될 수도 있지만 다른 목적에는 전혀 부합되지 않는 경우도 있으므로 모든 내용을 전달하고 이해시키며 습득시키는 유일한 최적의 지도방법이란 존재하지 않음을 명심해야 한다. 또한 지도방법 자체의 효율성이 높다 하더라도 구체적인 학습목표 달성에 기여하지 못한다면 하나의 수단으로 전락될 수도 있다. 그러므로 학습목표에 비추어 지도방법을 살펴보아야 할 것이다. 마지막으로 한 가지 학습지도법이 때로는 여러 목표를 충족시킬 수도 있고, 반대로 하나의 목표를 달성하기 위해 여러 방법들을 동시에 적용시켜야 할 때도 있다. 이를 주지하여 성인학습 지도자는 모든 학습지도법을 섭렵하여 융통성을 가지고 적용시켜 나가야 하겠다.

〈표 6-3〉 학습지도 방법 선정에서 고려되어야 할 요인

요인 \ 방법	강의	개인 교수	시범	집단 토론	가정 교사	게임 · 시뮬레이션	프로그램학습	세미나	프로젝트	워크숍	사례 연구
정보전달	+	+			+		+				
문제해결 촉진		+		+	+			+	+		+
기능훈련	−		+		+	+			+	+	
태도변화				+	+			+	+		+
피드백 제공	−	+	+	+	+	+	+			+	
교사의 통제	+	+	+		+		+		−		
학습자 활동	−	+	+	+	+	+	+	+	+	+	+
학급규모	+	+	+		−		+			−	
개인차 인정		+			+		+				
준비의 용이성	+	+		−	−		−	−	−	−	−
강의시간	+	+		−				−	−		
이용 가능 사원	+	+		+				+	−	−	

+ (이익), − (한계)

3) 학습지도법의 형태

성인학습을 효율적으로 이끌어 줄 지도법의 형태는 너무나 다양하여 몇 가지로 정리한다는 것이 쉽지 않다. 학자들에 따라 몇 가지 기준으로 그 방법들을 분류하기도 하는데 학습자의 참여 정도에 따라 교수중심과 학습자 중심 형

태로 나누기도 하고, 학습영역에 따라 지식중심, 태도중심, 운동기능 중심으로 분류하기도 하며, 학습대상을 조직하는 방식에 따라 개인학습과 집단학습으로 나누기도 한다.

여기서는 그 형태를 따로 분류하지 않고 성인학습에 실제적으로 적용할 수 있는 대표적인 형태들을 뽑아 간단하게 정리하였다. 지도형태에 대한 자세한 탐구를 위해서는 보다 전문적인 교재를 참고하기 바란다.

- 강의법 : 지식전달에서 일반적으로 행해지는 가장 오랜 전통의 교수기법이다. 이는 전문가가 학습자를 대상으로 지식과 정보를 체계적으로 전달하는 교사중심 학습법이다. 장점으로는 학습자가 교재에 관한 충분한 예비 지식이 없을 때 체계적으로 지식을 전달하는 데 유리하다. 또한 계열성을 가진 지식을 개관해 주고 문제의 배경을 설명하는 등 전체 내용의 관계를 명확히 해 줄 수 있다. 더불어 짧은 시간에 많은 내용의 전달이 가능하여 시간이 절약되고 집단원이 너무 많아 토의가 불가능할 경우에 유리하다. 그러나 교사의 활동이 지배적이라 학습자들의 활동을 저해하여 자칫 수동적으로 만들어 흥미를 잃게 할 수 있다.

  그러므로 성인학습자를 대상으로 하는 경우 교과서 이외의 시청각매체를 함께 사용하며, 성인의 현실생활과 관련된 예를 들어 설명하여 의욕을 이끌어 내야 한다.
- 문답법 : 진리는 전달되는 것이 아니라 문답을 통해 발견되어야 한다는 '산파법' 에서 출발하였다. 이는 문답형식에 의해 학습자 스스로가 자발적으로 인식을 깊게 하도록 하는 방법이다. 일반적으로 강의법과 병행하여 쓰이는데, 적은 인원이 모두 참여할 수 있을 때 효과를 보장받을 수 있다.

  질문은 일단 구성원 전체에게 기회를 주되 학습자의 경험이나 지식의 범위 내에서 출발하여 흥미를 끄는 질문을 던져야 한다. 강의내용에서 이탈되지 않게 한 번에 하나의 질문을 하고, 학습자 상호간의 질의응답도 촉진해야 한다. 학습자들의 답과 질문에 대한 사전 계획이 필요하며, 합리적이고 융통성 있는 자세를 가져야 한다.

- **토의법** : 문답법을 개선 · 발전시킨 것으로 비교적 다수인 집단에서 집단사고에 의한 원만한 해결방식을 찾을 때 활용된다. 학습자 상호간에 지식이나 경험의 교환을 통해 교육목적을 달성할 뿐만 아니라 사회성도 더불어 증진시키는 방법이다. 토의과정은 지식의 습득보다 사회적 태도나 객관적인 의견을 종합하는 것에 중점을 두고 있다. 그 형태를 세분화하면 다음과 같다.

  첫째, 원탁식 토의는 10명 내외의 인원이 원탁에 자유롭게 둘러앉아 토의하는 방식이다. 둘째, 배심토의는 토의에 참가할 대상이 많을 경우 서로 상반된 견해를 가진 직접 참가자 4~5명을 선정하여 배심원으로 하고 나머지 참가자들은 청중으로 한다. 셋째, 공개토론은 1~2명의 연설자가 주어진 시간 내에 공개연설을 하고 그 내용을 중심으로 청중과 질의 응답하는 형태다. 넷째, 심포지엄은 강단식 토의라고도 하는데 전문가의 강연과 청중의 토의로 이루어지며 양자가 모두 전문가로 구성된다.

  토의법의 장점은 집단 속에서 자신의 의사를 명백히 밝힐 수 있고 다른 사람의 의견을 존중하는 민주적 사고와 비판력을 기르게 된다. 또한 집단사고를 통해 광범위한 정보를 획득할 수 있다. 하지만 발표내용보다 발표자에 중점을 두어 감정적으로 받아들이게 되거나 형식적인 참여로 방관적 태도를 보일 가능성이 있으며 소수의 의견이 경시될 수도 있다.

  토론법에 익숙하지 않은 성인들이 많으므로 즐거운 분위기에서 동기가 형성되고 주제가 충분히 논의될 만큼 시간적 여유를 주어야 한다. 토론의 결과를 통해 학습효과를 얻을 수 있도록 반드시 정리와 발표의 시간을 갖도록 한다.

- **Buzz 학습법** : 와글와글 학습법 혹은 6 · 6 학습법으로도 불리는 소집단 토의법이다. 다수의 학습자가 참가하는 일제 토의에서는 특정한 발언자들의 토의가 되기 쉬우므로, 생활과 관련된 하나의 테마에 6명 정도로 구

성된 소집단이 6분간 토의한 결과를 전체에서 발표하는 형식이다. 적은 인원 수로 발언기회가 많고 심리적인 긴장감이 적은 장점이 있으나, 집단 사이에 분열이 오거나 집단 견해에 의해 개인의 의견이 무시될 수 있으므로 주의해야 한다.

- 브레인스토밍 : 그룹 전체에 잠재되어 있는 아이디어를 개발하여 문제해결을 시도하는 방법으로 사전에 어떤 것을 계획할 때 활용된다. 학습자들의 창조력을 촉진시키고 학습 참여도를 높여 주는 방법이다. 구체적인 문제에 대해 12~15명 정도의 인원이 창의적인 사고를 자유롭게 제시하여 그 속에서 다양한 해결방법을 찾아낸다. 이때 자유로운 분위기에서 상대의 의견에 대해 비판하지 말고 진지하게 받아들이도록 지도한다.
- 문제해결 학습법 : 실제적 상황을 이용하여 만든 문제상황을 제시하고 그 해결과정을 통해 학습자들의 문제해결 능력을 함양시키는 방법이다. 이는 사례연구법으로도 불린다. 실제의 문제가 다루어짐으로써 교육을 받은 후 자신의 실생활로 돌아갔을 때 응용이 용이하며, 문제해결의 근원적인 방법을 터득할 수 있으며, 학습자들끼리 토의함으로써 사고, 관점, 가치관의 차이를 파악하고 견해를 넓힐 수 있다.

  그러나 수업 전에 사례에 대한 사전 이해가 필요하므로 동기를 부여해야 하고, 사례들이 일반적 상황이 아니므로 보편타당한 합의점 도출이 어려울 경우의 중재방법을 갖고 있어야 한다.
- 구안법 : 마음속에 생각하고 있는 것을 구체적으로 형상화하고 실현하기 위해 자기 스스로가 계획을 세워 수행하는 학습방법이다. 사태해결이라는 측면에서는 문제해결 학습법에 속한다. 하지만 문제해결 학습법이 반성적 사고를 중시하는 반면에 구안학습법은 구체적 결과를 얻기 위한 실천력이 강하며 더욱 현실적이고 물질적인 장면에 활용되는 것이 서로 다르다. 활용을 위해서는 모든 학습자가 흥미를 지닌 문제를 제시해야 하며, 해결에 필요한 재료나 도구를 사전에 준비해 두어야 한다.

- **독서법** : 개인학습의 대표적인 방법으로 오랜 역사를 가졌으며 영상미디어 시대인 지금도 중요한 위치를 차지하고 있다. 전적으로 책을 통해 지식이나 이해를 얻는 방법으로 이해력과 주의집중력을 가지고 있는 성인학습 집단에서 활용하기에 좋다. 이 방법은 학습자들이 많은 양의 내용을 효과적으로 접할 수 있다는 점에서 유용하다. 강의법을 통해 전달하기 어려운 복잡하고 정밀한 이론의 전달과 이해에 효과적이며 언제 어디서나 이용할 수 있는 장점이 있다.

  독서법을 활용하기 위해서는 삽화나 도표 등을 관련시켜 흥미를 일으키고, 학습자들이 새로운 차원의 문제나 결과를 또 다른 것에 적용할 수 있도록 치밀하게 계획을 짜야 하며, 독서를 하되 핵심을 놓치지 않도록 도와주어야 한다.
- **프로그램 학습법** : 학습이론가 Skinner의 이론을 기초로 발전된 것으로 학습자의 개인차와 학습 능력차를 인정하여 목표에 이르는 과정을 작은 단계로 나누어 어떤 학습자든지 통과할 수 있도록 구성한 학습방법이다. 스몰 스텝(Small step)의 원리, 적극적 반응의 원리, 피드백 원리, 개별화의 원리, 학습자 검증의 원리를 기초로 하고 있어 학습자들이 자신의 속도로 학습해 나가며 그 자리에서 바로 결과를 알 수 있는 것이 장점이다.
- **역할 연기법** : 다른 사람의 역할을 직접 맡아 경험해 봄으로써 자신과 타인을 이해하고 그 속에서 문제를 밝혀내고 해결하며 그 결과를 논의해 보는 형태다. 실생활에서 부딪히고 있거나 닥치게 될 것으로 예상되는 여러 가지 다양한 문제나 인간관계를 사전에 연습해 봄으로써 대비하는 것이다. 역할 연기법은 학습자의 흥미를 자극하면서 자신에 대해 객관적인 시각을 갖게 하고 사물을 다각도로 바라볼 수 있게 한다. 또한 예상되는 문제를 미리 연습해 봄으로써 불안감을 줄여 주어 자신감을 갖게 한다.
- **시범** : 어떤 기능이나 작업과정을 학습 · 검토시키기 위해 필요한 동작을

지도자가 직접 보여 주거나 각종 시청각매체를 통해서 학습자들에게 보여 주는 방법이다. 사회가 직면하고 있는 문제라든가 과학기술의 발전상황, 산업체에서의 작업과정 등을 학습상황에서 생생하게 볼 수 있도록 해 준다. 시범을 보일 때는 시설이나 기구에 대해 잘 알고 있어야 하며, 복잡한 것은 여러 번 반복해 주고, 중요한 부분은 자세히 설명을 첨가하여 설명한 후 즉시 그것을 연습해 볼 기회를 부여해야 한다.

- 견학 : 공장이나 산업체 등 실생활과 관련된 장소에 직접 방문하여 필요한 정보를 얻게 하는 교육법이다. 실제 작업상황에서 수행되는 일을 직접 관찰하고 관련 전문가들과 대화를 나누므로 실질적인 정보를 얻을 수 있다. 학습목표와 학습자의 흥미와 필요를 고려하여 장소를 설정하되 견학갈 곳과의 사전 협의는 필수조건이다. 견학에 앞서 학습자들에게 견학의 목적을 주지시키고 준비된 자료를 통해 주의를 기울이거나 유의해야 할 사항들을 알려 준다.

4. 교수매체 및 학습환경

1) 교수매체

학습목표가 명확히 제시되고 그 목표를 달성하기 위한 학습내용이 구성되면 어떤 방법과 수단으로 목표를 달성할 것인지에 관해 고려해야 한다. 이때 수업자료를 적절히 활용하여 학습자의 흥미를 유발함으로써 수업효과를 극대화할 수 있다. 과학기술의 발달로 새로운 시청각 매체들이 등장함으로써 활용법이 나날이 변화되고 있으므로 이에 대한 정보수집과 활용방법 습득이 성인학습 지도자에게 중요한 과제가 된다.

(1) 교수매체의 개념

교수매체란 갖고 있는 정보를 어떤 방법과 수단으로 전달할 것인가에 대한 답이다. 이는 수업의 매개체라는 뜻으로 수업목표를 실현시키기 위해 교사와 학습자 간 또는 학습자 상호간에 정보를 전달할 때의 수단이나 매개체로 학습 커뮤니케이션 과정에 동원될 수 있는 모든 매체를 말한다. 또한 교수매체란 교수활동에 필요한 일련의 사항을 학습자들에게 조직적으로 전달하기 위해 사용되는 모든 통신혁명의 산물들이다(이화여자대학교 교육공학과, 2002).

매체를 뜻하는 'media'는 'medius'에서 나온 말로 between의 의미를 가진다. 즉, 송신자와 수신자 사이에서 정보를 전달하고 이어 주는 것으로 교수에 사용되는 일체의 모든 자료를 말한다. 그러므로 학습에 자극을 부여하고 상호작용을 촉진하여 학습성취를 도와주는 모든 인적 · 물적 자원, 즉 교수자, 교재, 칠판 등은 물론 학습환경까지도 포함된다.

종래에는 교수매체를 좁은 의미로 한정시켜 수업내용을 명확히 이해할 수 있도록 도와주기 위해 사용하는 모든 기계나 자료로 파악하였다. 그러므로 시청각기재, 시청각교재, VTR, 영사기, 컴퓨터와 같은 하드웨어는 물론 필름, 테이프, 디스크 및 컴퓨터 프로그램 등의 소프트웨어가 그 대상이었다.

그러나 현대에 들어와 교육공학의 개념이 바뀌면서 매체에 대한 시각도 보다 넓어지게 되었다. 즉, 보조자료라는 협의의 개념을 탈피하여 교수-학습 과정에서 교수목표를 달성하기 위해 학습자와 교수자 간에 사용되는 모든 수단을 교수매체로 보는 광의의 개념이 점차 지배력을 얻어가고 있다. 다시 말해, 교수매체를 시청각기재와 교재뿐만 아니라 인적 자원, 전달하는 메시지의 내용, 학습환경, 시설 등을 모두 포괄하는 종합적인 개념으로 보게 되었다(이화여자대학교 교육공학과, 2002).

(2) 교수매체의 역할

교수-학습 과정에 교수매체를 활용하는 것이 효율적일 것이라는 견해는 오래 전부터 인식되어져 왔지만 실제적으로 교육 프로그램에 수용된 것은 그리 오래되지 않았다. 사실상 최근에 들어와서야 주의 깊게 설계된 질 높은 교수매체가 직접적인 수업의 수단으로 사용되면서 매우 긍정적인 결과를 보여 주고 있다.

Kemp와 Smellie(1989)는 교수-학습 과정에 대한 교수매체의 기여도를 여덟 가지로 보았다. ① 교수활동이 보다 표준화될 수 있다. ② 학습자의 주의를 끌어 보다 즐겁게 가르칠 수 있다. ③ 학습을 상호작용적으로 만들어 준다. ④ 교수에 소요되는 시간을 줄여 준다. ⑤ 지식을 분명히 전달할 수 있어 학습의 질을 높여 준다. ⑥ 학습자가 편리한 시간과 장소에서 학습할 수 있다. ⑦ 학습자들이 배우는 것과 학습과정 자체에 대해 긍정적인 태도를 갖게 한다. ⑧ 교사의 역할변화를 가져왔다.

이와 같이 교수매체가 수업에 활용될 경우 얻게 되는 장점은 많다. 이러한 교수매체의 역할을 정리하면 다음과 같다.

- 학습자들에게 동일한 정보를 제시하고 받아들이게 함으로써 학습과정을 표준화한다.
- 단편적으로 제시되는 지식들을 조직화하고 모호한 내용을 확실히 해 줌으로써 수업의 질을 개선시켜 준다.
- 특수효과 사용을 통해 학습자들의 주의집중도를 높이며 흥미를 부여해 줌으로써 학습에 대한 동기도 높여 주고 깊은 인상을 남겨 학습효과를 오래 지속시킬 수 있다.
- 교수매체를 직접 제작하는 기회를 가져 봄으로써 학습이 활발해지며 상호작용도 많아져 학습경험을 확대시키고 심화시킬 수 있다.
- 교사 역할에 변화를 가져올 수 있다. 즉, 같은 내용을 반복 설명하는 부담을 덜어 주고 언어적 설명을 줄여 주며 절약된 시간을 통해 학습자와 접촉할 수 있는 시간을 마련할 수 있다.

교수-학습 과정에서 교수매체가 어떤 기능을 발휘하며 역할을 해내는지 살펴보았다. 매체의 개념이 변화된 것과 같이 종래에는 주로 가르치고자 하는 내용을 어떻게 효과적으로 전달할 것인가에 관한 교수의 측면이 강조되었다면, 앞으로의 매체는 학습자의 학습 폭을 어떻게 넓혀 줄 것인가에 관한 학습의 측면이 더욱 강조될 것이다.

(3) 교수매체의 선정기준

교수매체는 적절한 선택기준을 마련한 다음 그 기준에 따라 매체를 검토하여 적합한 것을 활용하게 되는데, 적절한 것이 없을 때는 지도자가 직접 제작하는 노력도 필요하다.

먼저 교수매체를 선정하기 전에 생각해 봐야 할 전제조건이 있다. ① 학습자의 특성, 즉 학습자의 욕구에 적합한지, 목표달성에 도움이 되는지, ② 학습과제의 특성을 고려하여 실시하고자 하는 수업이 실제 환경과 얼마나 유사한지, ③ 각 매체의 장단점과 어떤 매체를 활용하는 것이 그 프로그램을 이행하는 데 실제적인지, ④ 매체를 사용하는 데 드는 설비 및 매체의 구입가격이 적절한지를 따져 보아야 한다.

이상의 전제조건을 기준으로 하여 교수매체를 선정할 때 Dale(1969)의 기준을 적용해 볼 수 있다. ① 표현하고자 하는 생각을 올바르게 전달하고 있는지, ② 학습에 의미가 있는 내용을 부여하고 있는지, ③ 학습자의 연령, 지능, 경험에 비추어 적절한지, ④ 물리적 조건은 만족할 만한지, ⑤ 활용에 도움이 될 교사 지침서가 있는지, ⑥ 학습자의 사고력을 촉진하고 비판력을 기를 수 있는지, ⑦ 사용에 따르는 시간, 비용, 노력 면에서 가치가 있는지를 살펴보아야 한다.

Gerlach와 Ely(1980)는 매체 선택에서 우선 학습목표를 행동적으로 다루어 행동목표 하나하나를 검토해 나가야 할 것을 강조하면서 다음과 같은 선택의 기준을 제시하였다.

- 주어진 과제에 적합한 매체인지의 적절성 : 교수자가 무엇을 가르치려 하는지가 명확해지면 목표달성을 위한 수단이 적절하게 선택되었는지를 살펴봐야 한다.
- 난이도: 학습자의 지적 수준에 적합한지를 따져야 한다.
- 학습의 효율이나 능률이 그 비용에 상응하는지의 경제성 : 매체 선택에 따른 예산문제와 관련하여 적은 비용을 통해 최대의 효과를 얻도록 선택해야 한다.
- 이용가능도 : 필요할 때 그 매체를 즉시 이용할 수 있어야 한다.
- 질적 양호성 : 학습자들이 읽고 보고 듣기에 적당한가를 살펴보아야 한다.

(4) 교수매체의 선정과정

교수-학습 과정에 적절한 교수매체를 선정하기 위해 거치게 되는 과정은 ① 프로그램의 성격 결정, ② 전달방법 결정, ③ 학습특성 결정, ④ 초기 학습매체의 선정, ⑤ 매체의 특성 분석, ⑥ 매체의 선정으로 정리할 수 있다.

1996년 Heinich, Molenda, Russell, Smadino는 공동연구를 통해 교수-학습 과정에서 교수매체를 효과적으로 활용하기 위해 'ASSURE' 모형을 고안하였다. 이는 6개의 단계로 이루어져 있는데 교육현장에서 직접적인 적용과 실천이 가능한 모형으로 인정받고 있다. 각각의 단계를 구체적으로 살펴보면 다음과 같다(주영주, 최성희, 1999).

- 1단계-학습자 분석(Analyze learners) : 학습자의 연령, 학력, 직위, 적성, 문화, 사회경제적 배경과 같은 일반적 요인과 학습자의 출발점을 분석한다.
- 2단계-목표진술(State objectives) : 가능한 자세하게 학습을 마친 후에 학습자의 행동을 진술하여 교사가 무엇을 가르칠지, 학습자로서는 무엇을 성취해야 할 것인지를 파악하게 한다.
- 3단계-교수방법, 매체, 자료의 선정(Select methods, media and

materials) : 교수내용을 제시하는 형태인 교수방법을 선정하고, 매체가 가지는 각각의 특성을 파악하여 목표에 부합되는 매체를 선택하게 된다. 자료 선정에서는 기존의 자료를 활용할 것인지, 수정·재편집할 것인지, 완전히 새로 제작할 것인지를 결정해야 한다.

- 4단계-매체와 자료의 활용(Utilize materials) : 활용 전에 지정된 장소에서 미리 시사해 보고 제시 순서를 정하며, 수업을 전개할 주변 환경을 정비하고 학습자의 주의를 집중시킨 후에 교수자료를 제시한다.
- 5단계-학습자의 참여유도(Require learner participation) : 학습내용을 일방적으로 전달할 것이 아니라 학습자가 학습과정에 능동적으로 참여하도록 촉구하여야 한다. 그 방법으로는 질문을 하거나 필기를 시키거나 직접 수행·제작하게 하는 방법이 있다.
- 6단계-평가와 수정(Evaluate and revise) : 이 과정은 마지막 단계기도 하지만 지속적인 매체 활용을 위한 시발점이기도 하다. 평가방법으로는 학습자의 성취도를 측정하거나 교수매체의 효과를 평가하고, 교수-학습 과정에 대한 평가를 통해 수정하고 다음 학습을 준비한다.

(5) 교수매체의 종류와 활용

교수매체를 넓은 의미에서 교수-학습 과정에서 사용될 수 있는 모든 매개체로 본다면 교수매체의 종류는 너무나 다양하여 유형화한다는 것이 쉽지 않다. 예를 들어, 주영주 외(1999)는 인쇄자료, 실물자료, 그래픽 자료, 청사진 자료, 청각자료, 동사진 자료, 컴퓨터 자료, 멀티미디어 자료로 구분하였다. 대표적인 학자들의 분류법을 정리하면 〈표 6-4〉와 같다.

여기서는 교수매체들을 비투사매체, 투사시각매체, 청각매체, 시청각매체로 유형화하여 설명하고자 한다.

〈표 6-4〉 교수매체의 분류

유 형	방 법	내 용
Knox	인쇄	서적, 잡지, 신문, 소책자, 요약문, 주해목록, 프로그램화된 서적, 개요서, 체크리스트
	시각	슬라이드, 차트, 다이어그램, 칠판, 융판, 플립차트, 설계도, 지도, 포스터, 사진
	청각	라디오, 레코드, 오디오테이프
	시청각	영화, 슬라이드 테이프, TV, 비디오테이프, 컴퓨터 소프트웨어, 연극
	시뮬레이션	컴퓨터 시뮬레이션
	예증	견본, 디오라마, 작품모형, 실물 크기의 모형
Bruner	대리 경험물	영화, TV, 줄사진, 녹음테이프, 서적
	모형물	실험, 연시, 차트, 모형
	극화물	기록영화(다큐멘터리), 교사
	자습물	교수기계
Gerlach와 Ely	실물	인물, 사건, 견학-오감을 이용한 정보 획득
	언어표현	인쇄물 외에 영화, TV, OHP, 슬라이드, CAI에 나타나는 문자언어와 녹음자료의 음성언어
	도식표현	도표, 그래프, 지도 등의 교과서, 게시판, 슬라이드, TP자료
	사진	사진, 서적의 삽화
	동화	영화, TV, 비디오 녹화 등으로 움직임을 재현한 것
	녹음	테이프, 전축, 영화의 사운드 트랙에 의한 녹음, 라디오
	학습 프로그램	교재, 티칭머신, CAI용 프로그램
	시뮬레이션	시뮬레이션에 의한 훈련, 교육용 게임

① 비투사매체

전기나 광학적 작용 없이 직접 학습에 활용하는 것으로 대부분 간편하고 경제적이라 수업현장에서 많이 활용되고 있다. 그러나 자칫하면 시각에만 의존하게 되거나 단조로운 제시방법이 될 수 있음에 유의해야 한다.

- **교과서와 인쇄자료** : 교실상황에서 가장 큰 비중을 차지하고 있는 것으로 대부분의 수업이 교과서를 기준으로 하여 이루어진다고 해도 과언이 아니다. 핵심적인 내용을 다루고 있는 교과서는 많은 지식을 전달해 주지만 단조로우므로 다른 매체와 함께 사용하는 것이 좋다.
- **칠판** : 교육현장의 으뜸가는 전용매체로서 시각적 자료를 간단하게 제시해 주는 가장 근본적인 매체다. 사전에 판서계획을 세워 학습자의 시야를 가리지 않도록 해야 한다. 다른 매체에 비해 저렴하고 쉽게 사용할 수 있으나 많은 양의 자료를 취급하기 어렵고 영구 보존이 불가능하며 세부적인 그림 제시가 어렵다.
- **융판과 자석판** : 융판은 베니어판에 융을 덮어 만든 것이고, 자석판은 엷은 칠판에 자석이 붙을 수 있도록 제작한 것이다. 그 위에 그림이나 문자, 숫자를 임의로 붙여서 사용하는 것으로 특별한 기계적 조작이 없이 시각에 호소하는 교재로 제작이나 활용이 쉬우며 순서에 따라 내용을 제시할 수 있다.
- **게시판** : 고정 게시판, 벽면, 기타 공간을 이용하여 환경미화, 학습자의 학습촉진, 생활태도 지도, 정보 제공 등에 목적이 있다. 시각적 통신 수단이어서 읽기 위한 자료라기보다 보기 위한 자료이므로 자연적으로 시선과 흥미를 끌도록 제작해야 한다.
- **실물** : 가공하지 않은 자연상태의 교수자료로 주변의 모든 사물이 해당된다. 실물은 실제적인 물체이므로 학습자들이 쉽고 정확하게 이해할 수 있다는 특징을 갖고 있다. 그리고 오관을 통하여 직접 경험할 수 있기 때문에 학습자들에게 사실적이고 생생한 경험을 제공할 수 있다. 그러나 내부를 관찰하기 어렵고, 크기 제한이 있으며, 시간과 시기에서 제약이 있다.
- **표본** : 실물의 일종으로 자연상태가 아닌 가공상태로 보존된 것을 말한다. 즉, 실물 그대로의 모습을 유지하면서 학습의 편의를 위하여 가공되고 분류하여 보관해 놓은 매체다. 예를 들면, 광물표본, 식물표본, 동물

표본과 같이 실물과 마찬가지의 구체적이며 직접적인 경험을 학습자에게 제공할 수 있다. 가능한 실물의 형태를 보존하도록 해야 하며, 여러 각도에서 채취하여 실물의 어느 부분인지 알려 주고 실물과의 크기 차이를 제시해야 한다. 또한 표본의 상태를 장기간 유지할 수 있도록 조치를 취해야 한다.

- **모형** : 실물상태에서 관찰하기 어려운 교수자료를 관찰 가능하도록 실물을 가공해 놓은 입체자료다. 예를 들면, 지구본, 미생물이나 원자구조 등이 해당된다. 시 · 공간을 초월할 수 있으며 내부구조와 작동원리를 보여 줄 수 있다. 확대 · 축소, 분해 · 조립, 생략 · 편집이 가능하여 사물의 원리를 이해하기에 용이하다. 학습자 전원이 볼 수 있을 만큼 커야 하며 직접 만져 보고 조작해 볼 수 있는 기회를 제공하여 구체적인 경험을 쌓을 수 있게 해 주어야 한다.
- **사진 및 그림** : 학습내용을 정지된 모습으로 표현하여 오랜 시간을 두고 관찰하는 데 유리한 매체다. 사진은 정지 화면이기는 하지만 비교적 생생한 모습을 전달할 수 있다는 장점을 갖고 있으며, 그림은 어떤 현실을 효과적으로 압축하고 간결한 모양으로 바꾸어 표현할 수 있는 특징을 갖고 있다. 자료의 복사 및 확보가 비교적 쉬워 널리 활용되고 있다. 동일한 것을 동시에 제시할 때는 실물환등기를 사용하는 것이 좋으며, 제시 시간을 조절하여 수업의 흐름이 깨지지 않도록 주의해야 한다.

② 투사 시각매체

전기나 광학적 기기에 빛을 통과시켜 나타난 스크린 화면을 통해 학습자들이 동시에 학습하게 하는 매체다.

- **슬라이드** : 사진기로 촬영된 슬라이드용 필름을 한 장씩 떼어 마운트를 씌운 것으로 움직이지 않는 화면을 슬라이드 프로젝터를 통해 확대 · 투영하는 것이다. 다수의 학습자에게 동일 경험을 제공하며, 제작이나 복

제가 간단하고 비용이 저렴하고 활용이나 관리가 간편하다. 독립적으로 작성되어 순서를 바꿀 수 있으며, 테이프에 설명을 녹음시켜 패키지로 활용할 수도 있다. 반드시 슬라이드용 필름을 써야 하며 암막장치가 필요하다.

- **필름 스트립** : 어떤 일정한 단위의 학습내용을 35mm 필름에 순서대로 담은 것으로 필름 스트립 환등기를 통해 암막장치에 투영시킨다. 단계적이면서 연속적인 학습내용을 제시할 때 유용하다. 이 또한 활용이나 관리가 간편하다.
- **TP와 OHP** : 교사가 작성한 TP 교재를 OHP를 통해 교사의 머리 위로 투사시키게 된다. 사용이 간편하면서도 활용에 융통성이 있고 가격이 저렴하여 널리 활용되고 있다. 학습자와 마주 앉은 자세에서 자료를 제시할 수 있으며, 분해 · 합성이 가능하여 구조를 설명하는 데 유리하다. 학습자의 직접 제작이 가능하여 동기를 유발할 수 있고 즉시 수정이 가능하다. 모든 학습자가 볼 수 있는 크기로 작성하고 불필요한 것이 투시되지 않도록 한다. OHP는 학습자의 시야를 가리지 않도록 조금 낮게 설치하는 것이 좋다.
- **실물환등기** : 빛을 통과시키지 못하는 물체를 실물 그대로 확대하여 반사광선에 의해 스크린에 상이 나타나도록 하는 것으로 원색 그대로 보여준다. 하나밖에 없거나 작아서 여러 사람이 보기 힌든 것에 활용될 수 있으며 따로 교재를 제작하지 않아도 된다.

③ 청각매체

오디오테이프, 디스크, CD, 라디오 방송 프로그램 등의 청각자료는 언어학습이나 음악감상과 같이 청각을 위주로 정보를 전달하는 매체다. 시간, 장소에 구애받지 않고 몇 번이든지 녹음이나 재생의 반복이 가능하며 편집도 용이하다. 어떤 사건, 대화, 음악을 사실 그대로 기록해 두는 보존성과 기록성이 있다.

녹음기와 녹음테이프를 활용하면 녹음과 재생을 겸할 수 있으며, 녹음된 내용을 지우고 다시 사용할 수 있어 경비가 절감되고 반영구적으로 보존할 수 있다. 기계 조작이 간단하고 휴대하기 편리하여 개별학습에 유용하다. 나아가 시각자료의 보조자료로서 효과음, 배경음악, 해설을 제공하여 시각정보의 이해를 도울 수 있다.

원격 방송매체인 라디오는 대중 교육매체로서 큰 역할을 담당하고 있다. 주로 학교와 같은 단위기관에서 이용하는 유선방송과 대중적인 목적으로 활용되는 공중파 방송으로 구분된다. 특히, 이는 방송통신 교육과 같이 많은 사람들에게 교육의 기회를 제공하는 데 효과적이다. 청각적인 감각 통로에만 의존하는 교수매체기는 하지만 대중적인 정보제공 능력이 매우 탁월하다.

라디오 방송은 학습정보의 대량 전달이 가능하며 신속성을 갖고 있다. 수신장비가 비교적 저렴하여 널리 보급되고 있으나, 방송시간에 따른 시간적인 제약이 있으며 시각자료의 제시가 불가능하다. 그리고 일방적인 전달체제기 때문에 쌍방의 의사소통이 어려운 단점이 있다.

④ 시청각매체

하루가 다르게 기술이 발달되면서 정보사회로 변화된 지금에는 또 다른 매체를 필요로 하게 되었다. 이에 제시되는 매체가 시각적 자극과 청각적 자극을 함께 제시하는 시청각매체다. 미래형 교수매체로도 불리는 시청각매체에는 교육영화, 교육방송, 컴퓨터, 멀티미디어, 원격교육 등이 해당된다.

시청각매체는 정보를 역동적으로 제공하여 운동기능, 정의적 특성을 지닌 학습에 효과적이며 학습자의 흥미와 적극성을 유발할 수 있다. 내용을 표현하는 방법이 다양하여 많은 양을 효과적으로 전달하며 학습량과 기억량을 극대화할 수 있는 장점이 있다. 근래에는 시청각매체가 널리 보급되어 개별학습을 크게 촉진시키고 있다.

• **교육영화** : 1889년 에디슨이 영화를 발명한 후, 1930년대에 유성영화로

이어지면서 거듭 발전해 오고 있다. 영화는 동작이나 움직임을 현실감 있게 자세히 보여 주며, 어떤 작용이나 연속적인 사건에서 시간적 요인을 조절할 수 있고 사건의 기록이나 작용을 재생시켜 준다. 또한 실물의 크기를 확대 · 축소할 수 있고 심미적인 경험을 주는 등 학습자의 주의를 집중시켜 동시에 같은 경험을 하게 하고 학습자의 태도에도 영향을 미칠 수 있다.

우리 주위에 있는 영화 중 수업내용을 잘 대변할 수 있는 영화를 선택함으로써 짧은 시간에 많은 것을 전달하고 정의적인 감명을 줄 수 있다. 다른 교수매체와 병행할 수 있으며 다른 학습활동을 자극해 주기도 한다. 영화는 수업 시작 전에는 선수학습의 용도로 쓰이고, 수업 중에는 문제를 파악하여 설명하고 기록하는 것에 활용될 수 있으며, 수업이 끝날 때는 내용을 학습문제와 연결하여 삶의 현장으로 끌고 갈 수 있게 해 준다.

- **TV 교육방송** : TV를 통해 언어와 그 밖의 음향들을 비롯, 각종 동적 표상과 부호들을 종합적으로 사용할 수 있는 영상적 특징을 갖고 있어 정보의 전달 및 교육에 극대화를 얻는 교수매체다. 그 특성으로는 실황중계 등의 빠른 전달 속도를 통해 수많은 사람에게 동시에 정보를 전달할 수 있는 대량성을 가지며, 시청각적인 종합표현을 통해 학습자에게 직접적인 교수가 가능하다. 그러나 대화가 아닌 일방적 전달로 피드백이 불가능하며, 일반 대중을 대상으로 하기에 개인차가 고려되지 않는 프로그램의 획일성이 단점이다. 나아가 방송에서 제시되는 정보를 무비판적으로 받아들이는 경향은 신중히 되짚어 봐야 할 것이다.

  TV 교육방송을 교육현장에서 활용하는 경우, 방송의 수신방식을 비롯하여 프로그램 시리즈의 선택방법, 지도자의 시청 지도방식 그리고 학습과정과의 관련성에 따라 다양하게 활용될 수 있다. 예를 들면, 생방송을 녹화하여 활용하거나, 수업시간의 일부를 방송 시청시간으로 대치하거나, 도입 · 전개 · 정리의 과정에 적절히 투입하는 방법 등이 있다.
- **컴퓨터** : 생활 깊숙이 자리 잡고 있는 컴퓨터는 이미 학습에 적극적으로

활용되어 많은 효과를 얻고 있다. 우수한 소프트웨어를 통해 많은 정보를 얻을 수 있고, 즉각적인 피드백이 가능하여 학습효과가 증진되며, 다양한 인지적 기능이 복합된 과정을 통해 사고력을 기를 수 있다.

컴퓨터를 교수매체로 활용할 때의 장점은 학습자가 학습 속도와 순서를 스스로 조절하고 자신의 능력 및 선호에 따라 학습내용을 선정하므로 개별교수가 가능하다. 그리고 학습자의 반응에 대하여 즉각적인 피드백을 줄 수 있다. 애니메이션적인 구성은 학습자의 흥미를 끌고 교수내용을 보다 생생하게 만들어 주며 논리적인 방법으로 의사소통을 하도록 자극한다. 그러나 교육용 소프트웨어를 설계하는 데는 전문 개발자의 노력이 필요하므로 비용이 많이 들고 프로그램들의 호환성이 문제가 되기도 한다. 또한 성인학습자의 경우 컴퓨터라는 기계에 대한 거부감과 컴퓨터를 다루는 기술상의 부족으로 인해 꺼리는 경향이 있으며, 때로는 현실과 유리된 비현실적인 기대로 현실에서 멀어지게 되는 결과를 초래하기도 한다.

컴퓨터를 수업에 활용하는 방법에는 크게 두 가지가 있다. 첫째, 컴퓨터 보조수업(CAI)은 컴퓨터를 이용한 교수-학습 시스템으로 교사와 전문가가 공동으로 개발한 프로그램을 통해 학습내용을 가르치는 방법이다. 둘째, 컴퓨터 운영수업(CMI)은 교사를 지원하고 강화하는 시스템으로 교사의 기능을 확충하는 관리정보 시스템이라 할 수 있다. 이는 수업에 관련된 각종 정보와 자료 등을 기록하고 분석하고 종합하고 평가하여 교사의 능률적인 교수활동을 돕는 방식이다.

최근에는 전 세계를 하나의 컴퓨터로 묶어 주는 거대한 통신망인 인터넷의 발달로 컴퓨터의 활용도가 더 높아지고 있다. 인터넷은 새로운 교수매체로서 기존의 매체들과 상보적 혹은 독자적 영역을 구축하고 있다.

인터넷을 교육에 이용할 경우 학습자는 다른 문화를 접할 수 있으며, 빠르게 변화하는 현실을 파악할 수 있고, 고등 사고력과 작문실력을 기르며, 학습의 동기가 부여되고, 전문가와 접촉할 수 있는 기회를 얻을 수 있다. 그리고 교수자의 입장에서는 전문가와의 협력으로 전문성을 신장시키며, 학습자 개개인과의 접촉이 용이해지고, 진보된 교육내용을 쉽게 접할 수 있게 된다. 인터넷을 활용한 수업이 제대로 이루어지기 위해서는 하드웨어를 사전에 점검하고, 네티켓을 준수하여 저작권을 보호하고, 유해 정보에 대한 대책을 마련하여 교육적 용도에서 활용할 수 있어야 하겠다.

- **원격교육** : 원격교육은 지도자의 지속적이고 직접적인 관리 감독 없이 학습자가 원하는 장소에서 개별지도 체제에 의해 가르치고 지도하는 형태의 학습을 말한다. 원격교육의 중요한 요소는 공간적으로 멀리 떨어진 교수자와 학습자가 통신매체를 활용하여 쌍방향의 교육활동이 이루어진다는 것이다. 예를 들어, 통신수단인 편지, 전화, 라디오, TV, 컴퓨터 등을 교육에 활용하는 형태다. 최근에는 주로 인터넷을 통하여 풍부한 정보를 학습자원으로 이용하는 질 높은 교육이 이루어지고 있다. 학습자는 개별적으로 학습하면서도 특수한 형태의 대화를 통해 기관이나 교사와 끊임없이 대화할 수 있는 것이 그 특징이다.

  현재 대학이나 연수과정이 원격으로 시행되고 있는데, 가상대학들은 일종의 개방대학의 성격이 강하며 성인학습자들에게 원격교육의 기회를 제공하는 것에 큰 목적을 두고 있다. 사이버 공간에서의 학습은 단순한 지식의 습득이나 장래의 취업을 위한 학위 취득뿐만 아니라 비판적 사고력, 효과적인 커뮤니케이션 기술, 필요한 정보획득 능력, 다른 사람과의 상호작용 능력 등을 습득하게 한다. 따라서 학습방법도 일률적으로 강의실에 모여서 일방적으로 지식을 전달하는 것이 아니라 시간과 공간의 제약을 벗어나 다양한 경로를 통해 학습이 이루어지도록 하는 것이다

- **멀티미디어** : 여러 가지 매체가 컴퓨터의 통제에 의해 합해진 복합 다중 매체를 말한다. 그러나 이것은 단순히 여러 매체의 하드웨어적인 속성들을 결합시킨 것을 의미하는 것은 아니다. 멀티미디어에서 가장 핵심적인 속성은 학습자의 다양한 요구를 수용하여 그들의 학습을 촉진시키기 위

한 학습자와 컴퓨터의 상호작용 기능이다. 문자, 그림, 사진, 동영상, 소리가 합해져 다양한 감각양식을 활용하는 멀티미디어는 학습자의 흥미와 동기를 자극시켜 학습자들을 몰입하게 하며, 하이퍼텍스트 형식의 정보들 속에서 학습자가 원하는 내용을 뽑아 지식을 유의미하게 구성할 수 있는 장점이 있다. 반면, 구조화된 지도를 선호하는 학습자들에게는 거부감을 갖게 할 수 있으며, 비선형적으로 제공되는 정보를 통해 수업목표에 도달하는 데는 많은 시간이 소요되기도 한다. 그리고 구체적인 피드백이 제공되지 않는 프로그램의 경우 일방적인 정보 제시의 형태로 끝날 수도 있는 문제가 제기된다.

이상의 교수매체들은 집단규모, 물리적 시설, 자원과 자료의 활용 가능성, 대상자의 일반적 특성, 교과영역 등을 고려하여 학습자들에게 제시해야 한다. 다음 [그림 6-1]은 Kemp(1989)가 제시한 대집단 또는 보통규모의 학습자를 위한 매체 선택표다.

결국 매체의 선택은 학습자의 수준, 경험 및 선행지식, 학습자의 특수한 요구가 중요한 기준이 된다. 그러나 여기에 가장 많은 영향을 끼치는 것은 지도

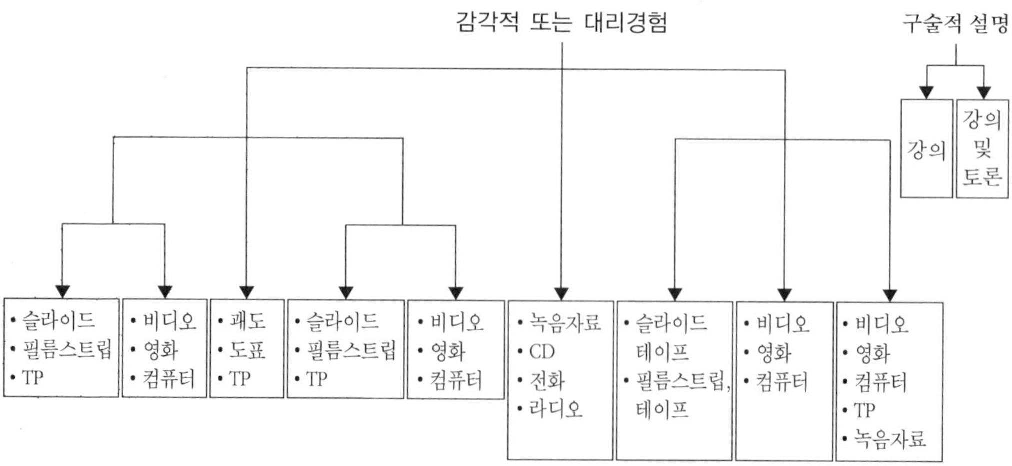

[그림 6-1] 대집단 또는 보통규모의 학습자를 위한 매체 선택표

자의 선호도와 전문지식이다. 아무리 훌륭한 수업자료가 있다 할지라도 가르치는 사람이 그 활용법을 몰라 조작이 불가능하다면 무용지물이 되므로 성인학습 지도자는 다양한 교수매체들에 관심을 갖고 수업설계에 활용할 수 있도록 계속적으로 노력해야 하겠다.

2) 학습환경

성인학습을 계획할 때 반드시 고려해야 할 것이 바로 교육을 실시할 장소와 시설에 관한 것이다. 학습환경에 의해 프로그램이 목표와는 다른 방향으로 전개되어 버리기도 하기 때문이다. 성인학습 시설이란 성인학습 활동에 활용되는 건물과 공간 등의 모든 환경을 포함한다.

학교시설의 경우 대부분 비슷한 양태를 보이지만 성인학습은 다양한 프로그램의 수만큼 다양한 형태를 갖게 되어 그 관리와 운영은 융통성을 보일 수밖에 없다. 성인학습 기관의 가장 이상적인 모습은 일반시설, 유사시설, 부대시설이 구분되어 갖추어져 있는 것이다. 일반시설은 강의실과 세미나실 등이 유사시설은 지역사회 주민을 위한 수시 집회가 가능한 장소며, 부대시설은 소아과 병원의 의료보건 전문가가 참여하는 육아 · 탁아실, 임시 수면실, 휴게실, 주차장이 포함된다.

성인학습은 한 가지 목표를 달성하기 위해 다양한 프로그램이 실시되는 경우가 많으므로 그 시설이나 장소는 융통성 있게 준비되어야 한다. 위와 같이 시설이 골고루 갖추어져 있지 않다면 교실 크기 조절이 가능하도록 하거나 기능적으로 강의실과 소집단 토의실, 실험 실습실로 활용할 수 있도록 한다.

강의실에 필요한 도구로는 칠판과 스크린을 기본으로 하여 TV, OHP, 빔 프로젝트와 같은 시청각 도구와 컴퓨터 등이 선택적으로 준비되어 있으면 좋다. 성인학습에서 가구배치의 융통성은 중요한 관건이 되는데, 예를 들어 다용도로 사용하기 위해 책 · 걸상은 분리하여 이동식으로 준비하면 책상이나 걸상만 사용하거나 책 · 걸상을 모두 치우고 강의실을 넓게 활용하기에 유리하다.

실내의 경우는 다음과 같은 조건들이 갖추어져야 한다. 실내의 환경은 섭씨 18~24°의 쾌적한 온도와 30~70%의 습도를 유지하며 통풍이 원활해야 한다. 조명은 75~150lux 정도로 유지하고 실내의 벽면은 즐거운 기분을 느낄 수 있도록 편안하고 밝은 녹색 · 하늘색 · 노란색을 선택하며, 소음처리를 위하여 무늬가 없는 양탄자를 바닥에 깔아 두면 좋다. 창문이 있을 경우 커튼이 있어야 하는데 시청각 자료를 보기 위한 차광장치 역할도 겸할 수 있는 소재를 택한다면 이중의 효과를 볼 수 있을 것이다. 더불어 화재에 대비하여 소화기가 준비되어 있어야 한다.

학교교육과 달리 성인학습은 학습자 수가 일정하지 않아 때로는 소수다가 때로는 수백 명이 되는 등 인원을 예측하기가 어려우므로 시설이나 장소에 대해 유동성이 있어야 하며 관련 예산도 융통성 있게 관리해야 한다.

만일 프로그램을 위하여 시설을 임대해야 할 경우 점검해야 할 사항들은 다음과 같다. ① 프로그램 실행 날짜에 이용이 가능한지, ② 장소의 규모나 조명, 가구 배치도, 환기 및 냉 · 난방 상태와 방음은 어떠한지, ③ 비용은 얼마인지, ④ 접근이 용이한 위치에 있는지, ⑤ 교통편은 어떠한지, ⑥ 식사, 숙박, 레크리에이션 시설 등의 지원 서비스의 질은 어떠한지, ⑦ 해당 프로그램을 실행한 경험이 있는지, ⑧ 안전성의 문제는 해결되었는지 등을 꼼꼼히 따져보아야 한다.

그러나 성인학습 기관의 재정상태가 좋지 않은 현 실정에서 제반 시설과 기자재를 모두 갖추기란 어려워 국가적 차원의 지원이 시급한 실정이다. 선진국의 경우 봉사적이고 헌신적인 평생교육 기관을 선정하여 재정적인 보조를 시행하고 있으나 우리나라의 경우 현재 교육부가 평생교육에 쓰는 교육재정은 전체의 1%도 미치지 못하는 형편이며, 세제상의 혜택도 없어 기업체나 개인적인 출연금도 많지 않은 편이다. 이런 상황에서 우리가 간구할 수 있는 대안을 하나 들자면, 통신매체(CD-ROM, 비디오, 카세트, 컴퓨터)를 통해 교육 프로그램을 활성화하여 그 판매 대금으로 재원을 확보하는 방법이 있다.

5. 지도자의 역할과 자질

1) 지도자의 역할

다양한 학습자를 대상으로 하는 성인학습은 교육에서 봉사의 기능이 강조되며 단순한 지적인 학습과 기술 습득을 넘어서 다양한 학습활동이 전개되어야 함을 감안해야 한다. 이에 따라 성인학습 지도자에게 주어지는 역할과 자질을 논하고자 한다.

성인학습에서 지도자의 역할은 학습 참여자들이 학습과정을 통해 그들의 역할을 변화시키며 새로운 것을 배우고 새로운 방식으로 현실에 대응할 수 있게 도와주고 격려하는 것이다. 여기서 지도자가 어떤 역할을 수행하며 어떻게 학습조건을 제시하고, 학습자가 그것을 어떻게 재구조화하는가에 따라 학습과정이 달라지며 그에 따라 학습 결과도 달라진다. 즉, 주어진 학습조건에서 지도자가 어떤 방법으로 무슨 매체를 활용하여 학습과정을 전개시키는가를 따져 볼 때 그 매개변인인 지도자의 역할이 강조될 수밖에 없다.

Knowles(1980)는 성인교육자의 역할을 학습 촉진자, 프로그램 개발자, 행정가로, Knox(1974)는 행정가, 프로그램 운영자, 연구자로 명시하고 있다. 정지웅과 김지자(1995)는 프로그램 개발자, 관리자, 변화 촉진자, 협력자로, 권두승(1999)은 교수자, 프로그램 개발자, 관리자, 변화 촉진자, 협력자로 보았다. 이상의 학습 지도자 역할에서 중첩되는 견해를 뽑아 보면 다음과 같이 여섯 가지로 정리할 수 있다.

- **프로그램 개발자** : 학교교육과 달리 미리 정해진 표준화된 교육과정이 있는 것이 아니므로 학습 구성원의 교육적 요구, 사회적 상황과 필요성을 고려하여 그에 알맞은 프로그램을 구상하고 실천계획을 수립해야 한다. 주어진 과제해결을 위해 학습목표를 설정하고 전 과정을 체계화하는

데서 공식적인 권위자의 위치에 있어야 함은 물론 이를 위해 프로그래머로서의 개념적인 틀을 갖추어야 한다. 그러나 독자적으로 이 과정을 수행해 내기가 어려울 뿐만 아니라 자칫하면 지도자 개인 성향에 의해 프로그램이 좌우될 수도 있으므로 동료들과 충분한 상의를 거쳐야 한다.

- **집단 지도자자 구성원** : 집단의 지도자 역할뿐만 아니라 학습집단의 한 구성원으로서도 존재하게 된다. 집단 지도자로서 학습과제를 명료화시켜 구성원들에게 목표를 설정해 주고, 집단의 상호작용을 촉진시키며, 학습에 필요한 자원들을 제공하고 관리하게 된다. 더불어 지도자 자신이 학습자가 되어 함께 경험하고 참여자들의 학습모델이 되어주게 된다. 즉, 성인학습의 모든 참여자가 지도자며 더불어 구성원이 되는 것이다.
- **학습 · 변화 촉진자** : 담당 분야에 관한 지식, 정보, 방향, 가치관을 전달하는 전문가적 역할을 수행하는 교사라고 할 수 있다. 먼저 학습을 촉진하기 위해서는 학습자가 원하는 지식, 기능, 정보를 수집하고 체계적으로 정리하여 적시에 알맞은 방법으로 현실과 연계하여 제공해 주어야 한다. 그러나 현재의 급변하는 시대에 폭발적으로 증가하는 지식과 정보는 책을 통한 지식학습을 뛰어넘어 변화의 흐름을 파악하고 적응해 내는 지도자를 필요로 한다. 그러므로 지도자는 변화에 민감하되 올바른 가치관을 갖고 안내해 낼 역량을 갖추어야 한다.
- **협력 · 조정자** : 조직을 잘 이끌어 나가기 위해서는 지도자로서 구성원들과의 조화는 물론, 조직 외부와의 협력을 통해 새로운 자원을 조직에 투입해 낼 수 있어야 한다. 인간관계에서 갈등과 긴장은 있게 마련이다. 이 경우 여러 입장과 관점을 객관적으로 수렴하고 목표실현에 대한 합의점을 찾아내는 역할이 필요하다.
- **행정관리자** : 학습 프로그램은 행정적 지원을 받아 진행 · 운영되는데, 이때 행정가와 함께 프로그램 관리에 관련된 제반 문제를 처리해야 한다. 예를 들면, 행사기획, 보고서 작성, 인사관리, 예산수립과 같은 것이다.
- **평가자** : 학습활동이 진행되면서 적절한 시기가 되면 지도자는 집단 구

성원의 위치에서 떨어져 나와 평가자의 역할을 수행해야 한다. 성인학습자들은 지도자에게서 새로이 습득한 기술이나 태도의 숙달 정도를 지도자에게 보여 줌으로써 평가가 이루어진다. 이러한 평가는 학습 참여자들에 대한 평가인 동시에 수행된 프로그램에 대한 평가면서 지도자 자신에 대한 평가기도 하다.

2) 지도자의 자질

성인학습을 지도하기 위한 자질과 역할은 불가분의 관계다. 즉, 성인학습 지도자가 그 역할을 수행해 내기 위해 요구되는 것이 바로 자질이다. 1972년 일본에서 열렸던 제3차 성인교육 세계회의에 제시된 훌륭한 성인지도자의 자질과 능력에 관한 발표문을 보면, ① 폭넓은 사회경험과 문화적 배경, 사회기술, 집단 간의 상호작용 및 역동성에 관한 지식, 사회적 · 정치적 수행에 대한 이해가 필수적이며, ② 인간에 대해 사랑을 베풀 줄 알아야 하며, ③ 사회적 활동을 인정받을 수 있는 열정을 가져야 하며, ④ 학습자를 위한 좋은 수업환경을 창조해 내는 능력과 자질을 갖춘 자라고 제시되어 있다(송병순 외, 2000).

Knowles(1990)는 창조적 지도력을 전제로 하여 '체제를 구성하고 있는 사람들이 에너지를 방출하도록 하여 상호 이익이 되는 목표를 향해 나아가도록 이끄는 능력'을 성인학습 지도자의 자질로 보아 그 특성을 다음과 같이 설명하였다. ① 긍정적인 가설을 창조해 내는 인간성, ② 학습자의 개인차를 인정하여 그에 적합한 학습전략을 세우려는 노력, ③ 학습자의 실험정신을 격려하며 실패를 학습의 기회로 전환시켜 주는 창의성, ④ 지속적인 변화과정에 동참하고 혁신을 추구, ⑤ 외적 동기보다 내적 동기를 중요시, ⑥ 의존적인 상태에서 자기주도성을 증신시킴, ⑦ 긍정적 자기충족적 예언의 활용, ⑧ 프로그램의 기획, 욕구평가, 목표달성, 학습과정 설계, 평가의 모든 단계에의 참여와 의사결정에 대한 책임 등을 그 특성으로 들었다. 박노열(1987)은 ① 인간적 자비심, ② 지역사회 필요와 주민의 학습욕구에 대한 민감성, ③ 누구와도

조화를 이룰 수 있는 융통성, ④ 사회교육에 대한 관심과 협조를 이끌어 낼 수 있는 정치력, ⑤ 사회교육 프로그램의 가치를 판단할 수 있는 철학, ⑥ 당면 문제를 조직적으로 해결할 수 있는 문제해결 능력, ⑦ 사회교육에 대한 전문 지식 등을 그 자질로 보았다.

좋은 성인학습 지도자가 되기 위해서는 물질보다는 인간에게 관심을 가지고, 획일적인 것보다는 개성을 존중하며, 규칙에 따르는 것보다는 문제의 해결책을 찾는 데 흥미를 가져야 한다. 더불어 이해력, 유연성, 인내력, 유머, 실용성, 창의성, 준비성을 구비해야 할 것이다.

성인학습 지도자의 자질에 관한 이론가들의 견해를 종합하면 다음과 같다.

- 성인학습자들의 학습에 대한 참여동기, 욕구, 참여유형을 파악하여 그에 알맞은 프로그램을 제공하고, 참여자의 발달심리적 특성과 그들의 가정, 사회, 문화 배경에 대한 지식과 이해력을 갖추어야 한다.
- 지적인 이해에 앞서 인간에 대한 긍정적 태도와 관심, 애정을 갖고 있어야 하며, 개인적으로 건강, 성실함, 정직성, 주도력, 정력, 적응성, 긍정적 사고를 갖고 있어야 한다.
- 성인학습은 집단체제 속에서 상호작용을 통해 이루어지는 학습이므로 집단역동을 활용하여 학습이 이루어질 수 있도록 프로그램을 기획 · 실행 · 평가 · 분석하는 전체적인 시야가 필요하다.
- 현상유지가 아닌 변화촉진에 관심을 두어 지도자 스스로가 학습자의 자세로 계속적으로 자기 자신을 단련시켜 사회적 변화의 흐름에 민감하게 반응하고 발전지향적으로 혁신을 유도할 수 있어야 한다.
- 성인학습 지도를 위한 다양한 수업 방법과 전략, 수업매체에 대한 사용 방법을 터득하고 있어야 하며 새로운 방법을 간구하기 위해 늘 연구해야 한다.
- 열린 마음으로 학습자들을 만나고 그들의 요구에 귀 기울이는 기본 자세를 가지며, 학습과정상의 인간관계를 조정할 수 있는 능력을 갖추어야 한다.

모든 교육자가 그러하듯이 성인학습 지도자는 학습자에 대한 배려를 최우선에 두어야 한다. 성인의 발달상태와 발달과업을 파악하여 그들의 학습능력에 맞게 충분히 시간을 배정해야 하며, 성인들의 경험을 최대한으로 살려 그들이 처한 상황적 문제가 무엇이고 해결방법은 무엇인지 파악하고 있어야 한다. 나아가 지적인 변화를 넘어서 성격특성이나 정의적 태도의 변화를 통해 자신감을 갖고 사회변화에 적극적으로 대처할 수 있게 해 주고자 하는 의지와 속 깊은 배려가 지도자의 가장 중요한 자질이다.

6. 시민학습 체제를 통한 인력개발

현대사회의 교육체제가 평생교육 체제로 전환되고 시민사회의 성장에 따라 지식과 학습에 대한 새로운 인식이 확산됨에 따라 시민을 교육대상으로 삼아 사회인을 양성하는 교육의 확대가 강조되고 있다. 평생학습을 통한 시민생활의 질 향상은 곧 시민학습을 구현하는 중요한 수단이 된다. 따라서 성인학습의 실제적 적용이라는 측면에서 시민학습 체제에 관해 살펴보고자 한다.

1) 시민학습의 개념

국가와 분리된 독자적인 체제로서 시민사회가 정립된 것은 고대를 거쳐 근대 이후의 일이다. 그러나 인간의 존엄성을 중시하는 오늘날의 관점에서 보면, 계급을 바탕으로 한 고대 시민의 개념과 달리 민주주의를 키워 오고 완성하고자 했던 사람들의 의지와 활동 속에서 만들어진 것으로 볼 수 있다. 따라서 시민은 민주주의 형성의 현실적 주체면서 민주주의를 완성한 이상적인 인간으로 볼 수 있다. 이에 따라 시민교육은 시민사회 구성원의 자질, 곧 시민성을 기르는 계획과 실천활동을 말한다. 시민성은 개인이 사회공동체의 성원이 될 수 있도록 하는 일련의 권리와 의무의 제도라고 할 수 있다(Turner &

Hamilton, 1994).

시민과 시민교육의 개념을 기초로 한 시민학습은 넓은 의미에서는 사회적, 정치적 질서의 구성원인 사람들에게 여러 다른 집단, 조직, 제도 및 매체를 통해 정치적으로 영향을 주는 과정을 포괄하는 집합 개념이다. 좁은 의미에서는 청소년 및 성인이 정치 및 사회 생활 참여에 필요한 자질을 갖출 수 있도록 의식적으로 계획되고 조직된 것이며, 지속적이고 목표지향적인 모든 교육시설의 조치를 가리키는 집합 명칭이다(Massing, 1992; Renner et al., 1991).

시민교육의 성격을 간단히 살펴보면(Sander, 1997), ① 학습, 토의, 논의의 목표와 대상은 민주시민으로서 갖추어야 할 지식, 기능, 가치, 태도와 관련된 것이어야 한다. ② 정치적 광고 또는 선전에 이용되어서는 안 된다. 기존의 상태에 무비판적으로 순응하거나 그것을 그대로 받아들이는 것은 진정한 의미의 교육과는 모순되기 때문이다. ③ 교육은 주체성의 확장을 의미한다. 다시 말하면, 다른 시각 또는 전망을 알게 됨으로써 자신이 갖고 있던 역할, 고정관념, 상투적인 관념, 편견, 자기중심적 사고를 검토하고, 때에 따라서는 그것을 문제시하고 버릴 줄도 알아야 한다.

2) 시민학습의 목표 및 원리

시민학습의 토대가 되는 근본정신, 즉 이념은 민주주의의 핵심 사상과 관련되어 있다. 민주주의의 근본 사상은 인간의 기본 가치인 인권존중을 핵심으로 한다. 그러므로 이 이념을 구현하는 데 수단적 가치로 역할을 할 수 있는 것, 즉 공공을 위한 봉사 · 협동의 정신, 자유와 책임, 준법정신, 반성적 사고력, 자치생활에의 참여능력 등을 시민학습의 이념으로 삼을 수 있다. 이와 같은 이념을 근간으로 한 시민학습의 목표는 다음과 같다(조도근, 1996).

① 인권존중의 목표를 추구해야 할 시민적 자질로는 인간 가치의 인정, 기본적인 권리존중, 권리 수호와 책임에 따른 권리 행사를 들 수 있다. ② 봉사 및 협동 정신과 관련된 시민적 자질로는 공동과제 수행에의 참여, 의사결정에

의 참여, 효과적 협동을 통한 창의성과 지적 방법의 구사, 민주적 지도성과 추종성, 공동과제 수행을 위한 책임 수락, 개인의 봉사가 보다 큰 의미에서 자기에 대한 봉사라는 인식을 들 수 있다. ③ 자유와 책임의 이념과 관련된 시민적 자질로는 책임 있는 자유의 행사와 이에 대한 존중, 도덕적인 자기 규제력, 개개인에 대한 자유 보장이 건전한 사회 발전의 원동력이 된다는 인식을 들 수 있다. ④ 준법정신과 관련된 민주시민의 자질로는 생활규범으로서 법의 중요성 이해와 준수, 건전한 개인 및 집단 생활을 위한 법 규범 이해, 법 제정에의 적극적 참여와 이에 대한 보호, 법의 제정과 집행, 제정 시의 공정성 유지와 이에 대한 책임의식을 들 수 있다. ⑤ 반성적 사고력과 관련된 자질로는 창의적 사고력의 신장, 문제해결 능력 함양, 의사결정 능력 함양, 결과에 대한 평가와 개선책의 모색 능력을 들 수 있다. ⑥ 자치생활에의 참여능력과 관련된 자질로는 객관적 기준에 맞는 봉사자 선출, 법에 의하여 인정된 권위존중, 건전한 비판과 대안의 제시, 자치권리와 자치능력의 신장, 집단 · 공공의 의사결정에의 참여, 합리적인 판단과 의사결정을 들 수 있다.

차갑부(2004)가 밝히는 시민학습의 원리는 다음과 같다.

① 모든 시민은 자신의 인간 잠재능력을 개발할 수 있다. ② 어디에 살든, 누구든, 학습하고자 하는 시간과 내용이 무엇이든 간에 공평한 학습기회를 가져야 한다. ③ 교육 훈련을 제공하는 조직은 학습설계에서 개별 학습자의 요구에 우선순위를 두어야 한다. ④ 학습자를 돕기 위해서는 특별히 훈련받은 학습 상담자를 통한 끊임없는 지원과 지침이 제공되어야 한다. ⑤ 다양한 학습 스타일을 인정하여 탄력성을 가져야 한다. ⑥ 모든 학습은 학습자에게 적합한 방식으로 이루어져야 한다. ⑦ 학습자에 대한 협동적이고 적극적인 지원은 장애요인이 없이 받아들여져야 한다. 누구든지 정당하게 학습하고 지원을 받을 권리를 가진다. ⑧ 현대적 교수 보조자료는 학습자를 지원하는 데 창의적으로 활용되어야 하며, 개인의 학습요구를 충족시키는 데 초점을 두어야 한다. ⑨ 모든 학습 요건, 수준 및 연령을 위해 리더십이 이용될 수 있어야 한다. ⑩ 학습은 일생을 통해서 지원되어야 한다.

우리가 바람직하다고 여기는 민주시민을 양성하기 위해서는 학교나 기타 교육기관에서 이루어지는 구체적인 교수-학습 상황과 그 배경 틀을 제공하는 교육과정, 사회 및 그 구성요소들을 고려해야 한다. 특히, 시민학습을 위해 배경 틀과 구성요소 간의 적합성과 타당성을 확인하는 것이 시민학습 관련자들의 주된 과제자 임무다.

3) 시민학습의 실태

해방 후 50여 년에 걸친 우리나라의 시민학습 전개과정은 대체로 다음과 같이 세 시기로 구분할 수 있다(한국교육개발원, 1994).

- 제1기, 건국 초기 : 이 시기 시민학습의 특징은 ① 국가주도로 이루어졌다. ② 당시의 엘리트들은 자유민주주의의 이상과 민족주의의 조화를 꾀하고자 했다. ③ 민주주의를 새로운 국가의 모든 판단기준과 행동의 실천원리로 받아들이려고 했다. ④ 교육인적자원부의 실천과정에서 담당 실무자들 간에 해석의 편차가 컸다.
- 제2기, 시민학습의 잠복기 : 이후 20여 년간의 시민교육은 멸공교육, 반공교육, 새마을교육, 국민정신교육, 국민윤리교육, 통일안보교육, 이데올로기 비판교육 등이 주요 대상으로 부상하였으며 시민교육은 이러한 교육의 한 부분에 불과하였다. 이 기간에 민주주의 원리와 시민학습을 강조한 것은 정치권력에 대한 도전으로 간주되었기에 시민학습의 발전 가능성을 저해한 원인으로 볼 수 있다.
- 제3기, 1980년대 후반 대통령 직선제 이후의 민주화 시기 : 민주화의 대전환기를 맞아 교육분야에서도 교육 민주화에 대한 논의가 활발하게 전개되었고, 과거에 국민정신교육 관련 조직들이 민주시민 교육으로 그 명칭을 바꾸는 등 재빠른 변화들이 시도되었다. 사회과 교육 전문가들을 중심으로 민주시민 교육을 재정립할 필요성에 대한 주장이 제기되기 시

작하였고, 1990년대에 들어오면서 보다 체계적으로 민주시민 교육을 복원하고 발전시키기 위한 노력이 본격적으로 이루어지게 되었다. 특히, 1993년 문민정부의 출범은 민주시민 양성을 교육의 핵심 과제로 천명하기에 이르렀다. 시민교육이 다시 한 번 제대로 그 가치를 인정받고 요청되기 시작한 것은 사회 전반의 민주화를 거역할 수 없게 된 제6공화국 출범 이후다.

제7차 교육과정은 홍익인간의 교육이념을 바탕으로 다음과 같은 인간상을 추구하고 있다. ① 전인적 성장의 기반 위에 개성을 추구하는 사람, ② 기초능력을 토대로 창의적인 능력을 발휘하는 사람, ③ 폭넓은 교양을 바탕으로 진로를 개척하는 사람, ④ 우리 문화에 대한 올바른 이해의 토대 위에 새로운 가치를 창조하는 사람, ⑤ 민주시민 의식을 기초로 공동체의 발전에 공헌하는 사람 등의 인간상을 제시함으로써 시민학습에 대한 관심을 확인할 수 있다.

한편, 외국의 시민학습 실태를 국가별로 간략하게 살펴보면 다음과 같다. 먼저 스웨덴은 지난 30년 동안 어떤 국가보다도 전체 교육정책 내에서 시민학습을 강조해 왔고 그에 따라 시민의 공식적 · 비공식적 교육활동의 참여수준이 높다는 점에서 시민학습의 선두주자라 할 수 있다. 순환교육론에 입각한 시민학습 체제 정비, 시민학습의 기초 교육 강화를 위한 통합고등학교 제도 도입, 고등교육 기회 확대와 KY 프로젝트, 성인 학습서클의 활성화, 개인학습 계좌제의 도입 등으로 시민학습을 선도하고 있다.

영국의 시민학습은 학습시대 정책, 성공을 위한 학습정책, ICT 학습센터 정책에 따라 시민학습사회 체제 구축을 위한 교육개혁을 단행하고 있다. 영국은 교육을 국가정책의 근간으로 삼고 있으며, 시민학습 기회를 제도적으로 확충하고 재정적 지원을 제공하기 위한 획기적인 조치를 강구하고 있다.

미국의 시민학습은 전통적으로 대학이 시민학습을 주도해 왔을 뿐 아니라, 현재 미국은 사이버 대학과 e-Learning 중심의 시민학습이 다른 나라들에 비해 더욱 활성화되고 있다. 이에 대학들은 인터넷을 이용한 사이버 대학을 '시민학습의 장' 으로 활용하는 중심 역할을 하고 있다. 미국 대학들의 이러한 열기는 기업들의 사내학습 활성화로 이어지고 있다. 또 다른 미국 시민학습 정책의 특색은 학교정책뿐만 아니라 시민학습 정책에서도 시장원리를 적극 도입하고 있다는 점이다.

일본의 시민학습은 시민학습 체제 구축의 단계성과 그 추진의 다양성, 인간의 자아실현에 비중을 두는 고전적 학습사회형에 시장중심형의 학습사회를 가미하여 지식기반 사회가 요구하는 인적 자원 개발을 목표로 하고 있다. 학교교육과 시민학습의 조화와 추구를 기본 방침으로 하며, 첨단 정보통신 기술을 이용하여 네트워크 학습사회를 조기에 건설하고자 시도하였다. 또한 교육시설의 복합화 전략으로 각 교육시설의 서비스 기능을 더 높이고, 시설 상호간의 협력과 연계 및 상호작용에 의해 보다 새로운 서비스를 창출하는 등 시설의 고기능화, 고성능화를 도모하고 있다. 남녀공동 참여교육이라는 개념을 통해 남녀의 인식변화와 협동을 위한 양성교육이 각 교육센터에서 프로그램으로 운영되고 있다.

4) 시민학습의 내용 및 방법

앞서 성인학습에서 그 내용과 방법은 자세히 다루었으므로 여기에서는 시민학습에 직접 관련된 부분을 간단히 제시하고자 한다.

시민학습의 내용은 교육대상이나 교육주체에 따라 다양한 교과목이 결정되겠지만, 한국 특유의 역사, 정치, 경제, 사회, 문화 등을 고려한 우리나라 고유의 현실에 알맞은 교육과정 개발이 필요하다.

시민학습 내용체계에서 핵심적 요소는 인권존중, 봉사와 협동, 자유와 책임, 준법정신, 반성적 사고력, 자치생활에의 참여능력이다. 이 여섯 가지의 핵심 요소를 기초로 다음의 세 가지 구성원칙에 의거하여 시민학습의 내용을 살펴볼 수 있다(조도근, 1996). ① 어떤 지식이 시민학습에서 가장 필요한가? ② 어떤 가치가 한국의 시민에게 우선적으로 증진되어야 하는가? ③ 어떤 기능이 시민에게 필요한가? 이러한 원칙에 따른 교육과정 구성의 예시를 살펴보면 〈표 6-5〉와 같다.

〈표 6-5〉 교육과정 구성의 예시

지 식	기 능	가치 · 태도
사실, 개념, 일반화	정보 수집 · 활용 기능 탐구 기능, 사회적 기능	합리적, 바람직한 가치 · 태도
① 문화 • 다민족, 다문화적 관점 • 다원주의적 시각 ② 시간, 연속성, 변화 ③ 사람, 장소, 환경 ④ 개인의 발달과 정체성 ⑤ 개인, 집단, 제도 ⑥ 권력, 권위, 통치 ⑦ 생산, 분배, 소비: 상호의존성 ⑧ 과학, 기술, 사회 ⑨ 범세계적 관련성 ⑩ 시민적 이상과 실천	① 정보의 획득 기능 • 자료읽기 기능 • 학습 및 연구 기능 • 탐구 기능 • 기기조작 기능 ② 정보의 조직활용 기능 • 지적 기능(분류, 해석, 분석, 요약, 종합, 평가) • 의사결정 기능 ③ 대인관계와 사회적 참여기능 • 개인 내적 기능 • 집단 내 상호작용 기능 • 사회적, 정치적 참여기능 ④ 다문화 수용 이해 기능 ⑤ 참여기능	① 윤리적 이해능력의 부각 ② 타인 보호와 감사의 윤리 ③ 친사회적 가치관 ④ 융화 • 다원사회 유지 가치 • 다원적, 개인적 요소의 증진 가치(다양성, 자유, 개인의 사생활 존중, 과정의 준수, 인권 존중) • 응집력, 통합의 요소 증진(정의, 평등, 진리, 권위, 책임, 권리와 재산권의 존중, 공공선에 대한 개인의 의무)

이와 같이 시민학습의 주요 내용은 사회 · 정치 문화 요소에 초점을 맞추어 전통적 · 권위주의적 사회 · 정치 문화 요소들을 최소화하고, 선진적 · 민주주의적 사회 · 정치 문화 요소들을 극대화하는 방향으로 강조되고 있다.

시민학습이 이루어지는 교수-학습 방법의 기본 모형은 크게 두 가지로 대별된다. 첫 번째, 닫힌 모형은 내용 전달식 수업으로 어떤 주어진 정보 또는 내용을 교사가 학습자에게 일방적으로 전달 또는 제공한다는 의미에서 전형적인 수업형태다. 이에 따라 제시, 전달, 이야기, 강의, 시범, 설명 등이 행해지고 지도자의 지도단계에 따라 다른 형태의 학습이 이루어진다. 이에 비해 열린 모형은 학습자의 능동적인 학습활동을 함축하는 문제해결식 수업방법이다. 다루어야 할 어떤 주제, 문제, 과제 또는 질문을 중심으로 하여 학습자의 능동적인 학습활동과 이를 위한 지도자의 보조적인 행위가 이루어진다. 여기서는 학습자의 자유로운 작업, 활동지향, 경험지향, 사례절차, 구안법에 따른 수업의 원리가 강조된다.

중요한 것은 두 모형 중 어느 하나를 선택해야 하는 양자택일적 사고와 행위가 아니라 근거를 가지고 적합하게 그때그때 두 모형을 서로 잘 조합하는 일이다. 이는 시민학습의 중요한 방식인 활동지향 학습, 실천학습, 탐구학습, 문제해결학습, 사회적 학습, 의사소통학습, 구안법에 지향을 둔 학습, 학습자지향 학습, 전체적 학습 등을 추구하는 수업의 준거점이 된다(허영식, 1997).

5) 시민학습의 방향과 실천적 대안

시민학습의 방향은 ① 지식기반 사회를 선도할 수 있는 인력 개발을 위한 시장중심형 학습사회에 비중을 두고 정책을 추진해야 한다. ② 초고속 정보통신망은 정보, 지식, 기술 등의 교육자원에 대한 접근을 가능하게 하여 네트워크형 학습사회를 현실화하고 있다. 서구의 산업대학과 같은 국가적 차원의 사이버 대학, ICT 학습센터 설립 등 시민학습의 기반과 학습 인프라의 구축은 그 선결과제가 아닐 수 없다. ③ 학습체제 구축을 위한 재정 확보와 다양한 학습지원 제도가 이루어져야 한다. 영국과 미국은 정부차원에서 시민학습 체제 구축을 위한 재정을 확충하고 있다. 실효성 있는 시민학습 정책 구현의 전제조건은 바로 충분한 재정 확보다.

시민학습의 구체적인 실천대안을 살펴보면, ① 전문화된 시민교육 전담자의 확보가 이루어져야 한다. 학교교육과 달리 시민학습자들은 구체적이고 정확한 교육적 요구를 가지고 있고 교육 결과에 대한 평가 또한 중요시한다. 그러므로 그들의 특성을 이해하고 프로그램 내용에 대한 전문적인 지식과 경험을 갖춘 시민학습 전문가의 확보가 시민운동 단체의 시민학습 활성화의 기반을 다지는 초석이 될 것이다. ② 시민들이 요구하는 구체적이고 특성화된 시민학습 프로그램을 개발 · 운영하는 것이 필요하다. ③ 시민학습 기관 간의 연계망을 구축하여 인적 · 물적 자원 확보에 힘써야 한다. ④ 유익한 시민학습 프로그램일지라도 시민들에게 알리지 않고 시민사회 단체 내부 논리와 방식만으로 프로그램의 운영과 진행을 좌우한다면 시민학습 프로그램은 사장될 수밖에 없다. 그러므로 시민학습 프로그램의 운영에 마케팅 개념을 도입하여 시민학습자를 고객 개념으로 확장시켜 주어야 한다.

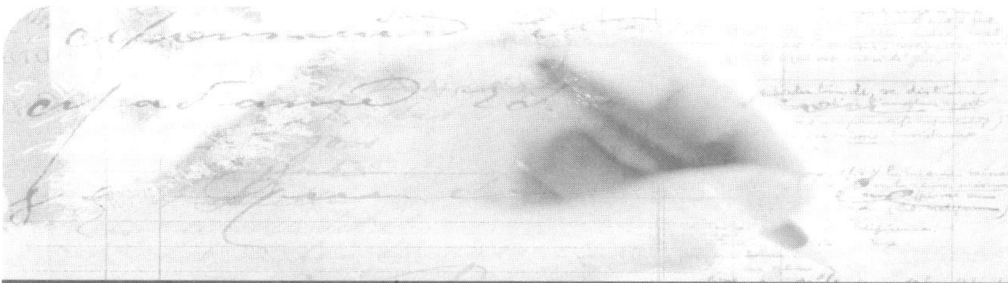

제7장

성인상담의 실제

1. 상담과정

상담은 상담자와 내담자가 만나 상담관계를 형성함으로써 시작된다. 상담과정은 상담자가 어떤 상담이론에 기초하여 상담을 진행시키느냐에 따라 매우 다양하지만, 내담자들의 자기이해와 태도변화를 통해 성장과 적응을 돕는다는 목표는 모든 상담이론의 공통점이다. 여기서는 다양한 상담상황에 공통적으로 적용될 수 있는 상담의 전체 과정에 대하여 설명하고자 한다. 효과적인 상담을 실시하려면 나름대로 상담과정을 설정하여 체계적인 절차를 따르는 것이 좋다.

Delaney와 Eisenberg(1971)는 상담과정을 최초 면담, 촉진적 관계형성, 목표확인과 상담전략의 결정, 상담전략의 적용, 상담종결과 추수지도의 다섯 단계로 나누어 설명하였다. Tosi(1974)는 상담과정을 인식, 탐색, 몰입, 기능 개발, 기능 발전, 변화 또는 방향 재설정의 여섯 단계로 나누면서 각 단계에는 독특한 특징이 있으나 상호 배타적인 것은 아님을 시사하였다. 이장호(1996)는 ① 문제의 제시 및 상담의 필요성에 대한 인식, ② 촉진적 관계의 형성, ③ 목표설정과 구조화, ④ 문제해결의 노력, ⑤ 자각과 합리적 사고의 촉진, ⑥ 실천행동의 계획, ⑦ 실천 결과의 평가, ⑧ 종결의 여덟 단계를 통해 설명하였다.

여러 학자들의 견해를 종합해 볼 때 일반적으로 상담과정은 크게 준비단계, 면접개입 단계, 추수지도의 세 단계로 나누어 볼 수 있다. ① 준비단계(면접 전 활동)는 내담자에 관한 포괄적인 정보를 수집하여 내담자를 이해하는 단계, ② 면접개입 단계(면접 중 활동)는 상담자가 내담자를 관찰하면서 대화를 나누고 개인의 문제를 분석하여 실질적으로 내담자를 돕고 필요한 치료를 하는 단계, ③ 추수지도 단계(면접 후 활동)는 상담을 받은 내담자가 일상에서 건전하게 적응을 하고 있는지를 정기적으로 평가하는 단계다.

다음은 상담과정에서 중요한 부분들에 대한 고찰이다.

1) 첫 회 상담

면접개입의 단계 중 상담자와 내담자가 처음 만나게 되는 첫 회 상담에 대해서는 그 중요성을 인식하고 있으면서도 '앞으로 여러 번 만날 거니까…….'라는 안일한 생각을 하는 상담자들이 적지 않은 것 같다. 그러나 첫 회 상담의 성공 여부가 이후의 상담활동 전체에 막대한 영향을 미침을 다시 한 번 주지해야 할 것이다.

첫 회 상담이란 상담을 목적으로 하는 공식적인 상담과정의 첫 번째 만남을 의미하는 것이다. 첫 회 상담의 주된 목표는 ① 내담자의 문제와 그에 관련된 요인 및 배경에 대해 개방적으로 정직하게 의사소통하도록 자극하고, ② 상담자와 내담자 서로가 이해하고 존경하며 신뢰감을 쌓고, ③ 내담자에게 상담효과에 대한 기대를 갖게 하며, ④ 상담과정에서 특별한 주의와 작업을 요하는 문제나 관심사를 밝혀내고, ⑤ 효과적인 문제해결을 위한 내담자에 관한 정보를 수집하는 것이다. 즉, 내담자가 원하는 것이 무엇인지를 파악하는 데 그치지 않고 자유롭게 자기의 생각을 말하도록 촉진적인 관계를 형성하고 상담에 대해 긍정적인 기대를 갖도록 하는 것이다.

첫 회 상담을 운영하는 데서 중요한 것은, 첫째 내담자가 원하는 것이 무엇인지를 파악하는 것이다. 상담자는 스스로에게 '상담을 통해 내담자가 얻으려는 것은 무엇이며 상담자에게 바라는 것이 무엇일까?' 라는 질문을 해 봄으로써 해답을 얻을 수 있다. 둘째, 내담자의 부정적인 진술에서 긍정적인 측면을 발견하며 그 점을 부각시킴으로써 상담 분위기를 긍정적이고 희망적이 되도록 유도한다. 셋째, 내담자가 상담효과에 대해 희망적인 기대를 갖게 한다. 상담에 대한 내담자의 긍정적인 기대는 상담효과를 높이는 첩경으로 첫 회 상담의 주력 과제다. 넷째, 상담자에 대해 내담자가 갖고 있는 전체적인 느낌을 파악한다. '첫 회 상담을 진행하면서 내담자에게서 어떤 느낌을 받았는가?' 하는 주관적인 경험과 느낌을 상담에 적극 활용해야 한다. 내담자와의 관계 속의 상담자 자신이 상담에 사용되는 가장 중요한 도구기 때문이다.

첫 회 상담에서 고려해 볼 것은 상담과 상담자에 대한 내담자의 불안과 부적절한 기대다. 내담자에게 첫 회 상담은 가장 불안하고 두려운 시간이 되기 쉽다. 자신의 문제를 어떻게 이야기해야 할지 막연할 뿐만 아니라 상담자가 어떤 사람이며 자기를 어떻게 생각할지도 불안요소로 작용한다. 이와 함께 내담자들은 심리분석을 통해 문제가 밝혀지고 상담자가 자기를 완전히 치료해 줄 것이란 부적절한 기대와 더불어, 상담사는 독심술을 갖고 있어 내 마음을 다 들여다보는 두려운 사람이라는 생각, 벌을 받을지도 모른다는 생각 등이 불안과 당황스러움을 부채질한다.

이런 내담자에게는 일상적인 화제에서 시작하여 부드러운 분위기를 만들며 내담자의 불안을 수용해 주어야 한다. 또한 상담자가 원하는 정보의 종류와 상담에 대한 기본적인 내용들을 확실하게 세부적으로 알려 주어 불안을 감소시킬 수 있다. 주의 깊게 경청하며 내담자의 말과 그 이면의 내용들을 알아내고자 노력하면서 서두르지 말고 내담자 스스로가 적절한 시점에서 자신의 목표를 찾아내도록 인내하는 모습도 필요하다. 즉, 편안하고 안정된 자세를 보여 줌으로써 내담자에게 안정된 모델이 되어 주어야 한다.

첫 회 상담 후나 그 전에라도 내담자가 필요로 하는 상담을 상담자가 제공할 수 없어 다른 곳에 의뢰해야 하는 경우가 있다. 물론 내담자를 다른 곳에 의뢰하는 것에 대해 거부감이 있기는 하지만, 모든 내담자에게 적합한 상담을 실시할 수 있는 상담자란 존재하지 않는다. 부득이한 경우 적절한 곳으로 의뢰할 수 있는 것도 상담자의 능력이다. 상담과정과 마찬가지로 의뢰과정에서도 도움을 필요로 하는 사람에 대한 신뢰와 존경은 기본 요소다.

의뢰를 하는 것이 타당한 경우는 ① 내담자가 제시하는 문제가 상담자의 능력 범위를 넘을 때, ② 상담자와 내담자 사이의 성격 차이가 해소되지 못해 앞으로 진행될 상담과정을 저해한다고 판단될 때, ③ 내담자가 친구나 친척이거나 그들이 호소하는 문제가 장기간의 상담관계를 요할 때, ④ 어떤 이유로든 내담자가 상담자와 자신의 문제를 의논하기를 꺼릴 때, ⑤ 몇 회의 상담 후에도 상담관계가 효과 없다고 생각될 때다(George & Cristiani, 1981).

첫 회 상담이 끝날 무렵에는 내담자의 이야기를 요약하고 그것이 내담자의 생각과 일치하는지를 확인해야 한다. 내담자가 상담실 문을 나서면서 '상담을 시작하길 잘했구나.' 라는 생각을 하게 되면 첫 회 상담은 성공적이라 할 수 있다.

2) 면접개입 단계

효율적으로 면접과정을 전개시키기 위한 기본 가정은 다음과 같다. ① 내담자는 상담과정에서 자발적이어야 한다. ② 상담자는 상담자로서의 기능을 효율적으로 수행할 수 있는 적절한 훈련, 경험, 인성적 태도 등을 소유하고 있어야 한다. ③ 적절한 환경이 보장되어야 한다. 여기서 적절한 환경이란 비밀보장, 심사숙고하는 태도, 적절한 정보자료의 이용 등을 말한다. ④ 상담은 직접적이고 장기적인 욕구를 직면할 수 있는 관계가 형성되어야 한다.

상담과정 중에는 면접개입의 단계가 가장 중심적이며 긴 시간을 필요로 하는 과정이다. 이 단계를 자세하게 살펴보면 다음 여섯 단계로 나누어진다.

- 1단계 : 구조화한다. 여기서 구조화한다는 것은 상담을 통해 돕고자 하는 것이 무엇이며 그 한계와 제한점, 내담자가 기대해야 할 것이 무엇인가를 명백하게 하는 일이다.
- 2단계 : 관계를 형성하고 발달시킨다. 상담자와 내담자가 서로 믿는 우호적인 관계를 형성해야만 내담자의 행동변화를 이끌어 낼 수 있기 때문이다.
- 3단계 : 내담자가 자기이해를 증가시키는 데 초점을 둔다. 상담관계가 일단 형성되면 내담자는 자신의 관심사를 털어놓기 시작하는데, 상담자는 이를 토대로 하여 내담자의 자기이해를 증진시키고 지향해야 할 목표를 찾도록 조력해야 한다.
- 4단계 : 목표를 확인한다. 상담자와 내담자가 협력하여 앞으로 나아갈 방향과 목표를 설정하고 계속 확인해 나간다.
- 5단계 : 행동계획을 수립하고 실천한다. 일단 목표가 결정되었으면 그에 도달할 수 있는 실천계획을 수립할 필요가 있다.
- 6단계 : 상담을 종결하고 평가한다. 내담자의 목표가 어느 정도 달성되어 더 이상의 조력이 필요 없게 되면 상담을 종결한다. 아울러 내담자가 새로운 수준에서 잘 적응하고 있는지의 여부도 평가한다. 추수지도는 상담이 종결된 후에도 계속되어야 한다.

이 과정에서 상담자와 내담자는 깊이 있는 만남을 갖게 된다. 면접개입 단계는 상담목표를 달성해 가는 가장 핵심적인 단계로서 여러 가지 상담의 기법들이 적용되는 단계다.

3) 종결단계

상담이란 내담자가 가져온 문제가 해결되어 앞으로 그와 유사한 문제가 발생하더라도 스스로 처리할 수 있으리라는 자신감을 얻었을 때 자연스럽게 종결된다. 그렇다고 하여 종결이 '완전한' 해결을 의미하는 것은 아니다. 이런 의미에서 만족스러운 종결이란 사실상 힘들다.

종결단계의 중요한 과제는, 첫째 상담 종결에 대한 내담자의 준비도를 평가하고 상담을 통해 얻은 학습을 강화하는 것이며, 둘째 남아 있는 정서적 문제를 해결하고 내담자와 상담자 사이의 의미 있고 밀접한 관계를 적절히 끝맺는 것이다. 마지막으로 학습의 전이를 극대화하고 내담자의 자기신뢰와 상담이 끝난 후에도 변화를 유지할 수 있는 자신감을 증진시키는 것이다(Ward, 1984).

이와 같이 종결단계 또한 그 어느 시기 못지않게 중요하므로 종결단계 자체를 하나의 상담단계로 다루어 내담자들에게 상담의 종결이 얼마나 중요한지를 인식시킬 필요가 있다. 이렇게 함으로써 내담자의 변화를 강화하고 상담 후에도 자신감을 갖고 생활해 갈 수 있는 터전이 형성되기 때문이다.

상담의 종결은 언제, 누가, 어떻게 실시하느냐에 따라 그 형태가 다양하다. 어떤 경우의 종결일지라도 이를 위해서는 내담자의 상태를 파악하고 내담자에게 종결을 준비할 시간을 제공해야 한다. 그러므로 상담 초기부터 종결 시기에 대해 내담자와 미리 이야기하고 합의해 두는 것이 좋다. 내담자가 상담을 끝낼 준비가 되어 있는지를 파악하기 위한 지침은 다음 여덟 가지다. ① 호소 문제나 증상이 줄어들었거나 제거되었는가? ② 내담자가 상담을 받으려 한 스트레스가 없어졌는가? ③ 적응능력이 향상되었는가? ④ 자기 자신과 타인을 이해하고 가치 있게 여기는 정도가 증가되었는가? ⑤ 다른 사람들과 관계를 맺는 수준, 사랑받고 사랑하는 수준이 향상되었는가? ⑥ 계획하고 생산적으로 일해 나가는 능력이 증진되었는가? ⑦ 인생을 즐길 줄 아는 능력이 높아졌는가? ⑧ 상담 없이도 효과적으로 살아갈 자신감을 가졌는가?

물론 가장 바람직한 상담 종결은 상담목표가 완전히 달성된 후의 종결이다. 이 경우일지라도 유의해야 할 것은 상담이 끝남으로써 느끼는 내담자의 감정을 적절히 다루어 상담자에게서 심리적으로 독립할 준비를 하게 하는 것이다. 지금은 변화되었지만 다시 상담실로 되돌아올지 모른다는 생각과 상담이 종결되면 상담자에게 받아 온 지원과 이해를 받을 수 없다는 생각 때문에 내담자들은 불안을 느끼게 된다. 상담자는 이러한 내담자의 정서를 이해하고 그동안의 상담과정에서 일어난 새로운 변화와 그 내용을 재음미하고 요약할 기회를 제공해야 한다.

상담이 조기 종결되는 경우 그 주체는 상담자일 수 있다. 내담자와 심리적 관계가 아직 형성되지 않았으면 모르지만 이미 밀접한 관계가 형성되었을 경우에는 내담자에게 놀라움과 실망, 배신감까지 불러일으킬 수 있으므로 미리 예고하여 마음의 준비를 하게 해야 한다. 내담자의 불편한 감정들을 충분히 다루어 수용해 주고 종결에 따른 사후 대책을 논의해야 한다. 즉, 다른 상담자와 상담을 계속할 것인지를 검토하여 알맞은 상담자에게 의뢰하되 그 결정권은 내담자에게 주어야 한다.

다음은 내담자에 의한 조기 종결이다. 내담자 개인 사정으로 종결되기는 하지만 상담을 통해 도움을 받지 못했다는 생각으로 상담을 거부하는 경우에서 비롯되는 것이 많아 상담의 어느 단계에서도 일어날 수 있다. 내담자는 상담에 대해 충분히 이러한 결정을 내릴 수 있지만, 문제는 그것이 상담자에게 영향을 미쳐 상담자가 두려움이나 분노의 정서반응을 일으킬 수 있다는 것이다. 요컨대, 상담자와 내담자 간에 긴장이 발생하면 그 긴장을 피하기보다 개방적으로 솔직하게 다루어 보는 것이 중요하다.

이상의 그 어떤 경우라 할지라도 종결을 위해서는 따로 시간을 가질 필요가 있다. 조기 종결일 경우에는 보통 내담자가 약속시간에 오지 않아 중단될 때가 많은데, 이럴 때도 최소한 한 번은 꼭 만나서 중단에 관한 문제를 논의하는 것이 바람직하다. 종결단계에서 가장 중요한 원칙은 종결이 처음 언급된 회기에 상담을 종결 짓지 않는 것이다(Shulamn, 1979; Weiner, 1975; Ward, 1984). 즉, 종결을 미리 예고하고 나서 다음 회기에 상담을 종결해야 한다. 덧붙여 앞으로도 상담자와 다시 의논할 수 있고 도움이 필요하다면 언제든지 다시 만나 상담을 청할 수 있음을 반드시 밝혀 내담자의 불안을 해소시켜 주어야 한다.

2. 상담의 기법 및 실제적인 문제들

1) 상담의 기법

상담은 인간관계를 바탕으로 심리적 조력을 제공하는 과정으로 올바른 조력을 하기 위해서는 여러 가지 기술이 필요하다. 그러나 기술 습득에 앞서 중요한 것은 상담관계란 인간의 성장을 촉진 · 격려하기 위해 노력하는 과정이라는 이해다.

여러 학자들은 인간에 대한 관심을 상담의 기본 요소 또는 필수조건으로 내세워 대단히 중요시하고 있다. 상담관계의 필수조건에 대해 Rogers(1942)는 긍정적 존중, 공감적 이해, 일치성 등을 제시하였고, Tyler(1969)는 수용, 감정이입적 이해, 진지성 등으로 설명하였다. 먼저 '긍정적 존중 또는 수용' 이란 인간은 제각기 다르다는 것과 자기 방식대로 성장함을 수용하여 아무런 도덕적, 사회적 평가 없이 있는 그대로의 인간을 받아들이는 것을 의미한다. '감정이입적 이해 또는 공감적인 이해' 는 상대방의 위치에 서서 그의 처지를 느껴 보고 이해하는 것이다. 마지막으로 '일치성 혹은 진지성' 은 상담자의 언행일치를 의미한다. 즉, 상담자가 자기 내면에 있는 감정이나 의도를 왜곡하지 않고 솔직하게 나타내는 것을 의미한다.

상담에서 자주 사용되는 몇 가지 상담기법은 다음과 같다.

- 화제의 유도 : 상담의 첫 번째 과제는 신뢰감을 형성하는 일이다. 특히, 상담 초기에는 기법의 적용보다는 수용적이고 온화한 태도로 내담자에게 깊은 관심을 나타내는 것이 무엇보다 중요하다. 상담은 대개 개인적으로 불안을 수반하는 문제를 다루기 때문에 처음부터 자신의 문제를 충분히 표현하기는 힘든 작업이다. 그러므로 내담자를 편안하게 해 주어 상담실에 들어오면서 느끼는 불안을 덜어 주고 구속감을 풀어 주도록 일

상적인 이야기부터 시작하는 것이 좋다.

- **구조화** : 구조화란 상담과정, 제한조건 및 방향에 대해 상담자가 정의를 내려 주어 바람직한 체계와 방향을 알려 주는 노선 표시와 같은 것이다. 이는 상담에 대한 과잉기대나 오해를 시정해 주어 상담관계가 바람직한 방향으로 진행되게 도와준다. 구조화할 내용으로는 시간제한, 내담자 행동의 제한, 상담자와 내담자의 역할, 상담과정 및 목표의 설정 등이 해당된다. 구조화할 때는 적절한 시점에서 상담자와 내담자가 서로 편안히 느낄 수 있게 최소한으로 줄이되, 내담자의 행동규범에 관해서는 구체적으로 제시해야 한다.
- **경청** : 경청은 말하지 않으면서 상담에 적극 참여하는 방법이다. 내담자가 생각이나 감정을 자유롭게 표현할 수 있도록 북돋아 주고 자신의 방식으로 문제를 탐색하며 상담에 대한 책임감을 느끼게 한다. 경청이 때로는 간단하고 쉬운 것으로 생각되나 실제적으로는 많은 주의를 요하는 기법이다. 즉, 내담자의 모든 이야기에 한결같이 주의를 기울이는 것이 아니라 선택적으로 주목함으로써 내담자가 특정 문제에 대해 깊이 탐색하도록 만들어 주어야 한다. 경청을 효과적으로 하기 위해서는 내담자가 말할 때 자연스럽고 이완된 자세와 눈길을 보내어 관심을 나타내되, 내담자의 말을 가로막거나 질문을 던져 새로운 문제를 제기하지 말아야 한다.
- **수용** : 내담자의 이야기에 집중하고 있으며 그 내용을 이해하고 받아들였음을 '예' '음~' 등으로 표현하여 내담자의 사고 흐름을 방해하지 않는 것이다. 내담자들은 상담자의 조그만 행동단서에도 민감하므로 시선, 어조와 억양, 표정, 말의 속도에 유의하여 따뜻하고 친밀한 태도로 이야기해야 한다. 예를 들어, 상담자가 하품을 하거나 다리를 꼬고 팔짱을 끼는 모습은 내담자들에게 기부감을 느끼게 할 것이다.
- **반영** : 반영은 내담자가 편안한 마음으로 여과 없이 이야기를 계속하면 상담자가 핵심을 파악하여 그에 적절하게 반응해 주는 것이다. 즉, 내담자의 말과 행동에서 표현된 기본적인 생각, 태도, 감정을 상담자가 다른

말로 반복하거나 부연해 주는 것이다. 이는 내담자의 자기이해를 도와줄 뿐만 아니라 내담자가 이해받고 있음을 인식하게 해 준다. 그러므로 핵심을 놓치지 않도록 상담내용보다 내담자 자체에 정신을 집중시켜 대화 속에 내포되어 있는 감정과 자주 대두되는 말, 즉 주제에 주목해야 한다. 단 상담자의 판단에 의해 내담자가 표현한 수준 이상으로 깊이 들어가는 일은 없어야 하겠다.

- **질문** : 상담을 흔히 '질문을 통한 탐색' 으로 보는 사람이 많다. 이는 내담자에게 많이 물어 볼수록 내담자의 문제를 더 깊게 이해할 수 있다는 오해에서 비롯된 것이다. 그보다 중요한 것은 어떤 질문을 어떻게 하느냐의 문제다. '질문과 답변' 형식은 따뜻하고 긍정적인 관계에 지장을 주거나 내담자 스스로 자문해 보고 성장할 기회를 박탈하는 것이 될 수 있어 자칫 내담자에게 혼란이나 위축감을 느끼게 하므로 주의해야 한다. 많은 정보를 얻어내고 내담자의 이야기를 끌어낼 수 있는 질문을 사용하기에 앞서 상담자 자신의 질문유형을 검토하여 다양한 방법을 발달시킨다. 그리고 이 질문이 적절한지, 내담자에게 어떤 의미로 전달될 것인지에 관해 생각해 보아야 한다.

질문의 유형에는 ① 포괄적으로 내담자의 관점, 의견, 감정까지 이끌어 낼 수 있는 개방적 질문과 내담자에게 특정한 답을 요구하거나 명백한 사실을 파악할 때 사용되는 폐쇄적 질문이 있다. ② 직선적으로 물어보는 직접질문과 물음표가 없이 넌지시 물어 보는 간접질문이 있는데, 간접질문은 관심을 보여 주면서도 질문처럼 들리지 않는 장점을 갖고 있다. ③ 상담에서 가장 많이 쓰이는 것은 '왜' 라는 단어일 것이다. '왜' 라는 말은 자칫 불쾌감이나 반대의 의미로 해석될 수 있으므로 가급적 '왜' 라는 질문은 피하는 것이 좋다. 다만 사실적인 정보가 필요하거나 내담자가 상담자의 태도에서 위협감을 느끼지 않을 경우에는 사용해도 무방하다. 즉, 상담에서의 질문은 '왜' 라는 질문보다는 개방적이고 간접적인 질문으로 간결하고 명확하게 제시해야 한다.

- 명료화 : 명료화는 내담자의 문제를 거울에 비춰 보듯이 분명하게 하는 작업으로 내담자가 표현한 자신의 느낌이나 생각 중 모호한 점을 확실히 말하여 알도록 해 주는 기술이다. 내담자의 입장에 서서 문제를 경청하면서도 객관적인 입장을 유지하는 것이 명료화를 위한 전제조건이다. 내담자가 자신의 말을 재음미하도록 하거나 구체적인 예를 들어 설명해 줄 것을 요구할 수 있다. 이는 내담자가 산만하고 막연하게 말한 것 중에서 분명한 것을 간결하고 정확하게 말해 줌으로써 내담자가 자신의 문제나 생각 또는 감정을 이해할 수 있게 한다.
- 요약 : 내담자가 요령 없이 이것저것 늘어놓은 이야기를 간결하게 하거나 여러 생각과 감정을 매회 상담이 끝날 무렵이나 필요할 때마다 하나로 묶어 정리하는 기법으로 상담자나 내담자 중 누가 하더라도 무방하다. 즉, 내담자에게 미처 인식하지 못한 면을 알게 하고 자신의 생각과 느낌을 탐색하도록 돕는 기술이다. 요약의 기본은 대화의 내용 및 감정의 핵심과 일반적 줄거리를 잡아내는 것이므로 내담자 말의 내용, 말할 때의 감정, 말하는 목적과 시기, 효과 등에 주의를 기울여야 한다. 매회 상담 초반에 전 회기의 내용을 요약해 주면 상담의 연속성을 갖게 도와줄 수 있다. 이때 내담자의 주된 내용과 감정을 통합해서 전달하되 상담자의 견해나 새로운 개념을 보태지 않도록 주의해야 한다.
- 해석 : 내담자가 겉으로 드러내는 문제가 내적인 문제와 관련되어 있는데도 이를 의식하지 못하거나 깨닫지 못할 때 그 관련성을 설명하여 이해시키는 기법이다. 즉, 내담자가 자기의 문제를 새로운 각도에서 이해하도록 그의 생활경험과 행동의 의미를 설명하는 것이다. 겉으로 보기에는 따로따로 분리되어 있는 말이나 사건들을 연관 짓거나 방어기제, 감정, 저항 또는 전이를 해석하기도 하고, 내담자가 직접 진술하지 않은 내용이나 개념을 그의 과거 경험이나 진술을 토대로 추론해서 말하기도 한다. 문제는 해석의 시기다. 해석을 하기에 가장 적절한 시기는 내담자가 받아들일 준비가 되어 있다고 판단될 때, 즉 내담자 스스로가 자신의 문

제를 거의 파악하고 있으나 확실하게 개념화하지 못하는 시점이다. 만일 내담자가 준비되어 있지 못한 상태에서 해석이 이루어지면 내담자에게 불안 혹은 저항을 유발하므로 유의해야 한다. 따라서 가장 좋은 방법은 내담자 스스로가 해석해 내도록 유도하는 것이다.

- **직면** : 직면은 내담자가 모르고 있거나 인정하기를 거부하는 생각과 느낌에 주목하여 내담자들에게 자신의 행동, 사고, 감정상의 모순을 파악하게 하는 기법이다. 이 기법은 내담자들이 다루기를 거부하거나 스스로 다룰 수 없는 자신의 모순점을 깨닫게 하는 데 그 의의가 있다. 이를 위해 내담자에게서 보여지는 불일치한 부분, 즉 내담자의 말과 행동, 행동과 행동, 현실적 자아와 이상적 자아, 언어적 행동과 비언어적 행동, 그리고 상담자의 지각과 내담자의 지각 사이의 불일치점을 지적하여 직면시킨다. 여기에는 내담자 스스로가 깨닫지 못하고 있는 자신의 긍정적인 부분에 대한 직면도 포함된다. 직면을 통해 내담자의 비효과적인 의사소통 형태를 인식시켜 내담자가 자신의 감정을 받아들이고 자신의 행동에 책임지게 한다. 어떤 식으로든 직면은 내담자에게 도전적으로 받아들여지므로 치료관계가 잘 성립되어 있는 상태에서 무척 세심하고 재치 있게 사용해야 한다.
- **과제부여** : 주로 인지, 정서, 행동 상담에서 활용되어 온 기법으로 내담자에게 상담목표와 관련된 과제를 부여하여 문제를 해결하고자 하는 기법이다. 일상생활과 관련된 실제적인 과제 수행을 통해 얻은 변화는 일반화의 효과가 크다는 것에 의의가 있다. 또한 내담자에게 변화의 가능성을 상담 상황하에서 경험하게 한다. 과제 실시에는 학습과정이 포함되어 있으므로 내담자가 과제숙달에 대한 동기를 갖게 하며 완전히 숙달할 수 있는 충분한 기회를 주는 것이 중요하다. 여기서 상담자는 어떤 과제가 유용하고 어느 정도의 양이 적당한지를 결정하여 내담자와 논의해 보는 것이 좋다. 상담을 이끌어 가는 것은 상담자의 책임이지만, 내담자의 협력을 통해 상담과정이 진행되기 때문이다.

2) 상담 장면에서 제기되는 실제적인 문제들

상담에 직접 임하게 되면 여러 가지 실제적인 문제들에 부딪히게 된다. 다음과 같은 문제들이 제기될 수 있으므로 미리 파악하여 준비해 두는 것이 좋다.

- **래포 형성** : 래포 형성은 내담자가 적극적인 방향으로 성장할 수 있도록 자신의 내적인 자원을 이용하게 하며, 의미 있는 생활을 영위할 수 있도록 개인의 잠재력을 실현하게 하는 역동적인 과정이다(Geroge & Cristiani, 1981). 상담자와 내담자 사이에 형성되는 래포의 정도는 상담의 깊이와 계속성, 내담자의 통찰 정도에 크게 영향을 미치므로 절대적인 조건이 된다. 래포는 진실함과 유쾌한 감정을 갖게 하고, 상담자와 내담자 상호 간에 신뢰감을 주며, 서로 협동하여 문제를 해결하고자 노력하게 만든다. 그러므로 상담 초기에 될 수 있는 대로 신속하게 내담자와 친밀한 관계, 즉 래포가 형성되도록 노력해야 한다. 이는 상담자와 내담자 간에 성립된 관계가 내담자 세계의 축소판이 되며 내담자가 맺는 인간관계의 유형을 반영해 주므로 가장 중요한 문제다.

  래포를 형성하기 위해서는 내담자에게 함께 하고자 하는 마음을 전달하거나 문제해결에 대한 확신을 부여하고 내담자의 문제나 호소를 경청하고 동의해 준다. 더불어 내담자의 불안이나 긴장을 완화시켜 주기 위해 유머를 사용하면서 객관적 자료나 상담사례를 제시하는 것 등이 도움이 된다.
- **동기화** : 개점휴업 상태인 상담실의 실태는 사람들에게 문제가 없어서가 아니라 상담실을 이용하는 방법을 모르거나 상담실에 대한 인식이 잘못되어 있음에서 비롯된다고 본다. 즉, 상담에 대한 동기화가 이루어지지 않아서다. 내담자에게 상담의 동기는 상담 성과에 크게 영향을 미치는 기본 요건인데, 특히 자의가 아니라 의뢰되어 온 경우에는 더욱 중요한 요소가 된다. 상담에 대한 동기를 형성하기 위해서는, ① 상담자 자신의

성격과 사회에 대한 통찰을 심화함과 더불어 상담기술 향상에 주력한다. ② 사람들이 갖고 있는 상담에 대한 오해나 잘못된 견해를 불식시킨다. ③ 내담자가 쉽게 찾아올 수 있도록 준비된 상태여야 한다. ④ 내담자가 자신의 문제를 쉽게 얘기할 수 있도록 상담 장면을 구성하는 기술을 지녀야 한다.

- 비자발적 내담자 : 상담관계에서 적극성과 자발성은 중요한 요건이나 제3자에 의해 의뢰되어 온 내담자들은 대부분 비자발적인 경우가 많다. 이러한 비자발성은 '저항'을 통해 나타나는데 이를 병리적인 것으로 취급해서는 안 된다. 오히려 내담자의 입장에서는 취할 수 있는 가장 현실적이고 합리적인 반응이며 사회적 · 심리적으로 건강하다는 신호일 수도 있기 때문이다. 예를 들면, 말하기를 꺼리거나, 소극적으로 표현하거나, 과도한 복종이나 기대 또는 위장된 존경심을 보이거나, 지나치게 현학적인 태도를 보이는 것 등이다. 이때 주의할 것은 내담자의 비자발성을 상담자 자신의 문제, 즉 거부당한 것으로 생각하여 상담자가 스스로를 평가절하하지 말아야 하는 것이다. 내담자의 비자발성의 원인을 객관적으로 보며 내담자에게 관심을 표현하거나 정보를 제공하는 등의 방법을 통해 상담과정에 관심을 갖도록 유도해야 할 것이다.
- 저항의 처리 : 상담에서의 저항은 상담에 몰입하지 않고 상담이나 상담자를 거부하려는 태도다. 저항은 약속시간에 지각하거나 오지 않고, 상담 중에 나가버리거나 침묵하는 행동으로 표출된다. 저항은 자신의 생각과 감정을 상담자가 몰라 주거나 상담을 통해 변화가 나타나지 않을 때, 내담자가 직면하기 어려운 문제를 의식하게 되거나 고통스러운 결단을 내려야 할 때 나타날 수 있다. 즉, 내담자가 마음의 준비가 되지 않은 상태에서 상담자가 조급하게 내담자의 문제와 감정에 대해 해석하고 직면시켰기 때문이다.

내담자가 저항을 나타낼 때 상담자는 그 저항을 있는 그대로 수용해야 한다. 상담자는 저항이 일어나지 않도록 상담과정이나 내담자와의 관계를 면밀해 검토해야 하겠지만, 이미 저항이 나타난 경우에는 내담자의 행동에 대해 상담자가 당황하거나 분노를 느끼고 있지 않은지 점검해야 한다. 저항을 있는 그대로 수용하게 되면 내담자의 저항은 점차 사라질 것이다.

- 침묵의 취급 : 상담을 하다보면 자연스럽게 이야기가 끊겨 중단될 때가 있다. 이러한 중단이 언제 누구에 의해 발생하였는가에 따라 ① 상담관계 형성 전에 나타나는 불안, ② 할 말이 없는 상태, ③ 상담자 개인에 대한 적대감, ④ 자신의 느낌을 나타내고자 하나 잘 표현되지 않는 경우, ⑤ 상담자에게 해석이나 동의를 구하는 경우, ⑥ 방금 한 얘기에 관해 계속 생각하고 있는 경우, ⑦ 이전에 표현한 감정상태에서 생긴 피로를 회복하는 것 등으로 해석될 수 있다.

상담이 진행되면서 나타나는 침묵은 내담자의 여러 감정과 생각을 간접적이나 힘 있게 전달하는 의미의 긍정적인 발전이다. 그러나 상담 초기나 부정적이고 공격적인 말 또는 합리화의 표현이 계속된 후의 침묵은 대개 저항을 의미하므로 내담자의 태도와 감정을 수용하고 자기탐색, 자기표현을 계속하게 함으로써 벗어나게 해야 한다. 또한 생각이나 감정이 정리되지 않았거나 상담자의 말이나 질문의 내용을 이해하지 못해 생기는 침묵에는 내담자에게 그 대립되는 감정이나 사고를 이해하기 쉽도록 분명히 설명해 줌으로써 해결할 수 있다. 내담자가 자신의 사고, 감정, 행동을 재음미하고 있는 것일 때는 서두르지 말고 그대로 기다려 주는 것이 최선책이다.

상담자는 침묵에 대한 기다림의 자세를 길러야 한다. 침묵에 부담을 느껴 억지로 그 분위기를 깨뜨리기보다 침묵을 겸한 경청으로 반응함으로써 내담자가 자신의 중요한 느낌을 표현한 후에 그에 대해 깊이 생각하고 통찰할 수 있는 시간적 여유를 줄 수 있어야 한다. 즉, 누군가가 자기의 문제에 관심을 갖고 해결을 위해 함께 시간을 보내 준다는 것만으로도 내담자의 문제해결에 많은 도움이 될 수 있기 때문이다.

- **상담이 끝나기 전에 오지 않는 내담자** : 상담이 종결되지 않았는데 내담자가 오지 않을 때 강구할 수 있는 방법은 다음과 같다. 먼저 그동안의 상담기록, 특히 바로 전 회기의 상담기록을 면밀히 검토하여 그 원인을 규명해 보거나 내담자가 상담을 다시 받으러 올 수 있도록 상담실의 문을 개방해 둔다. 동시에 상담에 오지 않는 것 또한 내담자의 자유임을 인식시켜 주어 시간이 지난 후 다시 상담을 받으러 올 때 아무런 죄책감 없이 돌아올 수 있게 길을 마련해 주어야 한다.
- **상담에서의 조언** : 인간은 보다 확실한 관점이나 이해를 타인에게서 구하고자 한다. 모든 상담이나 심리치료에는 조언과 정보 제공이 포함되어 있다. 특히, 상담 초기와 종결단계에서 이는 중요한 역할을 한다. 중등학교 정도의 청소년들에게는 감정의 반영이나 명료화보다는 적절한 조언과 암시가 더 효과적일 때가 있다. 그러나 조언은 자칫하면 내담자에게 반발과 저항을 초래하거나 내담자를 의존적으로 만들 수 있다는 측면에서 즉, 나아가 상담자가 과연 내담자에 대해 적절한 판단과 조언을 할 수 있느냐는 즉, 면에서 생각의 여지가 있다. 요컨대, 내담자에게 타당한 정보는 제공하되 상담자 자신의 주관적인 판단에 따른 조언을 가능한 삼가고, 조언을 해야만 한다면 되도록 암시적으로 하는 것이 좋다.
- **상담면접에서의 한계** : 비지시적 상담을 주장하는 Rogers(1942)도 면접에 대한 책임, 시간, 공격행동, 애정에 대해서는 일정한 한계를 둘 것을 권고하였다. 즉, 상담을 받을지의 여부를 결정하는 것은 내담자 자신이며, 매회 상담시간을 제한해 두어야 하며, 사람을 신체적으로 공격하거나 다른 사람의 물건을 파괴해서는 안 되며, 상담관계에서 애정은 금지되어 있다는 것을 정확히 명시하는 것이다. 이는 상담의 구조화 단계에서 제시해야 한다.
- **상담 횟수, 시간, 상담료** : 이 세 가지는 상담을 구조화할 때 따져 보아야 할 요건들이나 정확히 정해진 것은 없다. 상담자가 갖고 있는 상담에 대한 관점과 내담자의 상태나 상황을 고려하여 정하면 된다. 상담은 평균

적으로 전체 10회기를 주 1회, 45분에서 50분 정도로 이루어지고 있다. 상담료는 무척 예민한 부분으로 상담료가 갖는 효과를 파악하여 상담자의 소신대로 결정 내려야 할 문제다. 첫 회 상담에서 상담료 지불에 관해 논함으로써, ① 상담을 받을 것인가에 대해 스스로 책임 있게 결정할 수 있도록 한다. ② 치료를 신속히 끝내야겠다는 동기를 부여하여 최대한 자유롭게 자기 문제를 표현하도록 자극한다. ③ 치료목표가 성취되었을 때 상담자에게 의뢰심이나 은혜를 입었다는 식의 감정을 갖지 않게 한다.

- **상담 중 기록과 녹음** : 내담자 앞에서 상담내용을 기록하거나 녹음하는 것은 상담자와 내담자에게 부담스러운 작업일 수 있다. 내담자의 입장에서는 기록으로 인해 상담자의 감정이 흩어짐을 느끼게 될 수 있고 비밀보장에 대해 걱정하게도 만든다. 그러므로 구조화 과정에서 상담을 잘 진행시키기 위한 방법으로 상담과정을 녹음한다는 것과 상담내용 중 필요한 부분은 기록할 것임에 대해 미리 양해를 구하는 것이 좋다. 만일 내담자가 원치 않는 경우에는 당연히 하지 말아야 할 것이다.
- **상담에서의 심리검사** : 상담에서의 심리검사는 내담자의 능력 및 특성에 대한 객관적인 평가를 가능케 할 뿐만 아니라 내담자 자신의 흥미와 가치체계를 발견하는 데도 도움을 준다. 그러므로 몇 회의 면접을 거쳐야 파악되는 내담자의 문제 윤곽과 특성을 짧은 시간 내에 객관적으로 알려 주는 동시에 내담자의 자기탐색을 가능하게 한다. 그러나 몇몇 상담이론은 심리검사의 실효성을 부인하기도 한다. 만일 심리검사가 필요하다고 판단되면 내담자가 어떤 결정을 내리기 위한 자료를 제시하기 위해 실시하는 것이 좋다.

심리검사를 상담에서 사용하기 위해서 상담자는 ① 심리검사에 대해 철저히 파악하고 있어야 한다. ② 내담자가 검사를 원하는 이유를 탐색하고 과거에 검사를 받은 경험에 대해 알아야 한다. ③ 내담자가 알고자 하는 정보와 관련해 검사의 가치와 제한점에 대해 설명하고 이해를 확인해야 한다. ④ 점수로서 검사 결과를 전달하지 말아야 한다. ⑤ 검사 결과를 입증하기 위해 더 많은 자료가 수집되기까지는 시험적인 태도로 조심스럽게 제시한다. ⑥ 검사 결과가 의심스러울 때는 추가검사를 실시해야 한다. ⑦ 검사 결과를 전할 때는 평가적인 말투를 사용해서는 안 되며 항상 중립을 지킨다. ⑧ 검사 결과 해석에서 설교식으로 설명하는 것을 조심해야 한다. ⑨ 특히, 낮은 점수의 검사 결과를 해석할 때는 주의를 기울여야 하는데, 우선 높은 점수부터 해석해 가면서 낮은 점수를 받아들일 수 있는 여유로운 분위기를 마련해야 한다. 이상의 문제들에 주의를 기울인다면 심리검사 또한 상담의 중요한 기법으로 인정받을 수 있을 것이다.

• **상담효과의 평가** : 상담자는 자기 발전을 위하여 상담과정과 그 효과에 대해 계속적으로 평가 · 지도받아야 한다. 평가방법으로는 다음과 같은 것들이 있다. ① 자신이 상담한 사례를 녹음해서 직접 분석하거나 녹음내용에 대해 동료 상담자들에게 피드백을 받는다. ② 유능한 선배 상담자에게 상담내용에 대해 수퍼비전을 받는다. ③ 다른 사람 앞에서 상담을 직접 해 본다. ④ 유능한 상담자들이 상담한 사례를 관찰하고 자신의 사례와 비교하여 분석한다. ⑤ 자신이 상담한 사례를 다른 상담자에게도 상담하게 한 다음 그 결과를 비교하여 분석해 본다.

3. 상담자의 자질

상담에 대한 개념이 확장됨에 따라 오늘날의 상담자들은 이전에 비해 한층 다양한 역할을 담당해야 하며 이에 따라 여러 가지 자질도 요구되고 있다. 상담자가 제대로 그 몫을 해내기 위해 갖추어야 할 자질에 대해 전문적 자질과 사람됨의 인간적 자질의 두 가지로 나누어 살펴보면 다음과 같다.

1) 전문적 자질

상담은 그야말로 조력 전문직이다. 전문직이라 함은 고도의 지식과 기술이 요구되는 것으로 상담자는 상담에 대한 정규교육을 받고 전문가로서의 자격을 취득해야 할 것이다. 전문가란 해당 분야의 이론을 통달했거나 이론에 대한 자신의 입장을 가진 사람을 말하므로 무엇보다 상담에 대한 자신의 이론적 틀을 개발해야 할 것이다. 이론은 다음 세 단계를 거쳐 그 틀이 형성된다. 첫째, 상담자 자신의 가치관, 신념, 기대, 사고과정 및 여러 성격 특성에 대해 객관적인 분석과 이해가 있어야 한다. 둘째, 현재 처한 시대적 배경, 즉 문화적, 사회적 경향과 철학적 경향을 정확히 이해한다. 셋째, 기존의 상담이론들에 대한 철저한 연구를 거쳐 자신만의 개인적인 상담이론을 개발하게 된다. 이를 위해 인간의 본성과 그 속에 내재한 경향성, 인간 성격의 구조와 발달, 바람직한 행동과 그렇지 못한 행동 그리고 그 행동의 발달과정, 상담의 궁극적 목적과 이에 따른 구체적인 목표, 상담의 진행과정과 효과적인 전략과 기술들, 상담자의 역할에 대한 자신의 관점을 확립해야 한다.

상담은 이론과 기술 모두를 겸비해야 하는 전문직이므로 이론적 틀을 체계화한 후에는 다양한 상담상황에 실제로 적용해 보고 그에 대한 피드백을 받아야 한다. 나아가 끊임없이 실습하고 연구하여 그 이론을 수정하고 보완하며, 유능한 전문가의 지도와 조언 아래 다양한 훈련의 기회를 가져 실제적 능력을 터득하면서 완성도를 높여가야 한다.

2) 인간적 자질

효율적인 상담자의 자질을 논할 때 이론적 지식과 실제적 기술이 모든 것을 대변해 주는 것은 아니다. 중요한 것은 상담자의 사람됨이다. Rogers(1942)는 유능한 상담자가 되기 위해 가장 필요한 자질로 인간관계, 즉 타인의 감정과 태도에 대한 민감성을 들었으며 다음으로 객관성, 인간존중, 자기이해, 심리학적 지식 등을 제시하였다.

Brammer와 Shorstrom(1982)은 상담자의 자질에 대해 ① 인간-기술자 간의 균형, ② 지적인 능력, ③ 자발성, ④ 수용과 관심, ⑤ 이해와 공감, ⑥ 온정과 인간적 만남, ⑦ 자유, ⑧ 일치성과 개방성, ⑨ 융통성으로 집약하였다. George와 Cristiani(1981)는 ① 자신의 경험에 대한 개방성과 수용성, ② 자신의 가치와 신념에 대한 인지, ③ 타인들과 따뜻하고 깊이 있는 관계를 발전시키는 능력, ④ 있는 그대로의 자신을 타인들에게 보여 주는 능력, ⑤ 자신의 행동에 대해 책임을 지는 마음가짐, ⑥ 현실적 요구수준을 발달시키는 능력 등을 효율적인 상담자의 인간적 자질로 꼽았다.

Corey(1996)는 상담자가 내담자와 함께 창조해 가는 인간적인 영역이 치료적 만남의 가장 강력한 결정요소라고 보았다. 즉, 상담자가 내담자를 성장·변화하게 하려면 상담자 자신의 삶을 성장시켜야 하는데, 이러한 것이 내담자를 긍정적 방향으로 이끄는 가장 강력한 원천이 된다. 그는 효율적인 상담자의 특성으로 다음 세 가지를 들었다.

- **상담자의 진실성** : 상담은 매우 깊이 있고 긴밀한 학습이므로 상담자는 내담자와의 관계에서 진실한 인간이 되어야 한다. 즉, 상담자는 내담자에게 모델로서 자신을 제시해야 한다. 그렇다 하여 상담자가 완전한 인간이어야 한다는 것은 아니다. 이는 상담자가 자신의 삶을 탐색하려는 뜻과 자신이 원하는 삶을 만들기 위한 노력을 포기하지 않아야 함을 의미한다.
- **상담자 자신을 위한 개인상담과 심리치료** : 인간은 누구나 맹점, 즉 상담자로서의 효율성을 저해하는 미완성된 부분을 가지고 있기 때문에 상담자도 내담자가 되어 보아야 한다. 물론 상담자가 갈등에서 완전히 벗어나야 한다는 뜻은 아니다. 이는 상담자가 자신의 갈등이 무엇이며 그런 것이 상담자로서의 자신에게 어떤 영향을 주는지 자각해야 함을 의미한다. 상담자는 스스로의 삶 속으로 들어갈 수 있는 깊이 이상으로 내담

자를 그 자신의 삶 속으로 들어가게 하지는 못하기 때문이다.

- **치유적인 인간으로서의 상담자** : 상담자가 완전한 치료자여야 함을 의미하는 것이 아니라 치유적인 인간이 되도록 노력하는 것이 가장 중요하다. 그렇다면 치유적인 인간이란 어떤 인간인가? Corey가 밝힌 치유적인 인간이란 다음과 같은 특징을 갖고 있다.
  - 자신의 길을 발견하였다.
  - 자기존중감과 자기안정감을 갖고 있다.
  - 강한 사람이 될 수 있고 자신의 힘을 인식하고 수용할 줄 안다.
  - 변화에 개방적이고 자아를 유지하며 자발적으로 모험을 즐긴다.
  - 자신과 타인에 대한 인식을 확장시키고 있다.
  - 불확실성을 기꺼이 수용한다.
  - 정체성을 갖고 있다.
  - 공감할 수 있다.
  - 생기가 있으며 생활지향적이다.
  - 진실하고 솔직하며 일치성이 있고 순수하며 정직하다.
  - 사랑을 주고받을 수 있다.
  - 현재에 산다.
  - 실수도 하며 그것을 기꺼이 인정한다.
  - 자신의 일에 깊이 관여하고 창조적 과제에 몰두한다.
  - 자신을 재창조할 수 있으며 자신의 삶에서 의미 있는 관계를 재창조할 수 있다.
  - 다른 사람을 위해 자신의 감정을 드러낼 줄 안다.
  - 자신의 삶을 만들어 가는 과정에 있다.
  - 비합리적인 가정이나 자기파괴적 신념, 태도 등에 굴하지 않고 도전한다.
  - 존경과 배려와 신뢰, 자신에 대한 가치의식에 바탕을 두고 타인의 복지에 진정한 관심을 갖고 있다.

Egan(1998)이 보는 조력자, 즉 상담자의 자질은 다음과 같다.

① 상담자는 무엇보다 자신의 성장, 즉 신체적, 지적, 사회·정서적, 영적인 성장을 위해 노력한다.
② 상담자는 적절한 운동과 식이요법을 통해 자신의 몸을 소중히 생각한다.
③ 상담자는 기본적인 인지능력을 가지고 있으며, 자기 자신의 지적 가능성을 인식하며, 이상적인 세계를 존중한다.
④ 상담자들은 상식과 사회적 기능을 겸비하고 있다.
⑤ 상담자는 조력이 힘든 일이라는 것을 알고 있으며 현명하게 일하는 것이 열심히 일하는 것만큼이나 중요하다는 것도 알고 있다.
⑥ 상담자는 통합자다.
⑦ 상담자는 자신의 삶에서 주체, 즉 삶에 복종하기보다는 삶을 주도하는 사람이므로 내담자들이 목표를 설정하고 건설적인 행동변화를 위한 행동 프로그램을 정교화하는 데 도움을 줄 수 있다.
⑧ 상담자는 일대일 상황이나 집단상황 모두에 적응 가능하다.
⑨ 상담자는 스스로가 문제를 가지고 있지만 그 문제들을 피해 가지 않는다.

이처럼 상담자가 내담자의 성장과 변화에 도움을 주려 한다면 우선 자기 자신의 선택과 결정을 탐색함으로써 자신의 삶을 향상시키고 성장 가능성을 자각하도록 힘써야 할 것이다. 이러한 상담자의 자질과 더불어 상담자가 지녀야 할 자세에 대해 Egan(1998)은 SOLER로 요약하였다.

- **내담자를 마주 대한다**(face the client Squarely) : 내담자와 동반관계에서 함께 하고 있음을 나타내는 자세를 말한다. 다른 사람과 얼굴을 마주 대하는 것은 관심을 나타내는 기본적인 자세다. 이러한 표현은 대개 '나는 당신을 돕고 싶어요.' '나는 바로 지금 당신과 함께 있어요.' 라는 의미다. 상담자가 내담자와 말하는 동안 얼굴을 피하는 것은 친밀감을 감

소시키는 작용을 한다.

- 개방적인 자세를 취한다(adapt an Open posture) : 관심 있는, 관심을 기울이는 자세를 가지라는 것이다. 팔짱을 끼고 다리를 꼬고 앉는 것은 내담자에게 신뢰감을 감소시키는 자세다. 개방적인 자세는 비방어적인 것으로 보여진다. 다리를 꼬고 앉았다고 해서 모두 다 상담자가 내담자에게 관여하지 않는다는 것을 의미하는 것은 아니지만, 상담자는 자신의 자세가 내담자에게 개방성을 전하고 있는지를 스스로에게 반문해 볼 필요가 있다.
- 상담시간에 가능한 내담자를 향해 몸을 기울여야 한다(Lean toward the other) : 가능한 내담자를 향하여 다소곳하게 앉도록 한다. 대화에 몰입되어 있는 두 사람을 살펴보면 관여와 관심의 자연스러운 표현으로 서로에게 몸을 기울이고 있음을 볼 수 있다. 상담자 몸의 상체가 중심이 되어 약간 앞으로 기울여진 것은 '나는 당신과 당신이 하는 말에 관심을 기울이고 있어요.' 라는 의미로 접근 혹은 친밀성을 표현하는 방법이다. 유능한 상담자들은 고정된 자세를 취하는 것이 아니라 상담 중에 일어나는 사태에 따라 자연스럽게 몸을 앞뒤로 움직여 내담자의 진술내용에 대한 경중을 간접적으로 전달할 수 있다. 이런 점에서 몸을 기울인다는 것은 내담자와 상담자의 의사소통을 높이는 신체적인 유연성 또는 반응의 한 종류로 설명될 수 있다.
- 시선을 통해 적절히 접촉한다(maintain good Eye contact) : 내담자에게 자연스럽게 시선을 주는 것이다. 지속적으로 시선이 마주치는 것은 깊이 있는 대화를 나누는 사람들 사이에 매우 자연스러운 것이다. 그렇다고 뚫어지게 쳐다보는 것은 아니다. 내담자와 적절히 눈이 마주친다는 것은 '나는 당신과 함께 하고 있어요.' 라고 말하는 또 다른 방법이다. 만약 상담자가 자주 시선을 돌린다면 내담자와 함께 하거나 내담자에게 관여함을 꺼려하는 것으로 보여질 수 있다.
- 상담자는 상담하는 동안 긴장하지 말고 편안히 상담에 임해야 한다(try

to be Relaxed while engaged in these behaviors) : 이는 두 가지 의미를 담고 있다. 하나는 상담자가 안절부절못하거나 주의산만한 얼굴로 상담에 임해서는 안 됨을 의미한다. 다른 하나는 접촉이나 표현의 전달수단으로 상담자는 자신의 몸을 사용함으로써 불안을 해소하거나 편안함을 느낄 수 있다. 상담자가 이러한 자세들을 자연스럽게 몸에 익히게 되면 내담자에게 더욱더 주의를 집중할 수 있게 될 것이며, 이는 내담자에게도 영향을 미쳐 원만한 상담 분위기를 형성하게 될 것이다.

이상 SOLER의 자세는 신중하게 고려되어져야 한다. 상대의 이야기를 경청하고 있음을 어떻게 표현하는가는 개인적으로나 문화적으로 차이가 있다. 내담자와 진심으로 함께 한다는 내면적인 태도를 상담자의 비언어적 의사소통을 통해 반영시키지 않는다면 상담의 효과가 상쇄될 것이다. 내담자에 대해서 가져야 할 상담자의 올바른 자세에 대한 조언들은 절대적 규칙이 아닌 상담자와 내담자의 실제적 관계를 위한 하나의 지침으로 받아들여져야 할 것이다.

이상의 견해들을 토대로 내담자의 인간적 자질을 정리하면 다음과 같다.

- 내담자를 한 사람의 인간으로, 현실적인 고통을 받고 있는 사람으로 존중하는 마음이 있어야 한다.
- 모든 사람들은 인생경험, 행동방식, 가치관이나 태도가 각기 다름을 인정하여 상담자 자신과 내담자의 차이를 수용할 수 있는 포용력이 있어야 한다.
- 장기적인 목표를 갖고 일할 수 있는 인내력을 가져 자신의 행동에 대한 즉각적인 효과나 보상을 어느 정도 유보할 수 있어야 한다.
- 상담의 주체는 내담자이므로 내담자를 조정하는 식의 개입은 피하며 내담자가 능동적으로 자신의 행동을 변화시킬 수 있도록 조력해야 한다.
- 상담이론과 기법들을 확실히 알고 있되, 각각에는 제한점이 있음을 인정할 수 있어야 한다.

4. 상담형태

상담의 형태는 상담목표와 대상, 시기와 상담자의 철학적 가정에 따라 천차만별이라 그 형태를 일일이 열거한다는 것은 불가능이다. 여기서는 특히 성인학습자와 관련된 문제들과 그에 적용할 수 있는 몇 가지 상담형태들을 선택적으로 살펴보도록 하겠다.

1) 위기상담

인간의 삶 자체가 위기를 만나고 그것을 극복함으로써 한 단계 발전하고 성숙하는 과정이다. 즉, 삶에서 위기란 순간순간 찾아오는 것으로 우리의 당면과제라 하겠다. 그러나 모든 위기에 대해 적절히 대처하기란 어려우므로 상황에 따라서는 적응을 위한 전문가의 조력이 큰 도움이 되기도 한다.

(1) 위기에 대한 이해

France(1990)는 위기에 대해 다음과 같이 설명하고 있다. ① 위기는 통상적인 문제해결 기술로는 해결할 수 없는 특정 사건에 의해 촉발된다. ② 모든 사람은 자신의 삶에서 어떤 시기에 이르러 대처할 수 없다고 느끼는 위기에 처할 수 있다. ③ 사람에 따라 스트레스 상황에 다르게 반응한다. 이는 개인의 불안수준, 대처기술, 상황해석에 따라 주관적임을 의미한다. ④ 위기의 지속시간은 비교적 짧다. ⑤ 위기반응에는 적응과 부적응이 있다. 적응은 개인이 새로운 대처기술이나 문제해결 기술을 배우는 것이며, 부적응은 점차적으로 비조직화되거나 방어적으로 되는 것을 말한다. 즉, 위기감은 정서적으로 깊은 유대감을 가졌던 사람의 상실과 내면적인 고통이나 가치를 상실하는 경우, 혹은 이사나 전직과 같은 과도기적 변화에 의해 유발된다.

사람마다 위기를 감지하는 것은 다르며 위기의 발전단계에 따라 다음과 같은 반응들이 나타난다.

- **충격단계** : 위기상황을 깨닫는 초기 반응이다. 이때 사람들의 반응은 무기력, 좌절, 불안, 분노, 두려움, 우울, 통제력 상실 등으로 문제해결에는 도움이 되지 못한다. 충격단계는 갑작스런 사건 이후에 바로 일어나므로 이 단계는 비교적 짧다.
- **대처단계** : 상황변화나 위기상황에 대한 반응을 변화시키려 하지만 불안, 좌절, 절박감은 증가된다. 이 단계에서 사람들은 문제에 대한 새로운 해결책을 시도하고, 자신의 삶에서 위기에 처하지 않았을 때보다 타인들에게 더욱더 간절하게 도움을 청하게 된다. 어떤 사람들은 문제에 초점을 둔 대처기법이나 이미 사용해 본 대처기법을 사용하고 새로운 기술을 배우기도 한다.
- **위축단계** : 그동안 시도한 것들이 고통을 완화하는 데 아무런 도움이 되지 못한다고 느낄 때 나타난다. 위축에는 두 가지 기본적인 유형이 있다. 첫 번째 유형인 자살은 자발적인 형태로 계속되는 위기상황에서 고통을 회피하기 위해 스스로 목숨을 끊어 버리는 사태다. 비자발적 위축은 보통 여러 유형의 심리적 혹은 정서적 해체로 나타나 인지장애, 정서장애, 성격장애와 같은 정신병의 형태를 띤다. 사람들은 일반적으로 위기가 가시적인 도움이나 해결책 없이 장기간 지속되지 않는 한 위축의 단계까지 가지는 않는다.

(2) 위기상담의 의미

위기란 개인의 사고, 계획, 상황에 효과적으로 대처하는 능력에 부정적인 영향을 미치는 심각한 스트레스의 일종이다. 갑작스런 특정 사건에 대해 위협이나 불안을 느껴 비효율적으로 대처하게 되는 것이다. 예기치 않았던 환경적인 자극이나 그 밖의 이유로 위기감을 느끼는 내담자에게는 위기상담이 필요하다.

일단 위기로 인해 심한 긴장이나 불안을 느끼는 내담자를 만날 경우 상담자도 자칫 불안이나 당혹감을 느낄 수 있으므로 주의해야 한다. 위기상담에서 주의해야 할 것은 내담자에 대해 이해적인 관심을 가지되 결코 놀라서는 안 되며, 내담자의 문제를 보다 합리적으로 해결할 수 있도록 도와주기 위한 객관적인 태도를 유지하는 것이다.

(3) 위기상담의 목표 및 기본 요건

위기상담의 주된 목표는 내담자의 긴장을 포함한 다양한 심리적 증상 및 고통을 해소시킴으로써 자기패배적인 행동이나 부적응적 사고와 감정을 적절하고 효과적인 반응으로 대치시켜 주는 것이다. 그러기 위해 내담자가 당면한 위기가 삶의 정상적인 일부라는 것을 깨닫게 하며, 갑작스런 사건과 현재 상황을 다른 시각으로 보게 하며, 위기와 관련된 감정을 깨닫고 수용하게 하며, 새로운 문제해결 기술을 갖게 해야 한다.

즉, 내담자가 더 이상 혼란을 느끼지 않도록 하고 과거의 정상적인 상태를 회복할 수 있는 적응력과 행동기법을 회복하는 것이며, 나아가 내담자에게 위기의식을 불러온 환경적인 요인에 대해 이해를 돕거나 변화를 시도해 볼 자신감을 갖게 하는 것이 목표다.

내담자가 느끼는 위기를 조절하고 상담해 나가기 위해 상담자가 갖추어야 할 기본적인 요건은 다음과 같다(이장호, 1996). ① 내담자의 위기 및 긴장감에 대해 공감적인 이해나 경청을 할 수 있는 능력, ② 내담자의 환경적인 여건이나 심리적인 반응에 대해 정확히 평가할 수 있는 능력, ③ 내담자의 문제를 보다 효과적으로 이해할 수 있는 주변 자원(기관 및 사람)에 대한 충분한 정보 확보가 필요하다.

(4) 위기상황에 대한 상담 접근법

위기상황에서 큰 혼란을 느끼며 긴장하고 있는 내담자를 상담하는 데 사용되는 접근법은 다음과 같은 네 가지다.

- **일반적인 지원** : 관심 있게 경청하고 비위협적 또는 비판단적 태도를 취하여 내담자가 긴장을 덜 느낄 수 있는 방향으로 조언해 주는 것이다.
- **포괄적 해결노력** : 내담자가 부딪힌 위기의 근본 원인을 파악하고 대처해 나갈 수 있는 대안을 내담자와 함께 모색하는 협의과정이며 문제해결과정이다.
- **개인상담** : 포괄적인 접근과 아울러 내담자의 성격이나 이상심리에 관해서 접근하는 방법이다. 이는 장기적이고 보다 전문적인 심리치료까지 연결되도록 도와준다.
- **환경조작** : 환경의 변화에 따른 위기촉발 조건에 대해 접근하는 방법이다. 이는 상담실에서 내담자만 만나기보다는 내담자의 가족이나 주위 사람들과 접촉하는 등 내담자가 위기의식을 덜 느끼도록 노력하는 것이다.

(5) 위기상담의 단계

일반적으로 위기는 일련의 논리적 단계를 따른다고 보고되고 있다(Aguilera, 1990; France, 1990; Steele & Raider, 1991). 위기상담은 흔히 다섯 단계를 거쳐 이루어지는데, 이 과정은 문제해결 패러다임의 과정과 유사하다.

- **1단계 – 위기와 개인적 자원의 평가** : 첫 단계는 내담자와 위기에 대해 여러 측면에서 평가하는 과정이다. 이 단계에서 상담자는 갑작스런 위기를 몰고 온 환경과 사후 문제를 기술하고 이러한 특수한 상황과 관련된 내담자의 대처기술을 파악하게 된다.
- **2단계 – 감정과 인지의 이해** : 내담자가 위기상황에 대해 느끼는 감정에 대한 표현을 증가시켜 문제에 대해 더 긍정적으로 이해하도록 도와주는 것이다. 상담자는 내담자가 자신의 문제를 스스로 해결할 수 있도록 도와주고, 그 상황에서 내담자가 할 수 있는 역할과 문제해결을 위한 개인적인 변화의 필요성을 깨닫게 해 주어야 한다.
- **3단계 – 해결책 고려하기** : 위기상황에 처한 내담자들은 문제 전체를 즉

각적으로 완벽하게 해결하고자 하는 강박관념을 갖고 있어 오히려 더 많은 좌절감을 느끼기도 한다. 그러므로 문제를 더 작은 단위로 분할하여 가능한 해결책을 찾도록 하는 것이 세 번째 단계다. 해결책 중 가장 해결하기 용이한 것부터 선택하여 성공할 수 있게 도우므로 내담자에게 용기를 북돋워 줄 수 있다.

- 4단계–대처방법 선택 : 상담자는 내담자가 갖고 있는 잠재적인 대처방법 중 가장 성공적인 문제해결 방법 하나를 선택하게 한다. 즉, 브레인스토밍 기법에서 나온 많은 해결책 중에 두세 가지를 골라 각각의 장단점을 고려하여 가장 현실성 있는 하나를 선택하게 하는 것이다. 그 선택된 방법이 위기해결에 도움을 줄 것이라 믿고 수행할 수 있도록 확신을 주는 것이 중요하다.
- 5단계–해결책의 적용과 평가 : 위기상황 자체가 짧은 시간에 한하므로 짧은 시간 내에 해결책을 적용시킬 필요가 있다. 앞서 선택된 해결책에 필요한 대처전략을 연습시키기 위해 시간표를 작성하여 실행에 옮기도록 도와준다.

(6) 위기상담의 개입전략

위기상황에 처한 내담자를 돕는 데 사용될 수 있는 개입전략들은 다음과 같다.

- 정서적인 지원을 제공한다 : 위기에 처한 내담자들은 고도의 긴장과 불안에 빠진 상태다. 이러한 긴장과 불안은 공포나 무력감을 수반하므로 위기극복을 위한 해결방법을 제시하기 전에 정서적 지원부터 이루어져야 한다. 일단 온화하고 수용적인 자세로 대하면서 내담자의 상황에 대해 이해하고 있으며 진심으로 돕고자 한다는 것을 전달해야 한다. 또한 위기상황의 해결 가능성에 대해 낙관적인 태도를 전달하도록 한다.
- 감정을 표현하게 하고 공감한다 : 억압해 오던 자신의 감정을 자유롭게

표출할 수 있도록 유도하거나 분위기를 조성한다. 내담자의 감정에 대해서는 충분히 그럴 수 있음을 알게 하고 필요적절하게 공감해 주어야 한다. 이때 위기상황을 구체화하여 현실적으로 자신의 문제를 객관적으로 볼 수 있게 돕는다.

- **내담자의 이야기에 대해 선택적으로 경청한다** : 위기상담 자체가 짧은 시간 안에 이루어져야 하므로 내담자의 이야기 중에 상담에 관련된 내용을 선택적으로 경청함으로써 실제 위기상황과 관련된 자료에만 집중할 수 있도록 한다.
- **문제상황을 확실하게 규명한다** : 위기상황과 내담자에 대해 정확한 자료를 수집한 후 문제상황을 확실히 규명해야 한다. 즉, 위기상황에서 내담자가 다루어야 할 문제가 무엇인지 분명히 하고, 문제해결을 위한 목표를 설정하며, 그 목표를 달성하기 위한 자원이 무엇인지 확인한다. 문제의 파악은 위기에 대한 모호한 감정들을 표출하여 그 속에서 내담자에게 위기에 대한 객관적인 평가가 가능하게 하여 적절히 대처할 수 있게 하려 함이다.
- **위기를 극복하는 데 필요한 사실적 정보를 전달한다** : 대부분의 불안은 사태에 대한 정보 부족이나 위기상황에 대한 왜곡과 오해에서 생기는 경우가 많다. 그러므로 내담자들에게 위기에 대한 사실적 정보를 제공하여 불안을 제거하는 것이 위기상담에서 중요한 부분이다.

내담자가 처해 있는 위기상황은 상담자 혼자만의 힘으로 해결해 주기 힘든 경우도 많다. 따라서 상담자의 계획 안에는 내담자와 관련된 가족이나 직장 동료의 협력을 이끌어 낼 방안도 갖고 있어야 한다. 살아가면서 접하게 되는 위기상황은 너무나 다양하고 그에 대한 사람들의 반응 또한 독특하기에 동일한 잣대를 만드는 것은 불가능하다. 그러므로 상담자는 위기상황의 특성과 내담자의 필요에 따라 상담기술을 적용하고 다양한 가능성을 시도해야 할 것이다.

2) 단기상담

최근 상담에 거세게 불고 있는 바람이 바로 '상담의 단기화' 다. 이는 상담의 효과는 그대로 유지하면서 상담 기간을 가능한 줄이고자 하는 노력이다. 단기상담은 영어로 short-term, brief, time-specified, time-limited counseling 이다. 즉, 기간의 짧음, 상담 초기에 상담 기간에 대해 먼저 논의하고 지정한다는 뜻이 들어 있다. 그렇다면 몇 회의 상담을 단기상담이라 하는가? 이에 대한 정확한 답은 없다. 어느 병원에서는 25회를, 어떤 상담가는 60회를, 대학상담소는 한 학기를 기준으로 하는 15회 미만을 단기상담으로 보고 있다. 중요한 것은 단기상담의 횟수가 아니라 그 효과다.

실제 대부분 상담사례들은 10회 미만이나 10~20회로 종결되고 있어 단기상담이 주류를 이루고 있으며 50회 이상의 장기상담은 예외상황이다. 즉, 통상적으로 '상담' 이라고 말할 때는 단기상담을 의미하며, 수십 회기 이상 진행되었을 때는 특별히 '장기상담' 이라고 불러야 할 것으로 보인다(김계현, 2002).

(1) 단기상담의 필요성

단기상담의 기수를 든 오레곤 대학의 경우 1987년 중반까지 '장기상담' 의 경향을 띠고 있었다. 1년은 보통이고 길게는 3~4년에 걸쳐 이루어지는 경우도 있어 상담 대기자 명단은 길어지고 상담으로 연결되기까지 몇 개월을 기다리는 동안 상담에 대한 동기가 감소되는 경우도 많았다. 이에 대학 당국은 상담을 필요로 하는 학생들에게 골고루 기회를 제공하기 위한 체질 개선을 요구했고 그 노력의 결과가 '상담의 단기화' 로 이어졌다. 대학뿐 아니라 정신병원이나 정신과 개업의, 상담가들에게는 보험과 치료비의 문제가 제기되면서 단기상담의 도입이 검토되기 시작하였다. 이렇게 시작된 단기상담의 필요성을 정리하면 다음과 같다.

- 내담자들은 구체적인 문제를 빨리 해결하기 위해 상담자를 찾아온다. 단

한 번 혹은 몇 번의 상담으로도 효과가 있으리라는 기대를 갖고 오는 내담자들에게 장기간의 상담은 당황되고 부담스러운 것이다.

- 상담현장을 살펴보면 상담자의 의지와는 상관없이 실제로 단기상담이 이루어지고 있다. 평균적으로 내담자와 만나는 것은 6~8회 정도에 불과하다. [그림 7-1]은 상담 횟수와 효과 간의 관계를 보여 주는 것이다. 상담의 횟수에 따라 상담의 효과가 증가하는 것이 사실이지만, 그 효과는 25, 26회 정도까지만 뚜렷하고 이후에는 큰 변화가 없음을 알 수 있다. 이에 따라 대개의 경우 25회까지를 단기상담의 상한선으로 둔다. 이것은 일반적인 내담자라면 단기상담으로 상담의 효과를 충분히 볼 수 있음을 의미한다(이장호, 1999).
- 효과 면에서 살펴보더라도 단기상담은 장기상담 못지않은 효과를 보여준다. 물론 모든 내담자에게 다 효과가 있다고 할 수는 없으나, 심한 만성적인 문제에도 상당히 효과적이라는 것이 연구를 통해 밝혀지고 있어

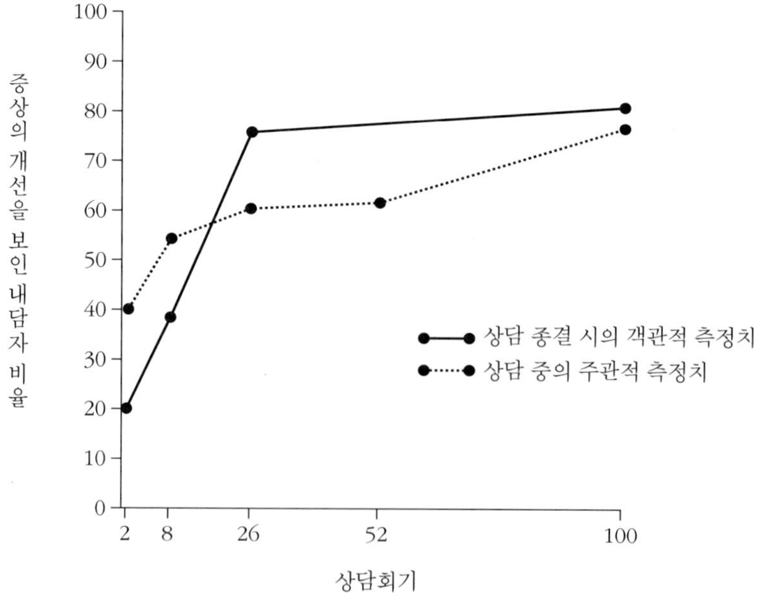

[그림 7-1] 상담 회기 수와 상담효과의 관계

적용 범위도 보다 넓어지고 있다.

- 가장 현실적인 문제는 상담비용일 것이다. 학교에서 행해지는 생활지도 차원의 상담이 아니라면 대부분 보험혜택을 받지 못하는 유료 상담을 받아야 하는데 그 부담이 상당하다. 보험이 적용되는 사례라 할지라도 보험회사에서는 비싼 상담비를 무한정 대줄 수 없어 횟수를 제한하고 있는 실정이다.
- 대학생 상담의 경우 학기별로 구분되어 1년에 2차례 긴 방학을 보내며 휴학이나 군 입대, 졸업과 같은 문제로 단기상담이 이루어질 수밖에 없는 실정이다.

(2) 단기상담의 목표

단기상담 또한 다른 상담과 마찬가지로 내담자의 문제해결에 목표를 둔다. 단지 짧은 시간에 문제를 해결해야 하므로 내담자가 갖고 온 호소 문제에 초점을 맞추어 진행시킴으로써 내담자의 목표를 상담자의 판단에 의해 임의로 바꾸어서는 안 된다. 예를 들어, 직장 내 대인관계 곤란을 호소하는 경우에 장기 상담자는 내담자의 문제영역뿐 아니라 정서나 가족 간의 역동으로 파고들어가려는 경향을 보인다. 내담자가 지금 당장은 그런 부분에 대해 인식하고 있지는 않겠지만 언젠가는 다루게 될 것이라는 가정을 갖고 있기 때문이다. 그러나 단기상담에서는 내담자가 가장 절실하게 느끼는 불편함을 없애고 합리적이고 적절한 수준에서 기능을 하도록 돕는 것이 가장 주된 목표다. 현재의 문제해결에 덧붙여 미래의 문제들을 더 잘 다루고, 또 가능하면 미리 예방할 수 있도록 대처기술을 개발하는 것도 단기상담의 주요 목표가 될 수 있다. 내담자가 자신의 문제를 잘 극복하고 이전보다 더 생산적으로 살아가게 하고자 하는 목표를 짧은 시간에 달성하기 위해서는 다른 상담이론에 비해 더 지시적이고 문제해결 중심적인 경향을 띠게 된다.

(3) 단기상담에 적합한 내담자

앞에서도 밝혔다시피 모든 내담자가 단기상담으로 효과를 볼 수 있는 것은 아니다. 단기상담에 적합한 내담자란 한마디로 단기상담으로 해결될 만한 문제를 갖고 오는 내담자를 말한다. 그렇다 하여 내담자를 지나치게 가린다거나 특정한 진단범주나 성격유형으로 제한할 필요는 없다. 다음과 같은 내담자가 단기상담에 더 적합한 내담자라고 할 수 있다(김계현, 2002).

- 호소하는 문제가 비교적 구체적이다 : 단기상담을 해야 할 경우에는 단기상담에 적합하도록 문제를 구체화하여 목표를 재조명해 주어야 한다.
- 주호소 문제가 발달과정상의 문제다 : 청년기 내담자의 부모와의 갈등, 결혼 초기 배우자와의 갈등, 직장에서의 적응문제와 스트레스, 흡연이나 음주조절과 같은 문제를 발달상의 문제로 볼 수 있다.
- 호소문제가 발생하기 이전에 비교적 기능적인 생활을 하였다 : 5년 이상 장기간 동안 만성적으로 반복되어 온 문제를 10회 미만의 단기상담으로 효과를 보기는 어렵다. 사귀던 애인과 헤어져서 우울한 내담자의 경우 이전에는 아무런 문제 없이 정상적이었다면 단기상담을 통한 효과를 기대할 수 있다.
- 내담자 주위에 지지적인 대화 상대자가 있다 : 단기상담은 '완전한' 문제해결 이전에 상담이 종결될 경우가 많다. 내담자는 상담 중에는 상담자의 지지를 통해 불안이 감소되었더라도 상담이 종결되면서 다시 불안을 경험할 수 있다. 이때 내담자에게 지지, 조언, 상의를 해 주고 편들어 줄 사람이 있으면 내담자는 상담자의 전문적인 조력 없이도 어려움을 극복할 가능성이 높다.
- 과거나 현재에 상보적인 좋은 인간관계를 가져본 적이 있다 : 상보적이라는 것은 두 사람 모두 서로 '잘해 주는' 관계를 말한다. 상보적인 좋은 관계를 가져본 내담자는 상담자와 조기에 상보적인 관계를 형성할 수 있기 때문이다.

그러나 성격장애로 진단된 내담자의 대부분은 단기상담으로는 상담효과를 보기 어렵다. 성격장애의 진단은 정의상 문제시되는 행동유형을 아동기나 청소년기를 포함하여 다년간 보여 온 경우다. 예컨대, 반사회적 성격장애, 경계선 성격장애 내담자가 10주 안에 자신에 대한 정체감을 갖게 되고 타인에 대한 신뢰감을 느끼고 감정을 조절할 수 있게 되기란 불가능한 것이다. 이상은 참고사항으로 상담자의 역량에 따라 단기에 효과를 볼 수 있기도 한다.

(4) 단기상담의 모델

단기상담에 적용될 수 있는 모델은 크게 교육적, 치료적, 지지적, 문제해결적 접근으로 대별된다. 각 접근법과 함께 각각에 적합한 내담자에 대해 간략히 설명하면 다음과 같다.

- **교육적 단기상담 모델** : 이 방법은 내담자가 호소하는 문제가 한 가지로 명료하며 문제의 성격이 단순하고 발생된 기간이 비교적 짧은 경우에 적합하다. 이성에게 접근하지 못하고 망설이는 경우 자기표현 훈련이나 역할연습, 시험, 모델 관찰, 조언 및 격려와 같은 방법으로 효과를 볼 수 있다.
- **치료적 단기상담 모델** : 교육적 모델에 비해 내담자의 문제가 비교적 만성화되었다고 보이거나 반복적으로 발생하는 패턴으로 굳어져 있는 경우에 적용된다. 이 접근의 예로서 애정관계를 오래 지속하지 못하는 경우, 처음 두세 달은 잘 지내다가 친해지면 부담을 느껴 다투다가 서로 상처를 주고받는 과정이 반복되는 등의 역기능적 대인관계 유형을 내담자에게 인식시키기 위해 전이, 저항, 해석, 명료화, 직면을 사용한다. 단기상담의 경우 전통적 정신역동과 달리 지금-여기의 상황을 더 강조하며 상담 초기부터 재빨리 전이와 저항을 다루게 된다.
- **지지적 단기상담 모델** : 지지적이지 않은 상담은 없지만, 지지적 단기상담에서는 매우 적극적인 지지가 행해진다. 이 모델이 적용될 수 있는 사

례는 위기상황에 처해 있거나 타인에게서 심리적 상처를 입은 사람, 자살 위험성을 갖고 있는 내담자 등이다. 우울, 무력감, 위기감, 외로움을 심하게 느끼는 내담자에게 상담자의 강력한 지지는 세상으로 나아갈 수 있는 자신감을 심어 주는 중요한 계기가 된다.

- **문제해결적 단기상담 모델** : 진로선택이나 의사결정과 같은 선택상황이나 문제상황을 겪고 있는 내담자에게 적용될 수 있는 모델이다. 즉, 직업을 바꿀 것인지, 남편과 이혼할 것인지와 같은 의사결정이 요구되는 상황들이 해당된다. 이 경우 우선 문제를 명확히 정의하여 선택상황에서 합리적이고 올바른 결론을 도출해 낼 수 있도록 도와준다. 중요한 것은 문제해결의 주체가 상담자가 아닌 내담자라는 것이다.

(5) 단기상담의 주요 전략

10회 미만이나 15회 미만의 상담은 100회, 300회의 분석 요법과는 운영방식 자체가 달라질 수밖에 없다. 다음은 단기상담에 사용되는 전략들을 정리한 것이다(김계현, 2002).

- **문제중심 접근법을 사용한다** : 앞서 밝힌 바와 같이 내담자가 호소한 문제에 초점을 맞추어 상담자의 판단에 따라 임의로 상담의 핵심을 정해서는 안 된다.
- **상담 초기에 지금-여기에서의 역동성을 강조한다** : 내담자는 자신의 지나온 역사를 상담자에게 반복하는 경우가 있다. Freud는 이 현상을 전이라고 부르며 중요한 기법으로 사용하였다. 그러나 단기라는 시간적 요소로 인해 상담자와 내담자 간의 상호작용이 형성될 때까지 마냥 시간을 할애할 수 없으므로 약간의 위험부담을 갖고서라도 상담 초기부터 전이현상을 치료에 활용하여 즉시 작업으로 옮겨가야 한다.
- **상담시간의 제한성을 고려해야 한다** : 첫 회기, 늦어도 두 번째 회기에는 상담의 '단기성'에 대해 논의하여 내담자가 상담을 통한 지지관계

를 오랫동안 유지하고 싶어 할지라도 상담의 종결에 대해 준비할 수 있게 한다.

- **재상담에 대해 개방적인 태도를 보여 준다** : 단기상담 후에 필요하다면 언제든지 상담을 다시 받을 수 있음을 알려 준다. 주로 내담자의 호소 문제를 다루는 단기상담에서 '해결'이란 매우 현실적인 수준을 의미하므로 언젠가 문제가 생긴다면 다시 상담을 받을 수 있게 개방해 둔다.
- **발달심리학적 측면에서 생애발달적 접근을 시도한다** : 단기상담은 내담자의 문제를 병리적 관점에서 보아 과거를 탐색하고 아픈 부분을 '치료'하는 접근법을 지양한다. 대신 내담자의 현재 문제가 심리·사회적 발달단계에 비추어 보면 '정상적'인 인생경로를 겪어 가는 것일 수도 있기 때문에 조금의 지지와 직면이나 해석으로도 문제가 해결될 수도 있다.
- **내담자 스타일에 맞추는 융통성을 가져야 한다** : 내담자의 인지양식, 정보처리 특징, 감정을 직면할 수 있는 준비도와 같은 내담자 스타일을 상담 초기에 파악하여 그 스타일에 맞게 상담자가 적응해 가야 한다.
- **내담자가 갖고 있는 자원을 조기에 활용해야 한다** : 내담자가 할 수 있는 영역, 성공경험이 있는 영역을 내담자가 발견하도록 돕고 격려하며 그것을 바탕으로 문제해결로 나아가도록 하자는 것이다. 내담자 자신에게 존재하는 힘, 즉 자원을 상담 초기에 발견하고 상담과정에 적극 활용하는 것이다.

3) 단회상담

단기상담에 비해 더 짧은 기간, 그야말로 내담자와 상담자가 처음 만나는 단 1회에 상담이 이루어지는 상담을 단회상담이라 한다. 이 영역은 이제까지 상담에서 등한시되어 왔으나 실생활 문제와 관련시켜 볼 때 간과할 수 없는 중요한 위치를 점하고 있어 근래에 많이 논의되고 있다. 특히, 이는 성인학습과 성인학습 지도자에게 시사하는 바가 크다.

(1) 단회상담의 개념

단회상담이란 전화상담, 심리검사나 적성검사에 대한 해석, 진로나 취업지도와 같이 그야말로 단 한 번으로 상담이 진행되고 종결되는 것을 말한다. 내담자들이 요구하는 내용과 방법, 기관별 운영방식에 의해 단 1회로도 상담의 효과가 나타날 수 있는 것이다. 단회상담에 대한 연구(김계현, 2002; 최해림, 1992)를 기초로 살펴보면 다음과 같다.

전화상담의 경우, 내담자들이 어떤 당면 문제를 '즉석에서' 한 통의 전화로 해결방안을 찾고자 하는 것이므로 1회로 끝나게 될 가능성이 높다. 거기에 전화상담의 운영방식이 자원봉사의 형태로 이루어지고 있어 경우에 따라서는 같은 상담자와의 상담이 불가능하기도 하다. 근래에는 방송을 통한 전화상담도 많이 이루어지는데 대부분이 5~10분 안에 끝나는 형태다. 여기서 내담자들은 전문가들에게 단순한 정보나 인생의 중요한 조언을 구하는 경우가 많다. 자문상담의 경우로 변호사에게 법률적 자문이나 상담을 요구하거나 의사에게 처방을 받는 것도 단회상담의 예가 된다. 상담자가 내담자의 심리진단을 위하여 심리검사를 의뢰하고 그 결과에 대한 소견을 구두 혹은 서면으로 알려주는 과정이나 검사 결과를 내담자에게 직접 해석해 주는 과정 또한 단회상담의 예다.

(2) 단회상담의 조건

이러한 전화상담, 자문상담, 심리진단과 결과해석과 같은 경우는 단회상담의 예기도 하지만 단회상담이 진행될 수밖에 없는 조건을 말하는 것이기도 하다. 그 외에 정신과병원, 대학이나 전문 상담소에서도 단회상담이 진행되기도 한다. 예를 들면, 내담자가 자신의 문제에 대해 간단하고 구체적인 진단과 조언만을 요구할 때, 연속적인 상담을 거부할 때, 그리고 내담자의 호소 문제를 1회 상담으로 어느 정도 해소시킬 수 있었거나, 반대로 상담자가 다루기에 벅찼거나 그 외의 사유들로 다른 상담자에게 의뢰해야 할 경우가 이에 해당된다.

또한 시한이 급박한 문제에 대한 의사결정에 조언을 구하는 경우나 문제해결을 위한 정보를 제공받기를 원하는 경우도 해당된다. 상담 중에는 자살과 같이 즉각적인 처치가 필요한 응급상담이 있다. 이 경우에도 빠르게 대처할 수 있는 단회상담이 효과적이다.

(3) 단회상담의 장점과 제한점

① 단회상담의 장점

다음과 같은 장점으로 인해 많은 곳에서 단회상담에 대해 관심을 갖게 되었다.

- 1회에 행해지는 상담이라 할지라도 단기상담이나 장기상담에 비해 효율성이 높은 편이다. 내담자가 상담에 대한 압박을 적게 받으며 적극적인 태도를 보일 수 있게 된다.
- 내담자의 구체적인 문제에 대한 즉각적인 해결책을 마련하므로 상담을 필요할 때면 언제든 도움을 받을 수 있는 수단으로 생각하게 하여 내담자가 상담에 대해 갖고 있는 거부감을 줄여 준다.
- 내담자의 시간적, 경제적 부담을 덜어 주며 더 많은 내담자에게 상담의 기회를 제공할 수 있다.
- 상담관계가 지속되면서 제기되는 내담자의 상담자에 대한 의존성을 효과적으로 방지할 수 있다. 내담자는 상담자를 상담의 동맹자자 후원자로 간주하면서 문세해결에 대한 잠재력을 이끌어 내어 스스로 문제해결 과정을 거쳐 나갈 수 있게 된다.
- '치료' 를 피하고 자연 치유의 가능성을 높일 수 있다. 장기적 치료로 인한 피해를 막고 가능한 선까지는 치료를 지연시켜 스스로 해결할 수 있

는 가능성을 높여 줄 수 있다. 나아가 효과적인 치료법이 없어서 나타나는 유사한 치료의 반복을 피할 수 있다.

② 단회상담의 제한점

이와 같이 많은 장점에도 불구하고 단회상담은 다음과 같은 제한점을 가진다.

- 앞서 살펴본 바와 같이 단회상담이 불가능한 내담자들도 있다.
- 제한된 시간으로 인해 상담이 다소 지시적으로 흐를 가능성이 있다.
- 사회복지기관이나 전화상담의 단기상담의 경우 상담을 전공하지 않은 자원봉사자에 의해 이루어지고 있는 경우가 많아 전문성이 떨어지기도 한다.
- 상담자가 상담 이론이나 기법에 대한 전문성이 있어야만 효과적인 단회상담이 가능하다. 짧은 시간에 내담자의 문제뿐만 아니라 그의 성격과 상황을 파악하고 그에 맞는 기법들을 순간적으로 결정하여 내담자를 돕는다는 것이 쉬운 일은 아니다.

(4) 단회상담의 기술

단회상담을 실시하는 데 적용되는 원리와 기술은 다음과 같다.

- 1회상담을 할 것인지에 대해 재빨리 결정을 내린다 : 전화상담과 같은 경우는 예외지만, 1회로 끝낼 수 있는 사례를 오랫동안 끌고 가는 비능률성과 장기상담을 1회로 끝내는 사례관리의 과실을 최소화해야 한다.
- 내담자가 원하는 것을 발견해야 한다 : 단회상담의 능률성을 위해 내담자가 상담자에게 바라는 것이나 상담을 통해서 얻고자 하는 것을 질문을 통해 확인하되, 상담내용이 단회상담에 적절치 못하면 1회에 효과를 볼 수 있는 방향으로 내담자의 목표를 조절할 수도 있다.

- 내담자가 원하는 것과 상담목표에 대해 논의하고 합의를 이끌어 내야 한다 : 내담자가 원하는 것이 파악되면 내담자와의 논의를 통해 합리적인 상담목표를 신속 · 정확하게 세워야 한다.
- 능동적인 대화과정이 이루어지도록 상담과정을 조절해야 한다 : 짧은 시간에 결론을 이끌어 내야 하므로 상담자의 판단에 따라 융통성 있게 대화과정을 조절하는 것이다. 내담자가 문제의 핵심과 관련 없는 얘기를 계속 늘어놓는다면 필요에 따라 내담자의 말을 중단시켜 상담자에게 주목하도록 만든다. 잠시 제동되었을 때 재빨리 해석적 반영, 정보요구의 질문을 던져 핵심으로 되돌아오게 해야 한다.
- 융통성과 단호함을 겸비해야 한다 : 선택상황에서 방황하는 내담자에게 전문적 확신과 단호한 태도로 신뢰감과 안정감을 주어야 한다. 그러나 단호함은 융통성을 겸비할 때 능률을 발휘할 수 있음을 잊지 말아야 한다.
- 내담자의 문제해결에 대한 동기를 유지시켜야 한다 : 내담자는 문제해결에 대한 동기와 더불어 해결 가능성에 대한 자신감 결여가 함께 나타난다. 긍정적 동기를 회복시키기 위해서 상담 동기나 합의된 상담목표를 상기시킨다든지, 내담자가 용기를 잃고 자포자기한 상황을 직면시킨다든지, 비관적 · 파괴적이 되어 가는 이유를 탐색해 보고 내담자에게 협조를 구하는 방법이 활용될 수 있다.
- 조언이나 지시를 적절히 활용한다 : 상담에서 조언과 지시의 비중은 상대적으로 약했으나 상담의 단기화 추세에 따라 그 가치가 부각되고 있다. 문제상황을 갖고 있는 내담자에 대한 문제해결, 의사결정의 조언과 충고, 위로의 조언을 상담상황에 맞게 잘 적용해야 한다. 더불어 단회상담의 단기성, 응급성, 위기성 등을 고려할 때 조언은 즉시효과를 보이는 것이어야 한다.
- 탈이론적인 융통성과 주체성을 가져야 한다 : 탈이론이라는 것은 인간 이해에 대한 이론 자체를 배격함을 뜻하지 않는다. 모든 이론에 대한 이해를 바탕으로 어느 한 이론에 매이지 않는 주체성을 갖고 내담자의 상

황에 이론을 적용시킬 줄 아는 안목이 필요하다.

- **상담기법 중 직면을 기술적으로 사용한다** : 단회상담에서는 관계형성과 개입이 동시에 이루어져 내담자와의 관계형성이 자칫 미비할 수 있으므로 직면과 같은 '강한' 기술은 매우 신중히 적용하여야 한다. 재담자 본인이 봉착한 현실적 조건을 직면시켜서 그것을 수용하도록 시도하는 것이다. 이 과정에서 내담자가 직면에 의한 위협을 받지 않도록 주의해야 한다.
- **그 회기 내에 어떤 결론이나 성취를 얻도록 한다** : 단회상담은 시간이라는 상황적 조건이 있으므로 시간 내에 상담목표를 성취할 수 있도록 해야 한다. 그러므로 내담자의 장황한 호소에 적절히 개입하여 내담자가 원했던 결론이나 결과를 얻을 수 있도록 해야 한다.
- **단회상담의 상담단계** : 단회상담도 다른 상담과 마찬가지로 몇 개의 단계에 의해 전개된다. 이장호(1992)의 세 단계설이 단회상담에 적용하기에 유용한 것이라 생각되어 제시해 본다. ① 경청 · 주목 단계, ② 이해 표시 단계, ③ 문제해결을 위한 행동방향의 제시 단계로 상담을 전개시켜 간다.

이상과 같이 단회상담은 내담자가 갖고 있는 자원과 잠재력을 활성화하여 변화의지와 통합되게 지지해 주어야 한다. 나아가 인간의 자연치유에 대한 의지를 존중해 주는 것도 중요하다.

상담의 한 회기를 전체 과정 속에 분할된 한 부분으로 편입시킬 것이 아니라 그 자체를 상담의 전체 과정으로 접근하는 태도가 바로 단회상담이다. 이는 상담이 시작되는 순간 즉각적으로 대처할 준비가 되어 있음을 말한다. 단회상담은 한 번에 한 회기씩 다룸으로써 다음 회기로 미루지 않고 바로 지금 최선을 다해 이용하게 된다. 그러나 1회의 상담으로 내담자의 문제를 완벽하게 해결할 수 있을 것이라는 생각은 위험천만이다. 내담자가 내놓은 하나의 문제를 성공적으로 해결했다고 하여 문제가 없어진 것은 아니다. 그러므로 단회상담의 결론이 최종 결론이 아님을 내담자에게 명백히 인식시켜야 한다. 그뿐 아니라 원한다면 언제든지 재상담의 가능성, 필요성 등이 남아 있음을 내담자에게 알려 주어야 한다.

4) 가족상담

인간의 기본 욕구는 가족을 떠나서는 충족될 수 없으며, 인간의 행동 또한 가족을 떠나 이해되는 것은 불가능하다. 현대에 이르러 가족의 크기가 작아지고 기능, 역할, 세력 등이 축소되어 가족의 본질과 중요성도 약화되지 않았나 하는 우려도 있지만 가족의 변화차원과 본질차원은 별개의 것이다. 사회와 가족의 형태가 다양해지고 문화기준의 차이에 대한 인식이 증가하면서 나타나는 현대 가족의 문제를 해결하기 위해 요구되는 것은 가족의 의미와 가치는 간직한 채 가족에게 주어지는 문제들을 지혜롭게 풀어가는 노력들이다.

(1) 가족의 개념

시대나 문화에 따라 달리 정의되는 가족에 대해 Murdock(1949)은 공동거주, 경제적 협력 그리고 생식의 특성을 갖는 사회집단으로 성관계가 허용되는 성인남녀, 출산한 자녀나 입양자녀로 구성된 집단이라고 정의하였다. 가족에는 주거를 같이 하는 지니 독신으로서 주거를 갖고 난독생활을 하는 자도 포함된다. 또한 스스로 가족으로 생각하면서 전형적인 가족 임무를 수행하는 2인 이상의 사람들이 모인 곳이다.

가족상담에서 가족은 하나의 단위체계로서 전체성으로 이해되고 있다. 가족은 물리적, 정신적 공간을 공유하는 단순한 개인의 집합이 아니다. 가족은 세대를 거듭하면서 그들 고유의 가족문화를 소유하여 가족의 규범, 역할, 권위, 대화형태, 문제해결법 등 여러 과제들을 수행해 나가는 하나의 사회체계기 때문이다. 그러므로 개인의 병리나 부적응도 단지 가족원 한 사람과 관련된 것이라기보다는 전체 가족의 정서적 왜곡 때문에 발생한 것으로 간주한다.

체계로서의 가족은 ① 상호의존성과 상호작용성을 갖는다. ② 규칙의 지배를 받는다. ③ 성과 연령, 역할과 세대에 따라 다양한 하위체계로 분류된다. ④ 가족체계가 유지되고 발전하기 위해서 외부와 어느 정도 교류를 할 수 있으며, 환경의 요구와 자극에 대한 부정적 또는 긍정적 순환과정을 통해 전체로서 항상성을 유지하려는 경향이 있다. ⑤ 가족체계에서 가족 개인의 성격이나 역할의 차이 또는 하위체계 간의 경계가 유지될 때 가족원의 기능이 가장 잘 발휘된다.

(2) 가족상담의 의미

가족상담이란 가족 구성원이 보이는 문제행동을 그 개인만의 문제로 보지 않고 개인을 둘러싼 가족이라는 맥락 속에서 이해하려는 시도다. 이에 따라 가족상담자는 문제행동 자체보다는 문제행동을 둘러싼 가족 상호작용에 관심을 가진다. 그러므로 개인을 둘러싼 환경요소 중에서도 특히 가족을 상담적 매개로 사용하게 된다. 즉, 가족상담이란 가족을 하나의 체계로 보며, 그 체계 속의 상호교류 양상에 개입함으로써 개인의 증상이나 행동에 변화를 가져오도록 하는 상담적 접근법이다.

가족 상담 및 치료는 개인상담을 중시하던 환경 속에서 정신분석이론을 바탕으로 1950년대에 서서히 모습을 드러내어, 1960년대 후반에 이르러서야 비로소 인정받기 시작하였다. Freud와 같은 심리상담자들은 내담자들이 어릴 때 가족과 어떤 관계를 맺었는지에 관해 관심을 기울였다. 하지만 Freud는 행동의 상호작용적 과정을 간과하고 개인의 정신 내적 갈등의 해결에만 주력하여 가족체계의 특성을 변화시키는 데는 관심을 두지 않았다. 그러나 인간의 행동과 동기를 파악하며 그 행동을 변화시키는 것은 개인보다 가족을 통해서 볼 때 더 명료해지는 경우가 있다. 이러한 입장에서 볼 때 역기능적인 행동이란 개인 내의 내적 갈등이라기보다는 인간 간의 갈등에서 비롯된다. 즉, 개인이 나타내는 역기능적인 행동은 바로 그릇된 환경, 특히 가족체계가 반영된 것이다.

가족상담자의 관심은 가족이 몇 명이며 누구와 사는가 등의 객관적인 사실이 아니라, 현재 환경의 어떤 관계가 행동표현에 영향을 주었는가에 있다. 따라서 모든 상담적 노력은 가족체계 안에 있는 한 개인을 향한 것이 아니라 개인과 개인 간의 관계에 집중된다.

개인상담과 가족상담은 고통받고 있는 개인을 도우며 내담자의 권리를 존중한다는 점에서는 공통점을 갖지만 어떻게 도울 것인가에 대해서는 차이를 보이고 있다. 그 차이를 구분하면 〈표 7-1〉과 같다(정혜정, 1999).

〈표 7-1〉 개인상담과 가족상담의 비교

	개인상담	가족상담
세계관	기계론적: 주체/객체의 이원론, 개인주의적, 환원주의적, 절대주의적	유기체론적(생태적): 전체적, 관계적, 맥락적, 상대적
문제원인	개인의 정신 내적 과정	관계, 맥락
분석	원인(왜?)	내용(무엇?)
인과관계	직선적 인과관계(A→B)	순환적 인과관계(A⇄B)
초점	과거의 역사/법칙	지금-여기/유형
내담자	수동적, 반응적 존재	능동적, 지각적 존재
과학적 방법	객관적 측정/가치중립적	주관적/지각 중시

(3) 가족상담의 적용대상

가족상담은 전체 가족이나 가족 하위체계 또는 가족원 개인을 대상으로 가족의 기본적인 기능 수행에 문제가 있을 때 실시된다. 가족상담을 적용하기 위한 지표는 ① 내담자의 증상이 가족체계의 고통이나 역기능을 표현하고 있다고 판단될 경우, ② 도움을 구하고 있는 사람의 호소가 특정 가족 성원 개인의 문제보다도 가족 간 관계의 변화에 있다고 판단될 경우, ③ 가족이 서로 분리되는 것에 어려움을 겪고 있는 경우 등이다.

가족상담의 적용대상을 살펴보면, ① 자녀의 정서, 행동적 문제 및 학교 부적응, ② 우울증, 불안 등 정서장애, ③ 성적인 문제, ④ 가족원 간의 의사소통

문제, ⑤ 약물남용, ⑥ 반복되는 경제적 무절제, ⑦ 체중의 급격한 변화, 식이장애, ⑧ 만성적 직장 부적응, 폭력 및 강한 적개심과 분노처리, ⑩ 결혼 및 가정생활 불만, ⑪ 부정과 외도, ⑫ 죽음, 이별, 실직 등의 위기극복 문제, ⑬ 자녀의 결혼, 노부모의 병환과 은퇴 등 가족 발달단계 변화에 대한 부적응, ⑭ 결혼 및 가족생활의 향상, ⑮ 이혼 및 재혼의 분리 및 재결합 등 매우 다양하다.

그러나 가족상담이 모든 경우에 적용될 수 있는 것은 아니다. 예를 들어, ① 가족원들이 모래알처럼 극단적으로 분리되어 있어 변화하고자 하는 동기가 약할 때, ② 정신병적인 폭력, 지각장애와 사고장애를 보이는 정신병이 있을 때, ③ 가족의 방어기제가 완강하여 이를 깰 때 우울증이나 정신신체화 증상을 일으킬 가능성이 있을 때, ④ 급성 정신분열증 환자가 가족상담을 거부하는 때는 다른 상담형태를 고려해 보아야 한다.

(4) 가족상담의 과정

- 1단계 – 접수면접(인테이크) 단계 : 대부분은 전화에 의해 이루어지는 접수면접을 통해 상담의 방향과 구조가 확립되므로 가족이 함께 참여하는 초기 면접이 매우 중요하다. 첫 면담에서는 전화를 걸었던 사람에게 전 면담 시 나누었던 이야기를 반복하게 하여 문제를 모든 가족과 공유해야 한다. 구체적으로 살펴보면 다음과 같다(김유숙, 2003). ① 의뢰단계에서는 내담자가 가족상담을 하기 위해 오게 되는 과정으로 누가 제일 문제가 있다고 생각했는지, 가족상담이 필요하다고 생각한 사람은 누구인지에 대해 알아본다. ② 가족의 최근 변화와 문제가 무엇인지, 그로 인해 가족들이 어떤 영향을 받는지에 대해 간략하게 알아본다. ③ 이전에 받아본 상담에 대해 평가하여 효과적인 방법을 모색한다. ④ 가족에게서 최대한의 정보를 얻어낸다. ⑤ 첫 상담에 대한 구조화를 실시한다. 가급적 첫 상담에는 모든 가족원이 다 참여할 수 있도록 가족을 격려하는 것이 좋다.
- 2단계 – 상담 초기 : ① 무엇보다도 상담자와 가족 간의 래포 형성이 중

요하다. 첫 번째 상담의 결과는 상담의 성공 여부에 상당한 영향을 미치므로 무척 중요하다. 상담 초기에는 상담이 일반적으로 어떤 과정을 거치고 어떤 목적을 갖는지를 설명해 줌으로써 가족이 갖고 있는 두려움을 없애 주고 안심시키는 것이 중요하다. 상담 분위기를 긍정적이고 희망적으로 조성함으로써 가족들이 상담에 대한 긍정적 기대를 갖게 해야 한다. ② 가족들은 문제에 대해 상당한 이견을 보이며, 문제에 대한 감정의 강도에서도 차이가 크므로 상담자는 가족과 함께 어떤 문제를 다룰지 협상해야 한다. 가족원들이 상담을 받게 된 이유를 스스로 인식하도록 하여 가족 문제의 윤곽을 그려 보게 한다. 여러 가지 정보들을 통해 가족 문제를 명확히 함으로써 자신들이 경험하고 있는 혼란의 핵심이 무엇인지를 이해하게 하는 것이 중요하다. ③ 가족사정은 가족을 하나의 단위로 보고 가족 내부 및 외부 요인 그리고 양자 간의 상호작용 등을 파악하기 위해 자료를 수집·분석하고 종합하여 그 가족에 대한 개입을 계획하는 일련의 과정이다. ④ 상담목표 설정을 통해 추구하는 결과를 명확히 함으로써 상담에 대한 과잉기대나 오해를 줄일 수 있다. 상담목표는 상담이 진행되면서 수정될 수도 있지만, 목표를 서로 이야기하여 합의해 가는 과정 자체가 중요하다. 확립된 상담목표는 모든 가족들의 효과적이고 바람직한 변화가 무엇이며 시간이 얼마나 걸려야 하는지에 대한 기준이 된다. 이때 중요한 것은 가능한 구체적으로 표현하도록 격려하며, 바람직한 상태와 현재의 상태가 어떤 점에서 다른가를 분명히 하는 것이다. ⑤ 상담 구조화를 통해 상담자는 앞으로 이끌어 갈 상담과정에 대해 나름대로 지침을 세우게 된다. 구조화에서 상담자가 유의해야 할 사항은 해당 가족에 맞게 적절한 정도로 구조화하여 가족의 자율성을 침해하거나 상담 분위기가 경직되거나 상담자에게 지나치게 의존하지 않도록 하는 것이다.

이상과 같이 상담 초기에는 상담자와 가족 간에 신뢰를 구축하는 것이 가장 중요하다. 그 외에 가족이 원하는 바를 명료화하고 가족상담에 대한 동기를 부여해야 한다. 더불어 비밀유지, 녹음, 관찰, 상담료 등 상담 진행을 위한 기본 조건을 다루고, 상담자로서의 역할을 분명히 하고, 어떤 과정을 밟아 나갈 것인지에 대해 안내해야 한다.

- 3단계 – 상담종결 : 상담이 진행된 후의 종결단계는 상담활동의 전 과정을 마무리하는 단계다. 종결단계에 도달하면 내담자 가족은 가족상담 초기에 자신들이 제시했던 가족 문제에 대해 해결책을 찾았거나 통찰하게 되어 점차 안정된 상태가 된다. 그러나 동시에 상담자와의 유대관계에서 분리되는 데 대한 아쉬움을 갖게 될 수도 있다. 여기서는 지금까지 진행되어 온 상담과정을 되돌아보는 한편, 실생활 장면에서의 적용에 대해서도 토의하면서 상담의 전 과정을 마무리하는 것이 바람직하다.

  종결단계에서 다루어야 할 과제를 살펴보면 다음과 같다. ① 가족원의 감정을 다루어 종결이나 현실들에 대한 두려움을 수용하고 격려하여 현실을 직면하게 하고, 이러한 감정들을 표출할 어느 정도의 시간적 여유를 주어 아쉬움을 서로 공유하도록 한다. ② 가족들 각자의 성장과 변화를 평가하여 상담효과를 구체적으로 검토해야 한다. ③ 상담목표에 근거하여 미해결 또는 미진한 사항을 확인한다. ④ 상담과정 동안 관찰해 온 가족원의 행동변화를 최종적이고 종합적으로 검토하여 긍정적인 피드백을 제시한다.

(5) 실제적 개입전략

실제 가족상담에서 나타날 수 있는 문제점과 그에 대한 대응책을 살펴보면 다음과 같다.

- 상담과정에서 의사소통의 문제 : 불안 완화를 위해 가족들이 계속 잡담을 할 경우에는 상담의 시작을 알려야 하며, 모든 가족이 동시에 말하는 경우 지적하여 질문하거나 발언기회를 지정할 수 있다. 반대로 아무 말도 하지 않는 경우 감정이입을 통해 가족이 갖고 있는 생각과 감정을 추정하

여 표현할 수 있다. 다른 가족원을 대신하여 말하는 경우에는 단호히 제지하며, 가족 간의 대화는 없이 상담자에게만 말하는 경우에는 직접 대화가 필요한 사람들 간에 대화기회를 제공한다(Brock & Barnard, 1992).

- **상담 초기 단계에서 일부 가족원이 저항하는 경우** : 가족과 상담자의 신뢰적 관계를 재형성 · 강화하며, 저항하는 가족원이 상담의 필요성을 받아들이도록 가족체계의 갈등문제에 초점을 맞춘다. 또는 상담에 적극적인 태도를 보이는 가족원에게 설득을 맡길 수도 있다.
- **지나치게 많은 정보가 제공되는 경우** : 문제의 요점을 반복적으로 제시하여 문제의 비중을 느끼게 할 수 있으나 지나치게 많은 정보는 효과적인 상담을 위해 필요한 탐색시간을 방해할 수 있다. 그러므로 정보의 양을 제한시키고 핵심이 되는 문제로 초점을 좁혀 나가는 것이 필요하다.
- **상담자가 계속적으로 한 가족원을 편들게 되는 경우** : 상담자는 상담과정에서 상담목적상 계획적으로 한 가족원과 동맹관계를 맺을 수 있다. 그러나 계속적인 동맹관계가 다른 가족원에 의한 저항으로 나타난다면 상담자가 가족체계에 대한 객관적 지각을 상실했다는 신호다. 이런 경우 상담자는 가족원 모두에 대한 자신의 감정을 검토해 볼 필요가 있으며, 특히 부정적인 감정이 느껴지는 가족원에 대한 감정을 분석하기 위해 그 가족원의 역할을 대역해 볼 수 있다.
- **가족이 변화에 저항하는 경우** : 상담자가 변화를 일으키기 위해 가족에게 개입할 때 가족들은 무의식중에 자신들이 원하고 있는 변화에 대해서도 저항하는 경우가 흔히 있다. 이는 가족체계가 가족 내부의 균형을 유지하려는 지속적이며 강력한 힘을 갖고 있고 종래의 방식이 친숙하고 안전하게 느껴지기 때문이다. 이런 경우 상담자는 가족에게 변화를 강요하지 않았는지 확인해 보기 위해 상담자의 개입 시기와 방법을 검토해 보아야 한다. 또한 가족원들의 부족한 동기를 강화하고 명확하게 해서 가족상담의 목적과 자신이 상담에 참여하는 이유를 각 가족원에게 주지시킬 필요가 있다. 경우에 따라서는 개별상담을 병행할 수도 있다.

- **상담자가 역기능적 체계의 일부가 되는 경우** : 상담자가 가족원의 행동 방식에 동조하거나 가족들의 방어기제에 휘말려 역기능적인 가족체계에 포함되는 경우가 있을 수 있다. 이런 경우 상담자는 상담 장면을 녹화하거나 녹음해서 언제 어떻게 그러한 상황이 일어나는지를 정확히 검토함으로써 문제를 해결하거나 예방할 수 있다.
- **상담자에 대한 가족의 요구가 지나친 경우** : 가능한 정해진 시간에 일정한 장소에서 가족원과 만나는 원칙을 고수한다. 가족원들에게 사적인 거래는 가족과 상담자 모두에게 손해가 되며 상담관계 유지에 부정적인 영향을 미친다는 것을 이해시켜 제지할 필요가 있다.
- **상담받는 가족에 대한 상담자의 존중과 관심이 적어지는 경우** : 가족상담과 병행해서 상담자 자신을 위한 개인상담을 추진하거나, 경우에 따라 다른 상담자에게 그 가족의 상담을 의뢰할 수 있다.
- **종결상의 문제** : 종결단계에서 상담목표가 달성되어 문제행동이 없어지고 관계가 호전되었다 하더라도 다른 문제들이 남아 있을 수 있다. 남은 문제에 대해 상담자의 도움을 받지 않고 자체적으로 해결할 수 있다는 믿음과 자신감을 보여 준다면 더욱 바람직하겠다. 그렇지 않은 경우라면 가족원 일부나 개인이 단계적인 문제해결 방법을 위해 상담기관을 찾게 하고 상담받은 가족들의 집단모임에 참여시켜 도움을 받게 할 수도 있다.

5) 집단상담

과학기술이 인간생활을 지배하게 됨에 따라 비인간화와 소외가 사회적 문제로 대두되었고, 그에 대한 해결방안의 모색이 시급해졌다. 이에 사회적 존재인 인간을 위한 대안으로 '집단' 이 제시되었다.

(1) 집단상담의 의미

집단상담이란 용어가 널리 알려지고 실제 상황에서 다양하게 적용되고 있지만 학자에 따라 그 용어는 각기 달리 쓰이고 있다. 1931년 Allen이 '집단과정'이라는 용어를 처음 사용한 이래, Mahler(1969)는 집단상담을 깊은 자기이해와 자기수용을 보다 효과적으로 하기 위하여 집단의 상호작용을 적용하는 과정으로 보았다. 여기에는 상호존경이 필요하며, 각 개인은 행동의 의미와 새로운 행동방식을 탐구하게 되는 것이다. 집단상담에서 다루어지는 문제는 병리적인 장애나 현실적인 문제보다 구성원의 발달과업에 초점을 맞춘 것이라 하겠다. 집단상담에 대해 George와 Dustin(1988)은 자기이해뿐만 아니라 개인의 행동변화를 돕기 위해서 집단 상호작용을 이용하는 것이라고 하였다.

(2) 집단상담의 목표

Corey와 Corey가 제시한 집단상담의 목표는 자아개념의 발달과 관련되어 있다. 집단경험은 내담자 자신의 감정에 관심을 기울일 때 가장 효과적이다. 즉, 집단경험은 내담자가 다음과 같은 의문에 대한 해답을 얻도록 하는 것이다. 나는 누구인가? 나는 사랑받을 수 있을까? 다른 사람들이 나를 어떻게 볼까? 나는 동료들과 어떤 점이 비슷하고 어떤 점이 다른가? 이에 대한 답을 구하는 과정에서 내담자는 새로운 자신을 만나게 된다. 집단상담의 목표를 간단히 정리하면 다음과 같다.

- 자기 자신의 문제나 관심사에 직면하여 해결한다.
- 감정이나 생각을 바람직하게 표현하고 다른 사람의 표현을 수용한다.
- 대인관계에 대한 기술을 향상시킨다.
- 집단상황에 대한 자기표현력의 향상과 협동심을 길러 준다.

(3) 집단상담의 장점과 한계점

집단상담은 아주 많은 장점을 갖고 있지만 모든 내담자에게 적용할 수 있는 것은 아니므로 그 장점과 한계를 제대로 파악하여 적용해야 한다.

① 집단상담의 장점

- 효율성이 높아 내담자들에게 더 많은 상담기회를 제공할 수 있다.
- 대인관계 문제를 다루는 데 사회적 대인관계 상황을 제공할 수 있다.
- 내담자가 새로운 행동을 집단 내에서 안전하게 실천해 볼 기회를 가질 수 있다.
- 내담자 자신들의 문제를 전체적으로 볼 수 있게 하고, 다른 사람들이 가진 문제와의 유사점과 차이점을 이해하게 한다.
- 내담자 상호간에 지지체계를 형성한다.
- 내담자는 대인관계에서의 의사소통 기술을 배운다.
- 내담자는 도움을 받을 뿐만 아니라 도움을 줄 기회도 갖게 된다.

② 집단상담의 한계

- 집단상담에 대해 너무 많은 기대를 걸어 집단상담을 '만병통치약'으로 여기다가 실망하는 경우도 있다.
- 상담자의 역할이 개인상담보다 더 복잡하다. 그런데도 정식 훈련을 받지 않은 사람이 집단을 지도하는 경우가 있다.
- 집단상담의 이해와 수용을 오용하여 자신의 문제를 집단에 풀어놓기만 하고 행동변화에는 관심을 두지 않는 내담자도 있다.
- 집단과정의 문제에만 집착하게 되어 구성원인 한 사람의 개인적인 문제는 등한시되기도 한다.
- 집단에 대한 신뢰감을 발전시키지 못하여 수용되지 못할 것 같은 감정이나 태도는 상담상황에 제시하지 못하기도 한다.
- 집단상담은 심리적으로 성장하는 것만큼이나 심리적으로 상처를 입을 가능성도 지니고 있다. 집단원들에 의해 적대감을 느껴 상처받거나, 집단 참여자가 다수기 때문에 지도자가 통제력을 잃어 집단원들에게 심리적 피해를 입히는 경우도 있다.

모든 사람이 집단상담의 내담자가 될 수 있으나 다음과 같은 경우에는 집단상담보다는 일대일 개인상담이 더 적합할 수 있다(Mahler, 1969). ① 내담자가 위기에 처해 있을 경우, ② 내담자 보호를 위해 비밀이 철저히 보장되어야 할 경우, ③ 자아개념과 관련된 검사를 해석할 경우, ④ 내담자가 말로 표현하는 것에 비정상적인 어려움을 가지고 있는 경우, ⑤ 내담자의 대인관계 기술이 극도로 부족할 경우, ⑥ 내담자의 인지력, 자신의 감정, 동기, 행동에 대한 인식이 매우 부족할 경우, ⑦ 일탈적인 성(性)적 행동의 가능성을 가지고 있는 경우, ⑧ 많은 주의집중을 필요로 하는 내담자의 경우가 그러하다.

(4) 집단형성에서의 고려사항

상담자들은 집단과정을 효과적으로 진행시키기 위해 집단을 형성하는 과정에 세심한 주의를 기울여야 한다. 집단형성에서 참고할 만한 사항은 다음과 같다.

- **설명** : 집단상담 후보자에게 상담과정에 대해 묘사하는 것으로 개별적으로나 집단적으로 실시된다. 집단상담에서 일어날 것에 대해 설명하고 집단에 참여할 때의 이점을 이야기한다. 설명 후 상담에 지원할 사람에게 선발면접 계획을 공고한다.
- **접수면접** : 내담자 선발과정은 집단의 결과에 크게 영향을 미치므로 중요한 과정이다. 접수면접의 주요 기능은 후보자가 문제를 공개적으로 논의할 수 있도록 도와주는 것이다. 접수면접 후 상담자는 집단을 구성하고 구조화하게 된다.
- **집단원 선택** : Lowrey와 Slavson(1943), Gazda(1978)는 집단형성에서 기술과 통찰력이 가장 중요하며 상담자의 성격이 두 번째로 중요한 요인이라고 보았다. 상담집단을 조직하는 데 아동이나 초기 청소년들은 연령 및 사회적 성숙도, 성에 따라서는 동질적인 집단편성이, 성격유형에 따라서는 이질적인 집단편성이 바람직하다. 성인들은 흥미나 문제 등 모든

요인에서 이질적으로 편성되는 것이 좋다. 때로는 문제의 다양성이 집단의 경험을 더 풍부하게 할 수 있기 때문이다. 연령과 사회적 성숙도에서는 동질적인 편이 좋으나 성(性)의 발달수준에 따라 고려하는 것이 좋다.

- **집단 크기** : 집단의 크기는 내담자의 연령, 기대되는 개입의 정도, 집단원의 성격에 영향을 받는다. 6~9명 정도로 구성된 집단이 성격유형에 따른 다양성을 인정할 수 있어 좋으며, 모든 구성원에게 적당한 참여기회를 제공하여 개개인의 문제를 탐색할 수 있고 집단원 간의 상호작용을 파악할 수 있어 적당하다. 그러나 집단의 크기가 너무 적으면 내담자들의 상호관계 및 행동의 범위가 좁아지고 각자가 받는 압력이 너무 커져 오히려 비효율적일 수도 있다. 집단 참여자가 10명을 넘으면 공동지도자가 한 명 더 필요하다.
- **모임의 기간과 횟수** : 모임의 길이는 내담자의 연령과 성격에 따라 다양하다. 초등학생의 경우 20~30분, 청소년의 경우 한 시간 정도 계속될 수 있다. 성인집단은 2~3시간 정도가 알맞은데 이 정도의 시간이면 집단에 몰입해서 중요한 문제를 표면으로 끌어내 다룰 수 있다. 집단에서 형성된 분위기를 유지하기 위해서 모임은 일주일 이상 쉬어서는 안 된다.
- **집단의 지속 기간** : 어떤 집단은 몇 해를 지속하는 경우도 있지만 1년 이상 지속되는 것은 바람직하지 않다. 1년이 지난 후에는 대부분의 개인적인 문제는 이미 다 다루어지기 때문에 집단의 목적이 다 수행되었다고 볼 수 있다.
- **개방집단과 폐쇄집단** : 집단의 목표에 따라 집단의 운영방식을 미리 정해야 한다. 폐쇄집단은 집단이 시작된 후에는 새로운 구성원들을 받아들이지 않고, 시작할 때 참여했던 사람들로만 끝까지 진행되는 것이다. 이에 반해 개방집단은 집단이 허용하는 한도 내에서 상담 진행 중에 새로운 사람들을 받아들이는 것이다. 이때 집단 내에서 형성된 신뢰, 수용, 지지 등을 깊이 고려해 보아야 한다.

(5) 집단상담자의 상담기술

상담자는 집단역동을 관찰하고 개개인에 대해 민감하게 공감하면서 집단에서 발생하는 복잡한 상호작용을 다루는 등 그 역할이 다양하고 복잡하다. 다음은 집단상담과정에서 적용되는 지도자의 역할이다.

- **경청** : 개인상담과 마찬가지로 집단상담 과정에서도 기본이 된다. 내담자의 말뿐만 아니라 비언어적 표현까지 전적으로 이해하여 말하고자 하는 것 이상의 것에 대해 반응해야 한다. 경청은 신뢰감을 형성하고 상담자가 내담자를 수용하고 있다는 것을 전달할 수 있게 한다.
- **지각확인** : 상담자가 내담자의 감정을 이해하고자 함을 알리고 문자 그대로 내담자의 감정을 상담자가 지각하고 있다는 것을 확인시켜 주는 것이다. 이 과정에서 상담자는 지각된 내담자의 감정을 표현하여 자신이 파악한 것이 정확한가를 확인해야 한다.
- **피드백** : 집단상담의 목표가 대인관계를 배우는 것이므로 상담자는 집단원에게 피드백을 제공해야 한다. 피드백은 평가보다는 기술의 형태를 취해야 하며 분명한 행동에 대해서만 이루어져야 한다.
- **연계** : 집단 성원 대 성원 간의 의사소통을 격려하기 위한 기술로서 집단원들이 가진 경험의 공통점을 지적하는 것이다. 지도자는 집단 구성원 한 사람의 문제와 진술을 집단 내의 다른 구성원과 연결시키게 된다. 예를 들어, A가 불안에 대해 이야기할 때, 지도자는 그것을 B가 먼저 말한 공포와 연관 지을 수 있다.
- **개방적 유도** : 집단에서 개방적인 질문을 사용함으로써 집단원에게 감정을 구체적으로 표현하게 하고 그 감정의 근원을 밝히도록 할 수 있나. 이 기술은 상담자가 사건이나 경험에 대해 지금-여기에 초점을 맞추도록 할 수 있다. '왜' 라고 묻는 것보다는 '무엇' 이나 '어떻게' 로 묻는 것이 더 바람직하다.
- **직면** : 민감하게 주의를 기울여서 잘만 사용하면 직면은 가장 강력한 지

도기술이 될 수 있다. 내담자의 언어적 행동과 비언어적 행동 사이의 불일치, 집단의 기능을 방해하는 행동을 직면시켜 자신의 문제에 맞닥뜨리게 한다.

- **과정기술** : 집단의 과정을 관찰하여 집단목표와 관련시켜 논평하는 것이다. 상담자는 집단원들에게 집단 모임에서 일어났던 일들에 관해서 묻고 모임의 역동성에 관해서 평할 수 있다. 예를 들어, 특히 부진했던 회기가 끝날 때 지도자는 "오늘은 시작부터 어려웠어요. 지난 모임 때 C가 부정적인 피드백을 많이 받아서 자신의 얘기를 하면 같은 경우를 당할까 두려워하는 것 같군요. 집단의 신뢰수준이 조금 떨어진 것 같아요. 어떻게 생각해요?"라고 질문을 던질 수 있다. 이런 식의 논평은 집단원들에게 집단과 집단의 기능에 대해 점검해 볼 기회를 제공한다.
- **요약** : 집단 지도자는 집단의 모든 상호작용을 주의 깊게 경청하여 또 다른 측면의 상호작용이 가능하도록 요약해 준다. 이는 특히 집단이 교착상태에 빠졌을 때 유용하다. 즉, 집단 성원들이 구체적인 집단 상호작용에 관해서 동의하지 않을 때 지도자는 집단과정이 계속해서 진행될 수 있도록 기본적 논의사항을 요약해 준다.
- **전반적인 책임** : 집단 지도자의 역할은 이상에서 나열된 기본적 기술보다 훨씬 더 포괄적이다. 집단 지도자의 가장 중요한 역할은 효과적인 의사소통 기술과 적합한 집단행동의 모델이 되어 주는 것이다. 집단원들ㅇ 지도자를 관찰하고 집단에 대해 더 많은 책임감을 갖게 되어 집단 성원 간의 행동이 증가하고 지도자 대 성원 간의 행동은 감소되면서 지도자는 집단과정 관찰에 더 많은 시간을 보낼 수 있게 된다.

집단 지도자의 역할은 복잡하고 다양하다. 집단상담자는 자신의 상담기술에 자신감을 가지고 있어야 한다. 집단상담을 지도하려면 경험 있는 상담자를 공동지도자로 하여 그의 상담기술과 행동을 관찰하는 것이 많은 도움이 된다.

(6) 집단상담의 단계

대부분의 학자와 연구자들은 집단의 단계를 어느 정도 예측할 수 있다고 보았다. 명칭은 다를지라도 이는 일반적으로 ① 참여단계, ② 과도기적 단계, ③ 작업단계, ④ 종결단계로 구성된다. 집단 지도자는 이 단계들에 익숙해야 하고 현재 진행되고 있는 집단의 단계를 정확하게 파악하여 대처해야 한다.

① 참여단계

참여단계에서 성취되어야 할 과업은 우선 내담자가 집단에 참여하는 목적을 명료화해야 한다. 각 내담자는 자신의 목적을 규명하고 집단경험을 통해서 기대되는 것을 표현한다. 그 다음에는 집단원과 지도자가 친숙해지게 된다. 처음에는 자신에 관한 구체적인 정보나 개인적인 자료를 서로 나누면서, 비형식적인 수준에서 각자의 대인관계 유형을 관찰하고 다른 참여자와 지도자의 신뢰성을 평가하게 된다. 참여단계에서 중요한 것은 참여자 간에 신뢰와 수용을 발전시키는 것이며 생각과 감정을 탐색하는 데 초점을 맞추는 것이다. 이 단계에서 문제해결을 시도하는 것은 무리다. 참여단계는 집단에 따라 한 번의 모임으로 성취될 수도 있고, 경우에 따라서는 5, 6회의 모임이 소요되기도 한다.

이 과정에서 상담자는 집단의 분위기를 형성하고 유지시킬 책임이 있다. 즉, 각 구성원들에게 왜 집단에 들어오게 되었는가를 분명히 해 주고, 서로 친숙한 분위기에서 수용과 신뢰를 형성하여 집단상담에서 새롭고 의미 있는 경험을 가지도록 이끌어 준다. 이 과정을 촉진시키기 위해 다양한 접근 방법을 활용할 수 있다. 집단을 시작하는 데 '최선의 방법' 이란 없다. 여러 가지 지침이 중요하기는 하지만, 사람들에게 도움을 주는 방법과 과정에 대한 상담자의 이해와 경험이 더 중요하다고 할 수 있다.

② 과도기적 단계

과도기적 단계는 참여자들의 긴장과 저항으로 특징지어질 수 있다. 집단원들은 지도자와 다른 성원들에 대한 기대가 명백해짐에 따라 감정적 대립을 경험하게 된다.

과도기적 단계에서는 지도자의 기술이 특히 중요하다. Mahler(1969)는 이 단계에서 필수적인 기술로, 첫째 논의에 개입할 때를 파악하는 것, 즉 타이밍 감각, 둘째 행동유형을 포착하는 능력, 셋째 집단의 정서적 분위기를 평가할 수 있는 기술을 제시하였다.

과도기적 단계는 참여단계와 엄격히 구분되지는 않지만, 생산적인 작업단계로 넘어가는 과정으로 상담자는 구성원들 간에 진정한 느낌이 교환되도록 많이 격려해 주어야 한다. 개인적 느낌을 얘기하는 것이 위험하지 않다는 것을 말뿐만 아니라 직접 시범을 통해 보여 주며 집단원 스스로가 '효율적인 지도자'가 되도록 도와야 한다. 작업단계로 넘어가는 한 가지 신호는 집단원 개인이 이런 지도력을 나타낼 때다.

③ 작업단계

이 단계는 집단과정의 대부분을 차지하는 핵심적인 부분이다. 앞 단계들이 잘 조정되면 작업단계는 매우 순조롭게 진행되고, 지도자는 한 발 물러나 집단원들에게 대부분의 작업을 맡길 수도 있다. 작업단계에서 집단원은 자신의 관심사를 집단에 내어놓고 다른 성원의 지지와 도움을 얻어 바람직한 관점과 행동방안을 모색하게 된다. 작업단계는 매우 높은 사기와 소속감이 그 특징이다. 집단원들은 마음의 문을 열고 자신의 문제를 정리하는 것에 초점을 두게 된다. 이 단계에서는 지도자와 성원 간의 상호작용은 감소하고 성원들 간의 상호작용이 증대하게 된다. 시간이 지나면서 집단 지도자는 참여자들의 상호작용을 관찰하고 촉진하는 사람으로서 활동할 기회를 더 많이 갖게 된다.

작업단계에서 통찰만으로는 행동을 변화시키기에 충분하지 않으므로 행동의 실천이 필요하다. 그러기 위해서는 집단원들에게 실천의 용기를 북돋워 주고, 특히 어려운 행동을 실행해야만 하는 구성원에게 강력한 지지를 보내도록 한다. 집단상담이 개인상담보다 유리할 때가 이런 경우다. 즉, 한 개인이 직면한 문제를 다른 동료가 이해하고 공감해 주며, 각자의 비슷한 경험에 비추어 문제를 같이 해결하려는 노력이 이루어지기 때문이다.

④ 종결단계

집단이 막바지에 이르면 지도자는 집단의 종결을 준비해야 한다. 각 성원들은 집단경험을 통해 얻은 성장을 평가하고 미래의 목표를 형성하도록 격려받아야 한다. 종결단계에서의 기본적인 논제는 집단경험과 종결에 대한 집단성원의 전반적인 감정과 반응이다.

집단상담의 종결단계는 어떤 면에서는 하나의 '출발'이라고 볼 수 있다. 즉, 상담자와 집단원들은 집단과정에서 배운 것을 현실생활에서 어떻게 적용할 것인가를 생각하게 된다. 종결해야 할 시간이 가까워지면 집단상담의 종결에 대한 느낌을 토의하는 것이 필요하다. 학생들로 이루어진 집단에서는 집단이 끝날 때쯤에는 정도의 차이는 있으나 거의 예외 없이 거부당했다는 느낌을 받게 된다. 그러므로 그들에게 관심이 있다는 것을 보여 주고, 집단원들 간에 서로 돌보아 주도록 조치함으로써 집단이 더 이상 모이지 않을 때도 집단원 간의 유대관계가 지속되게 도와주는 것이 필요하다.

6) 진로상담

성인들에게 진로결정이란 앞으로의 인생을 설계하는 것과 같은 의미다. 직업을 통해 삶의 즐거움을 느끼고 자아실현도 가능해지기 때문이다. 진로상담은 청소년을 대상으로 하는 학교뿐만 아니라 사회단체, 상담기관 등에서 지속적으로 이루어지고 있다. 특히, 하루가 다르게 발전하는 과학기술에 힘입어 너무나 많은 직종들이 생겨나고 사라지며 빠른 변화체제 내에서 평생직장의 개념이 사라진 지금에 성인의 진로에 관한 논의는 중요한 논제로 대두되고 있다.

(1) 진로상담의 의미

진로란 '수레가 다니는 길을 따라간다(to roll along on wheels)' 는 뜻을 가진 'carro' 에서 유래된 것이다. Career는 여러 가지 의미로 다양하게 쓰이고 있는데, 사전에서는 '한 개인의 생애 전 과정' 이라 정의 내리고 있다. Hoyt(1974)는 진로란 인간이 일생을 통하여 하는 일을 총칭하는 말로서 삶의 중핵이며 인간이 목표를 이루는 길이라고 보았다. McDaniel(1978)은 진로를 개인의 직업 혹은 직무 이상의 개념으로 보아 자신의 인생 전반에서 수행하게 되는 연속적인 일이나 여가 모두를 포함하는 '생활방식' 이라 정의하였다. 진로는 임금을 받는 직업에만 국한되지 않고 유년기에 시작하여 나이가 들어 직장에서 은퇴한 후에도 계속되는 모든 활동이 포함된다. 결국 진로란 자아와 직업세계에 대한 이해를 통하여 개인의 일생을 체계적으로 선택해 나가는 일의 개념이다.

진로상담이란 내담자가 장래의 불확실한 진로를 개척하기 위하여 치밀한 방법과 계획을 세워 생애문제에 어떻게 대처해 나갈 것인가에 관한 여러 가지 문제를 현명하게 선택하고 적응하는 방법이다. 그리고 자기이해와 자신의 잠재력을 발견할 수 있도록 전문가인 상담자와의 원만한 인간관계 속에서 내담자가 진로결정을 할 수 있는 계기를 마련해 주는 종합적인 상담과정이라 할 수 있다. Brown(1985)은 진로상담이란 개인이 직업을 선택하고 그것을 위해 준비하고 취업하여 그 직업의 업무를 효과적으로 수행할 수 있도록 도와주는 과정이며, 전 생애에 걸친 진로선택과 관련된 모든 상담활동이라 정의하였다. 진로상담의 주요 개념은 다음과 같이 정리될 수 있다.

- 진로상담은 개인의 진로발달을 도와주는 일련의 과정으로서 한순간의 학교선택이나 직업선택만을 위한 활동이 아니라 과거, 현재, 미래를 총괄하는 연속적인 과정이며 개인의 진로문제 해결과 적응을 단계적으로 도와주는 연속적인 과정이다.
- 진로상담자는 내담자가 당면한 진로문제의 해결과 적응을 도와 내담자

가 원만한 인격적 통합을 이룰 수 있도록 한다.

- 진로상담은 상담자와 내담자 사이의 관계를 강조한다. 상담자와 내담자 사이의 인간관계는 진로목표와 문제해결을 위한 필수조건이다.

(2) 진로선택에 영향을 미치는 요인

진로선택의 요인에 대하여 Tolbert(1974)는 직업적성, 직업흥미, 인성, 성취도, 가족 구성원과 가정, 경제적 요인 등이 복합적으로 상호작용할 때 진로선택에 미치는 영향이 더욱 커진다고 하였다. Herr와 Cramer(1996)는 진로선택의 요인을 일반요인과 특수요인으로 구분하였다. 일반요인은 사회계층, 인종, 문화, 나이, 성별 등이며, 특수요인은 적성, 지능, 흥미, 직업, 명성, 가치, 요구, 자아개념 등이다.

이현림(1973)은 이를 신체적 요인, 심리 · 정서적 요인, 환경적 요인, 우연적 요인으로 분류하였다. ① 신체적 요인이란 체구, 색맹, 성별과 같은 것이다. 그러나 신체적 요인 자체가 진로선택에 많은 비중을 차지하고 있는 것은 아니다. 다만 개인이나 사회에서 신체적 요인이 진로발달에 얼마만큼 많은 영향을 주고 있느냐는 해석하기에 달려 있다. ② 심리 · 정서적 요인으로는 흥미, 적성, 욕구, 감정, 가치 등이 포함된다. 이 요인들은 직접 느끼고 만질 수 있는 것이 아니므로 개인의 행동을 통해 간접적으로 드러나게 된다. 예를 들어, 흥미는 능력보다 더 강하게 작용하는 요인이다. 이들 요인은 그 형태와 행동이 개인에게 효과적으로 작용할 때 비로소 다양한 직업의 형태를 선택하게 한다. ③ 환경적 요인은 개인을 둘러싼 가정, 학교, 사회의 모든 환경을 말한다. 인간은 사회 속에 혼자 존재할 수 없고 개개인에게 일어나고 있는 모든 현상은 직 · 간접적으로 환경의 영향을 받으므로 진로선택에서 중요한 요인이 된다. ④ 우연적 요인은 인간의 힘으로는 조종할 수 없는 상태 속에서 일어나는 천재지변, 전쟁, 동업자의 사망과 같은 비상사태를 말한다. 천재지변은 우연찮게 새로운 직종을 만들어 내는 계기가 되기도 하지만, 직업은 가만히 기다리는 사람에게 주어지기보다 노력을 통해 얻어내야 하므로 상담자는 우연적 요인을 중요시하지 않으려는 경향이 있다. 이상의 네 가지 요인들은 진로 발달 과정과 진로선택 상황에 상호작용하고 있으므로 상담자는 이 요인들에 대해 관심을 갖고 필요에 따라 조절해 주는 역할을 해야 한다.

(3) 진로상담의 목표

진로상담의 목표는 다음과 같다.

- 개인의 적성, 흥미, 성격, 여가 및 시간 활용방식, 원하는 생활방식, 자신이 소중히 여기는 가치 등 자기 자신과 관련되는 가능한 모든 영역에 대해 스스로의 힘으로 생각해 보고 검토해 볼 수 있게 도움으로써 궁극적으로 긍정적인 자아개념을 갖도록 돕는다.
- 자기 자신에 대한 이해를 바탕으로 자신에게 적합한 진로 계획과 선택을 할 수 있도록 도움으로써 의사결정에 대한 훈련 또는 학습의 기회를 제공하는 것이다. 진로결정은 한 번에 끝나는 것이 아니라 삶의 지속적인 일련의 과정임을 인식하고 그 과정에 익숙해질 수 있도록 돕는 것이다.
- 사회에서 제공될 수 있는 취업의 기회(고용구조, 요구조건, 심리적인 만족감 등)나 자신이 원하는 진로나 직업선택 시의 준비사항(재정적인 문제, 교육, 훈련 정도 등)에 대한 자각을 도우며, 학교나 지역사회 등 활용 가능한 주요 자원에 대한 지식을 종합 · 조직할 수 있도록 한다. 목표성취를 위한 전략 수립은 물론 필요하다면 이를 수정할 수 있는 힘, 즉 상황에 대한 훈련 또는 학습기회를 제공하는 것이다.

(4) 진로상담의 원리

진로상담에서의 주요 원리는 다음과 같다.

- 진로상담은 진학과 직업선택에 초점을 맞추어 전개되어야 한다.
- 진로상담은 개인의 특성을 객관적으로 파악한 후 상담자와 내담자 간에

래포가 형성된 관계 속에서 이루어져야 한다.

- 진로상담은 개인의 진로결정에서 핵심적인 과정이므로 합리적인 진로 의사결정 과정과 기법을 체득하도록 상담한다.
- 진로상담은 진로발달 이론에 근거하며 진로발달은 진로선택에 영향을 미친다.
- 진로상담은 변화하는 직업세계의 이해와 진로정보 활동을 중심으로 개인과 직업을 합리적이고 효율적으로 연결시키는 것에 초점을 둔다.
- 진로상담은 각종 심리검사의 결과를 기초로 합리적인 결과를 이끌어 낼 수 있도록 도와주는 역할을 해야 한다.
- 진로상담은 상담윤리 강령에 따라 전개되어야 한다.

(5) 진로상담의 필요성

현대사회에서 진로상담이 필요한 이유는 다음과 같다.

- 진로상담에 대한 요구가 심리치료에 대한 요구보다 더 많다. 진로상담은 인간의 내·외적 세계 모두를 다루고 있는 데 반해서 심리치료는 내적 세계를 주로 다룬다. 내담자들은 진로에 대한 전반적인 적응이 이루어진 후에 개인적 변화를 원한다. 심리치료와 진로상담 양자를 제대로 훈련받아 둘을 모두 제공할 수 있다면 내담자들은 더 많은 도움을 얻을 수 있을 것이다.
- 진로상담은 치료적일 수 있다. 진로상담은 진로와 개인적 적응 간의 정적 상관관계가 있는 직업심리학을 근거로 한다. 더욱이 향상된 진로적응은 개인적응을 향상시키는 데 직결된다.
- 진로상담은 심리치료와 연결되어 진행되어야 한다. 상담자들은 심리치료만큼이나 진로상담에 대해서도 유능해야 한다. 즉, 심리치료와 진로상담 사이에는 필연적인 관계가 있음을 인식해야 한다.
- 진로상담은 심리치료보다 더 효과적이다. 진로상담의 성공률이 심리치

료의 성공률보다 최소한 25%는 더 크다(75% 대 50%)고 본다(Brayfield, 1964; Garfield & Bergin, 1978). 다른 모든 여건들이 같다면 심리치료보다 진로상담에 더 많은 효과를 기대할 수 있다는 것이다.

- 진로상담은 심리치료보다 더 어렵다. 심리치료사는 내담자의 개인적·사회적 문제해결을 돕기 위해 직업세계에 대한 파악이 필수적이지 않은 반면, 진로상담자는 그러한 문제들과 직업세계 간의 상호관련성에 관해 파악하고 있어야만 한다.

(6) 진로지도의 단계

만약 아동기부터 진로에 관한 정보를 축적해 온다면 진로결정이 훨씬 수월해질 것이라는 기대에서 진로지도는 출발한다. 진로지도의 이상적 방법은 자신의 환경과 자신에 대해 관찰·해석·평가하는 방법을 지도함과 동시에 올바른 진로정보를 선택할 수 있도록 돕는 것이다. 진로지도는 일곱 단계로 이루어지는데 구체적인 내용은 다음과 같다.

- **1단계－자기이해 돕기** : 장기적 및 단기적 목표설정에 관한 활동, 자기분석법을 통한 자기이해 활동, 심리검사를 통한 객관적 이해를 위한 자료획득의 준비활동, 자신을 통찰할 수 있게 돕기 위한 활동이다.
- **2단계－직업세계에 대한 이해 돕기** : 실제 직업생활을 관찰하는 활동, 개발적 경험을 얻는 활동, 직업인과의 면담을 통한 활동, 다양한 직업인에 대한 역할연기를 통해 미리 접해 보는 활동, 자료나 일반 대중매체를 통한 성공적 직업인의 모습을 수집·분석하는 활동, 각종 통계를 통해 직업세계의 현황을 파악하는 등의 간접적인 경험을 얻는 활동이다.
- **3단계－미래사회에 대한 이해 돕기** : 미래사회를 미루어 예측하는 활동, 이미 선진화된 국가의 직업세계 현상을 고찰하는 활동, 국가에서 제시한 인력수급 및 향후 국가발전 계획 탐색활동, 기술혁신 및 기술의 가속화에 따른 영향 등에 관한 분석을 통합하는 활동이다.

• 4단계-진로계획 수립지도 : 현재의 위치와 희망하는 위치를 명료화하는 활동, 자신에 대한 이해, 진로세계 및 미래사회에 대한 분석을 통합하는 활동, 구체적인 진로계획 수립 활동이다.
• 5단계-진로지도 : 노동시장의 정보제공 활동, 구직활동, 직업준비에 관한 활동, 직업윤리 및 직업관 확립에 관한 활동이다.
• 6단계-진로상담 : 내담자 특성에 관한 정보수집 활동, 직업세계에 대한 정보제공 활동, 대안탐색, 개인정보와 사실적 자료의 통합활동, 의사결정 과정 등이 포함된다.
• 7단계-추후지도 : 직업적응에 관한 활동, 전직 및 직업전환에 관한 활동, 생애설계 등이다.

(7) 진로탐색

올바른 진로선택은 사회경제적 배경이나 개인의 정체성, 성취도나 친화력에 의해 결정되는 것이 아니라 정말 자기 자신이 하고 싶은 것을 찾아 이루어져야 한다. 진로탐색에서 주의할 점은 정보나 전략을 제시하는 것이 아니라 진로를 찾을 때 주의해야 할 태도, 진로전환의 책임 등이다. 진로탐색의 단계는 다음과 같다.

• 1단계-자신이 선택한 분야의 직업목록 조사 : 자신이 선택한 진로가 갖고 있는 문제점과 쟁점을 정확히 파악한다. 예를 들면, 전문잡지, 신문 구인란, 국가의 직업인정기관, 사설 직업안내소, 학교의 진로상담실 등에서 조사할 수 있다.
• 2단계-자신이 선택한 분야의 고용주에 대한 정보 조사 : 고용주와의 면담내용도 포함하되 조사자료 목록, 회사의 주소록, 상공인 목록, 지역정보지, 상공회의소, 민간단체, 학교 동창 등을 조사자료로 활용할 수 있다.
• 3단계-고용주가 갖고 있는 문제와 필요의 분석 : 고용주를 방문하여

고용인과 일상적인 문제를 대화해 보거나 사보, 지역신문에 게재된 회사에 대한 기사, 회사 직원의 분위기 조사, 회사에 취업한 동창생 등과의 대화, 전문잡지 등을 이용할 수 있다.

- **4단계 – 이력서 작성과 면접신청** : 이력서 기재사항, 면접 시 주의사항 등을 조사하고 실제 연습시간을 갖는다.
- **5단계 – 실제 면접** : 실제 면접과 같은 상황을 연출하여 면접 시의 태도, 옷차림 등을 검토한다.

(8) 진로선택

진로선택은 우리가 살아가는 과정에 필수적인 요소며 반드시 직면해야 할 하나의 도전이기도 하다. 우리 주위에서 진로를 선택하는 경우를 살펴보면 체계적이라기보다는 소문이나 입증되지 않은 정보나 근거에 의하여 자신의 진로를 선택하는 경우가 많으며, 그 결과로 이후의 삶에 많은 영향을 미치고 있음을 볼 수 있다. 이러한 잘못을 범하지 않으려면 체계적이고 과학적인 방법을 통해 진로선택이 이루어져야 한다. 이를 위해 진로선택 시 참고할 사항은 다음과 같다.

- 성급한 결정을 하지 않도록 한다. 어떤 진로를 선택할 것인지 명확하지 못할 경우 또 다른 대안을 찾기 위한 시간을 가져야 한다. 진로선택이란 일생에 단 한 번 이루어지는 것이 아니라 여러 번의 고비를 거쳐 이루어지기도 한다.
- 직업세계와 취업기회에 대하여 체계적이고 과학적으로 조사한다. 도서관이나 상담실 등에는 필요한 많은 자료가 갖추어져 있다. 직업의 종류에는 어떤 것이 있으며 그러한 직업들은 어떤 사람을 필요로 하고 있는지를 체계적으로 검토한다.
- 자기 자신을 알아야 한다. 조심스럽고 신중하게 적성, 흥미, 능력 면에서 자신의 장점과 단점을 평가한다. 예를 들어, 학생 시절 생물학에는 관심

이 없었다면 아무리 수입이 좋고 환자 다루기를 좋아한다고 할지라도 의사의 꿈은 수정되어야 할지 모른다. 대신 자기가 갖고 있는 재능에 맞는 직업을 선택해야 할 것이다.

- 진로를 잘못 선택했을 경우 괴로워하기보다는 그 실수를 성공의 계기로 삼아야 한다. 진로선택이 잘못되었을 경우 그 결정이 수정될 수 있음을 항상 기억해야 한다. 직업의 세계는 계속 변화되고 있으며 그에 따라 직종변화가 빈번히 일어나고 있는 것이 지금의 모습이다. 즉, 한 번 결정한 판단에 지나치게 얽매이지 말아야 한다. 세상은 변하고 또 본인의 흥미와 능력도 변한다.

7) 성(性)문제 상담

현재 진행되고 있는 여러 가지 사회변화의 큰 흐름 중 하나라면 성에 대한 개방적인 풍토를 꼽을 수 있다. 이러한 변화는 성에 대한 건전한 논의를 가능하게 했지만 여러 가지 문제점도 가져오고 말았다. 이에 성과 관련된 문제에 대해 전문적인 상담이 제기되기에 이르렀다.

(1) 성문제의 사회적 대두

지난 몇 년 사이 인간의 성에 대한 인식과 태도 변화는 성을 무조건 금기시하기보다 사회 전면으로 그 문제를 부각시키는 긍정적인 면을 이끌어 내었다. 하지만 급격한 변화의 물결 속에 성에 대한 올바른 가치관이 정립되지 못한 채 양적인 변화만 일어나다 보니 성에 관련된 문제가 나날이 높아지고 있는 실정이다. 그 실례로 우리나라가 세계 3위의 성폭력 발생 국가라는 사실에 놀라지 않을 수 없다. 1998년 한국성폭력상담소에 접수된 통계에 따르면 한 달에 약 300여 건의 상담이 이루어지고 있다. 그러나 강간 신고율이 대개 2~3%에 머물고 있음을 감안해 볼 때 한 해에 약 32만 건, 즉 3분에 약 2건의 사고가 일어나고 있다는 계산이 나온다. 이와 같이 성에 대한 개념이 제대로 정립되지 않은 상태에서 불고 있는 성개방 풍조는 많은 문제들을 발생시키고 있다.

얼마 전까지도 성문제라고 하면 주로 청소년들이 겪는 발달상의 문제로 생각해 왔지만, 현재는 연령에 관계없이 중요한 문제로 대두되고 있다. 즉, 성인상담에서 가족문제나 부부문제가 대두될 때 그 배후에는 성문제가 깔려 있음을 볼 수 있다. 성인상담을 하는 경우 언젠가는 반드시 만나게 될 영역이 성과 관련된 문제이므로 이에 대한 기본적인 이해가 필요하다.

(2) 성문제에 대한 일반적인 지침

아직은 성문제에 대해 이야기하기를 꺼리는 우리 문화에 비추어 볼 때, 성문제를 갖고 오는 내담자를 만나게 되면 상담자로서 어색함을 느낄 경우가 많다. 그러나 상담자의 이러한 태도는 어렵게 찾아온 내담자의 마음의 문을 닫아 버리게 하는 확실한 방법이다. 그러므로 자신의 성에 대한 가치관을 정립하고 성에 대한 지식을 겸비하여 성에 관련된 상담에 대한 거부감을 줄이고 전문가로서 당당하게 대처해야 한다.

이에 성문제에 대한 일반적인 지침들을 살펴보면 다음과 같다.

- 상담자는 성에 대한 기본 지식을 갖고 있어야 한다. 내담자들은 상담자의 전문성을 전제로 하므로 성에 대해서도 잘 알고 있으리라는 기대를 가지고 상담실로 찾아온다. 그러므로 상담자는 여성과 남성의 성기관, 성행위, 피임법 등 성에 대한 올바르고 건전한 지식을 갖고 있어야 한다.
- 성에 대한 지식과 더불어 성에 대한 자신의 태도를 확인해야 한다. 상담 전에 상담자 자신의 성에 대한 관념과 태도를 파악하는 일이 우선되어야 한다. 성에 대한 반응양식이나 성적 욕구에 대한 반응, 성적 만족도와 같은 것이 해당된다. 그래야만 내담자의 문제를 편견 없이 객관적으로 볼 수 있게 되며 이것이 성문제 상담에서 출발점이 된다.
- 성에 대해 내담자는 거의 무지할 것이라는 가정에서 시작하는 것이 좋

다. 중 · 고등학생은 물론이고 성인들조차도 성에 대해서는 대체로 무지하다고 볼 수 있다. 성에 관한 올바른 지식과 '비상식적' 상식을 혼동해서는 안 되기에 내담자의 무지를 가정하고 출발하는 것이 안전하다. 그러므로 내담자가 사용하는 용어의 의미가 모호할 때는 서슴없이 질문하여 의미를 명확하게 하여야 한다.

- 성문제에 대한 내담자의 회피적 태도를 이해하고 상담으로 이끌어 와야 한다. 성문제로 상담받기를 결정하는 것이 어려웠던 만큼 회피적인 태도로 성문제를 꺼내려 하지 않는 경우도 있다. 상담자가 성문제에 대해 비난하거나 도움받지 못할까 걱정하여 자신의 주된 관심사를 숨겨두는 경우에는 성에 관한 일반적인 화제로 시작하여 필요에 따라 내담자와 성에 관해 토론할 필요도 있다.
- 성에 대한 개방적인 의사소통 자세를 가져야 한다. 성에 대한 불안이 더 이상 증가하지 않도록 하고, 불안을 감소시킬 수 있을 만큼 생각과 언어의 사용에서 충분히 융통성을 지녀야 한다. 성에 관한 용어 사용에서 전혀 거리낌이 없어야 하고 성에 관한 한 개방적인 대화가 가장 효과적임을 내담자에게 알려 주어야 한다. 만약 내담자가 지나치게 완곡하게 표현하거나 정확한 표현이 잘 되지 않을 때는 상담자가 먼저 직접적인 표현을 사용하면서 이야기를 이끌어 가는 것이 좋다. 가능하면 전문적인 용어를 사용하지 말고 내담자의 표현이나 용어를 자연스럽게 사용하여 내담자를 편안하게 해 주도록 한다.
- 기술적이고 전문적인 영역에 관해서는 전문가에게 의뢰해야 한다. 성에 관련된 문제 중에는 상담자 능력의 한계를 넘는 경우가 종종 발생한다. 예를 들면, 임신이나 피임, 불감증이나 발기부전과 같은 문제는 복잡하고 의학적인 조언이 필요한 사항이므로 산부인과 의사나 성문제 전문가에게 의뢰하도록 미리 정보를 준비하고 있어야 한다.

(3) 성폭력 피해 상담

성폭력은 강간뿐만 아니라 원치 않는 신체적 접촉, 음란전화, 인터넷 등을 통해 접하게 되는 불쾌한 언어와 추근거림 등 성적으로 가해지는 신체적 · 언어적 · 정신적 폭력을 말한다. 성폭력 피해자의 경우 불안과 두려움, 우울 등의 정서적인 문제와 대인관계와 사회활동 회피, 성기능의 문제 등 많은 후유증에 시달리게 된다. 다음은 성폭력 피해자가 겪게 되는 문제의 단계들이다.

- **1단계-충격과 혼란의 단계** : 성폭력의 충격에서 벗어나지 못해 '아무도 믿을 수 없다' 는 불신감과 '나는 이제 끝장이야' 라는 무력감에 사로잡히게 된다.
- **2단계-부정의 단계** : 성폭력 피해 사실 자체를 부정하고 싶어 한다.
- **3단계-우울과 죄책감의 단계** : 자신을 수치스러워하거나 자책하며 자신에게 잘못된 분노를 표출시키면서 절망감을 느낀다.
- **4단계-공포와 불안감의 단계** : 앞으로 건강하게 살지 못할까 봐 불안해하며 악몽을 꾸기도 한다. 또한 자신이 큰 약점을 가지고 있다고 생각하여 다른 사람을 만나려 하지 않는다.
- **5단계-분노의 단계** : 가해자뿐만 아니라 자기 자신, 주변 사람, 심지어 도우려는 상담자나 전문가에게도 분노를 느낀다.
- **6단계-자신을 수용하는 단계** : 자신의 성폭력 피해 경험을 재조명하는 시간이다. 이 단계에 이르러 성폭력이 자신의 잘못으로 인해 발생한 것이 아니라는 것을 인정하고, 자신의 노력 여하에 따라 삶이 바뀔 수 있음을 생각하여 잘 살아갈 것을 다짐하게 된다.

(4) 성폭력 피해자의 상담목표와 상담원리

① 성폭력 피해자의 상담목표

한마디로 내담자가 정상적인 생활을 회복하도록 하는 데 그 목표가 있다.

상담을 통해 피해자가 입은 공포스러운 사건에 대해 올바르고 현실적인 관점을 갖게 함으로써 정상적인 생활로 되돌아오도록 하는 것이다. 또한 자기 자신에게 향해진 분노와 부정적인 시각을 변화시켜 자신에 대한 가치를 되살려야 한다.

② 성폭력 피해자의 상담원리

성폭력 피해자 상담에 앞서 상담자 자신의 생각부터 점검해야 한다. 만일 성이나 성폭력에 대한 편견이나 부정적인 생각을 갖고 있다면 오히려 내담자에게 상처를 줄 수 있으므로 다른 상담자에게 의뢰하는 것이 올바르다. 이처럼 중요하게 다루어져야 할 성폭력 피해자 상담의 원리는 다음과 같다.

- 성폭력 자체는 위기상황이다. 그러므로 위기상담의 기법들을 적용시켜 가능한 빨리 위기상태에서 벗어날 수 있도록 한다.
- 심리적인 상처와 불안에 대해 지지적인 관계를 형성하고 수용과 진지한 관심을 통해 내부에 억압되어 있는 분노를 표출하게 해 주어야 한다.
- 성폭력 피해자들은 고통스러운 경험을 표현하고 환기하려는 욕구가 있으므로 자신의 경험을 반복적으로 얘기하더라도 끝까지 경청하는 자세가 필요하다.
- 상담자에게 적대감을 보이거나 저항하고 방어하는 것에 대해 이해하여 공감해 주고 지지해 주어야 한다.
- 내담자가 원하는 것이 무엇인지 정확하게 파악하여 적절히 지원을 해 주어야 한다. 만일 의료나 법률적 조치를 원한다면 그에 대한 정보를 제공해 주도록 한다.

다시 말해, 성폭력 문제를 자신의 책임으로 돌리는 데서 오는 내담자의 수치심과 불안을 감소시키고, 오히려 내담자가 희생자임을 인식시켜 자기에게 향하는 죄의식을 가해자에 대한 분노로 바꾸고 언어로 표현하게 함으로써 자신에 대한 긍정성을 회복해 가는 것이다. 이 과정을 통해 내담자는 자신의 원래 생활로 돌아갈 수 있게 된다.

성상담에서 성폭력 문제를 대표적으로 살펴보았다. 성폭력 피해자를 회복시켜 제자리에 서도록 하는 것도 중요하지만, 가장 좋은 치료는 예방의 측면에서 성에 대한 올바른 지식과 시각을 갖게 하는 양성적인 성교육과 사회 분위기 형성에 먼저 힘써야 할 것이다.

8) 여성상담

성인으로서의 여성을 남성과 따로 분리하여 상담대상으로 삼는다는 것이 편협한 접근으로 보일지도 모르겠다. 그러나 현재 여성의 위치와 그들이 겪고 있는 사회적 상황으로 미루어 볼 때 여성에 대한 상담 목표와 방법에 대한 고찰은 상담영역에서 중요한 과제라 할 수 있다.

(1) 여성상담의 개념 및 목적

현대 산업사회는 기계화, 자동화 및 정보화를 특징으로 하고 있어 과거에 비해 여성의 사회참여 기회가 구조적으로 증대되고 있을 뿐만 아니라 여성들의 교육수준 향상 또한 사회참여를 촉진시키는 요인이 되고 있다. 우리나라의 경우 1987년에 남녀고용평등법, 1994년 근로여성복지기본계획, 1995년 여성발전기본법, 1999년 여성차별금지법이 차례로 제정되면서 여성의 사회참여와 더불어 남녀평등의 기반구축에 대한 관심이 높아지고 있다. 이러한 여성의 사회참여 기회 확대는 개인의 자아실현은 물론, 여성이 가정과 국가의 중요한 인적 자원으로서 재평가되는 기초가 되었다.

이러한 여성의 권리구축 과정에서 여성상담이 발달하게 되었는데, 그 태동은 1960년대 끝 무렵의 여권신장운동과 맞물려 있다. 여성상담은 이론적인 면에서는 여성의 발달과 정신건강에 대한 여성운동론적 시각을 가지고 있다. 기법적인 면에서는 기존의 상담이론과 여성운동의 개념을 통합하려는 시도에서 1980년대부터 본격화되었다. 이러한 상담의 체계화 과정을 거치면서 전통적인 상담의 과정이나 기술로는 여성 내담자를 만족시킬 수 없다는 실질적인 요구에서 발생되었다. 여성상담은 여성문제를 남성중심의 기존 시각에서 벗어나 한 사람의 개체인 여성의 입장에서 문제를 파악하고 해결하기 위한 노력이다.

여성상담은 여성들을 '억압받는 집단' 으로 보는 정치적 · 사회적 관점에서 출발하였다고 볼 수 있다. 남성중심의 가부장제 사회에서 여성들은 무력감과 무가치감을 느끼기 쉽다. 여성 차별적인 사회관습에 순응하는 여성이 심리적으로 건강한 것으로 인정받는 경향이 있기 때문이다. 따라서 여성의 그러한 사회문화적 위치와 그 결과에 대한 고려 없이는 여성의 문제에 도움을 주기 어렵다(이장호, 1996).

(2) 여성상담의 기본 원리

여성상담에 들어가기 전에 먼저 생각해 볼 것은 여성이 갖는 문제에 대한 고찰이다. 외견상으로 볼 때는 한 개인의 문제로 보이는 것들도 해석의 과정을 조금만 거치면 사실상 여성이라는 사회적 지위에서 기인된 문제인 경우가 많다. 그러므로 여성상담의 첫 번째 원리는 여성이 자신이 가진 문제의 원인을 개인적인 차원에서 살펴볼 뿐만 아니라 사회 · 문화의 구조적인 문제와 연결시켜 파악함으로써 자기 자신에게 향하는 부정적인 시각의 변화를 꾀하는 것이다. 나아가 여성 자신을 둘러싸고 있는 모순적인 환경에 억지로 순응하는 것이 아니라 그 상황 자체를 변화시키는 적극적인 시각으로 문제를 해결하도록 조력하는 것이다.

두 번째는 내담자와 상담자의 관계형성에 관한 원리다. 사회구조적인 위계관계에 의해 피해의식을 갖고 있을 가능성이 높은 여성 내담자가 상담이라는 과정에서도 마찬가지의 위계적인 관계를 경험하게 되면, 여성문제의 원인인 억압과 복종의 경험이 더 강화되거나 상담 자체를 거부하여 상담관계의 설정부터가 불가능해질 수도 있게 된다. 그러므로 상담은 내담자와 상담자가 동등

한 위치에서 진행됨을 느끼게 해야 한다. 내담자 자신이야말로 자기 문제의 해결책을 갖고 있는 전문가며, 상담자는 내담자의 성장을 적극적으로 돕는 지지자임을 전달할 필요가 있다. 여성 내담자가 갖고 있는 문제에 대해 새로운 관점을 제시해야 할 때도 진단이나 해석 기법을 조심해서 사용해야 한다.

마지막으로 상담은 가치 개입적인 작업임을 인정하여 상담자 자신의 가치관을 분명히 밝히는 동시에 내담자에게도 그렇게 하도록 격려함으로써 진지하게 문제에 접근해 들어가야 한다. 남녀 상담자 누구를 막론하고 여성에 대한 자신의 가치관, 즉 여성관을 점검하고 필요하다면 새로이 정립하는 노력이 있어야 하겠다.

(3) 여성상담의 과정

여성상담의 과정도 일반상담의 과정과 마찬가지로 진행된다. 즉, 여성 내담자에 대한 포괄적인 정보를 수집하고 내담자의 문제에 대해 이해하는 준비과정, 내담자와 대화하고 치료하는 면접개입 단계, 그리고 상담이 끝난 내담자가 건전하게 잘 적응하고 있는지를 파악하는 추수지도 단계를 거치게 된다.

여기에서는 Forisha(1981)의 여성상담의 일곱 단계를 통해 설명하고자 한다. Forisha는 여성의 사회화 과정에서 '잊어버린' 측면, 즉 힘과 관련된 측면을 되살려내는 데 초점을 둔 인본주의적 관점에서 여성상담을 실시하였다.

- 1단계 : 여성내담자의 자각을 증진시키는 데 중점을 둔다. 이를 위해 내담자가 '바라는 것' 과 '바라도록 학습된 것' 을 구분하도록 도와준다.
- 2단계 : 위의 과정을 통해 증진된 자각을 수용한다. 여기서는 '내가 원하는 것을 하는 것이 옳은가, 남이 원하는 것을 하는 것이 옳은가' 를 스스로 반문하게 한다.
- 3단계 : 자기수용을 강화한다. 이를 위해서는 환경이나 다른 사람들에 의해 자기 자신에 대한 관점이 잘못 형성되어 왔음을 자각하고, 내담자가 분노를 느낄 때 그것을 적절히 표현하도록 도와주어야 한다.

- 4단계 : 행동으로 실행할 수 있는 힘을 기르는 데 초점을 둔다. 이 단계에서는 편하고 익숙한 이전의 상태에 머물러 있을지, 위험을 무릅쓰고라도 새로운 대안을 시험해 볼 것인지를 결정 해야 한다.
- 5단계 : 대안을 시험해 보기로 결정한 내담자는 실행을 통해 사회에서의 현실적인 제약을 경험하게 된다. 이 시점에서는 대개 다른 여성들의 집단적 지지가 필요하다. 경험을 나눔으로써 내담자는 외적인 장애물과 내적인 장애물을 구분하고 보다 현실적인 판단을 내리며 자책에 빠지지 않게 된다.
- 6단계 : 사회에서 주어지는 제약을 수용하는 단계로 이 과정에서 또 다시 분노가 나타날 수 있다. 그러나 이런 과정을 통해 현실을 수용하면서도 변화의 가능성을 포기하지 않는 강한 동기를 갖게 한다.
- 7단계 : 마지막으로 자신의 가능성과 한계를 수용하는 단계로 나아간다. 이 단계에 이르면 내담자는 자기 자신이 환경을 통해 만들어져 왔는 데 대한 증오에서 벗어나, 현재 살고 있는 자기 자신과 가능성을 지닌 존재로서의 자신을 수용하게 된다.

9) 노년기상담

평생교육사로서 만나게 될 많은 내담자들 중 우리는 성인에 초점을 맞추고 있다. 성인으로서 겪게 되는 변화와 생활에 대한 책임감들이 때로는 혼자만의 힘으로 해결될 수 없어 전문가를 찾게 된다. 여기에 제시되는 모든 상담의 형태가 성인에게 적용될 수 있다. 그러나 중년기를 넘어서 노년기에 이르는 과정에 대해서는 한참 정력적으로 자신의 삶을 살아가는 청 · 장년기와는 다른 이해와 배려가 필요할 것으로 생각된다.

(1) 노인의 개념과 특성

첨단 과학기술을 통한 의학수준의 엄청난 발전과 생활수준 향상은 평균 수명 연장을 가져왔고 사회보장제도에 힘입어 '고령화 사회' 로 진입하였다. 고령화 사회는 한 사회의 전체 인구 가운데 60세 이상의 노년층 인구가 차지하는 비중이 7%를 넘을 때를 말한다. UN은 2025년에 이르면 세계 인구의 약 80억 중 노인인구는 12억에 이를 것으로 추산하면서 노인문제의 심각성을 제기하였다. 우리나라도 예외는 아니어서 1997년 65세 이상의 노인인구의 비율이 6.3%, 2000년에는 7.1%로 고령화 사회에 진입하였다. 2020년에는 14.3%에 이를 것으로 전망되어 고령화 사회(aging society)를 넘어 고령사회(aged society)로 접어들 것으로 보여진다. 인구의 고령화는 현대사회의 또 다른 해결과제로 대두되었다.

1981년 제정된 노인복지법에 의하면 65세 이상 된 사람을 노인 보호대상자로 규정하고 있다. 노인이라 함은 환경변화에 적절히 적응할 수 없고, 자신을 통합할 수 있는 능력이 감소해 가며, 신체의 기관과 조직의 기능이 쇠퇴하였고, 정신적으로도 생활상의 적응능력이 떨어지는 사람을 말한다(『교육학대백과사전』, 1998). 김규삼(1987)은 생리적, 생물학적 측면에서 정의하여 퇴화기에 있는 사람으로 정신기능과 성격이 변화되고 지위와 역할이 상실된 사람을 노인이라고 보았다. 임춘식(1995)은 노인을 생리적, 육체적 변화기에 있는 사람으로 심리적으로 개성의 기능이 떨어지고 사회적 변화에 따라서 사회적 관계가 과거에 속해 있는 사람으로 정의하였다.

40~50대를 이르는 중년기를 거쳐 노년기에 이르면 많은 것들이 변화된다. 중년기를 넘어서면서 성역할 역전현상이 나타나 남성들은 직장생활에서 가정생활로 관심이 전환됨에 반해, 여성들은 자녀의 성장과 함께 훨씬 독립적인 사고방식을 가져 가정 밖으로 관심을 돌리게 된다. 또한 삶에 대해 줄어드는 정열을 감지하기 시작하여 지나온 인생을 반성하면서 또 다른 변화를 꾀하여 '제2의 인생' 을 꿈꾸게 된다. 심각한 건강상의 문제나 정서적 문제를 갖고 있지 않다면 나이에 의해 뒤로 물러앉게 되지는 않는다. 그러나 중년기를 지나 노년기에 이르면 스스로 자신을 쓸모없고 비생산적인 존재로 인식하여 무기력감에 빠지게 된다.

(2) 노인문제

노인문제가 모든 노인인구에게 해당되는 것은 아니나, 노인 자신이나 가족의 노력만으로는 해결하기 힘든 공통적인 문제를 살펴보면 다음과 같다.

- **고령화 사회** : 65세 이상의 노인인구 비율이 증가하면서 인구의 노령화가 급격히 진행되고 있다. 이는 전체 인구 중 생산적인 일에 참여할 인구는 줄어들고 사회보장제도 등을 통해 보호받아야 할 인구의 비율이 증가하고 있음을 의미한다. 여기서 깊이 고려해 볼 것은 고령화 자체의 문제가 아니라 노인들의 건강상태다. 우리나라의 경우 건강하지 못한 노인인구의 비율이 높다는 것이 문제다.
- **사회적 지위 약화** : 산업사회의 구조변화로 노인의 지위와 역할이 변화되고 이에 따른 심리적 갈등이 심화되고 있다. 전통사회에서의 노인은 삶을 통해 쌓아온 지식과 경험을 통한 권위를 갖고 있어 지역사회의 중심적 위치에 서 있었다. 그러나 산업화가 강조하는 생산성과 능률성은 노인의 역할을 축소시켜 버렸다. 이처럼 사회변화 속도가 빠를수록 노인의 지위는 급격히 약화되고 경제적 기반마저 위협받아 심리적으로 상당한 혼란과 좌절을 맛보게 된다.
- **가족구조의 변화** : 핵가족이 산업사회 가족형태의 전형으로 인식되면서 대가족 제도가 붕괴되었고, 더불어 세대 간의 격차는 또 다른 문제를 제기하였다. 노인의 대부분이 고향을 지키는 고독한 신세가 되었거나 답답한 도시생활 속에서 단절된 채로 살아가게 된 것이다. 산업사회로의 변화가 '효'라는 한국의 전통가치까지 뒤바꾸지는 못하여 현실과 가치 사이의 틈은 더 많은 좌절감과 소외를 느끼게 하였다.
- **경제적 기반의 약화** : 급속한 사회변화는 노인인구의 경제활동을 보장해 주지 못한 채 경제생활에서 물러나 앉게 만들었다. 퇴직 후의 연금제도와 사회보장제도가 있기는 하지만 미흡한 상태다. 이러한 경제기반의 약화는 불안과 심리적 위축을 불러 왔다.

- **자기발전에 대한 욕구 증대** : 과거에 비해 노인인구의 학력이 높아지고 경제수준이 향상되면서 노인들의 자기 자신을 계속해서 연마해 나가고자 하는 욕구가 증대되었다. 이는 긍정적인 변화로 인식되지만 아직 사회는 이들의 욕구를 만족시켜 줄 만한 여건이 마련되지 못한 데서 욕구불만과 욕구좌절이 나타나고 있다.
- **사별과 죽음의 문제** : 죽는다는 것이 자연의 법칙이라 할지라도 죽음을 준비한다는 것은 많은 불안과 두려움을 수반한다. 더욱이 배우자 중 한 사람이 먼저 죽어 홀로 남을 경우의 고독감은 심각한 정서적 문제를 가져오기도 한다.

(3) 노인상담의 필요성

이상의 노인관련 문제에 비추어 노인상담의 필요성을 요약하면 다음과 같다.

- 직장을 바꾸거나 은퇴함에서 비롯되는 새로운 변화과정에 대해 정신적으로 준비하거나 적응을 돕기 위해 상담이 필요하다.
- 휴식이나 여가를 잘 활용할 수 있는 방법이나 직업 및 인생의 다른 역할과 휴식을 통합시키기 위해 교육이나 상담이 필요하다.
- 자녀나 배우자 사이에서 겪게 되는 중 · 노년기의 문제를 해결하기 위해 상담이 필요하다.
- 여러 가지 다양한 사회생활이나 대인관계와 실생활 과정에서 부딪히게 되는 모든 문제에 관해 전문가의 조력이 필요하다.

(4) 노인상담 접근법

직장생활에서 은퇴한 65세 이상의 노인을 대상으로 한 상담에서 주로 다루어지는 것은 건강상의 문제, 경제적인 어려움, 자녀와의 갈등, 무력감, 소외감, 배우자 상실 등의 문제들이다. 노인문제 상담에서 중요한 것은 발달심리학 이론을 적용하여 생애 발달적인 시각으로 접근하는 것이다. 다시 말해, 노인 내담자가 서 있는 현재의 위치를 고려하는 것이다. 이른바 '정상적' 인생 경로에서 거의 모든 사람이 겪는 일일지라도 당사자에게는 그 자체가 혼돈과 불안을 수반하기 때문이다. 상담을 호소하는 문제의 상당수는 바로 살아가면서 부딪히게 되는 정상적인 문제인 경우가 많음을 고려하여 노인문제에 대한 시각과 감정의 틀을 변화시킬 필요가 있다.

즉, 노인 내담자들에게 필요한 것은 동정이나 무조건적인 보호가 아니라 사회생활과 직업에서 그들에게 알맞은 생산적인 역할을 모색해 주는 적극적이고 긍정적인 배려다. 노인상담은 치료적 상담과 예방적 상담으로 크게 나누어 볼 수 있다.

① 치료적 상담

치료적 상담이 필요한 경우는 심각한 정신적 문제나 신체상의 결함을 갖고 있는 노인, 사랑하는 사람을 잃은 후에 우울증을 겪거나 사회에서 고립된 노인, 양호시설에 강제적으로 수용된 노인들이 그 대상이 된다. 특히, 노령화로 인한 건강상의 문제는 정서적인 문제와 결합되어 상호간에 더 악화시키는 경우가 많으므로, 이들 노인에 대해 정신적 지지와 더불어 회복에 대한 동기와 의지를 심어 주는 것이 중요하다. 더불어 신체건강에 관련된 정보를 제공하는 것도 좋은 방법이 된다.

은퇴 후 경제적 여건의 악화로 여가활동이나 취미생활을 하지 못함으로써 화를 잘 내고 불만이 쌓이며 무감각한 정서상태로 변화되기 쉽다. 따라서 취미생활을 개발시키는 상담과 경제생활의 가능성을 높여 주는 재훈련과 진로지도가 함께 이루어져야 한다.

② 예방적 상담

생애 발달적 관점에서 발달단계와 맞물려 발생될 것으로 예상되는 문제들을 방지하기 위한 노력은 다음과 같다.

• 건강문제 상담 : 신체적 · 정신적 건강은 모든 것의 출발점이므로 평소에

관심을 두어야 한다. 예를 들면, 영양섭취, 운동, 정기적 건강진단의 필요성을 인식시키고 그에 대한 조언과 정보를 제공한다.

- **은퇴 이후의 문제 상담** : 은퇴에 따른 여러 측면에 대한 정보를 제공하고 이와 관련된 문제를 상담한다. 이를 통해 변화하는 사회, 정서, 경제적 문제에 대한 준비를 하게 한다.
- **부업 및 여가활동과 봉사활동에 대한 정보 제공** : 모든 사람들은 생산적인 일과 다양한 활동, 그 후의 휴식에 대한 욕구를 갖고 있다. 그러나 노인들에게는 활동의 기회가 별로 주어지지 않는다. 따라서 상담자는 노인들의 재능과 기술, 많은 경험을 살릴 수 있는 구체적인 정보를 제공하고 그에 따르는 훈련계획을 같이 세울 필요가 있다. 그뿐 아니라 봉사활동을 통해 자신의 존재 가치를 찾을 수 있도록 돕는다.
- **노인가족에 대한 상담** : 노인에 대한 일반적인 견해와 생활양식 및 역할기대에 대한 가족과 노인 간의 시각 차이는 불화를 불러오기도 한다. 그러나 정서적으로 가장 가까이서 도움을 줄 수 있는 사람들은 가족이므로 서로를 이해할 수 있도록 도우며, 나아가 가족을 상담에 적극 활용하기 위한 사전 교육이 필요하다.
- **노인교육 프로그램 참여에 대한 상담** : 연령에 상관없이 자신을 발전시키고자 하는 욕구는 내재되어 있다. 이에 노인교육 프로그램을 활성화하여 자아실현을 가능하게 함과 동시에 대인관계를 지속적으로 펴나갈 수 있도록 노인교육에 대한 정보를 제공하고 학습에 대한 자신감을 갖게 도와야 한다.

이상과 같이 노인문제에 관련된 상담은 치료적인 것보다는 예방적인 상담이 더 활성화되어야 할 것이다. 그러나 아직까지도 노인에 대한 이해가 많이 왜곡되어 있고 훈련받은 전문가도 부족한 실정이다. 단순한 노인복지의 차원을 넘어 노인인구를 중요한 사회조직원으로 받아들이고 존중하는 시각의 변화가 우선되어야 하겠다.

자격 요건

평생교육법

제17조【평생교육사】

① 교육부장관은 고등교육법 제2조의 규정의 학교(이하 "대학"이라 한다)에서 평생교육관련 과목을 일정학점 이상 이수한 자 또는 제18조의 규정에 의한 평생교육사 양성기관에서 소정의 과정을 이수한 자에게 평생교육사의 자격을 부여한다.

② 평생교육사는 평생교육의 기획 · 진행 · 평가 및 교수업무를 수행한다.

③ 제20조 제4항 제1호에서 제5호의 1에 해당하는 자는 평생교육사가 될 수 없다.

④ 평생교육사의 종류, 등급, 자격요건, 등급별 직무범위, 이수과정, 연수, 자격증의 교부절차 등에 관하여 필요한 사항은 대통령령으로 정한다.

평생교육법시행령

제5조【평생교육사의 자격요건 등】 ① 법 제17조 제4항의 규정에 의한 평생교육사의 등급은 1급 · 2급 및 3급으로 하고, 등급별 자격요건은 별표 1과 같다.

② 법 제17조 제4항의 규정에 의하여 평생교육사의 자격증을 발급받고자 하는 자는 평생교육사 자격증 발급신청서에 교육부령이 정하는 서류를 첨부하여 교육부장관에게 제출하여야 한다.

③ 평생교육사 자격증의 분실 · 훼손 또는 기재사항 변경으로 평생교육사 자격증을 재발급 받고자 하는 자는 평생교육사 자격증 재발급신청서에 교육부령이 정하는 서류를 첨부하여 교육부장관에게 제출하여야 한다.

제46조【권한의 위임】교육부장관은 법 제31조의 규정에 의하여 다음 각호의 구분에 따라 그 권한을 대학기관의 장 또는 교육감에게 각각 위임한다.

① 법 제17조 제1항의 규정에 의한 평생교육자 자격증의 교부: 당해 대학기관의 장

부칙

① (시행일) 이 영은 공포한 날부터 시행한다.

② (사회교육전문요원에 관한 경과조치) 이 법 시행 당시 종전의 규정에 의하여 취득한 사회교육전문요원 1급은 평생교육사 2급으로, 사회교육전문요원 2급은 평생교육사 3급으로 그 자격을 취득한 것으로 본다.

평생교육사의 등급별 자격요건(시행령 제5조 제1항 관련)

등 급	
평생교육사 1급	1. 고등교육법에 의한 대학원에서 평생교육과 관련된 분야를 전공한 자로서 박사학위를 취득한 자 2. 평생교육사 2급 자격증을 소지하고 평생교육과 관련된 업무에 3년 이상 종사한 경력이 있는 자로서 교육부장관이 인정하는 평생교육에 관한 전문교육과정을 210시간 이상 이수한 자 3. 초 · 중등교육법 제2조의 규정에 의한 학교의 교장 및 교감자격증을 소지한 자로서 교육부장관이 인정하는 평생교육에 관한 전문교육과정을 210시간 이상 이수한 자 4. 학력인정평생교육시설의 설치 · 경영자 중 학력인정시설에서 5년 이상 종사한 경력이 있는 자로서 교육부장관이 인정하는 평생교육에 관한 전문교육과정을 210시간 이상 이수한 자 5. 근무경력이 5년 이상인 5급 이상 공무원이었거나 공무원인자가 교육부장관이 인정하는 평생교육에 관한 전문교육과정을 210시간 이상 이수한 자

평생교육사 2급	1. 고등교육법에 의한 대학원에서 교육부령이 정하는 평생교육 관련 과목 중 필수과목(대학에서 필수과목을 이수한 경우에는 그 이수과목의 수만큼 선택과목으로 대신할 수 있다)에 관한 학점을 14학점 이상 취득한 자 2. 고등교육법에 의한 대학(이하 "대학"이라 한다) 또는 이와 동등 이상의 학력이 인정되는 기관에서 교육부령이 정하는 평생교육관련 과목에 관한 학점을 20학점 이상 취득하고 졸업한 자 3. 대학을 졸업하거나 이와 동등 이상의 학력이 있는 자로서 대학(대학과 동등 이상의 학력이 인정되는 기관을 포함한다) 또는 교육부장관이 지정하는 평생교육사 양성기관(이하 "지정양성기관"이라 한다)에서 교육부령이 정하는 평생교육관련 과목에 관한 학점을 20학점 이상 취득하거나 300시간 이상 학습을 받은 자 4. 고등교육법에 의한 전문대학(이하 "전문대학"이라 한다) 또는 이와 동등 이상의 학력이 인정되는 기관에서 교육부령이 정하는 평생교육 관련 과목에 관한 학점을 30학점 이상 취득하고 졸업한 자
평생교육사 2급	5. 전문대학을 졸업하거나 이와 동등 이상의 학력이 있는 자로서 전문대학 또는 지정양성기관에서 교육부령이 정하는 평생교육관련 과목에 관한 학점을 30학점 이상 취득하거나 450시간 이상 학습을 받은 자 6. 평생교육사 3급 자격증을 소지하고 평생교육과 관련된 업무에 3년 이상 종사한 경력이 있는 자로서 고등교육법 제2조의 규정에 의한 학교(이하 "학교"라 한다) 또는 지정양성기관에서 교육부령이 정하는 평생교육관련 과목에 관한 학점을 10학점 이상 취득하거나 150시간 이상 학습을 받은 자 7. 대학을 졸업하거나 이와 동등 이상의 학력이 있는 자 중 평생교육과 관련된 업무에 3년 이상 종사한 경력이 있거나 초·중등교육법 제2조 제2호 내지 제6호의 학교교원으로 3년 이상 근무한 경력이 있는 자로서 학교 또는 지정양성기관에서 교육부령이 정하는 평생교육 관련 과목에 관한 학점을 14학점 이상 취득하거나 210시간 이상 학습을 받은 자

평생교육사 3급	1. 전문대학 또는 이와 동등 이상의 학력이 인정되는 기관에서 교육부령이 정하는 평생교육관련 과목에 관한 학점을 20학점 이상 취득하고 졸업한 자 2. 전문대학을 졸업하거나 이와 동등 이상의 학력이 있는 자로서 전문대학 또는 지정양성기관에서 교육부령이 정하는 평생교육관련 과목에 관한 학점을 20학점 이상 취득하거나 300시간 이상 학습을 받은 자 3. 초 · 중등교육법에 의한 고등학교를 졸업하거나 이와 동등 이상의 학력이 있는 자로서 평생교육과 관련된 업무에 3년 이상 종사한 경력이 있고, 전문대학 또는 지정양성기관에서 교육부령이 정하는 평생교육관련 과목에 관한 학점을 30학점 이상 취득하거나 300시간 이상 학습을 받은 자 4. 공무원으로서 평생교육과 관련된 업무에 2년 이상 종사한 경력이 있고, 전문대학 또는 지정양성기관에서 교육부령이 정하는 평생교육 관련 과목에 관한 학점을 14학점 이상 취득하거나 210시간 이상 학습을 받은 자 5. 기타 제1호 내지 제4호의 각호의 1에 해당하는 자와 동등 이상의 자격이 있다고 교육부장관이 인정하는 자

면접 사례연구 원고 작성 지침

1. 기본 지침

명확히 읽을 수 있는 완전 문장으로, 바로 편집 및 인쇄에 넘길 수 있도록 기술하되, 원고의 우측에 1/4의 여백을 두어 수정 및 가필이 가능하도록 한다.

2. 기술 순서

1) 내담자의 인적 사항
   (1) 내담자의 사례번호, 성별, 소속(학년), 성장한 곳, 입사(입학)연도
   (2) 가족관계: 가족 구조도 및 주요 가족의 직업, 교육수준
   (3) 상담경험 유무: 경험이 있을 경우, 누구에 의해 몇 회, 그 성과에 대한 소감
   (4) 상담신청서에 제시된 내담 목적 또는 상담 신청 목적
2) 접수면접자의 인상적 평가, 접수면접 시의 주요 발견사항, 접수면접 내용의 요지
3) 첫 면접시의 행동관찰 자료: 복장, 자세, 표정, 행동특성
4) 첫 면접에서의 진행 내용: 내담자 발언내용 요지, 상남자의 응답 · 발언 요지, 내담자와의 합의사항(목표 등), 상담에 대한 오리엔테이션 내용 등
5) 심리검사 실시 · 해석에 관한 것: 특정 검사를 왜 실시했으며, 해석의 요지가 무엇이고 그에 대한 내담자의 반응, 해석의 측면과 상담계획과의 관련 부분 등

6) 상담목표: 내담자가 제시한 내용과 상담자가 판단한 상담목표의 차이, 목표달성을 위한 수행계획, 내담자의 이해 · 수용도 및 수용능력에 대한 판단 등
7) 상담자가 활용한 주요 면접기법: 상담 초 · 중 · 종반 별로 기록
8) 상담자가 활용한 상담 과제별 전문기법: 실시 절차, 반응, 성과
9) 주요과정(부분, 회기)의 축어록 제시: 우측 1/3 여백에 상담자의 사후 논평
10) 교육지도(슈퍼바이저)의 내용: 일자, 지도교수, 지도 형태를 밝히고, 지도교수 및 타 전문 상담자의 지적 · 논평 및 그에 대한 상담자의 응답 내용을 차례로 구체적으로 기술
11) 사례의 처리 경과: 종결, 탈락, 의뢰, 진행 중을 구별하고, 해당 경우 어떻게(누구에게) 추수 또는 의뢰했는지 기록
12) 상담목표의 달성 정도 판단: 신청 목적 또는 합의된 목표에 의거한 종합, 구체적(행동, 사고, 감정차원 및 스트레스 대처 수준) 평가
13) 사례처리(종결, 경과)에 대한 평가면접의 내용: 평가 지도자와의 면담에서 지적된 사항, 면담에서의 시사점 등
14) 사례에 대한 상담자의 종합 사후평(원고 작성 시 현재)

[별지 1]

내담자의 인적 사항

작성자:

면담자:

의뢰자:

성　명:　성 별: 남 □ 여 □

주　소:

생년월일: 년 월 일(양/음)　연 령: 만 세

보호자 성명:　내담자와의 관계:

연 락 처:

교육정도:

종　교:

보호사 직업: 부 (　　) 모 (　　)

보호자 수입 정도(월평균): 부 원 모 원

수입원(실직, 혹은 무직시):

출생순위: 남 녀 중 째

기　타:

[별지 2]

상담사례 과정의 요약기록

상 담 자 :

상담시간 :

(총 회)

1. 내담자 인적사항

   (1) 개인정보 :

   (성별, 연령, 부모직업, 종교, 교육정도 등)

   (2) 가족관계 :

   (3) 상담경험의 유무 :

2. 내담자가 호소한 주요문제:

3. 내담자의 성장배경:

4. 내담자의 행동특징:

5. 심리검사 실시 및 해석에 관한 내용:

6. 상담목표

(1) 내담자가 제시한 상담목표:

(2) 상담자가 판단한 상담문제:

(3) 합의된 상담목표:

(4) 상담계획

7. 상담전략 및 기법

(1) 초 기 :

(2) 중 기 :

(3) 말 기 :

8. 사례의 처리결과: 합의종결 □ 중도탈락 □
다른 상담자 혹은 전문의에게 의뢰 □
기타 □ (그 이유 :)

9. 상담회기별 주요내용(축어록 별첨) :

10. 종결시의 내담자 상태:

11. 상담목표의 달성정도에 대한 평가:

12. 교육지도의 내용:

13. 상담자의 종합평가:

참고문헌

강인애(1998). 성인학습에 대한 구성주의적 처방과 진단. 한중상 편. 앤드라고지: 현상과 가능성. 서울: 학지사.

권대봉(2001). 성인교육방법론. 서울: 학지사.

권두승(1999). 사회교육지도자 효능감 척도 개발과 시사점. 사회교육학 연구: 한국사회교육학회, 5(1), 62-73.

권두승(2000). 성인학습 지도방법의 이론과 실제. 서울: 교육과학사.

권두승, 조아미(2001). 성인학습 및 상담. 서울: 교육과학사.

권이종, 심의보, 안승렬(2001). 현대사회와 평생교육. 서울: 교육과학사.

김계현(1992). 단회상담의 원리와 기술 I. 학생연구: 서울대학교 학생생활연구소, 27, 45-60.

김계현(2002). 카운슬링의 실제(개정판). 서울: 학지사.

김남신(2001). 평생교육개론. 서울: 형설출판사.

김대현, 김석우(1998). 교육과정 및 교육평가. 서울: 학지사.

김상원(1996). 교육과정과 교육방법론. 서울: 교육출판사.

김용현(1998). 사회교육과 열린 평생학습. 서울: 독자와 함께.

김유숙(2003). 가족상담. 서울: 학지사.

김준권, 강대훈(1997). 실기교육방법론. 서울: 양서원.

김충기(2000). 교육심리학. 서울: 동문사.

김혁, 채향석 공역(1999). 교육 연수 실무 핸드북(이강봉 감역). 서울: 한국능률협회.

노승윤(1996). 실기교육방법론. 서울: 양서원.

림영철, 림광명(2001). 평생교육개론. 서울: 형설출판사.

박노열(1987). 사회교육방법론. 서울: 형설출판사.

송병순, 이영호(2000). 평생교육의 이론과 실제. 서울: 원미사.

안범희(1996). 학교 학습심리학. 서울: 하우.

유귀옥(1997). 성인학습자의 자기주도성과 인구학적 및 사회심리학적 변인 연구. 서울대학교 대학원 박사학위논문.

이돈희(1985). 교육철학개론. 서울: 교육과학사.

이용남, 강만철, 김계현, 방선욱, 송인섭, 이신동, 이재신, 최진승(1999). 신교육심리학. 서울: 학지사.

이장호(1991). 단기상담의 주요이론과 접근방법. 단기상담과 위기개입. 한양대학교 학생생활연구소 제4회 학술세미나, 5-22.

이장호(1996). 상담심리학. 서울: 박영사.

이장호, 정남운, 조성호(2005). 상담심리학의 기초(증보판). 서울: 학지사.

이정의(1997). 대학사회교육 참여동기에 관한 연구. 고려대학교 대학원 석사학위논문.

이현림(1973). 직업발달론의 개설적 고찰. 학생생활연구: 영남대학교 학생생활연구소, 8, 17-24.

이현림(2000). 상담이론과 실제. 서울: 원미사.

이현림(2001). 진로상담. 경산: 영남대학교 출판부.

이현림, 김영숙(2001). 새교육심리학. 경산: 영남대학교 출판부.

이현청(1993). 학습하는 사회. 서울: 배영사.

이형득(1994). 상담이론. 서울: 교육과학사.

이화여자대학교 교육공학과(2002). 교육방법 및 교육공학. 서울: 교육과학사.

임창재(2005). 교육심리학. 서울: 학지사.

임춘식(1991). 현대사회와 노인문제. 서울: 율곡출판사.

정종진(1996). 학교학습과 동기. 서울: 교육과학사.

정지웅, 김지자(2000). 사회교육학개론. 서울: 서울대학교 출판부.

정혜정(1999). 가족상담의 특성 및 제 접근법. 가족상담사 2급 연수과정. 한국가족관계학회, 1-12.

조도근(1996). 학교교육과 민주시민교육. 한국민주시민교육협의회.

조용하(1996). 신 사회교육방법론 강의. 서울: 교육과학사.

주영주, 최성희(1999). 교수매체의 제작과 활용. 서울: 두남출판사.

차갑부(2000). 사회교육방법의 탐구. 서울: 양서원.

최돈민 외(1998). 평생학습 실현을 위한 열린교육체제 연구. 한국교육개발원 연구보고서.

최혜림(1991). 학교장면에서의 단기상담. 단기상담과 위기개입. 한양대학교 학생생활연구소 제4회 학술세미나.

한국교육개발원(1994). 민주 시민교육. 서울: 대한교과서주식회사.

한국교육학회 사회교육연구회(1991). 사회교육학 서설. 서울: 교육과학사.

한국대학교육협의회 역(1989). 신임교수방법론. 서울: 한국대학교육협의회.

허영식(1997). 민주시민 교육의 방법. 서울: 학문사.

허운나(1986). 교육방법과 교육공학. 서울: 정민사.

홍성윤 역(1993). 효과적인 교수-학습의 기본. 서울: 교육과학사.

황윤한(1995). 제6차 교육과정과 구성주의적 교육. 교육학연구, 33(1), 237-252.

三浦清一郎 (1982). 成人の發達と生涯學習. 東京: ぎようせい

創内史郎 (1985). 社會教育の理論. 東京: 第一法規出版株式會社.

Aguilera, D. (1990). *Crisis intervention: Theory and methodology* (6th ed.). St. Louis, MO: C. V. Mosby.

Allen, R. D. (1931). A group guidance curriculum in the senior high school. *Education, 52*, 189-194.

Arbuckle, D. S. (1975). *Counseling and psychotherapy* (3rd ed.). Boston: Allyn and Bacon.

Arlow, J. A. (1979). Psychoanalysis. In R. Corsini (Ed.), *Current psychoterhapies* (2nd ed.). Itasca, IL: F. E. Peacock.

Atkinson, R. C., & Shiffrin, R. M. (1971). The control of short-term memory. *Scientific America, 225*, 82-90.

Bandura, A. (1971). *Psychological modeling: Confricting theories.* Chicago: Aldine-Atherton.

Bee, H. L. (1996). *The journey of adulthood* (3rd ed.). Englewood Cliffs, NJ: Prentice-Hall.

Biehler, R. F. (1978). *Psychology applied to teaching* (3rd ed.). Boston: Houghton Miffin.

Birren, J. E. (1965). Age changes in speed of behavior: Its central nature and psychological correlates. In A. T. Welfare & J. E. Birren (Eds.), *Behavior, aging and the nervous system.* Charles C. Thomas.

Bloom, B. (1956). *Taxanomy of educational objectives, handbook I: Cognitive domain.* New York: McKay.

Boone, E. J. (1985). *Developing programs in adult education.* Englewood Cliffs, NJ: Prentice-Hall.

Boyle, P. G. (1981). *Planning better programs.* New York: McGraw-Hill.

Brayfield, A. H. (1964). Research on vocational guidance: Status and prospect. In H. Borow (Ed.), *Man in a world at work* (pp. 310-323). Boston: Houghton Mifflin.

Brammer, L. M., & Shostron, E. L. (1982). *Therapeutic psychology: Fundamentals of counseling and psychotherapy* (4th ed.). Englewood Cliffs, NJ: Prentice-Hall.

Brock, G., & Barnard, C. (1992). *Procedure in marriage and family therapy.* Noston: Allyn & Bacon.

Brookfield, S. D. (1995). Adult learning: Overview. In T. Husen (Ed.). *International encyclopedia of education, 1*, 163-167.

Brown, D. (1985). Career counseling: Before, after of instead of personal counseling? *Vocational Guidance Quarterly, 33*, 197-201.

Bruner, J. S. (1960). *Process of education.* Cambridge, MA: Harvard University Press.

Carrarella, R. S. (1994). *Planning programs of adult learners.* San Francisco: Jossey-Bass.

Carstensen, L., L. (1992). Social and emotional patterns in adulthood: Support for socioemotional selectivity theory. *Psychology and Aging, 7*, 331-338.

Cattell, R. B. (1987). *Intelligence: Its structure, growth and action.* Amsterdam: North-Holland.

Coombs, P. H. (1985). *The world crisis in education.* Oxford: Oxford University Press.

Corey, G. (Ed.) (1986). *Theory and practice of counseling and psychotherapy* (3rd ed.). Monterey, CA: Books/Cole.

Corey, G. (1996). *Theory and practice of counseling and psychotherapy* (5th ed.). Pacific Grove, CA: Brooks/Cole.

Costa, P. T., & McCrae, R. R. (1994). Set like plaster? Evidence of the stability of adult personality. In T. F. Hetherton & J. L. Weinberger (Eds.), *Can personality change?* Washington, DC: American Psychological Association.

Cranton, P. (1989). *Planning instruction for adult learners.* Toronto: Wall & Thompson.

Cross, K. P. (1981). *Adult as learners: Increasing participation and facilitating learning.* San Francisco: Jossey-Bass.

Dale, E. (1969). *Audiovisual method in teaching* (3rd ed.). New York: Holt, Reinhart and Winston.

Delaney, D. J., & Eisenberg, S. (1971). *The counseling process.* Chicago: Rand McNally.

Egan, G. (1998). *The skilled helper: A problem-management approach the helping* (6th ed.). Pacific Grove, CA: Brooks/Cole.

Eggen, P. D., & Kauchak, D. (1992). *Educational psychology: Classroom connections.* MacMillan.

Elias, J. L., & Merriams, S. (1995). *Philosophical foundations of adult education* (2nd ed.). Malabar, FL: Krieger.

Ellis, A. (1962). *Reason and emotion in psychotherapy.* New York: Lyle Stuart.

Ellis, A. (1967). Goals of psychotherapy. In A. R. Mahrer (Ed.), *The goals of psychotherapy* (pp. 206-220). New York: Meredith.

Ellis, A. (1994). *Reason and emotion in psychotherapy.* Birch Lane Press Book.

Ellis, A., & Dryden, W. (1987). *The practice of rational emotive therapy.* New York: Springer.

Erikson, E. H. (1963). *Childhood and society.* New York: Norton.

Erikson, E. H. (1981). *Identity: Youth and crisis.* New York: Norton.

Flash, P., Tzenis, C., & Waller, A. (1995). *Using student evaluations to increase classroom effectiveness*. Minneapolis: University of Minnesota.

Forisha, B. L. (1981). Feminist Therapy II. In R. Corsini, *Handbook of innovative psychotherapies*. New York: John Wiley & Sons.

Fozard, J. L., Vercruyssen, S. L., Reynolds, P. A., & Quilter, R. E. (1990). Age differences and changes in reaction time: The Baltimore longitudinal study of aging. *Journal of Gerontology: Psychological Sciences, 39*, 179-189.

France, K. (1990). *Crisis intervention: A handbook of immediate person-to-person help* (2nd ed.). Springfield, IL: Charles C. Thomas.

Gagn, E. D. (1986). *The psychology of school learning*. Englewood Cliffs, NJ: Prentice-Hall.

Garfield, S. L., & Bergin, A. E. (1978). *Handbook of psychotherapy and behavior change* (2nd ed.). New York: Wiley.

Garfield, S. L. (1989). *The practice of brief psychotherapy*. Englewood Cliffs, NJ: Prentice-Hall.

Gazda, G. (1989). *Group counseling*. Boston: Allyn & Bacon.

Gelpi, E. (1985). *Lifelong education and international relations*. London: Croom Helm.

George, R. L., & Cristiani, T. S. (1990). *Theory, methods, process of counseling and psychotherapy*. Englewood Cliffs, NJ : Prentice-Hall.

Gerlach, V. S., & Ely, E. (1980). *Teaching and media: A systematic approach*. Englewood Cliffs, NJ: Prentice-Hall.

Gilliland, B. E., James, R. K., Roberts, G. T., & Bowman, J. T. (1983). *Theories and strategies in counseling and psychotherapy*. Englewood Cliffs, NJ: Prentice-Hall.

Grabowski, S. (1976). *Training teachers of adults: Models and innovative programs*. Syracuse, NY: National Association for Public Continuing and Adult Education, and ERIC Clearinghouse in Career Duction.

Grow, G. (1991). Teaching learners to be self-directed: A stage approach. *Adult Educaion Quarterly, 41*(3), 51-71.

Havighurst, R. J. (1953). *Human development and educations*. New York:

Longmans Green.

Havighurst, R. J., (1972). *Developmental tasks and educations.* New York: David McKay.

Heinich, R., Molenda, M., Russell, J., & Smandino, S. (1996). *Instructional media and the new technologies for learning.* New York: MaCmillan.

Hergenhahn, B. R. (1976). *An introduction to theories of learning.* Englewood Cliffs, NJ: Prentice-Hall.

Herr, E. L., & Cramer, S. H. (1996). *Career guidance and counseling through the life span: Systematic approaches* (4th ed.). New York: Harper Collins.

Hill, K. T., & Wigfield, A. (1984). Test anxiety: A major educational problem and what can be done about it. *The Elementary School Journal, 85,* 105-126.

Hosford, R. E. (1969). Behavioral counseling: A contemporary overview. *The Counseling Psychologist, 1,* 1-4.

Houle, C. O. (1961). *Inquiring mind.* Madison: University of Wisconsin Press.

Hoyt, K. B. (1974). *An introduction to career education.* U. S. Office of Education Policy Paper. Washington, D.C.: The office.

Jarvis, P. (1985). *The sociology of adult and continuing education.* London: Croom Helm.

Kazdin, A. E. (1978). *History of behavior modification: Experimental foundations of contemporary research.* Baltimore: University Park Press.

Kemp, J. E., & Smellie, D. C. (1989). *Planning, producing and using instructional media.* New York: Harper & Row.

Kidd, J. R. (1973). *How adult learn.* New York: Association Press.

Kim, B. I., & Miller, S. E. (1992). *Working with the problem drinker: A solution-focused approach.* Norton.

Knowles, M. S. (1970). *The modern practice of adult education andragogy versus pedagogy.* New York: Adult Education Associations.

Knowles, M. S.(1980). *The modern practice of adult education: From pedagogy to andragogy.* New York: Cambridge Book Company.

Knowles, M. S. (1983). *Adult learner. An neglected species.* Houston: Gulf.

Knowles, M. S. (1990). *The adult learner.* Houston: Gulf.

Knox, A. B. (1974). Higher education and lifelong learning. *Journal of Research and Development in Education*, 13-23.

Knox, A. B. (1986). *Helping adults learn: A guide to planning, implementing, and conducting programs.* San Francisco: Jossey-Bass.

Knudson, R. S. (1979). Humanagogy anyone. *Adult Education, 29*, 261-264.

Krumboltz, J. D., & Thoresen, C. E. (1969). *Behavioral counseling: Cases and techniques.* New York: Holt, Rinehart and Winston.

Lebel, J. (1978). Beyond andragogy to geragogy. *Lifelong Learning, 1*(9), 16-18.

Lengrand, P. (1973). *An introduction to lifelong education.* Paris: UNESCO Institute for Education.

Levinson, D. (1978). *The season of a man's life.* New York: Konpf.

Long, H. B. (1996). *Adult and continuing education.* New York: Teachers College, Columbia University.

Lowrey, L. G., & Slavson, S. R. (1943). Group therapy special action meeting. *American Journal of Orthopsychiatry, 13*, 638-690.

Mager, R. F. (1984). *Preparing instructional adjectives* (2nd ed.). Belmont, CA: Lake.

Mahler, C. A. (1969). *Group counseling in the schools.* Boston: Houghton Mifflin.

Massing, P. (1992). Politische Bildung, in Andersen, U. et al., *Handworterbuch desponlitischen systems der bundesrepublik.* Deutschland, Bonn: BpB, S.

Mayer, R. (1982). Learing. In H. Mitzel (ed.). *Encyclopedia of educational research.* New York: John Wiley and Sons.

McDaniel, C. (1978). The practice of career guidance and counseling. *INFORM, 7*(1), 1-8.

Meichenbaum, D. H., & Turk, D. (1976). The cognitive behavioral management of anxiety, anger and pain. In P. O. Davidson (Ed.), *The behavioral management of anxiety, depression and pain*. New York: Brunner/ Mazel.

Merriam, S. B., & Brockett, R. G. (1998). The profession and practice of adult education. San Francisco: Jossey-Bass.

Merriam, S. B., & Carrarella, R. S. (1991). *Learning in adulthood: A comprehensive guide*. San Francisco: Jossey-Bass.

Meyer, S. L. (1977). Andragogy and the aging adult leaner. *Educational Gerontology: An International Quarterly, 2*, 115-122.

Mezirow, J. (1982). A critical theory of adult learning and education. In M. Tight. *Adult learning and education*. London: Croom Helm.

Morstein, B. R., & Smart, J. C. (1976). Factor analysis at large: A critical review of the motivational orientation literature. *Adult Education, 27*(1), 83-98.

Neugarten, B. L. (1964). *Personality in middle and late life*. New York: Atherton Press.

Patterson, C. H. (1980). *Theories of counseling and psychotherapy*. New York: Harper & Row.

Peplau, L. A., Bikson, T. K., Rook, K. S., & Goodchilds, J. D. (1992). *Being old and living alone*.

Phillips, J. J. (1991). *Handbook of training evaluation and measurement methods*. Houston: Gulf.

Piskurich, G. M. (1993). *Self-directed learning: A practical guide to design, development and implementation*. San Francisco: Jossey-Bass.

Renner, G. et al. (1991). Bundesrepublik deutschland, in Bpb (Hg.), *Politische bildung für Europa*, Bonn: BpB, S.

Richey, R. S. (1986). *The theoretical conceptual bases of instructional design*. London: Kogan Page Ltd.

Rogers, C. R. (1942). *Counseling and psychotherapy*. Boston: Houghton Mifflin.

Sander, W. (1997). *Handbuch politische bildung*, Schwalbach/Ts.: Wochens-chau.

Sarason, M. (1973). Test anxiety and cognitive modeling. *Journal of Personality and Social Psychology, 28*, 58-61.

Sarason, I. F. (1980). Introduction to the study of test anxiety, In I. F. Sarason (Ed.), *Test anxiety: Theory, research, and applications*. Hillsdale, NJ: Erlbaum.

Shertzer, B., & Stone, S. C. (1981). *Fundamentals of guidance* (4th ed.). Boston: Houghton Mifflin.

Simpson, E. L. (1980). *Adult learning theory: A state of the art. Washington,* D. C.: U. S. Department of Education.

Steele, W., & Raider, M. (1991). *Working with families in crisis: School-based intervention*. New York: Guilford.

Swanson, J. L. (1995). The process and outcome of career counseling. In W. B. Walsh and S. H. Osipow (Eds.), *Handbook of vocational psychology* (2nd ed., pp. 217-259). NJ: Lawrence Erlbaum Associates.

Thorndike, E. L. (1952). *The foundamentals of learning*. New York: McMillan.

Tolbert, E. L. (1974). *Counseling for career development*. Boston: Houghton Mifflin.

Tosi, D. J. (1974). *Youth: Toward personal growth*. Columbus, OH: Charles E. Merril.

Turner, B., & Hamilton, P. (1994). *Critical concepts*. New York: Routledge.

Tyler, L. (1969). *The work of counselor* (2nd ed.). New York: Appleton Century Crofts.

UNESCO (1985). *Fourth international conference of adult education documents—The development of adult education: Aspects and trends*. UNESCO: Paris.

Waldron, M. W., & Mooer, G. (1991). *Helping adults learning: Course planning for adults*. Toronto: Thompson Educational Publishing.

Ward, D. E. (1984). Termination of individual counseling: Concepts and strategies. *Journal of Counseling and Development, 63*, 21-25.

Wechsler, E. (1944). *The measurement of adult intelligence*. Baltimore: Williams & Wilkins.

Williamson, E. G., & Biggs. D. A. (1975). *Student personnel work: A program of developmental relationship*. New York: John Wiley & Sons.

Williamson, E. G., & Foley, J. D. (1949). *Counseling and discipline*. New York: McGraw-Hill.

Wlodkowski, R. J. (1999). *Enhancing adult motivation to learn*. San Francisco: Jossey-Bass.

Wolpe, J. (1969). *The practice of behavior therapy*. New York: Pergamon Press.

Woolfolk, A. E., & McCune-Nicolich, L. (1984). *Educational psychology for teachers*. Englewood Cliffs, NJ: Prentice-Hall.

Yankura, J., & Dryden, W. (1994). *Albert Ellis*. Sage Publications.

찾아보기

인명

내용

저자소개

◈ 이현림

미국 라이더 대학교 대학원 상담심리학과(석사)

미국 펜실베이니아 주립대학교 대학원 상담심리학과(박사)

前 한국진로상담학회장, 한국교육학회 대구 · 경북지회장

現 영남대학교 사범대학 교육학과 교수(1972~)

한국상담학회장(2004~)

한국진로상담학회 명예회장(2004~)

요크빌(Yoke Vil.) 장학회장(2003~)

수련감독전문상담사(진로상담, 아동 · 청소년상담, 교정상담, 인간관계상담)

가정폭력상담사

저서: 진로상담(영남대학교출판부, 2005) 외 27권

논문: Comprehensive career development program models for assessing the career maturity of Korean high school students(미국 펜실베이니아 주립대학교, 1988) 외 106편

◈ 김지혜

영남대학교 대학원 교육학과 교육심리전공(석사)

영남대학교 대학원 교육학과(교육학박사)

現 영남대학교 사범대학 교육학과 객원교수

대구한의대학교 외 다수 출강

영남대학교 학생상담센터 연구부장

1급 전문상담사(진로상담, 교정상담)

평생교육사 1급 자격증

사회교육전문요원 2급 자격증

가족상담전문가, 학습상담전문가

APT 강사, MBTI 일반강사

<2판>
성인학습 및 상담

2003년 9월 5일 1판 1쇄 발행
2005년 9월 20일 1판 3쇄 발행
2006년 9월 5일 2판 1쇄 발행
2019년 6월 20일 2판 12쇄 발행

지은이 • 이현림 · 김지혜
펴낸이 • 김 진 환
펴낸곳 • (주) 학지사

04031 서울특별시 마포구 양화로 15길 20 마인드월드빌딩 5층
대표전화 • 02) 330-5114 팩스 • 02) 324-2345
등록번호 • 제313-2006-000265호
홈페이지 • http://www.hakjisa.co.kr
페이스북 • https://www.facebook.com/hakjisabook

ISBN 978-89-5891-347-9 93370

정가 16,000원

저자와의 협약으로 인지는 생략합니다.
파본은 구입처에서 교환하여 드립니다.